ANECDOTES HISTORIQUES

LÉGENDES ET APOLOGUES

TIRÉS DU RECUEIL INÉDIT

D'ÉTIENNE DE BOURBON

IMPRIMERIE GOUVERNEUR, G. DAUPELEY

A NOGENT-LE-ROTROU.

ANECDOTES HISTORIQUES

LÉGENDES ET APOLOGUES

TIRÉS DU RECUEIL INÉDIT

D'ÉTIENNE DE BOURBON

DOMINICAIN DU XIIIe SIÈCLE

PUBLIÉS

POUR LA SOCIÉTÉ DE L'HISTOIRE DE FRANCE

PAR

A. LECOY DE LA MARCHE

A PARIS
LIBRAIRIE RENOUARD

HENRI LOONES, SUCCESSEUR
LIBRAIRE DE LA SOCIÉTÉ DE L'HISTOIRE DE FRANCE
RUE DE TOURNON, N° 6
—
M DCCC LXXVII.

EXTRAIT DU RÈGLEMENT.

Art. 14. — Le Conseil désigne les ouvrages à publier, et choisit les personnes les plus capables d'en préparer et d'en suivre la publication.

Il nomme, pour chaque ouvrage à publier, un Commissaire responsable, chargé d'en surveiller l'exécution.

Le nom de l'éditeur sera placé à la tête de chaque volume.

Aucun volume ne pourra paraître sous le nom de la Société sans l'autorisation du Conseil, et s'il n'est accompagné d'une déclaration du Commissaire responsable, portant que le travail lui a paru mériter d'être publié.

Le Commissaire responsable soussigné déclare que l'édition des Anecdotes historiques, Légendes et Apologues tirés du recueil inédit d'Étienne de Bourbon, *préparée par M.* Lecoy de la Marche, *lui a paru digne d'être publiée par la* Société de l'Histoire de France.

Fait à Paris, le 15 décembre 1877.

Signé Ch. JOURDAIN.

Certifié,

Le Secrétaire de la Société de l'Histoire de France,

J. DESNOYERS.

INTRODUCTION

L'auteur dont je publie aujourd'hui, dans son essence, l'unique ouvrage, est un nouveau venu sur la scène littéraire, chose déjà rare pour un écrivain du xiii° siècle. Il n'est pas tout à fait inconnu, car des notices particulières lui ont été consacrées dans quelques recueils bibliographiques[1]; néanmoins il est resté inédit : en effet, les courts fragments de son œuvre insérés dans ces notices, ou dans un nombre fort minime d'autres livres, ne sauraient constituer une publication. Mais la nouveauté n'est pas le seul attrait qui doive lui gagner des lecteurs : je ne crains pas de dire que ses récits forment une source historique importante, et que cette source oubliée apporte au grand courant des chroniques de l'époque un très-utile contingent. Quiconque voudra étudier l'état des mœurs et des esprits au siècle de saint Louis, et tout ce côté intime de la société du moyen âge, vers lequel semblent se porter de préférence les recherches de l'érudition moderne, devra désormais consulter ce recueil d'anecdotes, dont les unes

---

[1]. Quétif et Échard, *Scriptores ordinis Prædicatorum*, I, 184-194; *Histoire littéraire de la France*, XIX, 27-38 (notice de M. Petit-Radel); *La Chaire française au moyen-âge*, par Lecoy de la Marche, p. 106-112.

éclaireront l'histoire proprement dite, les autres l'histoire littéraire. Je vais faire connaître sommairement : 1° la personne de l'auteur; 2° son ouvrage ; 3° le plan de la présente édition.

I. — L'Auteur.

Notre auteur est un de ces hommes, si nombreux au moyen âge parmi les artistes et les écrivains, qui n'ont point connu la vanité littéraire, et qui ont poussé la modestie jusqu'à l'amour de l'obscurité, suivant le précepte de l'*Imitation*, si bien mis en pratique par celui-là même qui l'a émis : « *Ama nesciri.* » En effet, si son nom nous est parvenu, ce n'est nullement par sa faute. Les seuls aveux qu'il ait laissés échapper sur ce point sont les suivants. Dans son prologue, il se désigne ainsi : « *Ego, frater S., in ordine Fratrum Prædicatorum minimus*[1]. » Et encore, dans le manuscrit que nous possédons, le scribe s'est-il fait le complice involontaire de son humilité, en remplaçant l'initiale *S* par l'initiale *R*. Ce passage ne nous apprendrait donc absolument rien, et dérouterait plutôt notre investigation, si, au milieu du livre, ce *lapsus* n'était réparé par une indication un peu moins vague. A propos du héros d'une des anecdotes qu'il raconte, l'auteur ajoute en marge : « *Vidit frater Ste., operis hujus auctor, plures qui illum viderunt*[2]. » Ces mots sont écrits de la même main que le texte; ils sont évidemment la reproduction d'une note que le scribe

---

1. Voy. le texte de la présente édition, n° 2.
2. N° 163.

INTRODUCTION. iij

aura trouvée, placée de même, dans l'exemplaire original. Nous avons donc affaire à un Étienne : c'est le seul nom qui commence en latin par *Ste*. Mais voilà tout ce que cet Étienne veut bien nous apprendre, et nous ne serions pas encore bien avancés si un contemporain, ou du moins un personnage à peine postérieur, n'avait été plus indiscret. Dans son catalogue des écrivains de l'ordre des Frères Prêcheurs, Bernard Gui, qui était lui-même un disciple de saint Dominique, a inséré cette brève notice :

« *F. Stephanus de Borbone, oriundus de Bellavilla, diocesis Lugdunensis, qui compilavit librum seu tractatum de donis, de diversis materiis prædicabilibus, quem distinxit in septem partes, secundum septem dona Spiritûs Sancti et eorum effectus, per distinctiones materiarum, per causas et effectus, refertum authoritatibus, rationibus et exemplis, ad ædificationem pertinentibus animarum, cujus prologus incipit: Quoniam multi multipliciter, subtiliter et utiliter elaboraverunt, etc. Tractatus vero de Septem donis Spiritus Sancti incipit consequenter : Quoniam initium sapientiæ timor Domini, etc... Hic F. Stephanus obiit in conventu Lugdunensi, anno MCCLXI vel circa*[1]. »

Ces renseignements sont trop précis et concordent trop bien, d'une part avec le texte de l'ouvrage, de l'autre avec la note marginale que je viens de citer, pour laisser des doutes dans notre esprit. L'auteur s'appelait donc Étienne de Bourbon (c'était un nom patronymique, n'ayant qu'un rapport fortuit avec celui de la famille qui a donné

---

1. *Script. ord. Præd.*, I, 184.

des rois à la France) ; il était né à Belleville-sur-Saône (Rhône) ; il appartenait à l'ordre des Dominicains ; il mourut vers 1261, dans la maison que ces religieux avaient à Lyon. Voilà les principaux éléments de sa biographie ; voilà son identité constatée. Il est inutile d'ajouter à cette preuve celles qu'Échard et Quétif tirent de manuscrits plus récents, où son nom est écrit en toutes lettres ; il est non moins inutile de relever l'erreur de quelques bibliographes, qui l'ont appelé Raymond ou Robert, sur la foi de la seule initiale défigurée du prologue.

En dehors de ces notions sommaires, si nous voulons savoir quelque chose sur la vie d'Étienne de Bourbon, il faut le demander à son livre même. Voici les données positives fournies par les souvenirs personnels qu'il y a consignés. Dans son enfance, Étienne passa un certain nombre d'années aux écoles de l'église de Saint-Vincent de Mâcon : il nous le dit lui-même, en rapportant sur cette église une tradition remontant à l'épiscopat de Landri de Brézé [1]. Il vint plus tard étudier à l'Université de Paris, et il y recueillit les leçons de plusieurs maîtres alors célèbres, aujourd'hui totalement oubliés, Raoul de Bulli, maître ès-arts, Gui d'Orchuel ou d'Orcheux, Guillaume de Dereimes, Jean, doyen de Saint-Quentin, docteurs en théologie, etc. [2]. Il nous a transmis sur la vie des écoles parisiennes, sur les mœurs des maîtres et des étudiants, plus d'un trait curieux, emprunté aux impressions de sa jeunesse ; par exemple, le vol commis au préjudice d'un de ses cama-

---

1. N° 304.
2. N°s 6, 40, et f° 146 du ms.

rades, qui, dépouillé de tous ses livres, prétendit les retrouver par l'entremise d'un magicien [1]. Ses études ne l'empêchaient pas de se mêler aux foules curieuses de la capitale, ni de prendre part à tout ce qui les passionnait : il accourait à Notre-Dame quand on y apportait les malades atteints du *feu sacré*, et il les voyait guérir ou expirer devant le parvis [2]. Il se trouvait à Paris au moment où les premiers disciples de saint Dominique venaient d'y arriver et où se formait leur fameuse communauté de Saint-Jacques, qui leur fit donner le surnom de Jacobins : c'est sans doute le spectacle édifiant de leur ferveur primitive qui lui inspira la pensée d'entrer dans cet ordre naissant, déjà en faveur partout. Il n'était pas rare de voir les étudiants se jeter avec toute l'ardeur de la jeunesse dans cette vie d'apostolat et de pauvreté, séduisante par sa nouveauté même, qui était la raison d'être des Frères Prêcheurs : Étienne lui-même en cite des exemples, qui sans doute l'entraînèrent [3]. Parmi les fondateurs de Saint-Jacques, il connut personnellement Mathieu de France, premier prieur de cette maison, envoyé à Paris par saint Dominique lui-même, et plusieurs frères qui avaient accompagné ce dernier dans sa mission chez les Albigeois [4]. Comme Mathieu était arrivé en 1217, et que l'emplacement du couvent des Jacobins leur fut donné l'année suivante par le doyen Jean de Saint-Quentin, il est on ne peut plus probable que notre auteur, qui parle du nouveau monastère comme étant encore en construction, étu-

1. N° 360.
2. N° 417.
3. Notamment au n° 94.
4. N°s 18, 83.

diait dans les écoles de l'Université vers cette même époque. En supposant qu'il eût à ce moment vingt-quatre ou vingt-cinq ans, âge moyen des étudiants d'alors, il devait être né vers la fin du XII° siècle, entre 1190 et 1195.

Étienne, d'ailleurs, avait déjà quitté Paris en 1223. Peut-être alla-t-il, cette année-là, assister au sacre de Louis VIII à Reims ; car il fut certainement témoin du couronnement d'un roi de France[1], et, comme cette cérémonie n'eut lieu que deux fois de son vivant (en 1223 et en 1226), comme d'autre part il se trouvait dans une tout autre région à la seconde de ces dates; j'incline à penser qu'il suivit à Reims le père de saint Louis ; et ce qui semble confirmer cette induction, c'est que, lorsqu'il parle de son séjour dans cette ville, il a l'air d'évoquer des souvenirs fort lointains, dont il n'est plus très-sûr[2]. Quoi qu'il en soit, nous le retrouvons dès la même année chez les Frères Prêcheurs de Lyon, où il était sans doute venu prendre l'habit afin de se rapprocher de son pays natal. Il eut là, pour prieur, un catalan appelé Romée de Levia, qui fut ensuite provincial de Provence, et qu'il semble désigner comme défunt au moment où il écrit[3], bien que les biographes de l'ordre les fassent mourir tous deux en même temps (en 1261). La secte des Vaudois, née à Lyon vers 1180, commençait à se développer lorsque notre jeune dominicain habitait cette ville : il se trouva en rapport avec ses premiers adeptes, et connut ainsi directement les particularités de sa fondation, qu'il nous a ra-

1. N° 495.
2. N° 380.
3. N°s 27, 127, 230.

contées ; il vit bien des fois, entre autres, le grammairien ou le littérateur qui avait traduit la Bible en langue vulgaire pour Pierre de Valdo, et le scribe qui avait écrit sous sa dictée cette traduction [1]. Bientôt il se fit, comme la plupart de ses frères, le voyageur de Dieu, et commença cette longue série de missions qui, pendant près de quarante ans, devaient le mettre en contact avec les personnages et les pays les plus divers. On le voit prêcher, à Vézelay, la croisade contre les Albigeois (probablement lors de l'expédition de Louis VIII, en 1226). Il sème la parole divine dans tout le diocèse de Valence (vers 1235). Peu après, l'office d'inquisiteur lui est confié par mandat du saint-siége [2] ; il cumule dès lors avec la prédication l'examen et l'interrogatoire des hérétiques, tâche délicate et souvent pénible pour un homme consciencieux, mais dont l'accomplissement nous vaudra une quantité de détails authentiques sur les sectes du temps.

Le rôle de l'inquisiteur n'avait pas, du reste, qu'une seule face : il ne consistait pas uniquement à discerner et à réprimer l'hérésie. Si nous trouvons Étienne mêlé aux délibérations et à la sentence par trop rigoureuse de l'assemblée de Mont-Aimé, en Champagne, où furent condamnés quatre-vingts ou même cent quatre-vingts Manichéens ; s'il mentionne le supplice d'un hérétique de Clermont, surnommé l'Auvergnat, avec un sentiment d'horreur pour la victime ; s'il se montre, en un mot, comme le voulaient son époque et sa profession, l'adversaire résolu des doctrines qui ten-

1. N° 342.
2. N°s 163, 343, 310, 227.

daient à saper par la base l'édifice catholique, en revanche, il refuse de croire aux dénonciations faites à la légère, il rejette les amplifications des bonnes femmes du Forez ou de l'Auvergne, il renvoie libre et raffermie dans la foi une noble dame qui était venue se livrer à lui comme coupable, il détruit, à Villeneuve-en-Dombes, la superstition ridicule des paysans de l'endroit, qui avaient fait de la tombe d'un chien un lieu de pèlerinage[1]. On ne peut nier que, dans l'exercice de ses redoutables fonctions, il n'ait allié au zèle de l'orthodoxie une prudence remarquable, et qu'il n'ait cherché avant tout à ramener les égarés. Quoi de plus apostolique que sa conférence secrète avec ce chef de brigands, qu'il va sermonner dans son repaire, au fond d'une forêt, dont il essaye en vain de faire un croisé pénitent, et qu'il a le regret de voir arrêter, bientôt après, par la justice séculière[2]?

C'est sous l'épiscopat de Hugues de la Tour (1227-1249) qu'Étienne fut appelé à Clermont et y séjourna. C'est aussi dans cet intervalle qu'il parcourut le Forez, car il se trouvait à Sury-le-Comtal au moment où le comte Gui V, sur le point de partir à la croisade (c'est-à-dire en 1239), vit périr son fils au milieu des danses et des réjouissances d'une grande cour tenue à cette occasion[3]. Vers le même temps, ses prédications s'étendirent à la Bourgogne : il s'arrêta, un peu après 1240, à Dijon, où il remarqua la mutilation récente des statues du portail de l'église Notre-Dame[4]. Près de cette ville, à Fontaine, patrie de saint Bernard, il re-

1. Nos 170, 482, 18, 366, 370, etc.
2. No 425.
3. No 463.
4. No 420.

cueillit de la bouche d'un des neveux de l'illustre abbé des particularités pleines d'intérêt sur la vie de celui-ci[1]. Il alla également à Auxonne, à Châlon-sur-Saône, à Pouilly, à Marcigny, et revint à Lyon au moment du grand concile de 1245, auquel il semble bien avoir assisté[2]. Il reparaît en Bourgogne l'année suivante, et passe alors quelque temps à l'abbaye de Cluny[3]. Des missions très-divergentes l'entraînent ensuite au midi, dans le diocèse de Tulle et jusqu'en Roussillon, puis à l'est, dans les diocèses de Besançon et de Belley[4]. C'est de là, sans doute, qu'il gagna la Savoie et le pays de Suze, franchissant les sommets des Alpes, admirant la vie champêtre et nomade des bergers montagnards, récoltant sur sa route des traits de mœurs, des faits ignorés, des traditions locales. Il dut traverser Chambéry après 1249, puisqu'il a relaté, en lui attribuant cette date, l'épouvantable éboulement du mont Grenier, aux environs de cette ville[5]. Ces voyages lointains terminèrent sa carrière active. Retiré au fond du cloître où il avait débuté dans la vie religieuse, il employa les jours de repos et de recueillement de la vieillesse à écrire quelques-uns de ses souvenirs. La mort le surprit dans cette occupation vers 1261, comme on l'a vu, et plutôt après qu'avant : il devait être presque septuagénaire.

Il serait impossible que, dans le cours d'une existence

---

1. N° 20. Il put en apprendre d'autres à l'abbaye de Clairvaux, où il passa également. (Voy. le f° 154 de son ms.)
2. N°s 54, 55, 120, 180, 313.
3. N° 133.
4. N°s 253, 194, 419, 312.
5. N°s 96, 211, 498.

aussi remplie, Étienne ne fût pas entré en rapport avec un bon nombre de personnages notables. Outre ceux dont j'ai déjà prononcé le nom, il fut lié plus ou moins intimement avec les suivants : Sybille, dame de Béaujeu et belle-sœur de Philippe-Auguste; Alix de Vergy, femme d'Eudes III, duc de Bourgogne; Guillaume de Contres, chevalier du comte de Nevers; Jacques de Vitry, cardinal-évêque de Tusculum, patriarche de Jérusalem, qu'il cite à chaque instant; Nicolas de Flavigny, archevêque de Besançon; Renaud, archevêque de Lyon ; Aimon, évêque de Mâcon; Guiard de Laon, évêque de Cambrai ; Jean des Vignes, prédicateur renommé; Etienne de Cudot, archidiacre d'Auxerre, curé de Vermenton ; Terric, chanoine de Lyon ; et, parmi les Frères Prêcheurs, deux généraux de cet ordre, le second, Jourdain de Saxe, et le cinquième, Humbert de Romans, Guillaume Perraud, connu par sa *Somme des Vertus et des Vices*, Geoffroi de Blével, directeur des écoles de Saint-Jacques, Arnaud, premier prieur de Lyon, Henri le Teutonique, prieur de Cologne. Beaucoup d'autres contemporains de toute classe sont mentionnés dans l'ouvrage d'Étienne, et ont dû se trouver en relations directes avec lui, bien qu'il ne le dise pas expressément : tels sont Jean d'Abbeville, cardinal-évêque de Sabine, Jean de Colonna, évêque de Messine, et son homonyme, neveu d'Othon, évêque de Porto, Philippe de Montmirail, fondateur de plusieurs monastères, l'abbé Jean de Belleville, et les dominicains Réginald ou Regnauld d'Orléans, Henri de Cologne, Guerric de Saint-Quentin, Jean de Montmirail, ancien archidiacre de Paris, Dominique l'Espagnol, compagnon du fondateur de l'ordre, Philippe, premier prieur de Reims, Raoul de Varey, prieur de Clermont, Pierre Ferrand, provincial d'Espagne, etc.[1]. A tous ou presque tous il a emprunté des anecdotes, qui, jointes à ses propres réminiscences, composent un recueil véritablement original.

II. — L'Ouvrage.

Étienne de Bourbon n'a pas seulement voulu réunir en un livre ce qu'il avait lu, vu ou entendu. Prédicateur avant tout, il s'est proposé d'être utile aux autres orateurs de la chaire en leur présentant un recueil d'*exemples* à l'appui de tous les sermons qu'ils pourraient avoir à prononcer. C'est ce que nous apprennent le titre même de l'ouvrage (*tractatus de diversis materiis prædicabilibus*) et son prologue, où l'intention de l'auteur est clairement expliquée. L'usage fréquent des exemples commençait alors à se répandre chez les sermonnaires, qui avaient remarqué la singulière efficacité des traits d'histoire pour captiver l'attention de leurs auditeurs et faire pénétrer l'enseignement religieux dans les esprits les plus rebelles. Le cardinal Jacques de Vitry est le premier qui ait érigé en système l'emploi des anecdotes dans les sermons, et qui en ait formé une espèce de recueil[2]. Mais déjà saint Dominique avait avant lui préconisé et pratiqué la méthode narrative ; ses premiers disciples s'étaient empressés de l'imiter. Il ne faut pas oublier

---

1. Voy. ce qui concerne ces différents personnages à la table alphabétique.
2. *Sermones vulgares domini Jacobi Vitricensis*, Bibl. nat., ms. lat. 17,509.

que les deux nouveaux ordres voués au ministère de la parole, les Frères Prêcheurs et les Frères Mineurs, s'en allant à travers les villes et les villages, haranguant les fidèles sur les places publiques aussi bien que dans l'église, sur les grands chemins comme dans les lieux consacrés, avaient le plus souvent affaire à des auditoires simples et naïfs. L'éloquence populaire était leur fait : ils ne récitaient point des discours savants ; ils n'entraient guère dans les raisonnements ni dans les abstractions. Ils improvisaient, ils instruisaient, et ils racontaient : c'est pourquoi le peuple séduit, captivé, se portait en foule sur leurs pas et leur faisait des triomphes faciles. Si l'on ne perd point de vue cette situation, l'on sera certainement moins sévère que ne l'a été M. Renan[1] pour les historiettes vraies ou supposées insérées en si grand nombre dans les sermons du temps, quel que soit l'abus qu'on en ait pu faire par la suite. Cet abus, les Frères Prêcheurs étaient les premiers à le condamner : Vincent de Beauvais nous donne la juste mesure de l'emploi des récits dans la chaire, en disant que c'était la mode de mêler des apologues aux sermons, dans le double but de prévenir l'ennui des auditeurs et de faire ressortir la morale que ces contes renfermaient, et en ajoutant qu'on ne devait recourir à de tels moyens qu'avec prudence, de peur d'exciter le rire au lieu de provoquer à la pénitence[2].

Étienne de Bourbon a donc suivi la méthode inaugurée par ses premiers maîtres ; il lui a même donné une impul-

1. *Hist. littér.*, XXIV, 372 et suiv.
2. V. l'étude de M. Boutaric sur *Vincent de Beauvais*, insérée dans la *Revue des Questions historiques*, 33ᵉ livraison, p. 40.

sion nouvelle et considérable par la rédaction de son recueil, où sont venus puiser une foule d'imitateurs. Développant l'idée et le plan de Jacques de Vitry, il a fait rentrer dans son vaste cadre tous les récits moraux qu'il a pu rassembler. Son livre est, pour ainsi dire, une morale en action. Toutes les anecdotes qui le composent peuvent se diviser en deux classes principales, d'une valeur très-inégale pour nous : la première est tirée d'écrits antérieurs, livres historiques, sacrés ou profanes, compilations théologiques, vies de saints, légendes, poésies, fables, etc.; la seconde est empruntée aux évènements contemporains de l'auteur, à ses souvenirs et à ceux de ses amis, aux traditions qui lui ont été transmises de vive voix.

La première catégorie, si elle est étrangère à l'histoire du temps, peut au moins nous renseigner sur les connaissances littéraires de l'auteur; elle nous donnera, par conséquent, un échantillon de l'érudition du siècle de saint Louis, car Étienne, ayant étudié à l'Université de Paris, est un représentant de la classe lettrée, bien qu'il cite beaucoup moins d'auteurs anciens que Vincent de Beauvais, par exemple. Pour donner une juste idée de son savoir, il n'est rien de mieux que de dresser la liste des ouvrages utilisés par lui. La voici, telle que la fournissent, non-seulement son prologue, où lui-même a énuméré ses principales sources avec un soin consciencieux, non-seulement la partie de son texte reproduite dans cette édition, mais le dépouillement de son manuscrit entier.

Antiquité sacrée.

La Bible.
Livre apocryphe d'Esdras.
Évangile des Nazaréens.

Évangile de Nicodème.
S. Jérôme (chronique, traduite d'Eusèbe; lettres).
S. Jean Chrysostôme (homélies).
S. Grégoire de Nazianze (*Apologétique*, traduit par Rufin; lettres).
S. Augustin (*De Pœnitentia; Contra Manichæos; De Moribus Manichæorum; De Hæresibus; Super Psalmos;* etc.).
Josèphe (*Antiquitates judaicæ; de Bello judaico*).
Hégésippe (*De Cladibus Judæorum*).
Orose (chronique).
Eusèbe de Césarée (*Histoire ecclésiastique;* chronique, traduite en latin par S. Jérôme).

Antiquité profane.

Cicéron (*De Legibus; De Officiis; Rhetorica*).
Pline l'Ancien (cité seulement d'après l'*Histoire scolastique* de Pierre le Mangeur).
Sénèque le philosophe (*Quæstiones naturales; Epistolæ; De Quatuor virtutibus,* apocryphe; tragédies).
Macrobe.
Boëce.
Galien, médecin.
Histoires des Romains, sans désignation d'auteur.
Ovide (*Epistolæ ex Ponto*).
Lucain (*Pharsale*).
Liber de proverbiis ou *de parabolis philosophorum.*
Historia Alexandri (faux Callisthène).
De vitá Bragmanorum (Palladius).

Moyen âge.

Vitæ patrum.
Legenda beati Johannis evangelistæ.
Passio beati Longini.
Vita beati Augustini.
Vita S. Martialis.
Vita beati Hilarii Pictaviensis.
Vita Johannis Eleemosynarii.
Vita S. Hugonis Cluniacensis.
Vita Petri Cluniacensis.
Vita beati Bernardi Clarævallensis.
Vita beati Dominici, par Constantin, évêque d'Orvieto, ou par Jourdain de Saxe.
Legenda nova beati Dominici.

Pierre Damien, évêque d'Ostie (recueil de miracles).
Pierre, moine de Cluny (recueil de miracles).
S. Hugues de Cluny (miracles de la sainte Vierge).
S. Pierre de Tarentaise (miracles de la sainte Vierge).
Miracles de Notre-Dame de Soissons, par Hugues Farsit (non cité).
Calixte, pape (miracles de S. Jacques, apocryphe).
Urbain, pape (miracles).
De inventione sanctæ Crucis.
Jean Damascène (Barlaam et Josaphat).
Itinerarium Clementis.
Visio Pauli.
Descriptio purgatorii S. Patricii.
Prophétie de Merlin.
S. Grégoire le Grand (*Dialogues*; homélies).
Bède (*Gesta Anglorum*; chronique; calendrier).
Isidore de Séville (*De Etymologiis*).
Alcuin.
Usuard (calendrier).
Pierre Alphonse.
S. Anselme, *de Imagine mundi.*
S. Bernard (sermons; méditations; *De Consolatione*; lettres à Eugène III, à Henri, archevêque de Sens, contre l'église de Lyon, etc.).
Fulbert, évêque de Chartres (sermons).
Richard de Saint-Victor.
Alexandre [de Halès?] (*Somme*).
Jean Beleth (*Somme*).
Guillaume Perraud (*Somme des Vertus et des Vices*).
Eudes [de Châteauroux?] (*Sermons*).
Expositio super missas.
Liber de requie mentis.
Cassiodore (*Histoire tripartite*, et autres livres).
Grégoire de Tours (*Historia Francorum*).
Réginon (chronique).
Hugues de Saint-Victor (chronique; *De Sacramentis*).
Adon, archevêque de Vienne (chronique).
Pierre le Mangeur (*Historia scolastica*).
Godefroid de Parme (*Panthéon*, chronique).
Gervais de Tilbury (*De Solatiis imperialibus* ou *De Mirabilibus terrarum*).
Jacques de Vitry (*Historia transmarina*, ou Histoire orientale; vie de Marie d'Oignies; *Exempla vulgaria*, recueil-ms.).

Jean de Mailly (chronique).
Romain, cardinal (chronique).
Timothæus, historiographe.
Gerlandus (Gerland, chanoine de Besançon), historiographe.
Lanfredus, historiographe.
Chroniques des Francs, sans désignation d'auteur.
Historia Britonum.
Liber de initiis ordinis Cisterciensium.
Historia Caroli magni ou *Historia Runcevallis,* histoire fabuleuse attribuée à Turpin.
Historia Antiochina ou *Historia captionis Antiochiæ* (la Chanson d'Antioche), poëme.
Historia Arthuri (romans de la Table-Ronde).
Légende en vers sur un chevalier enfermé la nuit dans une église.
Légende en vers sur une chapelle de cire construite par des abeilles.
Recueil d'exemples, anonyme.
Libri naturales (bestiaires).

Les récits de la seconde classe peuvent seuls servir à l'histoire proprement dite du XIIIe siècle. Sans doute, nous ne pouvons leur attribuer à tous une authenticité rigoureuse ; l'auteur répète, en effet, un certain nombre de faits merveilleux ou de bruits publics qui auraient besoin de confirmation. Mais il partage cette faiblesse avec tous les chroniqueurs de son temps ; et du reste, en mainte circonstance, il a toute l'autorité d'un témoin oculaire. Quand il n'a pas vu ce qu'il rapporte, il a soin d'indiquer de quelle source il le tient : tel événement lui a été raconté par un des acteurs eux-mêmes, comme cette conversation si intéressante de saint Louis avec un religieux, qui l'avait surpris distribuant l'aumône sous le costume d'un écuyer, et comme une quantité de traits curieux ; telle tradition locale lui a été transmise à son passage, par les gens du pays ; il a entendu tel récit de la bouche de tel prédicateur, en tel endroit[1]. Quand il n'est pas

---

1. N°s 9, 11, 16, 28, 31, 34, 48, 513, 56, 78, 513, etc.

bien sûr de sa mémoire ou des narrateurs qu'il cite, il éprouve des scrupules, il exprime des réserves du genre de celles-ci : « *Sicut credo me vidisse; me audivisse credo, vel ab eadem, vel ab aliis; credo me interfuisse; hoc tamen non recolo si...;* » etc.[1]. Il signale celles de ses autorités qui sont le plus dignes de foi ; il se fait affirmer par serment l'exactitude des faits[2] ; il prend, en un mot, toutes les précautions compatibles avec sa position et son temps pour ne pas induire en erreur ses lecteurs. Cette préoccupation constante prête à ses narrations un caractère de bonne foi et de véracité incontestable. Une seule considération l'empêche quelquefois de désigner les personnages ou les familles dont il parle. Quand il s'agit de faits scandaleux, pouvant porter atteinte à l'intégrité d'un nom honoré ou léser quelque intérêt respectable, il observe une discrétion qui l'honore, mais qui ne peut enlever aucun crédit à sa parole : « *Nomina personarum, licet sciam, non exprimo, quia posset esse, vel in periculum, vel in scandalum aliquorum; nomina quorum reticeo propter scandalum; cujus nomen et locum et gentem bene novi;* » etc.[3]. Au reste, il faut remarquer que, lorsqu'il cite des traits merveilleux, ou même certains miracles, il semble souvent ne les donner qu'à titre d'apologues ; il les reproduit pour en tirer une moralité, et non pour en garantir l'authenticité absolue ; quelquefois, en effet, il les accompagne de réflexions prudentes : « *Sed si verum sit mirabiliter nescio; quod, si verum est, pulcherrimum est; nec mihi*

1. Nos 274, 321, 380, 432, etc.
2. Nos 230, 31.
3. Nos 31, 44, 48; 455.

constat de omnium veritate[1]. » Ainsi, parmi les auteurs du moyen-âge, il n'en est guère qui, *à priori*, paraissent plus dignes de confiance. En outre, la plupart des renseignements fournis par Étienne de Bourbon sur les hommes et les choses de son temps sont confirmés par ceux que nous possédons d'ailleurs, ou se trouvent d'accord avec eux. Je citerai, entre autres, comme contenant des éléments historiques, dans une proportion plus ou moins forte, les anecdotes portant les n°s 20, 33, 34, 53, 58, 83, 98, 122, 130, 170, 194, 211, 227, 251, 253, 275, 318, 327, 330, 342-352, 417, 430, 463, 485, 490, 513. Le lecteur y puisera sur les règnes de Louis VII, de Philippe-Auguste, de Louis VIII et de saint Louis, ainsi que sur l'état de la société dans cette période séculaire, des données très-précieuses et un certain nombre de faits ignorés, méritant à plus d'un titre de figurer dans nos annales. Quant aux récits purement légendaires que l'auteur a recueillis de la bouche de quelques contemporains, ils auront une utilité d'un autre genre. Beaucoup d'entre eux, par exemple, serviront à démontrer la perpétuité, à travers le moyen-âge, d'une foule de vieux contes venus du fond de l'Orient et remontant presque aux origines du monde. Ils fourniront des variantes extrêmement curieuses de ces mille légendes, qui sont de tous les temps et de toutes les littératures, et que les différentes races humaines semblent avoir emportées comme un souvenir commun de leur berceau primitif. Dans la chaîne qui relie les versions antiques aux imitations modernes, plus d'un anneau avait disparu, plus

---

1. Nos 80, 137, 194.

d'un intermédiaire nécessaire manquait : on en a déjà retrouvé chez divers conteurs ou fabulistes des XIII° et XIV° siècles ; Étienne de Bourbon sera, sous ce rapport, une mine nouvelle. Mais cette partie de son recueil rentre quelque peu dans la première classe de récits dont j'ai parlé, car, bien qu'il ait entendu raconter en chaire ou ailleurs une quantité d'apologues, il en a puisé également à des sources écrites.

Ayant à répartir toute sa collection dans un cadre rationnel, Étienne a choisi celui que lui offraient les sept dons du Saint-Esprit ; ce qui a fait quelquefois appeler son œuvre le traité des *Sept dons*. Il a donc établi sur ce sujet un texte ou une explication théologique, destinée à rattacher ses anecdotes les unes aux autres, comme le fil qui relie un bouquet, ou comme le ciment qui consolide un édifice. Ce texte, qui, au fond, n'est que l'accessoire, prend par moments les proportions de l'objet principal ; l'auteur l'allonge, et paraît oublier son but primitif. D'autres fois, au contraire, il se réduit à une simple citation de l'Écriture, à peine suffisante pour indiquer la transition ou la moralité du trait : le soin de développer le thème est laissé aux prédicateurs qui voudront se servir du recueil. Chacune des sept parties est divisée elle-même en *tituli*, subdivisés à leur tour en chapitres. Ce plan est soigneusement exposé dans le prologue ; mais il est moins régulier dans l'exécution. La place de certains exemples n'est pas toujours très-bien choisie ; quelques-uns se trouvent répétés en trois ou quatre endroits différents : mais nous aurions mauvaise grâce à nous plaindre de ces doubles emplois, car ils nous valent ordinairement un supplément de détails. Un fait plus regrettable, c'est que la rédaction est restée inachevée. L'auteur, selon toute vraisemblance, a été interrompu par la mort, vers le milieu de la cinquième partie : nous n'avons donc que ce qui regarde les dons de Crainte, de Piété, de Science, de Force, et une moitié environ du don de Conseil; il nous manque les dons d'Intelligence et de Sagesse, lesquels devaient embrasser des matières très-importantes, d'après l'annonce qui en est faite dans le prologue. Les derniers chapitres qui aient été écrits sont plus négligés, et pour le fond et pour la forme; ils semblent trahir déjà un esprit fatigué ou un corps malade. Il y a, par conséquent, les meilleures raisons de croire qu'Étienne a composé son recueil dans les dernières années de sa carrière. Les faits les plus récents qu'il ait mentionnés ne dépassent guère l'année 1250; pourtant, lorsqu'il rapporte un accident arrivé à cette date à Vergy, en Bourgogne, il semble dire qu'il l'a appris, sur les lieux, une dizaine d'années environ après l'événement[1]. Il aurait alors rédigé son livre, ou du moins ce passage, vers 1260; ce qui devrait faire reporter sa mort un peu plus tard que la date approximative de 1261, donnée par Bernard Gui.

Quant au style de notre religieux, il est des plus mauvais, l'on n'en saurait disconvenir. Étienne parle français en latin; sa phrase latine est un véritable calque de la phrase française correspondante, à tel point que, lorsque son texte offre une obscurité quelconque, il suffit généralement, pour la dissiper, de faire ce qu'on appelle une traduction mot à mot. Les puristes qualifieraient ce langage de bar-

---

1. N° 162.

bare ; ceux qui sont familiarisés avec les écrits du bas moyen-âge se contenteront d'y voir une nouvelle preuve de ce fait, que le français régnait en maître au xiiie siècle, et que, pour les clercs eux-mêmes, la langue latine était une langue artificielle, apprise dans les écoles, un simple masque appliqué par un reste de pudeur, et sans aucun apprêt, sur l'idiome rustique de la veille, devenu « le parler le plus delittable[1] » du jour. Non-seulement les mots, mais les tournures, les constructions employées par Étienne sont essentiellement françaises : c'est la phrase courte et hachée des dialectes modernes. Les répétitions, les locutions triviales abondent sous sa plume ; il confond souvent les temps des verbes. Tous ces défauts extérieurs ont une explication naturelle : c'est qu'il ne songeait point à faire un livre bien écrit, mais à réunir de simples canevas pour les orateurs sacrés. Ses histoires mêmes sont quelquefois à l'état d'esquisse, et rien n'est plus curieux que de comparer cette esquisse avec le tableau brillant exécuté d'après elle par certains maîtres de la parole, comme j'ai pu le faire pour l'anecdote du marchand et du bourgeois qui luttent d'honnêteté à propos d'un trésor perdu par l'un et retrouvé par l'autre[2].

Le manuscrit original de l'ouvrage d'Étienne de Bourbon, qui était resté, après sa mort, chez les Frères Prêcheurs de Lyon[3], a disparu ; Échard lui-même n'a pu savoir ce qu'il était devenu. Mais nous en possédons un double, écrit au xiiie siècle, et sans doute du vivant de l'auteur, à en juger

1. Brunetto Latini, liv. I, ch. 1.
2. N° 505.
3. Catal. de Bernard Gui (Échard, I, 184).

par certaines additions marginales. L'altération de plusieurs mots peu familiers aux scribes, jointe à d'autres indices, nous fait reconnaître que ce n'est qu'une copie; le caractère de l'écriture nous prouve que cette copie est contemporaine. Nous savons d'ailleurs, par une note inscrite à la même époque sur l'avant-dernier feuillet de cet exemplaire, qu'il fut légué à la maison de Sorbonne par un de ses premiers docteurs, Pierre de Limoges, qui mourut avant l'an 1300. Il est porté sur l'ancien catalogue de la bibliothèque de ce célèbre établissement, dressé en 1338[1]. Il était alors enchaîné, comme tous les volumes précieux; sa valeur était estimée à dix livres[2]. Passé à la bibliothèque royale avec tout le fonds de Sorbonne, sous le n° 804, il porte aujourd'hui dans le fonds latin, auquel il a été réuni, le n° 15,970. On doit donc lui attribuer une autorité presque égale à celle de l'original.

D'autres manuscrits ont été cités par les bibliographes; toutefois, ils sont loin d'avoir la même valeur. Quatre d'entre eux se retrouvent maintenant, comme le premier, à la Bibliothèque nationale. Je pensais pouvoir les utiliser aussi; mais, en les examinant, j'ai reconnu qu'ils n'offraient qu'une reproduction bien imparfaite et bien tronquée du recueil d'Étienne. Ce ne sont même pas des reproductions; ce sont des réductions informes, dans lesquelles le nom de l'auteur et ceux de la plupart des personnages ou des lieux désignés dans ses anecdotes sont supprimés. Le titre, le prologue, les exemples mêmes sont abrégés ou défigurés. Ces

---

1. Bibl. de l'Arsenal, n° 855.
2. Note à la fin du ms.

résumés sont dus à la plume de quelques clercs pressés, qui ont simplement voulu extraire du livre les matériaux à leur convenance, sans se piquer d'un respect de la propriété littéraire qui n'existait alors nulle part. De plus, ils ne portent que sur la première partie du recueil (*de Dono timoris*), sauf un seul qui va environ jusqu'au tiers de la quatrième. Deux de ces manuscrits peuvent être rapportés à la fin du XIIIe siècle ; les deux autres ne remontent qu'au XIV[e][1]. Les exemplaires signalés par Haenel à Épinal et à Saint-Omer, ainsi que ceux dont Échard avait constaté l'existence au couvent de Saint-Jacques et de Saint-Victor, aux colléges des Cholets et de Navarre, à Marseille, à Tolède, en Angleterre, sont également incomplets ou postérieurs : un de ces derniers, celui des Cholets, écrit aux environs de l'année 1300, porte seul le nom d'*Étienne de Belleville*[2]. Enfin, celui que j'ai rencontré à la bibliothèque de

---

1. Voici l'indication de ces extraits fort altérés, dont les trois premiers sont à peu près identiques :
    1º Ms. 3706 (ancien Colb. 6437, Reg. 4658), f°s 121-173. « *Incipit tractatus de habundancia exemplorum in sermonibus ad omnem materiam.* »
    2º Ms. 15953 (ancien Sorb. 797), f°s 188-210. « *Incipit summa de exemplis. De dono timoris.* »
    3º Ms. 16515 (ancien Sorb. 1693), f°s 1-66. Même titre que le ms. 3706.
    4º Ms. 16516 (ancien Sorb. 1661), f°s 3-142. Même titre. Seul ms. qui, outre la première partie du livre d'Étienne, résume la seconde, la troisième et une fraction de la quatrième (jusqu'à l'anecdote qui porte dans cette édition le nº 310).
2. *Script. ord. Præd.*, I, 185 et s. Cf. le catalogue d'Haenel. C'est par erreur que l'*Hist. littér.* met au nombre des exemplaires d'Étienne de Bourbon cités par Échard un ms. des Jacobins de la rue Saint-Honoré, qui contenait simplement un morceau composé d'après notre auteur.

Tours, et qui n'avait pas été mentionné jusqu'à présent, est encore un abrégé anonyme, rédigé sous le titre singulier de *Panthéon*, plus propre à dérouter les recherches qu'à indiquer le contenu du livre[1]. Toutes ces imitations infidèles ne sont bonnes qu'à montrer la vogue dont jouit, durant un certain temps, le traité original, et l'empressement des prédicateurs à en tirer profit. Ainsi, le premier manuscrit m'offrait seul un guide sûr, que j'ai scrupuleusement suivi.

Il n'y a eu non plus que des fragments peu considérables d'Étienne de Bourbon reproduits par l'imprimerie. Les bibliographes de l'ordre de saint Dominique ont inséré dans leur notice sur leur confrère quelques passages intéressants, entre autres le prologue et une bonne partie du tableau des hérésies. J'ai eu soin de désigner ces passages dans les notes qui accompagnent l'édition. Les morceaux transcrits ou traduits par quelques autres écrivains, comme Gieseler et les auteurs de l'*Histoire littéraire*, ne dépassent pas les proportions d'une simple citation[2]. Celui qui a été imprimé par D. Martène, relatif aux doctrines et à l'interrogatoire des hérétiques, est plus considérable; mais il n'est pas tiré de l'ouvrage d'Étienne, comme la note mise en tête l'a fait plus d'une fois supposer; il a été seulement rédigé d'après lui, et présente avec le véritable texte de très-grandes différences[3]. Les nombreux emprunts faits à notre écrivain par l'auteur du *Speculum morale*, édité à tort sous le nom de Vincent

---

1. Bibl. de Tours, ms. 467. « *Incipit prologus super librum qui dicitur Pantheon...* » Cet abrégé s'arrête après le chapitre *de Tristitiâ*.
2. *Hist. littér.*, XIX, 31 et s.; Gieseler, I, 510.
3. Martène, *Anecd.*, V, 1777-1794.

de Beauvais, ne constituent pas davantage une publication. C'est bien plutôt un pillage impudent, accompagné de ce qu'on appelle en littérature un démarquage. Je ne m'arrêterai pas à désigner les unes après les autres toutes les anecdotes dont ce singulier compilateur s'est emparé pour les altérer, les défigurer, les dépouiller de tout intérêt et de toute précision, en supprimant les noms des lieux et des personnes. Ce relevé minutieux a été exécuté avec un zèle jaloux par Échard, qui avait en même temps à venger un autre dominicain, saint Thomas, des procédés du plagiaire anonyme. Je me contente de renvoyer au travail du savant critique, en observant avec lui que des reproductions aussi vagues, aussi éloignées de l'original, ne sauraient ôter à celui-ci ni la saveur ni le mérite de la nouveauté[1]. On doit donc, en somme, regarder comme une première édition celle qui paraît aujourd'hui.

III. — Plan de l'édition.

On ne trouvera pas non plus ici le texte intégral de tout le volumineux manuscrit d'Étienne de Bourbon ; mais on y trouvera du moins un texte pur, et plus que des extraits. J'avais à faire un volume de documents historiques : j'ai donc pris tout ce qui pouvait intéresser l'histoire, c'est-à-dire la plus grande et la meilleure partie de l'ouvrage, et, pour ainsi dire, sa moelle. En un mot, j'ai laissé de côté les réflexions morales, les passages de l'Écriture et le commentaire théologique, n'en gardant que ce qui était indispen-

---

1. V. *Script. ord. Præd.*, I, 218-226.

sable pour faire comprendre le plan et la pensée de l'auteur, pour rattacher ensemble sa longue série d'exemples, dont je ne pouvais songer à intervertir l'ordre. Quant à ces exemples eux-mêmes, j'ai dû en supprimer également un bon nombre, qui auraient grossi inutilement et démesurément ce volume. Voici la règle générale que j'ai suivie à cet égard : tout ce qu'Étienne a raconté *de visu* ou *de auditu*, c'est-à-dire ce qui s'est passé de son temps, et les faits antérieurs, authentiques ou légendaires, dont il a recueilli un récit oral, tout cela a été soigneusement conservé ; les traits empruntés par lui à d'autres écrivains, ordinairement désignés, c'est-à-dire la partie de son recueil qui n'est pas véritablement originale, ont été sacrifiés. Je n'ai fait que de rares exceptions, commandées par des raisons spéciales. Ainsi, je n'ai pas cru devoir rejeter les citations de certains auteurs contemporains du nôtre, et dont les écrits sont peu ou point connus : les historiettes assez nombreuses tirées de la collection de Jacques de Vitry, par exemple, ne pouvaient qu'ajouter un attrait de plus à l'édition. Quant à la nature intrinsèque des récits moraux dont celle-ci se compose, on en a l'indication dans le titre donné au présent volume : il comprend à la fois des anecdotes historiques, des légendes, des apologues, et chacune de ces catégories présente un genre particulier d'intérêt.

Tout en respectant les divisions établies dans l'original, j'ai introduit dans l'édition un numérotage supplémentaire en chiffres arabes, destiné à faciliter les recherches et les renvois : chaque numéro correspond généralement à un exemple. Je me suis attaché, toutes les fois que la chose était possible, à indiquer en note les origines, ou du moins les similaires des anecdotes citées ; j'ai même opéré quelques confrontations de textes dont les amateurs d'histoire littéraire me sauront gré, je l'espère. La filiation de certains vieux contes est aussi instructive que difficile à établir; leurs variantes sont multiples, et il est presque impossible de les retrouver toutes. J'ai été très-utilement secouru, dans cette partie de ma tâche, par mon savant confrère M. Gaston Paris, membre de l'Institut. Mieux que tout autre, il connaît les rapports des littératures antiques et modernes; l'obligeance désintéressée avec laquelle il m'a fait profiter de sa vaste érudition lui donne droit à toute ma gratitude.

Un sommaire détaillé des cinq parties de l'ouvrage a été placé en tête. Chaque anecdote y est analysée brièvement, et porte le même numéro que dans le texte. Enfin une table alphabétique générale, comprenant les noms des personnes, des lieux et des principales matières, forme le complément obligé de cette édition : elle renvoie aux pages, et non plus aux paragraphes comme le sommaire.

SOMMAIRE DE L'OUVRAGE.

PROLOGUE.

1. L'auteur établit que les faits sont plus efficaces que les raisonnements pour frapper l'esprit des hommes et les porter au bien. — 2. Il a voulu, en conséquence, réunir une collection d'exemples ou de récits moraux, relatifs à tous les sujets ; il énumère les sources où il les a puisés : livres historiques ; légendes et vies de saints ; recueils spéciaux à l'usage de la chaire ; souvenirs personnels. — 3. Plan et méthode appliqués à cette collection, qui est divisée en sept parties, répondant aux sept dons du Saint-Esprit, et subdivisées elles-mêmes en un certain nombre de titres ou chapitres. — 4. Utilité multiple des exemples, éprouvée par S. Dominique.

PREMIÈRE PARTIE.

DU DON DE CRAINTE.

5. Plan de la première partie.
Tit. I. *Des sept espèces de crainte.* — 6. Parole d'un philosophe à un prince, rapportée par Gui d'Orchuel. — 7. Réponse d'Arnauld, prieur des Frères Prêcheurs de Lyon, à ceux qui craignaient de le voir manquer du nécessaire. — 8. Trois chevaliers, logés dans trois hôtels, éprouvent des inconvénients différents. — 9. Un

écolier de Paris apparait, après sa mort, à son ancien maître, sous un manteau fait de sophismes écrits, qui l'écrasent. — 10. Un Breton, en pèlerinage au Mont-Saint-Michel, refuse de livrer son offrande une fois le péril passé. — 11. Trait cité par Philippe de Montmirail sur une béguine consolée par Jésus-Christ.

Tit. II. *Des effets de la crainte.* — 12. Division.

Tit. III. *De la crainte de Dieu.* — 13. Division.

Tit. IV. *De l'enfer.* — 14. Division. — 15. Conversion de Foulques de Marseille, évêque de Toulouse. — 16. Une femme décédée fait connaître à son époux son sort dans l'autre monde. — 17. Récit du frère Guillaume de Poitiers sur un arbre qui semblait sortir du corps d'un usurier. — 18. Supplice d'un hérétique appelé d'Auvergne ou l'Auvergnat. — 19. La belle-sœur du roi Philippe-Auguste raconte à l'auteur une vision d'Alpaix de Cudot, à qui apparut une de ses amies, damnée pour son amour de la parure; Étienne de Cudot, archidiacre d'Auxerre, et neveu de la même Alpaix, révèle d'autres faveurs faites à sa tante par la sainte Vierge. — 20. Récit, fait par Calon, seigneur de Fontaines, petit-neveu de S. Bernard, de la conversion du père de ce dernier. — 21. Un écolier de Paris entre dans l'ordre des Frères Prêcheurs par suite des conseils d'un de ces religieux. — 22. Singulier argument employé par le frère Jourdain, général des Dominicains, pour convertir un jeune seigneur.

Tit. V. *Du purgatoire.* — 23. Division. — 24. Un prévôt malade, conduit un instant dans le purgatoire, préfère souffrir sur la terre indéfiniment. — 25. Légendes siciliennes, racontées par un religieux de la Pouille, et relatives à l'Etna. — 26. Trait d'un voleur pénitent, rapporté par un chapelain du diocèse de Lausanne, nommé Guillaume, qui passait pour saint. — 27. Le démon apparait à S. Dominique et à des dames qui étaient venues le consulter, d'après le frère Roméo, provincial des Dominicains de Provence, et la *nouvelle légende* de ce saint. — 28. Récit de Nicolas de Flavigny, archevêque de Besançon, sur un pèlerin condamné à errer pendant trois ans, et qu'un de ses amis délivre du purgatoire en achevant pour lui sa pénitence. — 29. Un chevalier de l'Albigeois délivre son père de la même manière, sur la proposition de Guillaume, archidiacre de Paris. — 30. Au temps de la prédication de la croisade, un chevalier, en prenant la croix pour un autre, débarrasse celui-ci du mauvais esprit. — 31. Le père d'un moine de Cluny est sauvé par l'intervention des pauvres qu'il avait hébergés et par celle de la sainte Vierge. — 32. Un autre doit son salut à l'habitude qu'il avait prise de se signer en se levant et en se couchant. — 33. Le jeune Hugues, fils du duc de Bourgogne, qui était mort en laissant une dette, apparaît pour en réclamer l'acquittement. — 34. Guillaume de Contres, chevalier de la suite du comte de Nevers, cite un fait semblable arrivé à un de ses parents. — 35. Un religieux obtient la délivrance d'un de ses frères décédés, en restituant à l'abbé de leur monastère des chaussures que le défunt avait gardées à tort. — 36. Narration de Guillaume Perraud, sur un pénitent envoyé dans une vallée solitaire. — 37. Tentation d'un chevalier enfermé la nuit dans une église, d'après une légende en vers.

Tit. VI. *Du jugement futur.* — 38. Division. — 39. Impression produite par l'idée du jugement sur un étudiant en théologie. — 40. Mort de Raoul de Bulli, maître ès arts à Paris. — 41. Un étudiant, revenu des écoles, repousse son ancienne maîtresse. — 42. Vol commis par un barbier, pour fêter la Saint-Nicolas. — 43. Vengeance exercée par un fils sur son père, qui lui avait enseigné le vice. — 44. Triste fin d'un prélat incapable de rendre compte de son administration. — 45. Le diable prédicateur. — 46. Un archidiacre allemand, qui avait fait périr son évêque pour prendre sa place, est frappé de mort subite au milieu du festin donné pour son installation. — 47. Évêque de Tours dénoncé comme indigne par S. Martin. — 48. Avertissement envoyé par Dieu à deux pécheurs, un comte et un prélat : le premier se convertit et reçoit le cilice des mains de l'auteur; le second meurt impénitent.

Tit. VII. *De la crainte de la mort.* — 49. Division. — 50. Le fils du sire de Vignory entre à Clairvaux, en disant à son père qu'il en sortirait quand celui-ci aurait détruit sur sa terre une mauvaise coutume, celle de mourir à tout âge. — 51. Châtiment d'un concubinaire public obstiné, à Dun. — 52. Superstition d'une vieille femme qui avait entendu le chant du *coucou.* — 53. Un usurier de Dijon est tué, le jour de son mariage, par la chute d'un usurier de pierre, sculpté sur le portail de l'église de Notre-Dame. — 54. Trois autres exemples de mort subite. — 55. Un paysan de Pouilly, après avoir refusé, malgré les admonitions de l'auteur, d'épouser une jeune fille qu'il avait séduite, meurt d'un fou rire. — 56. Enfant pieux épargné par la foudre, d'après Étienne de La Ferté. — 57. Un serviteur malade demande en vain la santé à son maître. — 58. Paroles du roi S. Louis se croyant sur le point de mourir (en 1244). — 59. L'usurier qui veut retenir son âme. — 60. Saladin mourant montre son suaire, en disant que c'est la seule chose qu'il emportera. — 61. Riche dépouillé par les siens avant d'expirer. — 62. Dernière parole d'un duc de Lorraine. — 63. Conversion et austérités du bienheureux Simon de Crépy, fils du comte de Crépy, qui meurt charbonnier à Rome. — 64. Le pape Alexandre [III] donne son anneau à un chevalier pour lui rappeler l'idée de la mort. — 65. Autre moyen employé par un confesseur envers son pénitent. — 66. Un bourgeois de Paris fait placer son cercueil dans sa chambre.

Tit. VIII. *De la crainte du péché.* — 67. Division. — 68. Certain prélat confie à son neveu un archidiaconé, et ne veut pas lui confier une corbeille de poires. — 69. Chevalier dépouillé par des hérauts pendant son sommeil.

Tit. IX. *De la crainte des périls présents.* — 70. Division.

Tit. X. *De la qualité des ennemis du genre humain.* — 71. Division.

DEUXIÈME PARTIE.

DU DON DE PIÉTÉ.

72. Plan de la deuxième partie.

Tit. I. *De la parole de Dieu.* — 73. Division. — 74. Réponse d'un Frère Prêcheur que d'autres moines cherchaient à attirer dans leur ordre. — 75. Une femme infirme fait porter son lit sur la place publique, pour y entendre un prédicateur renommé; son zèle lui vaut la guérison. — 76. Un vieillard, qui suivait à pied le prédicateur, se trouve transporté sans fatigue de l'autre côté d'une montagne. — 77, 78. Exemples de femmes allant de ville en ville afin de suivre des sermons. — 79. Prédication d'un abbé de Cîteaux devant une assemblée de démons déguisés en religieux. — 80. Une fontaine de Jouvence en Orient. — 81. Un jeune prince achète à la foire, pour cent livres, une maxime de sagesse qui le sauve. — 82. Orateur sacré confondu par une vieille femme, à Châlons. — 83. L'évêque d'Osma, prêchant avec S. Dominique chez les Albigeois, renonce au faste pour mieux persuader les hérétiques.

Tit. II. *De la considération de la miséricorde de Dieu.* — 84. Division. — 85. Un adultère est précipité dans la mer par le mari qu'il avait outragé. — 86. Réponses d'un philosophe, appelé le *Secours des malheureux,* aux questions insidieuses d'un prince.

Tit. III. *De l'incarnation de Jésus-Christ.* — 87. Division. — 88. La méditation de l'enfance du Sauveur convertit une ancienne religieuse, devenue femme publique. — 89. Un Sarrazin bienfaisant embrasse la foi chrétienne après avoir retrouvé pleins ses greniers, qu'il avait vidés. — 90. Extase d'un chevalier au jour de Noël. — 91. Religieux délivré de la tentation par une image de la Vierge et de l'enfant Jésus.

Tit. IV. *De la passion de Jésus-Christ.* — 92. Division.

Tit. V. *De la croix et de ses divers effets.* — 93. Division. — 94. Un écolier de Paris, tenté de la chair, est converti par l'aspect du Sauveur crucifié. — 95. Trait de la légende du roi Arthur, cité comme apologue par un prédicateur de la croisade. — 96. La croix, plantée sur un mont inaccessible de la Tarentaise, fait disparaitre les mauvais esprits qui le hantaient. — 97. Un prêtre du diocèse de Genève est emmené au sabbat, et se retrouve tout nu en Lombardie. — 98. Au moment où les barons de France prenaient la croix avec le roi S. Louis, vers la fête de S. Denis (en 1245), un chevalier des environs de Chartres entend les démons s'en plaindre amèrement, et prend lui-même une croix de feuilles. — 99. La Vierge se montre aux croisés. — 100. Les chrétiens tués par les Sarrazins semblent sourire encore. — 101. Manière de franchir les canaux dans les campagnes flamandes. — 102. Un chevalier français, après avoir suivi tous les pas de Notre Seigneur jusqu'au lieu de son Ascension, rend l'âme en cet endroit. — 103. Cri de guerre d'un croisé. — 104. Parole d'un autre croisé à son cheval.

Tit. VI. *De la bienheureuse vierge Marie.* — 105. Division. — 106. Fête de la Conception; à quelle occasion elle fut établie. — 107. Institution de la fête de la Nativité de la Vierge; fondation de son octave au récent concile de Lyon (en 1245). — 108. Puissance de l'*Ave Maria* dans la bouche d'une jeune fille. — 109. Un clerc, qui avait eu la langue coupée par les Albigeois, retrouve la parole à Cluny. — 110. Femme atteinte du *feu sacré* et guérie à Notre-Dame de Soissons. — 111, 112. Muets guéris au même lieu. — 113. Un clerc aveugle, qui composait des chansons, à Rome, recouvre la vue en entonnant un répons fait par lui en l'honneur de la sainte Vierge. — 114. Une femme, surprise par le reflux au Mont-Saint-Michel, est protégée par elle. — 115, 116. Moines sauvés de l'enfer et du purgatoire à cause de leur dévotion à Marie. — 117. L'abbé Jean de Belleville recommande cette dévotion en mourant. — 118. Le frère Jourdain, général des Frères Prêcheurs, établit dans son ordre l'usage de chanter après complies le *Salve Regina*. — 119. Jeûnes pratiqués aux veilles des fêtes de la sainte Vierge; un voleur est délivré du gibet grâce à cette habitude. — 120. Un autre voleur, délivré pareillement, à Auxonne, retombe dans son crime, et, cette fois, n'obtient plus de secours. — 121. Un chevalier du Nivernais, blessé à mort, ne peut expirer qu'après avoir reçu les sacrements. — 122. Vengeance exercée sur les gens du comte de Mâcon par les serviteurs de l'évêque, au château de Solustré. — 123. Un chevalier de l'Hôpital sauvé deux fois du feu, dans son enfance, par l'intercession de la mère de Dieu. — 124. Usage de jeûner le samedi en l'honneur de la même. — 125. Religieux arraché par elle aux démons qui l'entraînaient après sa mort. — 126. Réginald ou Regnauld, doyen des Frères Prêcheurs d'Orléans, est miraculeusement guéri à Rome, et appelé dans l'ordre de S. Dominique. — 127. Jean de Montmirail, dominicain, ancien archidiacre de Paris, conseille à un de ses pénitents de recourir à Marie contre les tentations de la chair. — 128. Une dame échappe à son séducteur en récitant les vêpres de la sainte Vierge. — 129. Le diable au service d'un seigneur d'Auvergne. — 130. Lors de leur entrée à Déols, en 1187, les Cotereaux outragent une statue de la Vierge; un d'eux est frappé de mort. — 131. Un blasphémateur est châtié de même. — 132. L'an 911, les Chartrains, en combattant contre les Normands, perdent la tunique de la sainte Vierge, qui leur servait d'étendard. — 133. Fin horrible d'un autre blasphémateur, pendant le séjour de l'auteur à Cluny, en 1246. — 134. Une abbesse de Flandre, dépouillée de sa dignité, la recouvre ensuite par sa fidélité envers Marie. — 135. Une autre abbesse, séduite et devenue mère, obtient par elle d'échapper à la confusion, moyennant qu'elle change de conduite. — 136. Variante de la légende de Crescentia. — 137. Vision du frère Guala, prieur de Brescia, au sujet de la mort de S. Dominique. — 138. Châtiment de l'antipape Anaclet (Pierre de Léon). — 139. Un clerc sauvé pour son attention à bien peindre le nom de Marie dans les manuscrits. — 140. Un autre, après avoir obtenu l'amour d'une femme par l'intervention du démon, mérite d'être rappelé à la pénitence pour sa fidélité à dire les heures de la sainte Vierge.

Tit. VII. *Des œuvres de miséricorde.* — 141. Division. — 142, 143. Deux exemples de pauvres enrichis par l'aumône. — 144. Les héritiers d'un Sarrasin converti poursuivent en justice un évêque qui avait fait à leur père la promesse de l'Evangile : « *Centuplum accipietis* », sans aucun résultat matériel. — 145. Le fils d'un noble seigneur refuse ses secours à son frère cadet, qui revenait avec lui de la croisade, et pour ce motif est déshérité. — 146. Le comte de Champagne (Henri le Large) donne en aumône la personne d'un de ses serviteurs qui repoussait les pauvres. — 147. Sa façon spirituelle de secourir un enfant. — 148. Jugement du pape Alexandre [III] entre un moine de Citeaux, qui donnait ses habits aux pauvres, et son abbé, qui le lui défendait. — 149. Trait de S. Pierre de Tarentaise, mettant les préceptes de l'Évangile au-dessus des injonctions du pape. — 150. Le comte Thibaud de Champagne explique pourquoi il distribuait l'aumône de ses propres mains. — 151. Une dame charitable, voyant un pauvre à la messe, va retirer son *pellisson* sous le portique de l'église et le lui donne, pour ne pas manquer l'office en allant lui chercher autre chose. — 152. Un laïque des environs de Cambrai, ayant été acheter une statue de la Vierge à Fontaine, où on en faisait de belles, et ne pouvant trouver de gîte en route à son retour, reçoit une magnifique hospitalité, offerte par un envoyé céleste dans un hôtel inconnu. — 153. Les moines de Saint-Victor de Marseille appauvris par le départ du procureur *Dabitur vobis,* qui avait suivi en exil son compagnon *Date.* — 154. Un mari veut tuer un pauvre que sa femme avait couché dans son lit, et en est empêché par une apparition divine. — 155. Un grand pécheur pénitent boit l'eau qui a servi à laver les plaies des pauvres. — 156. Jean, seigneur de Montmirail, boit celle qui a lavé les pieds d'un malheureux. — 157. Visites du comte Thibaud de Champagne à un lépreux de Sézanne. — 158. Barthélemi de la Cluse, archidiacre de Mâcon, raconte les visites faites par S. Dominique aux prisonniers de Rome. — 159. Le même rapporte la préservation merveilleuse des lettres de canonisation de S. Dominique, dans le naufrage d'un vaisseau qui les emportait en Orient. — 160. Un nouveau Salomon condamne trois jeunes gens à tirer sur le corps de leur père défunt, afin de reconnaître quel est parmi eux le fils légitime. — 161. Fils ingrat imité par son propre fils. — 162. Deux enfants frappés de mort à Vergy, en Bourgogne, à la suite de la malédiction de leurs parents. — 163. Un habitant de Chinon, qui avait refusé à manger à son père, a la face dévorée par un immonde crapaud, dont il ne peut se débarrasser qu'en se rendant en Terre-Sainte.

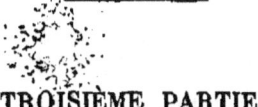

TROISIÈME PARTIE.

DU DON DE SCIENCE.

164. Plan de la troisième partie.

Tit. I. *De la pénitence.* — 165. Division. — 166. Exemple d'un chevalier incapable d'observer les plus petites pénitences, par cela même qu'elles lui sont imposées. — 167. Pénitent retiré dans les catacombes de Rome. — 168. Légende de Robert le Diable; diverses aventures à lui attribuées. — 169. Albigeois confondus par un jongleur. — 170. Une hérétique de Mont-Aimé, nommée Albérée, qui passait pour sainte à cause de ses abstinences, est condamnée ainsi que son fils et plus de quatre-vingts Manichéens.

Tit. II. *De la connaissance de son état.* — 171. Division.

Tit. III. *De la contrition.* — 172. Division. — 173. Histoire d'un chevalier devenu ermite et retiré à Constantinople, qui feint la folie, et qui assiste de ses conseils le fils d'un empereur, meurtrier de son frère. — 174. L'excès de la douleur fait mourir une femme qui avait empoisonné ses père et mère, et lui vaut sa grâce auprès de Dieu.

Tit. IV. *De la confession.* — 175. Division. — 176. Une charte diabolique, contenant tous les péchés d'un clerc, est effacée par l'effet de la confession. — 177, 178. Deux autres exemples du même genre, relatifs à un religieux qui avait oublié de dire ses heures, et à une femme incestueuse. — 179. Le sac du diable vidé par la confession. — 180. Récit d'un frère irlandais sur un homme de son pays, qui avait fait acte d'hommage aux démons et portait sur sa main l'empreinte de leur sceau. — 181. Une bande de cigognes met en pièces deux oiseaux de la même espèce, coupables d'adultère. — 182. Nicolas de Flavigny, archevêque de Besançon, cite un homme dont la main, noircie par un pacte satanique, redevint blanche par la confession. — 183. Tempête excitée, dans une traversée maritime, par une courtisane inconnue. — 184. Un chevalier, qui refusait de faire sa paix avec Dieu, consent à faire une trêve. — 185. Une jeune fille d'Angers, qui interrompait le sermon sur la place publique par des chants et des danses, est atteinte d'un mal horrible et délivrée par la confession. — 186. Un prêtre du diocèse de Reims veut mettre en châsse une femme qui prétendait n'avoir point commis de péchés.

Tit. V. *De la satisfaction.* — 187. Division. — 188. Trait d'un templier qui ne pouvait se tenir à cheval, par suite de l'excès de ses mortifications. — 189. Jeûnes trop rigoureux des Frères Prêcheurs, aux premiers temps de leur institution. — 190. Un prélat, affaibli par la délicatesse de sa vie, retrouve la force et la santé dans le régime grossier de Cîteaux. — 191. Un petit chien, qui dépérissait par la bonne chère, est rétabli par la diète.

Tit. VI. *Des pèlerinages.* — 192. Division. — 193. Un pèlerin se perd en s'enivrant dans une auberge. — 194. Chansons et danses profanes en usage dans les pèlerinages et dans les veillées des fêtes : le feu consume un jeune homme qui entrait en dansant sur un cheval de bois dans une église du diocèse d'Elne. — 195. Danseurs et danseuses frappés de la foudre, dans un lieu de pèlerinage du même pays. — 196. Trente Lorrains se rendent ensemble à Saint-Jacques de Compostelle : deux d'entre eux, l'un mort, l'autre vivant, sont transportés par S. Jacques jusque dans le pays de Léon. — 197. Pèlerinages en Palestine : parabole d'un fils de roi déshérité et emprisonné par son père, pour n'avoir pas voulu venir le délivrer des mains des Sarrasins.

Tit. VII. *De la prière.* — 198. Division. — 199. Un religieux, à Bologne, voit S. Dominique passer la nuit en oraison. — 200. Un *trotier* du roi Philippe-Auguste lui demande pour récompense le privilége de pouvoir lui parler bas à l'oreille, les jours où il tiendra sa cour. — 201. Les moines d'un certain prieuré s'endorment aux matines et font chanter à leur place des enfants, qui se jouent d'eux. — 202. Procédé d'une vieille femme pour régler le chant de son coq. — 203. Un bon prédicateur, qui n'avait gardé que son âne pour tout bien, s'en défait parce qu'il lui cause des distractions. — 204. Pari fait entre deux clercs au sujet des distractions survenant pendant la prière. — 205. Trois voleurs dépouillent un paysan sans qu'il s'en aperçoive, en occupant son attention par divers propos. — 206. Une vieille femme prie avec moins de ferveur, après avoir appris le psautier, qu'elle ne faisait en récitant simplement le *Pater*, l'*Ave* et le *Credo*. — 207. Un prince, qui avait un faucon à offrir au roi de France, le lui fait désirer ardemment pour lui faire mieux apprécier son cadeau. — 208. Les moines du prieuré de Saint-Martin-des-Champs, sans ressources, louaient Dieu pendant la nuit : le roi, passant par là, les entend, s'informe, et leur assigne des revenus. — 209. Pains miraculeux servis aux disciples de S. Dominique, sur la prière de leur maître. — 210. Une pauvre femme en oraison est secourue de la même manière. — 211. La chute du mont Grenier, en Savoie, arrivée l'an 1249. — 212. Un prêtre, évoqué du tombeau, raconte qu'il a vu une multitude de clercs écrasés sous le poids des mots et des syllabes qu'ils avaient mangés en psalmodiant. — 213. Un écolier s'amuse à imiter les cris de Paris en répondant la messe. — 214. Une dame galante convertie par un jongleur. — 215. Un comte de Poitiers, devenu moine de Cîteaux, se complaît à étudier la vie des animaux qui lui sont confiés. — 216. Exemples de la gratitude des lions.

Tit. VIII. *De la persévérance.* — 217. Division. — 218. Un moine de Rouen obtient, au mont Sinaï, une relique de sainte Catherine. — 219. Un dominicain, ancien banquier, doué d'une belle voix, résiste à la tentation de quitter son ordre pour devenir prêtre et chanter la messe.

QUATRIÈME PARTIE.

DU DON DE FORCE.

220. Plan de la quatrième partie.

Tit. I. *De la tentation.* — 221. Division. — 222. Trait d'un ribaud qui se jetait dans l'eau glacée pour endurcir son corps au froid. — 223. Un Frère Mineur se jette de même dans un monceau de neige pour échapper à une tentation. — 224. Un Lorrain fait boire une anguille, qui lui glisse des mains dans la rivière. — 225. Fable du serpent réchauffé. — 226. Un novice est tenté de prendre tout ce qui existe pour un songe. — 227. Une noble dame vient se dénoncer comme hérétique à l'auteur, qui la renvoie en paix. — 228. Guillaume de Limoges, sous-prieur des Dominicains de Paris, est mystifié par un démon. — 229. Un autre démon imite les gestes et les paroles des hommes de tous les états. — 230. Un autre prend la figure du Christ lui-même, pour séduire une femme de Lyon. — 231. Un autre apparaît à un novice sous l'aspect de la sainte Vierge. — 232. Horrible vision d'un frère convers de Montpellier. — 233. Illusions produites par un enchanteur.

Tit. II. *Du péché de pensée.* — 234. Division.

Tit. III. *Du péché de parole.* — 235. Division. — 236. Femme bavarde jetée à la mer par son mari. — 237. Recette enseignée à une jeune femme par une vieille sorcière pour gagner les bonnes grâces de son époux. — 238. Une autre vieille, consultée pour le même objet, renvoie sa cliente à l'école des lièvres, souples et muets. — 239. Un bonhomme, ayant à riposter à une femme querelleuse, ne trouve rien de mieux à faire que de payer une autre femme pour le faire à sa place. — 240. Mot piquant d'une mégère qui voulait en faire taire une autre. — 241. Une femme reçoit les injures comme des trésors. — 242-244. Exemples de l'esprit de contradiction et de querelle chez les femmes. — 245. Deux époux, que le diable n'avait pu diviser en trente ans, sont brouillés en un moment par les propos d'une méchante vieille. — 246. Le plat de bonnes langues et le plat de mauvaises langues.

Tit. IV. *De la corruption et de la garde des sens.* — 247. Division. — 248. Une religieuse, qui avait charmé le roi Richard d'Angleterre par la beauté de ses yeux, se les arrache et les lui envoie. — 249. Réponse de Gilbert de la Porrée à une reine de France qui le jugeait digne de ses faveurs.

Tit. V. *Du mauvais exemple.* — 250. Division. — 251. Les Albigeois s'appuient sur les mauvais exemples des prélats, et confondent par là les premiers missionnaires envoyés contre eux. — — 252. Apologue d'une grue qui attire ses compagnes dans la maison d'un paysan, où elles sont toutes prises et tuées. — 253. Un curé du diocèse de Tulle, tombé dans l'erreur, conduit quarante de ses paroissiens à Milan, à l'école des hérétiques. — 254. S. François d'Assise, à qui un évêque avait fait apprendre par cœur un beau sermon, le remplace par une improvisation virulente contre les mauvais exemples du clergé. — 255. Le palefroi du prédicateur et l'ânesse de Jésus-Christ. — 256. Un dominicain, appelé Pierre l'Espagnol, rapporte une apparition de l'Église sous la figure d'une femme remplie de corruption des pieds à la tête. — 257. Un orateur, dans un concile, adresse à S. Pierre et à S. Paul le mot qu'on dit aux fous (babimbabo), parce qu'ils avaient acheté le ciel très-cher, tandis que les prélats du jour le gagnent au milieu des délices. — 258. Un abbé attire un chef de brigands dans son monastère, et le convertit à force de bons traitements et de saints exemples.

Tit. VI. *De la mauvaise habitude.* — 259. Division.

Tit. VII. *De l'orgueil.* — 260. Division. — 261. Dernières paroles d'Aristote, citées par Humbert de Romans, général des Frères Prêcheurs. — 262. Maitre Garnier (ou Guerric), professeur de philosophie à Paris, prend l'habit religieux à la suite d'une lecture de la Genèse. — 263. Eudes, évêque de Paris, fait manger à sa table les pauvres les plus abjects. — 264. Une petite fille, traversant un pont, met une grosse pierre sur sa tête pour ne pas être emportée par le vent. — 265. Hugues de Saint-Victor puni, après sa mort, pour le péché de « vaine gloire. » — 266. Fable du chien qui lâche la proie pour l'ombre. — 267. Apologue du fou poursuivant son ombre et poursuivi par elle. — 268. Déception d'un clerc qui, sur la foi d'un rêve, comptait devenir évêque. — 269. Un archidiacre, feignant de fuir certaine dignité ecclésiastique pour l'obtenir plus sûrement, voit son attente trompée. — 279. Un démon sur la tête d'une danseuse. — 271. Fable de la laitière et du pot au lait. — 272. Regrets d'un chevalier ruiné par les vanités, les tournois et les histrions. — 273. Une bourgeoise de Paris, rajeunie par les artifices de la toilette, est suivie par son mari sans en être reconnue. — 274. Un singe arrache à une vieille coquette sa chevelure postiche. — 275. Étienne de Cudot, curé de Vermenton, enlève à la *mairesse* du lieu, qui était venue danser devant la porte de l'église, son voile et ses faux cheveux. — 276. Trait plaisant d'un histrion qui cherchait en vain une honnête femme. — 278. Maurice de Sully, évêque de Paris, refuse de reconnaître sa mère sous des vêtements de luxe. — 279. Un histrion jette de l'eau sur le visage d'une femme maquillée. — 280. Farce du même genre jouée par un grand personnage à une femme peinte. — 281. Le diable retient une dame allemande par la pointe de son soulier.

— 282. Tortures imposées par la coquetterie; inconvénients et ridicules des longues queues. — 283. Progrès du luxe; somptuosité des ceintures. — 284. Variété exagérée des couvre-chefs chez les femmes. — 285. Naïveté d'un jeune *rousseau*. — 286. Un prêtre instruit les enfants de sa paroisse à chasser les femmes abusant du rouge. — 287. Des écoliers se moquent d'une dame qu'ils avaient vue se coiffer. — 288. Un religieux espagnol, nommé Dominique, et compagnon du fondateur des Frères Prêcheurs, guérit, à Paris, les maux de tête d'une damoiselle de la comtesse de Montfort, en la faisant renoncer aux faux cheveux et aux bandelettes. — 289. Le père de l'empereur Frédéric fait emporter et brûler par ses gens la coiffure postiche de son épouse. — 290. Philippe-Auguste donne à un mime, qui se disait son parent du côté d'Adam, une obole pour sa part d'héritage. — 291. Le roi tourne en dérision un poète de basse extraction, qui se vantait d'une noble origine. — 292. La vraie et la fausse noblesse. — 293. Leçon donnée par Alain de Lille aux chevaliers de Montpellier. — 294. Un orateur orgueilleux perd subitement la mémoire. — 295. Discours ironique d'un religieux à un prélat, qui avait placé sa communauté dans un lieu élevé, venteux et aride. — 296. Geoffroi, prieur de Clairvaux, refuse l'évêché de Tournai. — 297. Apologue de la chauve-souris. — 298. Un maître, pour convaincre son élève de l'attrait du fruit défendu, lui interdit de toucher à deux plats entre lesquels était renfermé un oiseau, que sa curiosité fait bientôt échapper. — 299. La femme d'un jongleur se noie par désobéissance envers son époux. — 300. Une autre femme trop curieuse se fait couper le doigt. — 301. Exemple d'un homme content de tout, parce qu'il voulait tout comme Dieu. — 302. Jactance d'un usurier excommunié, qui était gros et gras. — 303. Troupe de cigognes excommuniée par Grégoire IX, avant son élévation à la papauté. — 304. Landry, évêque de Mâcon, excommunie des passereaux qui souillaient l'église de Saint-Vincent, où l'auteur habitait dans son enfance. — 305. Les anguilles sont chassées du lac Léman par l'évêque de Lausanne. — 306. Aventure d'un évêque de Cahors, accusé d'adultère et réfugié dans une caverne, où sa présence est révélée, au bout de sept ans, par un brochet. — 307. Faute grave de ceux qui communiquent avec les excommuniés. — 308. Le pain noircit entre les mains du comte de Toulouse, frappé d'interdit, et redevient blanc par la vertu de l'absolution. — 309. Mort subite d'un concubinaire endurci, excommunié par l'évêque de Mâcon. — 310. Château-fort des environs de Valence inhabité et désolé par suite de l'interdit jeté sur son seigneur. — 311. Alise, duchesse de Bourgogne, fait lever une sentence ecclésiastique qui rendait son verger stérile. — 312. Forêt enlevée à des religieux et frappée d'aridité, dans le pays de Belley. — 313. A Marcigny, dans le diocèse d'Autun, deux vieillards excommuniés sont emportés par la Loire. — 314. A Saint-Léger, dans le même pays, le corps d'une femme excommuniée est déchiré par les chiens. — 315. On trouve un serpent dans le cadavre d'un chevalier exclu du cimetière. — 316. S. François baise les mains d'un curé de Lombardie accusé de concubinage, par honneur pour son caractère. — 317. Légende des abeilles construisant, pour loger une hostie consacrée, une ruche merveilleuse, en forme d'église, d'après un récit en vers. — 318. La ville d'Avignon, assiégée par le prince Louis (Louis VIII), est sauvée par la protection de la sainte Vierge. — 319. L'évêque de Grenoble fait venir tous les prêtres de son diocèse au synode, en les menaçant d'une amende de cinq sous. — 320. L'église de Notre-Dame du Puy, vénérée jusque chez les Sarrasins, est souillée par un adultère et frappée de la foudre pour ce motif, d'après le récit de l'archevêque de Lyon. — 321. L'abbé Jean de Belleville cite une autre église dévastée par la foudre, pendant l'office. — 322. Un pêcheur sauvé par quatre saints dont il avait l'habitude d'observer les fêtes. — 323. La dame de Beaujeu, belle-sœur de Philippe-Auguste, raconte comment ce prince, entraîné, à sa mort, par les démons, fut arraché de leurs mains par S. Denis. — 324. Châtiment d'un paysan de Saint-Étienne de Chalaronne qui avait violé la fête du patron de ce lieu. — 325. Les chausses rouges de Gocelin servant d'indicateur des jours fériés. — 326. Un moine présomptueux se nomme lui-même abbé, et ruine son couvent. — 327. De l'hérésie; le marquis de Montferrand, en Auvergne, après avoir étudié et collectionné tous les livres des hérétiques, n'en retire qu'une fermeté inébranlable dans la foi catholique. — 328. Réponse inspirée d'un enfant à qui les Albigeois reprochaient d'adorer la croix. — 329. Conférence tenue en Lombardie par sept hérésiarques opposés les uns aux autres. — 330. Un Vaudois, revenu de Milan à Jonvelle-sur-Saône, sa patrie, est reconnu et pris, et donne des détails sur dix-sept sectes hérétiques, leurs noms et leurs doctrines. — 331. Une fille légitime reconnue à l'aide des vertus curatrices d'un anneau que son père lui avait légué. — 332. Montagne transportée par la foi, suivant la parole de l'Évangile. — 333. Vertu malfaisante des cendres d'un hérétique. — 334. Les Dominicains aident leurs frères mourants par la récitation du symbole. — 335. Expulsion d'un démon qui voulait mettre le feu au couvent de Saint-Jacques de Paris. — 336. Tristesse des hérétiques conduits au supplice, opposée à la sérénité des martyrs. — 337. Jugement par le feu appliqué aux livres de S. Dominique et de ses adversaires dans l'Albigeois. — 338. Juif converti par le spectacle de l'impuissance des hérésies contre l'Église. — 339. Apologue du paysan auquel trois mauvais plaisants finissent par persuader que son mouton est un chien. — 340. Sophismes ou jeux de mots employés par les Albigeois pour justifier leurs faux serments. — 341. Pourquoi l'on voit des catholiques embrasser l'hérésie, tandis que peu d'hérétiques reviennent au catholicisme. — 342. L'auteur trace le tableau des hérésies de son temps : origines des Vaudois. — 343. Erreurs et doctrines des Vaudois, constatées par l'auteur dans le cours de ses missions. — 344. Origines des Albigeois ou Manichéens. — 345. Erreurs de ces derniers. — 346. Leur abus des textes de l'Écriture. — 347. Leçon donnée par S. François à un hérétique qui voulait le confondre. — 348. Idées et pratiques des Albigeois. — 349. A quels signes ces hérétiques se reconnaissent : ils apprennent les textes sacrés par cœur, mais n'y ajoutent pas foi. — 350. Entretien d'une bourgeoise avec un chef de secte, qui, après lui avoir enseigné une doctrine excellente, finit par lui dévoiler sa fourberie. — 351. Dissimulation des hérétiques. — 352. Manière de les interroger; leurs réponses à double entente. — 353. Des superstitions ; un roi de Castille, refusant de croire au présage des corneilles, livre bataille aux Maures et les défait. — 354, 355. Crédulité d'un écolier espagnol et d'un provincial. — 356. La vieille et le coucou. — 357, 358. Ruses des sorcières pour faire croire à leur talent de divination. — 359. Faux prodiges d'un devin qui se fait passer pour S. Jacques. — 360. Un compagnon d'études de l'auteur, à Paris, est dépouillé de tous ses livres par un voleur, et recourt, pour les retrouver, à un maléfice qui l'induit en erreur. — 361, 362. Deux exemples de sortiléges. — 363. Un curé se joue d'une devineresse pour détourner d'elle ses paroissiens. — 364. Une vieille bretonne joue pendant la nuit le rôle d'un vampire, et se fait prendre. — 365. La chasse d'Arthur ou la *mesnie Hellequin*. — 366. L'auteur se convainc de la fausseté des imputations d'une femme du Forez, qui reprochait à d'autres d'avoir pris part à des séances de magie diabolique. — 367. Il juge, à Clermont, une femme de Saint-Pourçain, qui accusait de même une foule de personnes de se livrer au commerce des démons dans un lieu souterrain. — 368. Le sabbat et les *bonnes choses;* tour joué par un prêtre à une sorcière qui les fréquentait. — 369. Paysan des environs de Besançon dépouillé par des ribauds déguisés en femmes. — 370. Faux pèlerinage de S. Guinefort, dans la seigneurie de Villars : l'auteur en démontre l'origine, fait déterrer le chien qui en était l'objet et interdire les visites des pèlerins. — 371. Châtiment d'une sorcière qui avait emporté de l'église une hostie consacrée.

Tit. VIII. *De l'envie.* — 372. Division. — 373. Un prévôt, qui avait accusé d'adultère l'épouse de son prince, est pris pour le prétendu amant et brûlé en sa place. — 374. Combat de chiens livré à Mont-Aimé, en Champagne. — 375. Apologue de deux voyageurs au pays des singes, Falsidique et Véridique ; le premier obtient tous les honneurs à cause de ses flatteries à l'adresse du souverain. — 376. Fable du lion, du loup et du renard. — 377. Obstination d'un rustre bisontin qui jurait Dieu qu'il ne jurerait plus. — 378. Deux Auvergnats frappés des peines qu'ils avaient appelées sur eux en jurant.

Tit. IX. *De la colère.* — 379. Division. — 380. Une béguine de Reims, en retombant dans ce péché, perd le trésor qu'elle avait reçu avec l'Eucharistie. — 381. Une femme pieuse accueille les injures comme des richesses. — 382. Un Sarrasin converti, fait prisonnier avec S. Louis par ses anciens coreligionnaires, endure un supplice affreux plutôt que de renier le Christ. — 383. Un blasphémateur bisontin, s'étant donné à tous les diables, est emporté par eux. — 384. Disparition d'une chaussure que son propriétaire avait envoyée au diable. — 385. Un chevalier soufflette, sur le grand pont de Paris, le fils d'un bourgeois qui blasphémait; les bourgeois le conduisent devant le roi Philippe-Auguste, qui lui donne gain de cause. — 386. Trait d'un ribaud de Lagny qui lance une flèche contre le ciel pour se venger de Dieu. — 387-390. Triste fin de plusieurs blasphémateurs, notamment d'un cocher qui conduisait des Parisiens à Saint-Denis et d'un marinier des environs de Châlon-sur-Saône. — 391, 392. Blasphémateurs punis dans les membres par lesquels ils ont juré.

Tit. X. *De l'acédie.* — 393. Division. — 394. Une devineresse, consultée par un paresseux sur le moyen de s'enrichir, l'envoie assister au lever des oiseaux et à leur coucher. — 395. Le frère Guerric, premier prieur des Dominicains de Metz, se convertit en entendant chanter une chanson sur la rapidité du temps. — 396. Un ange révèle à un ermite l'équité réelle de plusieurs jugements de Dieu, inéquitables en apparence. — 397. Un moine, qui voulait vivre selon les lois de la médecine naturelle, se voit refuser la consolation de la médecine spirituelle. — 398. Mort subite d'un confesseur qui voulait empêcher un de ses nobles pénitents d'entrer en religion. — 399. Réponse du neveu de l'évêque de Porto à ceux qui le détournaient du cloître. — 400. Jean, archevêque de Lyon, rencontre dans une île un évêque qui inscrivait les noms et les actions de toutes ses ouailles. — 401. L'archidiacre incapable de garder des poires. — 402. Trait de népotisme d'un prélat, et répartie qu'il s'attire. — 403. Une noble dame confond un archidiacre qui refusait de prêcher. — 404. Supplices infligés dans l'autre monde aux ministres de l'Église coupables de négligence. — 405. Dernières paroles d'un riche impénitent.

Tit. IX. *De l'avarice.* — 406. Division. — 407. Un riche, ayant mis sur la cachette qui renfermait son trésor l'inscription : *Il est là,* y retrouve tout-à-coup celle-ci : *Il n'est plus là.* — 408. Faux désintéressement d'un clerc. — 409. Variante de la fable du savetier et du financier. — 410. Le chevalier au manteau percé. — 411. Trait du riche qui veut retenir son âme prête à le quitter. — 412. Un évêque aveuglé par le népotisme. — 413. Le cœur d'un avare défunt se retrouve sur son trésor. — 414. Un aveugle enrichi jette son argent à la rivière pour qu'il ne passe pas à un autre. — 415. Un enfant misérable, appelé Martin le galeux, franchit par l'usure les divers degrés de l'échelle sociale, et devient monseigneur Martin. — 416. Un chevalier dissuade un riche de l'usure. — 417. Un usurier de Paris périt du *feu sacré,* sous les yeux de l'auteur. — 418. Un autre est dépouillé par son seigneur. — 419. Un autre est rejeté hors de sa sépulture. — 420. Un autre, à Dijon, vers 1240, est écrasé, le jour de ses noces, par un de ses collègues en pierre. — 421. Fausse conversion d'un avocat, que S. Dominique ne peut décider à restituer le fruit de ses rapines. — 422. Usurier entraîné sur un vaisseau plein de démons. — 423. Autre dévoré par des serpents. — 424. La femme d'un usurier, à peine veuve, épouse l'ennemi de son mari. — 425. Angoisses et tribulations d'un voleur de grand chemin. — 426. La vraie courtoisie enseignée à des chevaliers par Alain de Lille. — 427. Rencontre d'une compagnie de guerre chargée de butin et d'une troupe de Frères Prêcheurs, en Bourgogne. — 428. Concours de vol entre les sergents ou garçons de l'Université de Paris. —

429. Tentative d'enlèvement d'une statue de la Vierge, en Angleterre.
— 430. Un vicomte du Mâconnais, après avoir vécu de rapines, s'embarque pour la croisade, est dépouillé de ses terres par Girard, comte de Mâcon, et meurt de faim près de Gênes, vers 1190. — 431. Un prévôt de Mâcon, avant l'acquisition du comté par le roi, pille les biens des églises et perd le libre usage de la langue. — 432. Châtiment d'un voleur du même pays, qui avait enlevé une poule à une pauvresse. — 433. Les fraudes d'un cabaretier et d'un maréchal-ferrant. — 434. Étonnement d'un boucher en face d'un client bien portant. — 435. Services rendus au soudan par un débitant de viande de Saint-Jean-d'Acre. — 436. Une femme graisse les mains d'un prélat. — 437. Official gagné par une plaignante au moyen de têtes d'oies sauvages. — 438. L'avocat d'un évêque, qui ne pouvait souffrir le bruit d'un moulin, s'y complaît dès que ce moulin lui est donné. — 439. Traits contre les avocats; un autre Perrin Dandin. — 440, 441. Singulière fin de deux avocats. — 442, 443. Un avocat et un chevalier, entrés au couvent, aiment mieux ne pas mentir que d'enrichir leur communauté. — 444. Traits de Guillaume, évêque de Paris, contre les prélats simoniaques. — 445. Tour joué à un prêtre de Lorraine, qui avait refusé d'ensevelir un défunt faute d'honoraires. — 446. Fait analogue arrivé à Lyon.

Tit. XII. *De la luxure.* — 447. Division. — 448. Un médecin et une jeune fille se dégoûtent des plaisirs à cause de leur brièveté. — 449. Récit de Jean de Montmirail, archidiacre de Paris, sur les châtiments progressifs d'une veuve qui s'était livrée plusieurs fois à un avocat. — 450. Comparaisons de Guillaume d'Auvergne au sujet des luxurieux. — 451. Le vieillard épilé par ses deux maîtresses. — 452. Misère apportée aux prêtres par leurs concubines. — 453, 454. Deux débauchés meurent d'un mal local épouvantable. — 455. Un grand prince, connu de l'auteur et renommé pour ses désordres, expire dans l'abandon et dans un état de pourriture affreuse, que l'on dissimule soigneusement. — 456. Un prêtre, après avoir ramené au bien une courtisane, est entraîné au mal par elle. — 457. Une femme, pour tromper son mari, tombe exprès dans la boue et va se laver dans la maison de son amant. — 458. Ivrogne fait moine à son insu par son épouse. — 459. Mari trompé par la substitution de son manteau au manteau de l'adultère. — 460. Variante du conte de la matrone d'Éphèse. — 461. Origine égyptienne de la danse. — 462. Une église du diocèse de Soissons, profanée par des danses, est dévastée par le feu du ciel. — 463. Le fils de Gui [V], comte de Nevers et de Forez, périt avec ses compagnons, par la chute d'un plancher sur lequel ils dansaient, au château de Sury-le-Comtal. — 464. Tremblement de terre à Tyr. — 465. Adultère dénoncé par un perroquet rapporté d'Alexandrie. — 466. Un adultère apparait tout en feu à sa complice. — 467. Un normand appelé Norbert, maître ès arts à Paris, est déchiré en morceaux en pénétrant chez une femme mariée. — 468. Femme adultère précipitée dans une fosse par son mari, avec sa servante et son amant. — 469. Une bourgeoise s'entend avec son époux pour faire venir un de ses poursuivants aux bains et l'enfermer dans le four. — 470. Prêtre du diocèse de Grenoble enfermé dans une armoire et vendu avec elle par un mari outragé. — 471, 472. Clercs ruinés et abandonnés par leurs maîtresses. — 473. Improvisation de S. François, à Rome, contre les désordres du clergé. — 474. Le Saut de Gautier, en Normandie.

Tit. XIII. *De la gourmandise.* — 475. Division. — 476. Leçon donnée à une réunion d'abbés et de prieurs par un frère qui les servait à table. — 477. Réponses du marquis de Montferrand aux questions du légat Romain. — 478. Un comte de Poitiers à la recherche de la meilleure condition sociale. — 479. Un prélat du diocèse de Reims, dégoûté de tout, recouvre l'appétit et la santé dans le régime du cloître. — 480. Un bénédictin, devenu évêque et gourmand, n'est pas reconnu par S. Benoît à la porte du paradis. — 481. Saladin régale des moines venus pour lui prêcher la foi, et les fait tomber de l'ivresse dans la débauche. — 482. Combat de chiens à Mont-Aimé, en Champagne, suivi de l'arrestation de cent quatre-vingts Manichéens.

CINQUIÈME PARTIE.

DU DON DE CONSEIL.

483. Plan de la cinquième partie.

Tit. I. *De la prudence.* — 484. Division. — 485. Louis VII, consulté par les chanoines de Paris sur le choix d'un évêque, donne la préférence à Maurice de Sully sur Pierre le Mangeur. — 486. Réponse du pape Zacharie à Pépin sur la qualité et les fonctions du roi. — 487. Apologue des chats qui, appelés pour défendre des fromages contre les rats, dévorent les uns et les autres. — 488. L'évêque moins inquiet de ses ouailles que de ses poires. — 489. Geoffroy, prieur de Clairvaux, repousse l'épiscopat comme un danger. — 490. Louis VII, en visite à Clairvaux, trouve S. Bernard, vieux et malade, mangeant un chapon par ordre de son supérieur. — 491. Jeux et cérémonies par lesquels les Romains terminent, chaque année, leur carnaval, au mont Testaccio. — 492. Le légat du pape et le marquis de Montferrand. — 493. Anecdote relative au vers : *Porta, patens esto; nulli claudaris honesto.* — 494. Légende d'Adam goutteux, guéri par un rameau de l'arbre merveilleux qui devait fournir plus tard la croix du Sauveur. — 495. La sainte ampoule de Reims; son usage dans les sacres, constaté par l'auteur. — 496. Jean aux Belles-Mains, archevêque de Lyon, est blâmé par l'évêque d'une ville maritime, parce qu'il ne sait pas le compte des âmes qui lui sont confiées. — 497. Un prélat en visite est accusé tout haut de négligence par une noble dame. — 498. Vie des bergers des Alpes, admirée par l'auteur; aveux faits par un docteur hérétique sur la simulation de sa foi dans les Écritures.

Tit. II. *De la tempérance.* — 499. Division. — 500. Une religieuse envoie ses deux yeux au roi Richard d'Angleterre, qui voulait l'enlever. — 501. Une autre décèle elle-même sa cachette à son ravisseur. — 502. Stratagème d'un magistrat pour découvrir si une fille avait été déflorée malgré elle ou de son propre consentement. — 503. Un seigneur épargne le meurtrier de son fils, en souvenir du Dieu crucifié, au nom duquel il faisait appel à sa clémence. — 504. En quoi consiste la modération ou la mesure. — 505. Trait de désintéressement d'un pauvre homme, qui, après avoir restitué à un marchand sa sacoche perdue, le fait arrêter comme voleur, parce qu'il voulait le forcer à garder son argent à titre de récompense. — 506. Variante de la fable du savetier et du financier. — 507. Légende d'Homère mal reçu des Athéniens sous ses vieux habits, et bien reçu sous des vêtements précieux. — 508. Trait semblable attribué à Pierre Abailard, à son arrivée dans une abbaye. — 509. Vision du frère Guala, à Brescia, sur la mort de S. Dominique. — 510. Vision du frère Raon sur le même sujet.

Tit. III. *De la force.* — 511. Division. — 512. Godefroid de

Bouillon répond aux Sarrasins, émerveillés de sa force herculéenne, qu'il la doit à sa chasteté. — 513. S. Louis, encore adolescent, se déguise en écuyer pour distribuer l'aumône sans être reconnu; explication donnée par lui à un religieux qui l'avait surpris. — 514. Martyre volontaire d'un ribaud qui se jetait sous la roue d'un moulin pour s'habituer au froid. — 515. Souffrances d'un homme noble qui s'était fait chef de brigands; l'auteur a une conférence secrète avec lui. — 516. Richard, duc de Normandie, endure avec patience les coups d'un sacristain, qu'il avait réveillé avant le jour, et le récompense. — 517. Innocente vengeance d'un porteur d'eau bénite envers un chevalier qui l'avait toujours mal reçu. — 518. Un clerc, guéri sur le tombeau de S. Edmond de Cantorbéry, retourne demander au saint la maladie, parce qu'elle était plus profitable à son salut. — 519. Une femme et un sacristain, qui avaient enlevé le trésor d'une église, méritent par leur pénitence que les effets de leur crime soient effacés.

TRACTATUS

DE DIVERSIS MATERIIS

PRÆDICABILIBUS.

PROLOGUS.

Incipit tractatus de diversis materiis predicabilibus, ordinatis et distinctis in septem partes, secundum septem dona Spiritus sancti et eorum effectus, currens per distinctiones materiarum, per causas et effectus, refertus auctoritatibus et racionibus et exemplis diversis ad edificacionem pertinentibus animarum.

1. Quoniam multi multipliciter, subtiliter et utiliter elaboraverunt auctoritates diversas veteris ac novi Testamenti et expositorum eorumdem et sanctorum diversorum, sub diversis titulis et de diversis materiis, compilare, necnon et raciones diversas auctoritatibus connectere, ut homines instruerent, monerent, moverent et promoverent ut mala futura metuerent et caverent, et per hoc à peccatis recederent et bonum appeterent et de malis commissis veraciter peniterent, tentaciones viriliter repellerent, et ut in bonum perseverarent, honeste viverent, discrete agerent, ut discrete

bonum à malo eligerent, ut meliora bona et saluti viciniora aliis preeligerent et preponerent, ut recte intelligerent, crederent et sentirent, ut Dei beneficia frequenter recolerent et recognoscerent, ut bona prout sunt bona gustando saperent, appeterent et amarent, ut mala pene presentis patienter propter Deum ferrent, transitoria et vana bona contemnerent, eterna bona ardenter appeterent, instanter et prudenter quererent, et perseverantes ea obtinerent circa que consistit hominum salus, tota conversacio et predicacio salutaris, de quibus est eciam opus presens; quia autem ad hec suggerenda[1] et ingerenda et imprimenda in humanis cordibus maxime valent exempla, que maxime erudiunt simplicium hominum ruditatem, et faciliorem et longiorem ingerunt et imprimunt in memoria tenacitatem (magis, ut probat beatus Gregorius in Dyalogorum libro, docent facta quam verba et magis movent exempla quam predicamenta); ideo summa Dei sapiencia, Christus Jhesus, primo docuit factis quam verbis, et subtilitatem predicacionis et doctrine grossam quasi corpoream et visibilem reddidit, muniens et vestiens eam diversis similitudinibus, parabolis, miraculis et exemplis, ut ejus doctrina cicius caperetur, facilius cognosceretur, forcius in memoria retineretur et efficacius opere adimpleretur. Immo, cum ipse esset eterna sapiencia, incorporea, invisibilis, eciam ab hominibus incomprehensibilis, voluit temporaliter incorporari et carne vestiri, ut ab hominibus facilius posset cognosci et comprehendi humanis sensibus : ideo « Verbum caro factum est et

---

1. Ms. *surgenda*.

habitavit in nobis, » etc. Ad hec dicit beatus Dionysius : « Sapientes philosophi incorporant sermones suos vestiendo eos similitudinibus et exemplis. Sermo enim corporeus facilius transit de sensu ad ymaginativam et de ymaginacione ad memoriam. »

2. Ideo ego, frater S.[1], in ordine Fratrum Predicatorum minimus, secundum parvitatem meam cupiens in alico esse utilis hominum saluti, relinquens alcioribus alciora et subtilioribus et profundioribus subtiliora et profundiora, ad Dei honorem et matris et sanctorum ejus, et animarum salutem et proximorum edificacionem, de eorum adjutorio confisus, non sine multo tempore et labore, ad omnia predicta, utilia collegi exempla diversa, de diversis libris, et de diversis materiis, et sub diversis titulis, et a diversis probis et doctis viris, a quibus plura eorum audivi. Collegi autem hec non attendens diffusionem verborum, sed sensum verborum, quam brevius potui, sub brevi verborum compendio, que erant in diversis libris sine titulorum distinccione et ordine diffusa, et per multa verba prolixius effusa.

Collegi autem de diversis libris historicis, ut de Biblia; de Historia scholastica magistri Petri Manducatoris; de historia librorum Josephi viginti Judaicarum antiquitatum[2] et Belli judayci; de libris Egysippi de Cladibus Judeorum; de libris Orosii ad Augustinum tendentis et prosequentis hystorias diversas usque ad

---

1. Ms. *frater R.* Voyez, sur le véritable nom de l'auteur, l'introduction ci-dessus et le passage reproduit ci-après (n° 163). La lettre initiale aura été défigurée ici par le copiste.

2. Ms. *xxiij d. antiquit.* Je rétablis le texte comme Échard l'a fait (*Script. ord. Prædic.*, I, 186).

sua tempora, de diversitate et situ et mirabilibus diversorum locorum, de historiis gencium diversarum et maxime Romanorum, et de cladibus seculorum usque ad Christi tempora et sua; de Historia ecclesiastica Eusebii Cesariensis, translata a beato Hieronymo de greco in latinum; item de Hystoria tripartita trium grecorum sapientissimorum, translata in latinum a Cassiodoro[1], viro sapienti; item de Historia Francorum beati Gregorii, Turonensis archiepiscopi; item de Historia Britonum, cujus auctorem ignoravi; de Historia Anglorum, cujus auctor et scriptor fuit Beda, presbyter venerabilis et monachus; de Historia transmarina, cujus scriptor fuit magister Jacobus de Vitriaco, episcopus Aconensis, tandem Tusculanus episcopus, Ecclesie Romane cardinalis; de Historia Antiochena, cujus auctor mihi incognitus fuit; item de libro qui Pantheon dicitur Godefridi Parmensis, imperialis aule capellani, quem scripsit Gregorio VIII, de omnibus historiis gencium et regum et regnorum ab inicio mundi usque ad imperium Frederici primi, de gestis maxime Romanorum imperatorum atque pontificum, et de situ et condicionibus et descripcionibus urbis Romane, et de historiis et gestis Hebreorum, Grecorum et Latinorum [et] christianorum aliorum, usque ad annum Domini MCXLVI.

Item collegimus hec exempla de cronicis diversis Eusebii et Jeronymi, qui cronicam protendunt usque ad sua tempora; similiter de cronicis Bede et de cronicis Reginonis[2] abbatis, qui fuit tempore Karoli

---

1. Ms. *et Cassiod.*
2. Ms. *Regionis.*

magni; item de cronicis Adonis[1], Viennensis archiepiscopi, et Hugonis de Sancto Victore; de cronicis domini Romani cardinalis, collectis de diversis libris historicis; de cronicis fratris Johannis de Malliaco, de ordine Predicatorum; qui omnes protendunt cronicam usque ad sua tempora; de quibus omnibus aliqua pauca collegimus exempla ad mores faciencia. Item de hystoria Turpini, Remensis archiepiscopi, que dicitur Hystoria de Runcevalle, que est de pugnis Karoli magni et victoriis contra Saracenos et prodicione baronum ejus; item de libro magistri Gervasii ad Othonem quartum imperatorem, de Solaciis imperialibus et mirabilibus[2] terrarum diversarum.

Collegimus eciam[3] hec omnia exempla de vitis sanctorum diversorum, de passionibus et miraculis eorum, prout ea legimus in diversis libris et ecclesiis. Item de vitis Patrum in collacionibus eorum; de vitâ Johannis Elemosynarii, et Barlaam et Josaphat, quam scripsit Johannes Damascenus, et de aliis vitis sanctorum; de Dyalogis beati Gregorii pape; item de Dictis et proverbiis philosophorum, et libris eorum; et de libris naturalibus aliqua exempla naturalia; de libris Petri Cluniacensis et Petri Alphonsi; et de libro quodam Exemplorum vulgalium et aliorum magistri Jacobi de Vitriaco, Tusculani episcopi cardinalis; et de libris miraculorum B. Virginis, quorum plurimorum dicitur scriptor fuisse S. Petrus, Tarentasiensis archiepiscopus, et S. Hugo, Cluniacensis abbas, et alii; de libris beati

---

1. Ms. *Odonis.*
2. Ms. *de Solaciis imperialibus; de mirabilibus.....*
3. Ms. *Collegimus autem.*

Augustini; de omeliis beati Gregorii et Johannis Crisostomi; de summis et libris magistrorum, et maxime de summis de Viciis et virtutibus, fratris Willelmi de Peraldo, de ordine Predicatorum; similiter et de calendariis Bede et Ysuardi monachi ad Karolum imperatorem; item de eis que audivimus a diversis doctoribus et predicatoribus et viris fide dignis, que judicavimus esse utilia animarum edificacioni et saluti[1].

3. Et quia septem sunt dona Spiritus sancti, donum scilicet timoris, pietatis, sciencie, fortitudinis et consilii, intellectus et sapiencie, que perficiunt hominem viatorem in presenti et bene regunt quantum ad ea que predicta sunt, quantum ad declinacionem mali et appetitum et adepcionem et operacionem boni, quantum ad activam et contemplativam, quantum ad Deum et proximum, quantum ad regimen sui et aliorum, quantum ad amorem Dei et proximi : donum siquidem timoris a malo pene future et a malo culpe, per quedam metuenda que mentibus hominum suggerit et ingerit, revocat et retrahit; donum pietatis per quosdam spei funiculos ad bonum appetendum et agendum attrahit; donum sciencie dat lugere et plangere et cognoscere et bene conversari per penitenciam, et a malo culpe extrahit; donum fortitudinis contra insultus temptacionum et viciorum penitentem roborat et munit; donum consilii quomodo eligat bonum et preeligat meliora et utiliora saluti cautum facit; donum intellectus in bonis cognoscendis, et maxime in cre-

---

1. Sur ces différentes sources et sur toutes celles qu'a utilisées l'auteur, voyez l'introduction ci-dessus.

dendis, per fidem illuminat et instruit; donum autem sapiencie affectum mentis in cognicione pascit, et dulcedine bonorum illum afficit et reficit, dum vera bona, prout sunt bona, amare et gustare facit et suavitatis eorum dulcedinem sentire; secundum hec septem dona, a quibus in rebus spiritualibus ordinantur et disponuntur bene et recte omnia, ordinamus opus presens in septem partes sive libros dividendo, libros secundum materias per titulos dividendo, materias per causas et effectus dividendo, describendo, distinguendo, et ea que dixerimus auctoritatibus Biblie et sanctorum, racionibus et exemplis muniendo; et ponendo ubi ista exempla legerimus, et a quibus audierimus, ut frequencius; supponentes ita esse ut alii boni viri scripserunt et dixerunt, maxime in eis que non incompetencia fidei sunt aut bonis moribus, immo que sunt eis consona et conjuncta. Similiter autem de Biblie auctoritatibus assignabimus capitula et partes plurium capitulorum. De auctoritatibus autem sanctorum[1] non assignabimus frequenter loca vel originalia a quibus assumte sunt, quia eas frequenter accipimus de aliorum scriptis, non ab originalibus. Distinguimus autem materias per titulos, titulos per capitula, capitula per septem partes, secundum septem priores litteras alphabeti, *a*, *b*, *c*, *d*, *e*, *f*, *g*, ut cicius possit inveniri quod ibi queritur; ita quod *a* primam partem significat capituli, *b* secundam, *c* terciam, *d* quartam, *e* quintam, *f* sextam, *g* septimam[2]. In prin-

---

1. C'est-à-dire les passages tirés des vies de saints.
2. Ces indications de lettres se trouvent, en effet, sur les marges du manuscrit qui a servi à la présente édition; mais j'ai cru devoir

cipio autem materiarum et titulorum de quibus agemus, ponemus aliquos versus continentes summam totam, sub brevi compendio, eorum de quibus ibi agitur; qui colorati sunt, ut melius et cicius memorie imprimantur. Quia autem prius[1] tractavimus, in primo libro et secundo, de eis de quibus ibi agitur quam ibi versus componere proponeremus, cogitantes postmodum quod versus forent ibi valde utiles ad summam membrorum breviter comprehendendam et retinendam, versus composuimus in quibus non potuimus membrorum ordinem omnino retinere[2].

Hic notatur brevis distinctio septem partium et materiarum tocius hujus operis.

Possunt autem septem partes hujus operis distingui breviter et materialiter hoc modo :

Prima pars, de Dono timoris, est precipue de rebus timendis que hominem a malo culpe retrahunt, ut est Deus timendus, infernus, pena purgatorii, judicium Dei, mors, etc.

Secunda pars, de Dono pietatis, est de rebus sperandis et confidendis, in quibus maxime debemus sperare et confidere, que, operante dono pietatis, hominem ad bonum attrahunt; ut sunt verba Dei, miseri-

---

négliger des subdivisions aussi multipliées, qui auraient surchargé le texte au détriment de la clarté.

1. Ms. *primo.*

2. V. plus loin un exemple de ces vers *colorés,* appelés ainsi, sans doute, par opposition aux vers *blancs,* parce que la rime y est répétée à chaque hémistiche. Étienne a raison de donner ses vers comme un simple instrument mnémotechnique, car ils sont généralement fort mauvais ; aussi n'en ai-je reproduit que quelques-uns, à titre de spécimen.

cordia Dei, et Incarnacio, et Passio, et virtus crucis, et mater Christi, etc.

Tertia pars, de Dono sciencie, est de rebus agendis, ut est penitencia et partes ejus, que hominem a malo culpe extrahunt et ad bonum promoyent et provehunt, et in medio prave et perverse nacionis, operante dono sciencie, bene conversari faciunt.

Quarta pars, de Dono fortitudinis, est scilicet de rebus fortiter repellendis et vincendis et cavendis, ut sunt temptaciones et gradus et progressus viciorum et occasionum eorum, et diverse species peccatorum diversorum, que, dante dono fortitudinis, repelluntur viriliter et vincuntur.

Quinta pars, de Dono consilii, est de rebus eligendis, ut sunt prelati, et virtutes, et status boni et meliores, et que, dante dono consilii, bene et caute eliguntur et preeliguntur.

Sexta pars, de Dono intellectus, est de rebus credendis, ut de fide catholica, articulis et sacramentis, que, illuminante dono intellectus, recte creduntur et custodiuntur.

Septima pars, de Dono sapiencie, est de rebus diligendis et super omnia appetendis et querendis, que sunt dilectio Dei et proximi, pax mentis et quies contemplacionis, et finis bonus et transitus bonorum et beatitudo eterna, que est finis finium, que erit finis operis nostri, ad quam utinam finis noster terminetur[1] : et sic competenter opus hoc, quod est de donis septi-

---

[1]. Ces deux dernières parties n'ont pas été écrites, et la cinquième elle-même est restée inachevée.

formis gracie querendis et terminatur ad eterne beatitudinis gloriam, terminabitur[1] in ipsâ, si Deus dederit ceptis finem. Et hec hiis versibus notantur :

> Dat liber hic septem partes per subdita septem.
> Materie septem que sunt ibi donaque septem,
> Quelibet ex septem pars est, monstrant ea septem :
> Quid timeas, in quo speres, quid agas caveasque,
> Quidque legas, in quo credas, quid ames cupiasque.
> Quid trenus apponit timor et pietas pia possit,
> Que veniam spondent, quid agas bona, que mala mundent,
> Sancta sciencia dat, robur ne se male tradat ;
> Quis temptamentis dat consilium bona mentis,
> Ac intellectus que debet credere rectus,
> Summaque captare sapientia dat vel amare.
> Donaque que restant hec prestent que bona prestant,
> Hoc opus explere mihi, ceptaque facta videre. Amen.

4. Si quid autem in dicto opere minus bene scripserimus vel minus caute legerimus, et nos et ipsum opus supponimus emendacioni et correccioni maxime peritorum et majorum nostrorum, que imputent legentes non malicie, sed impericie mee et insufficiencie. Si quid autem ydoneum et utile edificacioni animarum invenerint, non mihi imputent vel ascribant, sed ei a quo est omne bonum ; attendant ad intencionis mee caritatem et ad operis utilitatem. Experimento multo et longo didicimus quod illi qui exemplis habundaverunt, in dicto proposito majorem graciam habuerunt et majorem fructum facere visi fuerunt. Ipsa siquidem exempla valent ad omnes homines et ad omnem statum et ad omnem materiam, et ad omne malum dissuadendum, et ad omne bonum suadendum et adi-

---

1. Ms. *terminantur*.

piscendum et promovendum, in omni loco et tempore, predicacione et monicione. Valent eciam exempla ad futurorum malorum evitacionem, ad viciorum detestacionem, ad desperatorum revocacionem ad spem et ad presumptuosorum humiliacionem, ad perversorum conversionem et provocacionem ad penitenciam, ad penitencium erudicionem, ad conversorum promocionem, ad tentatorum communicionem, ad tribulatorum et mestorum consolacionem, ad debilium corroboracionem, ad bonorum temporalium debitam dispensacionem, ad bonorum spiritualium adquisicionem, augmentacionem, conservacionem et debitam dispensacionem, et ad amoris Dei et proximi inflammacionem, ad bonorum eternorum pregustacionem, impetracionem et adepcionem; quod per totum opus poterit apparere.

Propter hanc tantam utilitatem exemplorum, ille tantus zelotypus animarum salutis, beatus pater noster Dominicus, apud omnes et de omni materia, habundabat in loquendo verbis edificatoriis et exemplis, ut dicitur in Vita ipsius, in epilogo virtutum ipsius, ubi legitur sic : « Ubicunque conversabatur beatus Dominicus, sive in via cum sociis, aut in domo cum hospite reliquaque familia, aut inter magnates et principes vel prelatos, semper effluebat edificatoriis sermonibus, habundabat exemplis, quibus ad amorem Christi seculive contemptum audiencium animos invitabat; et vix ipsa communis ejus locucio à virtutis pondere vacua erat[1]..... »

---

1. F°s 137, 138 du ms. Ce prologue, sauf les vers qui se trouvent

un peu plus haut, a été reproduit par Échard et Quétif (*Scriptores ordinis Prædicatorum,* I, 186-188). M. Petit-Radel l'a traduit presque en entier dans sa notice sur Étienne de Bourbon (*Hist. littér.,* XIX, 31-36). La citation qui le termine est empruntée à la *Vie de S. Dominique* composée au xiii siècle par Constantin, évêque d'Orvieto, dont voici le texte exact : « Ubicunque versaretur, sive in via cum sociis, aut in domo cum hospite reliquaque familia, aut inter magnates, principes vel prælatos, semper ædificatoriis affluebat sermonibus, abundabat exemplis, quibus ad amorem Christi seculive contemtum audientium animos invitaret; vix ipsa communis ejus locutio a virtutis erat pondere vacua. » (*Script. ord. Prædic.,* I, 35.) Le même passage se retrouve, à peu de chose près, dans la biographie du saint écrite par son successeur immédiat, Jourdain de Saxe. (*Ibid.,* 23.)

INCIPIT LIBER VEL TRACTATUS, CUJUS

PRIMA PARS

EST

DE TIMORE.

5. Quoniam autem inicium sapiencie est timor Domini, ut dicitur Prov. 1 b, Eccli. 1 c[1], immo radix et fundamentum, fons et inicium omnium bonorum,.... et primum Spiritus sancti donorum in via recedendi a malo et procedendi et proficiendi in bonum, a timore incipiemus, tanquam ab inicio et fonte et radice et fundamento omnium bonorum spiritualium, et de eo erit primus liber, cujus sunt isti decem tituli : primus est de septem speciebus timoris; secundus de diversis

---

1. Comme le remarque Échard (I, 188), Étienne de Bourbon se sert, pour ses citations de la Bible, des concordances dues au dominicain Hugues de Saint-Cher, dans lesquelles chaque chapitre de l'Écriture est divisé en sept parties, répondant aux sept premières lettres de l'alphabet. Il a lui-même annoncé, dans son prologue, qu'il désignerait les fractions de chapitres auxquelles il ferait des emprunts. (V. page 9.)

effectibus ejus; tercius de Deo timendo; quartus de inferno; quintus de purgatorio presenti et futuro; sextus est de futuro et generali judicio; septimus est de eis que sunt metuenda circa mortem et mortis exitum, et maxime malum; octavus quare timendum est peccare vel ipsum mortale peccatum; nonus titulus est quare sit timendum multiplex presens periculum; decimus quare debemus timere dyabolum[1].

PRIMUS TITULUS.

DE VII SPECIEBUS TIMORIS,

Et primo de [timore] mundano.

6. Primus titulus de timore est de speciebus ejus, que sunt septem, scilicet timor mundanus, humanus, naturalis, servilis, inicialis, filialis sive castus, reverencie.

Mundanus timor est quando homo, timore amittendi temporalia que habet vel non consequendi que desiderat et non habet, peccat mortaliter..... Audivi a magistro Guidone d'Orchuel, doctore theologico Parisius[2], in sermone, quod, cum quidam philosophus, in

---

1. F° 139.
2. Ce docteur inconnu était, sans doute, originaire d'Orcheux, hameau de la commune d'Ève (Oise).

civitate obsessa, amisisset omnia bona sua, adductus nudus coram rege qui civitatem ceperat, ridebat; et cum quereretur quare hoc, respondit : eo quod nil amiserat, quia sensum suum et bona interiora sua adhuc integre habebat. Et cum dicerent assistentes : « Immo et uxorem, et filios, et divicias? » Dixit : « Non est tuum quod fortuna facit tuum. Ista enim erant fortune, non mea... »

7. Scire autem debent mundani quod Deus est timentibus se thesaurus omnium bonorum indeficiens... Ideo dixit Arnaldus, primus Lugdunensium Predicatorum prior[1], quibusdam dicentibus sibi : si istud feceritis (quod scilicet pertinebat ad veritatem doctrine), scandalizabuntur homines, et neccessaria non habebitis : « Nos, ait, non sumus sicut ceteri hominum, quia habemus horreum quod non timet sterilitatem et cellarium quod non timet siccitatem. Si hoc non privaverimus nos, non timemus; hoc est Deus, provisor noster[2]. »

De timore humano.

8. Qui vero preponunt carnem spiritui similes sunt illi qui preponit asinum suum sibi et plus de eo cogitat. Et similes sunt illi militi, qui elegit hospicium ubi provideretur equo suo et ipse negligeretur. Unde dicitur quod tres milites condixerunt ad invicem

---

1. Ce religieux n'est pas mentionné dans le grand ouvrage consacré par Échard et Quétif à l'histoire et aux travaux de leurs confrères (*Scriptores ordinis Prædicatorum*).
2. F° 139.

(ad hoc facit exemplum quod audivi a fratre Matheo[1], primo Fratrum Predicatorum Parisius priore, qui dicebat vel parabolice vel in veritate) quod quererent fortunam (que dicitur *fortune aventure*) ; et cum ingrederentur civitatem quamdam, dictum est eis quod non erant ibi nisi tria hospicia : in uno equi bene procurabantur et equites fame moriebantur ; in alio erat e contrario ; in tercio autem eques et equus bene, sed vix erat quin in exitu eques bene verberaretur. Tres ergo tria hospicia acceperunt, et invenerunt ut eis dictum fuerat, tercio excepto, qui non fuerat verberatus. Et cum quereret causam quare non fuerat verberatus, dictum est ei quod domino domus bene obediens in omnibus fuerat. Civitas est mundus, in quo sunt tres hospites : quidam sunt qui nimiam curam gerunt de equo procurando, neglecto milite (equus corpus, miles anima sunt)....; alii sunt qui indiscreto animo corpus atterunt, et spiritus et spiritualium curam tantum gerunt ; tercii sunt qui utrique discrete intendunt, et ut per omnia Deo obediant : hii sine flagello, cum recedunt a mundo, pertranseunt[2].

De timore servili.

9. Timor servilis est quando aliquis timore gehenne non peccat, non habens respectum ad amorem justicie vel offensam Dei..... Talis autem timor non liberat a

---

[1]. Mathieu de France, comme l'appelle Échard, fut un des premiers compagnons de S. Dominique et le fondateur de la maison de Saint-Jacques de Paris, où Étienne dut le connaître. (V. *Script. ord. Prædic.*, I, 92.)

[2]. F° 140.

pena inferni. Unde audivi cantorem magnum Parisius predicasse, et a pluribus in sermonibus, quod, cum quidam scolaris videretur mori Parisius, valde penitens et compunctus, apparuit post mortem magistro suo habens capam de cedulis, conscriptam diversis sophismatibus; et cum quereret magister ejus qualiter ei esset, respondit quod capa ista plus ponderaret ei quam aliqua turris de mundo, et quod intus incomparabiliter ureretur. Et cum alius diceret quomodo hoc, cum ita mori compunctus visus esset, ait quod ille lacrime pocius ex timore mortis et gehenne processerant quam ex amore Dei vel ex amissione ejus. Et cum diceret magister quod non videretur sic pati, extendit ille manum suam, et unam guttam sudoris sui projecit super manum ejus, que statim perforata est, et ipse evanuit. Tunc iste, dicens :

« Linquo coax ranis, cras corvis [1] vanaque vanis;
Ad logicam pergo, que mortis non timet ergo, »

apud Claramvallem vadens, ut audivi, ibi habitum religionis sumpsit et arta penitencia se ibi afflixit [2]...

1. Le cri du corbeau est fréquemment interprété par le mot *cras*. « Sicut corvus non pascit pullos nisi quando nigrescunt, quorum vox *in crastinum sonat,* dum non querant presentia, sed futura bona. » (Jacques de Vitry, Bibl. nat., ms. lat. 17509, f° 45.)

2. Ce trait est rapporté, avec quelques légères différences, par Jacques de Vitry, qui donne au maître ainsi converti le nom de Sella et place la scène dans le pré de l'abbaye de Saint-Germain de Paris (ms. lat. 17509, f° 32). On le retrouve encore dans les sermons de Robert de Sorbon (ms. lat. 15971, f° 120), dans les œuvres d'Eudes de Shirton (ms. lat. 2593, f° 109), de Jacques de Varagio (*Histoire lombarde*, ch. 163), et dans quelques sermonnaires anonymes. Sella est quelquefois appelé Serlon, et son interlocuteur Richard. Des vers sur la vanité du siècle ont été récemment

10. Qui autem timore adversitatis a peccato abstinent sunt similes pyratis, qui, tempore tempestatis, timore perterriti, vovent multa; facta tranquillitate, reddere non curant, sed statim currunt ad ludos. Item similes sunt cuidam Britoni, qui, cum duceret (illud audivi a quodam magno decano, in sermone) ad Montem Sancti Michaelis, ad forum, vaccam et vitulum, ut ea venderet, ibi videns fluctus maris refluere et timens, vovit vitulum beato Michaeli si evaderet; post, recedente fluctu, dixit Michaeli quod fatuus esset si crederet quod ei suum vitulum daret. Post, redeunte fluctu magis de prope, magis timens, vovit utrumque, dicens : « Michael, totum vis, totum habebis. » Retrocedente iterum fluctu, cum non crederet de cetero fluctum posse eum attingere, clamavit : « Michael, Michael, nec vaccam nec vitulum de cetero habebis [1]. »

De timore filiali.

11. Iste timor est perfectorum..... Gillebertus : « Timore servili et filiali timetur Sponsus : servili, ne veniat judicaturus; filiali, ne tardet, et, cum venerit, ne discedat. » Audivi a domino Philippo de Montemira-

---

publiés, sous le nom de Serlon, par M. P. Meyer, dans les *Archives des missions*, 2ᵉ série, t. V, p. 173. Cf. le récent mémoire de M. Hauréau sur les *Récits d'apparitions dans les sermons* (*Mém. de l'Institut*, t. XXVIII, 2ᵉ partie, p. 242).

1. F° 140 v°. Ce trait se rencontre dans plusieurs recueils de sermons ou de facéties. Jacques de Vitry en donne une version, dans laquelle le dernier mot du paysan breton (ou normand), devenu proverbial, est reproduit en français : « Ne la vache ne le veel. » (Ms. 17509, f° 82.) Cf. Bromyard, *Summa prædicantium*, tit. *Pœnitentia*; Th. Wright, *Latin stories*, n° 79; etc.

bili, qui multa monasteria albarum monialium[1] in Francia construxit : Dicitur quod quedam beguina, cum diu caruisset sensibili Sponsi visitacione, afflicta et languens timore et desiderio, dixit Fidei, tanquam pedisseque sue, ut ad Sponsum iret, et eum adjurando per suos articulos, quasi per carmina, et urgendo fervidis oracionibus et profundis gemitibus, venire compelleret; Spei, ut venientem cum gaudio susciperet, et ad influendas multimodas suas delicias cordi arido piis suspiriis et desideriis eum arctaret; Caritati, ut susceptum caperet, et captum vinculis caritatis ligaret et astringeret, et astrictum detineret. Quod et factum est, et inestimabilem et durabilem sentiit ejus consolacionem[2].

SECUNDUS TITULUS.

DE EFFECTIBUS TIMORIS DOMINI IN GENERE.

12. Secundus titulus est de effectibus timoris Domini in genere. Et notandum quod multi sunt effectus, de quibus ponemus viginti quatuor, qui hiis versibus notantur :

---

[1]. Religieuses cisterciennes. Philippe de Montmirail est mentionné par Thomas de Cantimpré comme un seigneur d'une rare piété, qui avait fondé plusieurs maisons de béguines, renfermant plus de cinq mille femmes. (*Bon. univ. de Apib.*, liv. II, ch. 38, n° 2.)

[2]. F° 141 v°.

Quinque semelque quater timor efficit hec quasi mater :
Liberat, inclinat, mutat timor, atque propinat
Virtutem, lumen, fletum, vitam quoque numen;
Vincit, sollicitat, siccat, purgat, mala vitat;
Impetrat, edificat, servat, reddit bona, ditat;
Justificans et letificans dat justa tenere,
Glorificans et magnificans celoque manere[1]...

TERCIUS TITULUS.

DE DEO TIMENDO.

13. Tercius titulus prime partis est de Deo timendo primo et super omnia, et habet duo capitula : primum est de eis que suadent eum timere; secundum est de condicionibus sive eis que dicuntur de Deo, que eum summe monstrant timendum[2].....

QUARTUS TITULUS.

DE INFERNO.

14. Quartus titulus prime partis est de secundo inductivo in timorem, scilicet de pena inferni..... De inferno autem agemus hoc modo : postquam ostensum est quod infernus sit et ubi sit, agemus de septem que aggravant penam ejus[3].....

1. F° 142. — 2. F° 143. — 3. F° 145 v°.

De eternitate pene.

15. Pertinet ut nunquam careant supplicio qui in hac vita nunquam voluerunt carere peccato. Cogitando de eternitate pene dicitur in Summa de Virtutibus[1] conversus fuisse Fulco, episcopus Tholosanus[2]. Qui, cum esset primo joculator, incepit cogitare quod, si daretur ei in penitencia quod semper jaceret in pulcherrimo et mollissimo lecto, ita quod nunquam pro alico recederet, non posset hoc sustinere; quanto minus ergo in pena inestimabili. Et factus est monachus Cisterciensis, et post episcopus Tholosanus[3].

---

1. « Nempe nostri Peraldi, » remarque Échard (I, 188). Il s'agit de Guillaume Perraud ou Guillaume de Lyon, dominicain, mort en 1275, qui a laissé une *Somme des Vices et des Vertus*. Étienne de Bourbon avait annoncé qu'il ferait des emprunts à cet ouvrage, et il le cite, en effet, plusieurs fois, notamment au f° 164 de son manuscrit.

2. Foulques de Marseille, troubadour, puis évêque de Toulouse, de 1205 à 1231.

3. F° 148; Échard, I, 188. D'autres anecdotes relatives au même personnage se trouvent dans le recueil contemporain et anonyme conservé à la bibliothèque de Tours (ms. 205). Comme il n'est pas sans intérêt de les rapprocher de celle qu'a recueillie Étienne de Bourbon, j'en donne ici le texte :

« Episcopus Tolosanus publice predicabat christianis : Attendite a falsis prophetis, etc., dicens quod lupi erant heretici, oves christiani. Et surgens hereticus quidam in pleno sermone, cui comes Montisfortis nasum cum labiis abscidi fecerat et oculos erui fecerat, quia christianis similiter faciebat, ait : Audistis quod episcopus dixit, quia nos sumus lupi, vos oves. Vidistis nusquam ovem que morderet ita lupum? Respondit episcopus : Sicut abbatie Cistercienses non habent totum in abbatia, sed habent grangias cum ovibus, quas defendunt canes a lupis, sic Ecclesia non habet omnes

De societatis horribilitate.

16. Qui fuerunt socii in culpa erunt et in pena.....
Quidam homo bone vite et devotus mihi dixit quod, cum ipse aliquando orasset pro uxore sua mortua, sollicitus de statu suo, illa apparens dixit ei quod sequeretur eam. Et dum illa eum duceret, ut ei videbatur, subito ipsa visa est ei mutari in serpentem horribilem; quam cum refugeret, dixit : « Noli timere; jam videbis quid actum sit circa me. » Ipsa autem, eo cernente, ingressa per quoddam foramen, pelle deposita, rediit ad priorem effigiem, et duxit eum ad domum teterrimam, in qua vidit demones horribiles apportantes cuveam igneam, in qua projecerunt unum burgensem mortuum de villa sua et uxorem alterius; et ibi comburebantur et balniabantur tanquam in metallo bullienti. Et uxor ejus dixit ei : « Cum istis, quos bene nostis, modo balniarer ego, nisi Dei misericordia me a peccato meo per penitenciam revocasset. » Illi enim duo, relicto thoro maritali, adulterino amore

christianos Rome; sed in multis locis, et specialiter hic, habet oves suas, ad quas custodiendas a lupis misit unum canem bonum et fortem, videlicet comitem Montisfortis, qui ita momordit hunc lupum quia comedebat oves Ecclesie, christianos. (F° 156.)

« Heretica quedam venit ad Fulconem, Tolose episcopum, petens subventionem, cum esset paupercula. Ipse autem sciens eam esse hereticam et ideo non debere subvenire, eidem nihilominus compatiens, ait : Non subveniam heretice, sed subveniam pauperi. » (F° 157.)

adheserant, diu peccantes, et horum peccati mediatrix fuerat dicta uxor; sed, illis in peccatis morientibus, ipsa penitenciam egerat salutarem.

17. Item audivi fratrem Guillelmum Pictav[iensem], de ordine Fratrum Minorum, hoc predicasse in quadam villa, ab hominibus illius ville, quod quidam, in quadam visione futurorum majorum, vidit inter alia unum hominem in ymo flammarum prostratum, de cujus utero alta arbor procedebat, in cujus ramis homines suspensi erant et a flamma ab imo procedente diversimode et acerrime torquebantur; et ille qui in fundo jacebat magis inter illos torquebatur. Et cum quereret ille qui hoc videbat a ductore suo cujusmodi esset homo, ait illi : « Ille qui jacet in imo fuit principium generacionis omnium istorum, et fuit pauper, et per usuras ascendit; alii sunt qui processerunt ab eo; et torquentur, vel quia fuerunt imitatores paterni sceleris, vel quia adquisita per usuram non restituerunt. Primus autem super alios torquetur, videndo eos qui per eum in hoc tormentum venerunt, vel quia pro omnibus ei pena accumulatur[1]. »

De fetiditate et fetore [dampnatorum].

18. Erunt corpora feda et fetida. Quid mirum si talis sanies fetet in lacu ire Dei, ubi omnes sordidi et sordes eorum congregantur?.... Cum essem in civitate Claromontensi[2], et quidam hereticus abhominabilis,

1. F° 150 v°.
2. Le nom de la ville, resté en blanc dans le manuscrit, a été

supra modum horribilis et obstinatissimus, dictus Alverniensis, longe extra urbem combureretur, cum carnes humane combuste non consueverunt fetere, sed pocius, ut dicitur, bene redolere, inopinatus et abhominabilis fetor per civitatem se effudit, super eos qui non exiverant ad eum comburendum, ut dicebant qui mecum aderant; et bene hoc mihi videbatur, ut quasi pateret quantum fetidus ipse esset et horror ejus[1].

De aggravacione pene ex consideracione boni amissi.

19. Item multum dolebunt dampnati eo quod, pro culpa que videbatur eis modica, non solum incurrunt eternam dampnacionem, sed amittunt premium gloriosum quod habuissent nisi peccatum impediret..... Accidit, ut audivi a nobili muliere, sorore regine quondam Francie, uxoris regis Philippi, domina scilicet Bellijocensi[2], quod, cum quedam domina dicta de Cudo[3] rapta esset, vidit in spiritu quamdam magnam

rempli par Échard (I, 188), sans doute d'après un autre exemplaire.
1. F° 152 v°.
2. Ms. *Belvacensi*; faute évidente, car il s'agit de Sibylle, fille de Baudouin V, comte de Hainaut et de Flandre, mariée à Guichard IV de Beaujeu et sœur d'Isabelle de Hainaut, première femme de Philippe-Auguste. (Cf. le n° 323.)
3. Cette dame est la bienheureuse Alpaix ou Alpaïde, originaire de Cudot, près de Villeneuve-sur-Yonne, et appelée quelquefois Alpaix de Tonnerre. Elle est connue par ses visions, auxquelles Vincent de Beauvais consacre quelques lignes, sans toutefois parler de celle-ci : il raconte, entre autres, que la terre lui apparut un jour sous la forme d'une sphère légèrement aplatie, et le soleil sous celle d'un globe plus grand que la terre. (*Spec. histor.*, p. 1193.)

comitissam que fuerat ei familiaris ; et cum demones ejus animam raperent et ad infernum traherent, ipsa ejulando plangebat : « Me miseram! quantum dolere possum! quia satis eram casta, abstinens et misericors, nec pro alia re dampnor, nisi pro ornatu superfluo et vano, pro croco et hujusmodi, de quo correpta et admonita aliquando fui, nec cessavi, sed ea nimis dilexi et nimiam curam circa hec adhibui, ut omnibus per hoc placerem, et quod pro tam modica re trahor ad tantam dampnacionem et privor tanta gloria; insuper quia amisi fructum, quem consequerer nisi hoc fuisset, omnium bonorum vite gloriose. » Hec rediens de raptu cum fletu et lacrimis retulit, et inventum est quod dicta comitissa, illa hora, in remotis partibus abierat. Hec autem dicta domina de Cudo (ut retulit mihi magister Stephanus de Cudo, nepos ejus et enutritus ab ea, qui fuit magne vite vir et sciencie, quondam canonicus Parisiensis et archidiaconus Altissiodorensis, [et] tandem reliquit hec omnia, accipiens habitum regularem[1]), cum esset virguncula Deo devota et beate Virgini, gravissima fistula ita est perforata et putrefacta et fetens, quod nec de lecto posset surgere, nec possent eam sustinere parentes sui, nisi cum multo gravamine. Cum, in die Pasce, esset relicta sola in domo, cepit flere graviter, maxime propter hoc quod

---

Suivant le même auteur, Alpaix de Cudot (dont le nom est écrit, par erreur, *de Eudoto*) jouissait d'une grande célébrité vers l'an 1180. Cf. le *Martyrologe d'Usuard,* p. 649 (3 novembre).

1. Étienne de Cudot, plusieurs fois mentionné par l'auteur, paraît lui avoir été attaché par des liens d'amitié. Avant de se faire moine, il fut quelque temps curé de Vermenton (Yonne). Cf. le n° 275.

alii irent ad ecclesiam ut reciperent communionem, ipsa non : sed tunc apparuit ei beata Virgo, eam confortans et tactu suo vulnera ejus sanans; et recedens maximum odorem reliquit, ita quod admirati sunt ingredientes. Et ex tunc, ut dicitur, multas consuevit habere consolaciones, raptus et visiones[1].

De consideracione et meditacione pene inferni.

20. Hujus pene frequens meditacio homini ad multa utilis est.... Audivi quod, cum beatus Bernardus Clarevallensis convertisset omnes fratres suos et fecisset eos monachos, solo patre magis indurato in seculo manente, venit ad villam suam, et predicans ibi juxta truncum antiquissimum, in presencia patris sui, cum videret ejus duriciam, precepit hominibus qui in circuitu trunci sicca ligna apportaverant, ut ipse eis mandaverat, ignem succenderent; quo facto, ligna sicca cito succensa sunt, et truncus tarde circa medium, ab extremis emittens humorem fedum et fumum teterrimum, diu ignem servavit. Tunc incepit sanctus loqui de penis inferni, et dixit patri quod ipse esset similis illi trunco, qui hic non poterat igne divino succendi, nec flere peccata sua, nec suspirare ad Deum, sed ipse in inferno, nisi penitenciam ageret, in eternum arderet, fleret et fetentem fumum emitteret. Ad que verba pater dictus compunctus, eum secutus est et monachus factus est. Hec audivi in loco ipso ubi predicacio facta est, a domino Calone, domino de Fontanis, pronepote

---

1. F° 153 v°.

beati Bernardi, in loco nativitatis sue, Fontanis dicto[1].

21. Item audivi quod, cum quidam scolaris, magnus clericus, visitaret quemdam socium suum qui intraverat ordinem Predicatorum, volebat aliquo modo quod iste loqueretur ei de aliquo quod faceret ad ejus conversionem. Iste autem frater, hoc videns, ait : « Nolo vobis, magister, predicare aliquid ; sed hoc rogo, ut amore mei, cum intraveritis cameram vestram, que valde pulcra est, et lectum vestrum, cujus culcitra valde mollis est et coopertoria valde delicata, cogitetis qualem cameram habebitis in inferno, et qualem culcitram et coopertorium post mortem... » Illa autem verba tantum cogitacioni ejus ingresserunt, quod, nec in camera nec in lecto valens dormire aut quiescere, compulsus est ordinem dictum intrare. Hoc audivi a fratre Humberto, magistro ordinis Predicatorum[2].....

22. Item, cum magister Jordanus, bone memorie[3], dixisset multa ad convertendum quemdam nobilem, comitis filium, et videret quod non posset eum movere ad contemptum mundi et introitum ordinis per verba sua, cum ille cui loquebatur esset juvenis speciosissimus, rogavit illum quod, cum respiceret membra sua,

---

1. Fontaines, près Dijon. Calon était fils de Barthélemy de Sombernon, seigneur de Fontaines, qui avait épousé une des filles de Guy, frère ainé de S. Bernard. (V. l'éclaircissement généalogique de Chifflet, à la suite des œuvres de S. Bernard, éd. Migne, col. 1396.) Cette anecdote est reproduite par Échard (I, 188). Guillaume de Saint-Thierry, biographe contemporain du saint, mentionne en deux mots la conversion de son père, sans entrer dans aucun détail. (V. *Acta SS. Augusti*, IV, 117.)

2. Humbert de Romans, cinquième général de l'ordre des Dominicains, mort en 1277.

3. Jourdain de Saxe, troisième général des Dominicains, mort en 1237.

semper cogitaret quod magnum dampnum esset si tam pulcra membra essent pabulum incendii eterni. Qui cum hoc idem sepe faceret, ad illa verba creditur fuisse ad ordinis introitum inductus[1].

QUINTUS TITULUS.

DE TIMENDO PURGATORIO FUTURO.

23. Dicto, per Dei graciam, de eis que ad quartum titulum pertinebant, scilicet de inferno, nunc in quinto titulo agendum est de purgatorio... Ipsa autem [pena purgatoria] multum est timenda propter ista, scilicet propter pene acerbitatem, diversitatem, diuturnitatem, sterilitatem, dampnositatem, tortorum qualitatem, subveniencium paucitatem.....

De acerbitate pene.

24. De acerbitate pene purgatorii dicit Augustinus, in libro de Penitencia, quod purgandus est igne purgacionis qui distulit hic fructum conversionis. Hic autem ignis, etsi eternus non sit, miro tamen modo est gravis : excedit enim omnem penam quam unquam passus est aliquis in hac vita. Nunquam in carne inventa est tanta pena, licet martires mirabilia passi sint tormenta. Audivi a quodam fratre sacerdote, religioso et sene, Johanne nomine, quod, cum quidam

1. F°s 154 v°-155 v°.

malus prepositus esset qui nec Deum timebat nec homines reverebatur, Deus misertus ejus dedit ei gravem quamdam infirmitatem, in qua expendit omnia que habebat in medicinis et aliis, et nil valuit ei ; unde, cum per quinquennium sustinuisset ita gravem infirmitatem, cum non posset surgere nec haberet aliquid unde necessaria posset habere, et ab omnibus destitutus esset, propter paupertatem et vilitatem langoris et dolorem cepit desperans murmurare contra Deum, de hoc quod in istis miseriis tam diu viveret. Mittitur ei angelus, increpans eum de murmure, monens ad pacienciam, et ut per duos annos alios sustineret, per quos plene purgatus statim evolaret. Qui cum diceret se hoc facere non posse, sed pocius occidisse, dixit angelus quod aut per duos annos oporteret eum sustinere, aut per duos dies in purgatorio penam sustinere, et sic post ad Deum evolaret. Cum iste duos dies in purgatorio accepisset, raptus ab angelo, dimittitur in purgatorio. Iste autem pene acerbitatem senciens, credidit ibi fuisse per infinitos dies antequam dimidiam diem complevisset, clamans et ejulans et conquerens angelum mendacem, nec angelum esse, sed dyabolum. Affuit angelus, ad pacienciam monens eum et arguens de murmure, et dicens quod parum fuisset adhuc ibi. Tunc rogavit angelum quod reduceret eum ad priorem statum, et, si vellet, ipse paratus esset non solum sustinere pacienter usque ad duos annos, immo usque ad diem judicii. Quod fecit angelus, et usque ad complementum duorum annorum omnia pacienter sustinuit[1].

1. F° 156-157 v°.

25. Item audivi a quodam fratre Apulo, Johanne dicto, qui hoc dicebat in partibus suis accidisse, quod, cum quidam in quodam monte juxta Vulcanum[1], ubi dicitur locus purgatorii, prope civitatem Cathenam[2], quereret equum domini sui, invenit, ut sibi visum est, civitatem quamdam, cujus erat hostiolum ferreum, et quesivit a portitore de equo quem querebat : qui respondit quod iret usque ad aulam domini sui, qui vel redderet eum vel doceret; et adjuratus ab eo portitor per Deum quod diceret ei quid ageret, dixit ei portitor quod caveret ne comederet de aliquo ferculo quod ei daretur. Videbatur ei quod videbat per vicos illius civitatis tot homines quot sunt in mundo, de omni gente et artificio. Transiens per multas aulas, venit in quamdam, ubi videt principem suis circumvallatum; offerunt ei multa fercula : non vult de eis gustare; ostenduntur ei quatuor lecti, et dicitur ei quod unus eorum erat domino suo paratus, et alii tres trium feneratorum. Et dicit ei princeps ille quod assignabat diem domino suo talem peremptoriam et tribus dictis feneratoribus, alioquin venirent inviti; et dedit ei ciphum aureum, coopertum cooperculo aureo. Dicitur ei ne illum discooperiret, sed illum in hujus rei intersignum presentaret domino suo, ut biberet de potu suo. Equus suus ei redditur; redit, implet jussa : cifus aperitur, flamma ebullit, in mari cum cifo proicitur, mare inflammatur. Hii quatuor, licet confessi fuissent (ex timore solo, et non vere penitentes[3]), die sibi assignata, rapiuntur super quatuor equos nigros.

1. L'Etna, appelé par les anciens l'atelier de Vulcain.
2. Catane.
3. Ces mots ont été ajoutés en marge par le copiste.

Item audivi ab eodem fratre quod ibi, in quodam monte juxta Vulcanum, ubi dicitur locus purgatorii, videntur castrum edificantes et per septimanas singulas ad complementum ducentes : nocte sabbati omnino diruitur; die lune reincipitur, et sic postea[1].

26. Item audivi a fratre Guillelmo, quondam priore Bisumptinensi, quod, cum quidam capellanus, apud Novum Castrum, in dyocesi Lausanensi[2], Willelmus nomine, qui etiam sanctus modo dicitur propter miracula multa que Dominus dicitur per eum fecisse, esset in domo sua, super lacum maximum[3], et quidam miles, qui erat cum eo, quereret ab eo cur se affligeret, immo quasi occideret jejuniis, ciliciis et lacrimis, cum assercione dixit quod vellet esse usque ad diem judicii in tanto igne quantum erat lacus, et esset securus quod posset evadere cum omni penitencia sua vel ignem inferni vel purgatorii. Et referebat quoddam exemplum, quod, cum quidam latro fugaretur ab hostibus suis, videns se non posse evadere, prostravit se in cruce, dicens quod bene mortem promeruerat, quia Deum offenderat; flebat pro hoc, confitebatur se peccatorem,

---

1. Cf. l'ouvrage de Gervais de Tilbury, éd. Leibnitz (*Script. rer. Brunsvic.*, I, 921), et Liebrecht, *Des Gervas. von Tilb. Otia imperialia*, Hannover, 1856, in-8°, p. 12. Cette légende sicilienne paraît avoir sa source dans les transformations périodiques qu'une ébullition permanente fait subir au cratère du volcan. Il est curieux de rapprocher ces traditions chrétiennes sur l'Etna des mythes païens qui plaçaient sous sa cime, tantôt la sépulture d'Encelade ou de Typhée, tantôt les forges du dieu du feu.

2. Neufchâtel (Suisse). L'évêché actuel de Fribourg avait alors son siége à Lausanne.

3. Le lac de Neufchâtel, qui est, en effet, un des plus grands de la Suisse.

et rogabat eos ut Deum de eo vindicarent exponendo membra martyrio. Quidam autem heremita erat prope, qui multis annis penitenciam egerat; cui revelatum est quod angeli cum laudibus in celum illius latronis animam deportarent. Qui non egit Deo gracias, sed indignatur, hoc dicens apud se, quod, postquam se exposuisset omnibus flagiciis, similiter in fine peniteret, et sic ei fieret ut latroni. Et cum ad seculum rediret, transiens aquam, de ponte cadens, submergitur et a demonibus in infernum proicitur. Idem exemplum de latrone refert magister Jacobus de Vitriaco[1].

De qualitate tortorum et deformitate demonum.

27. De qualitate tortorum satis dictum est supra, quarto capitulo, de pena inferni..... Item de horrore demonum, de quo supra, audivi a fratre Romeio[2], viro perito et religioso, qui aliquando fuit prior provincialis Fratrum Predicatorum in provincia Provincie, et in legenda nova beati Dominici[3] legitur, quod, cum dictus sanctus predicasset apud Fanumjovis[4] contra hereticos, cum esset in ecclesia orans, accesserunt ad eum novem matrone, procidentes

1. F° 158.
2. Romée de Levia, Catalan, prieur de l'ordre de S. Dominique à Lyon, en 1223, et ensuite prieur provincial de Provence, mort en 1261. V. Échard, I, 161. Cf. le n° 230.
3. Cette *nouvelle légende* de S. Dominique n'est pas au nombre des documents reproduits par Échard, et le fait rapporté ici n'est mentionné dans aucune des biographies contemporaines publiées par lui (I, 2, 25).
4. Ms. *Fammonis*. C'est aujourd'hui Fanjeaux (Aude).

ad pedes ejus et dicentes : « Serve Dei, illos homines contra quos predicas usque modo credidimus et vocavimus *bonos homines*[1]; et cum adhuc vacillemus, rogamus te ut Deum roges, ut ostendat nobis in qua fide salvemur, cui adhereamus. » Tunc, cum aliquandiu apud se orasset, ait eis : « State intrepide; ostendet vobis Dominus cui domino actenus servivistis. » Et hiis dictis, catus teterrimus in medio earum prosiliit, habens quantitatem unius magni canis, et oculos grossos et flamantes, et linguam latam et longam et sanguinolentam et protractam usque ad umbilicum, caudam curtam sursum protensam, [et] posteriorem turpitudinem, quocumque se verteret, ostendebat; de quibus fetor intolerabilis exhalabat. Cum autem per horam aliquam circa illas matronas huc illuc se vertisset, ad campanule cordam prosiliens ascendit, post se feda vestigia derelinquens. Ille autem, a sancto confortate, ad fidem catholicam perfecte sunt converse, et quedam earum apud Prulianum[2] sororum habitum assumpserunt[3].

Quod valeat eis [qui sunt in purgatorio] penitencia pro eis facta.

28. Quod valeat eis amicorum pro eis facta penitencia, quando alicui penitencie sunt astricti et amici eorum pro eis satisfaciunt, Gal. vi : « Alter alterius onera portate. » Item audivi a magistro Nicholao de

---

1. Nom pris alors par une secte d'hérétiques. Cf. le n° 330.
2. Prouille (Aude), monastère fondé par S. Dominique.
3. F^{os} 159 v°, 160.

Flaviniaco, archiepiscopo Bysumptinensi[1], in sermone, quod, cum quidam commisisset enormissimum peccatum, pro quo desperaret, quidam amicus ejus et socius tantum institit apud eum, quod duxit eum Romam, promittens quod secum iret et eum in facienda penitencia juvaret. Cum autem ibi injungeretur ei publica penitencia, scilicet quod tribus annis tria regna perambularet cum baculo cubitali, non faciens moram in una villa nisi per diem, confortavit eum socius suus, vadens cum eo. Qui, cum, inchoata penitencia, egrotaret ad mortem et fleret quod penitenciam non fecisset, promisit ei socius suus quod eam faceret pro eo, rogans ut, si posset, post mortem certificaret eum de statu suo. Qui mortuus, in fine anni, apparuit socio suo in sui parte tercia nive candidior, in duabus pice nigrior, dicens quod ex illa parte que nigra apparebat mirabiliter torqueretur, in alia optime erat ei. In secundo anno, similiter apparuit ei, in duabus partibus albus; in tercio totus albus et lucidus, gracias ei referens de sua liberacione.....

29. Item audivi quemdam crucis legatum hoc predicantem, quod, cum quidam Willelmus, archidyaconus Parisiensis, esset legatus in terra Albigiensium, et quidam miles strenuus perfecisset ibi strenuissime quadragesimam, et terra remaneret in periculo, nec vellet pro

---

1. Ms. *archidyacono episcopo*. Nicolas de Flavigny, souvent cité par Étienne de Bourbon, fut archevêque de Besançon de 1227 à 1235; il occupait auparavant la dignité de doyen de l'église de Langres (*Gall. Christ.*, XV, 65). Il ne saurait donc être qualifié archidiacre de Besançon que par une erreur de copiste, erreur que le mot suivant (*episcopo*) rend manifeste et qui, d'ailleurs, ne se reproduit pas dans les autres passages du livre où il est fait mention de ce personnage.

alico stipendio ibi remanere, dixit ei legatus quod auctoritate Dei et pape et Ecclesie concedebat patri suo defuncto indulgenciam, et ipse pro eo per aliam quadragesimam sustineret laborem ibi. Quod fecit miles; quibus completis, pater ei apparuit luce clarior, gracias ei agens pro sua liberacione[1].

Valet eciam eis crux pro eis assumpta.

30. Videtur quod crux pro eis assumpta, maxime transmarina, pro eis satisfaciat vel eis proficiat, vel ad omnimodam pene absolucionem, vel doloris mitigacionem..... Narravit abbas de Morbes[2] coram archiepiscopo Treverensi, dicens se interfuisse in loco ubi quod dixit accidit, quod accidit in terra sua, quando crux transmarina predicabatur, quod, cum quidam transiret per silvam parvam, habuit obviam tres equos nigerrimos invicem compugnantes, postea quartum cum sessore multum afflicto et ejulante; qui, cum quereret a dicto homine si videret tres equitantes sibi similes, et ille responderet quod non viderat nisi equos tres nigros, mirabiliter ejulavit, se clamans miserum et omni auxilio destitutum. Et cum homo quereret quare sic fleret, respondit ille quod tres socios habuerat parum ante, quos tres demones in similitudine equorum mirabiliter affligebant; quos ipse viderat solos, quia in predicacione crucis transmarine sui amici pro eis crucem transmarinam acceperant, et ideo a potestate demo-

1. F⁰ˢ 161 v°, 162.
2. Probablement l'abbaye de Morback, au diocèse de Bâle, qui n'est pas très-éloignée de Trèves.

num fuerant liberati, et eum solum reliquerant; et clamabat se infelicem; qui, quia non habebat amicum, solus remanserat. Tunc ille quesivit, si aliquis pro eo crucem acciperet, si liberaretur. Ille respondit quod sic, sed amicum non habebat in seculo qui hoc faceret. Ille autem, compaciens ei, inclinavit se in terra et accepit folium herbe in modum crucis[1], vovens Deo quod pro eo peregrinacionem transmarinam faceret et crucem a sacerdote acciperet, si eum Dominus liberaret. Ille autem statim disparens gracias egit; equus autem, mirabiliter fremens et se discerpens dentibus, fugit. In loco autem ubi ille apparuerat, ceciderunt ossa humani corporis candidissima. Dictus autem homo, ad sacerdotem festinans, crucem accepit et eum cum processione parochie ad locum adduxit, ubi ossa dicti mortui invenerunt et ea sepulture tradiderunt[2].

De subvencione beatorum.

31. Potest valere existentibus in purgatorio beatorum subvencio quos ipsi in presenti honoraverunt, vel eorum festa colendo, vel loca eorum visitando, vel familiares oraciones et assiduas eis dirigendo quando hic vixerunt, quorum familiaritatem aliquibus obsequiis specialibus optinuerunt. Est enim verisimile et satis probabile quod, in illa neccessitate, illis qui eos dilexerunt et servierunt eis non debeant deesse...

Quidam probus homo, cujus nomen et locum et

---

1. Cette manière particulière de prendre la croix est également constatée plus loin, n° 98.
2. F° 162.

gentem bene novi[1], dixit mihi quod hoc, quod exemplo referam, accidit patri suo; quod pertinet ad presentem articulum et precedentem. Ait enim quod, cum aliquando pater suus intrasset lectum suum incolumis, in mane invenerunt eum prostratum in pavimento camere sue, rigidum et frigidum ut lapis; quem operientes et calidis balneis foventes fere per mensem integrum, vix ad pristinum calorem rediit pro aliquo sibi facto. Cum autem diu postea supervixisset et egrotaret graviter, ad ultimum vocavit filium suum, qui hoc mihi dixit, et sacerdotem, quibus hoc retulit, rogans filium ut esset imitator paterne pietatis: ait enim quod nocte antecedenti, quando eum nudum invenerant in camera sua et quasi mortuum, vox venerat ad eum, dicens ei quod surgeret et vocans eum nomine suo. Eduxit eum quidam quem non noverat, et adduxit eum ad pratum infinite magnitudinis, ut ei videbatur, ubi eum solum dimisit et recessit. Tunc ille audivit post se infinitam multitudinem nigerrimorum spirituum et horribilium, magnos et horribiles clamores emittencium, improperancium ei peccata sua et dicencium quod suus erat, nec eis poterat evadere. Tunc autem ille, territus supra modum et fugiens, vidit ante se unam domum in qua erant duo hostia : intrans eam, clausit eam; demones autem, cum infinita multitudine venientes, hostium primum frangebant.

Dictus autem paterfamilias habebat in consuetudine singulis diebus recipere in hospicio unum pauperem.

1. L'auteur semble avoir renoncé après coup à la discrétion qu'il avait d'abord mise dans son récit, car il a ajouté en marge : « Hic Cluniacensis fuit qui hoc mihi retulit, dictus Stephanus de Marusiaco, qui non est defunctus. »

Acciderat autem ante hoc ut, in vigilia Omnium Sanctorum, unus pauper obviaverat ei petens hospicium, cui dixit quod veniret; alius petivit ab uxore ejus, que similiter idem dixit ei; tercius petebat in domo a familia domus, cui familia dixit similiter quod veniret in nocte. Cum autem in nocte omnes tres venirent, audiens paterfamilias quod tres venerant, multum gavisus est de eo quod acciderat, et eos bene procuravit. Cum autem in dicta domo esset in magna afflictione, nesciens quo se verteret aut qualiter effugeret, cum clamaret ob presenciam et violenciam demonum, unus juvenis affuit ei subito, dicens ei : « Ne timeas; id ostium bene custodiam, et ex parte ista bene te servabo ab istis. Numquid nosti me? Ego sum unus de illis quem tu ita letanter recepisti in hospicio tuo, in vigilia Omnium Sanctorum. » Hic, assumpto repagulo hostii, opposuit demonibus seipsum, fugans eos. Cum autem illi dicerent : « Eamus ad aliud hostium et frangamus; si hic non recesserit ab isto, intrabimus per illud, vel, si recesserit, per istud; » cum autem jam fregissent aliud ostium et vellent demones dictum hominem rapere, apparuit alius juvenis, dicens se esse secundum quem receperat, et expulit eos de illo hostio ut prior. Cumque domum ascenderant et eam discooperirent, volentes descendere et dictum hominem rapere, affuit tercius. Qui tres demones tam longe fugaverunt, quod neutri comparuerunt.

Cum autem idem recederet et per dictum pratum diu ivisset, audit dictos demones post se cum infinita multitudine et horribili clamore; quos fugiens, venit ad litus cujusdam fetidissimi fluvii et latissimi, qui plenus erat igne et sulphure et bestiis horribilibus, drachonibus et serpentibus flammivomis. Cumque clamarent ei, vel quod intraret, vel ipsi eum in medium proicerent, respiciens vidit pontem artissimum et longissimum[1], qui vix videbatur dimidii pedis latitudinis et pertingere videbatur versus celum. Cum autem, neccessitate compulsus, pontem ascenderet et levius magis ac magis ascenderet; et demones post eum, sed vix et cadendo, postquam venit ad summum, defecit ei pons. Cum autem fleret, non habens quid faceret, vidit ad aliam partem aque speciosissimam dominam, magnam usque ad celum, que dixit quod erat beata Maria et quod, quia a tali tempore, quod ei nominavit, eam singulis diebus quinquagesies flexis genibus salutaverat, volebat illum ab illo articulo liberare et ad domum suam eum reducere; et accipiens eum per manum, usque in suam cameram reduxit, monens ut vitam in melius emendaret. Hic autem nudus et solus relictus in camera sua, pre timore quasi mortuus cecidit. Hic, in mortis articulo, filio suo, qui hoc mihi retulit, coram sacerdote suo, in periculo anime sue vera esse dixit, hoc monens eum ad hospitalitatem et ad beate Virginis salutacionem et adoracionem. Dictus autem filius bene sciebat quomodo nudus inventus fuerat, sed causam ignorabat[2].

32. Item audivi a fratre Jordane[3], quondam magis-

---

1. Ms. *latissimum.*

2. F^{os} 162 v°, 163. Cet exemple montre que la coutume de réciter les cinquante *Ave Maria* du chapelet était déjà répandue au xiiie siècle, quoique certains auteurs, suivis par Daunou (*Hist. litt.*, XIX, 346), aient contesté à S. Dominique l'institution du rosaire pour la reporter deux siècles plus tard.

3. Jourdain de Saxe, mort en 1237.

tro Fratrum Predicatorum, quod quidam homo assuetus erat se signare quociens lectum intrabat et quociens-cumque de eo surgebat, ut ille qui est rex Judeorum et vere confitencium daret ei ab hoc seculo migrare cum vera peccatorum suorum confessione ; et dicebat titulum triumphalem, et dicendo ter cum police signum crucis super caput suum imprimebat, similiter super pectus et super faciem, dicendo : « Jhesu Nazarene, rex Judeorum, miserere mei, Domine, in nomine Patris et Filii et Spiritus sancti, amen. » Cum autem subita morte preoccupatus esset et demones vellent eum rapere, vir lucidus eos ab eo fugavit, et, dum duceret eum per medias tenebras, subito disparuit ; et ubi signum crucis imprimere consueverat, splendor ad modum stellarum egrediebatur, qui eum in mediis tenebris illuminabat. Cum autem demones de abisso ascenderent, eum rapere volentes, splendor ille ita eos terrebat, quod non audebant ei manus imponere. Tunc ille vir lucidus subito a longe comparuit, et, accedens ad eum, dixit ei quod judex summus, licet dampnandus esset secundum exigenciam peccatorum suorum, tamen, propter fidem et devocionem quam habuerat circa ejus passionem et nomen ejus et triumphalis tituli invocacionem et expressionem, parcebat ei, volens ut rediret ad vitam pristinam, ubi peccata confiteretur et vitam, si vellet, in melius emendaret. Quod factum est, et ille se correxit[1].

[*De restitucione debitorum.*]

33. [Valet eciam] facta pro mortuis restitucio rerum

1. F° 163 v°.

quas male habuerunt, vel ignorando retinuerunt, vel ad memoriam non reduxerunt, vel quia hoc solvi preceperunt ab amicis et illi negligenter egerunt, vel quia ipsi, se imponentes in solvendo, [non] reddiderant. Audivi quod quidam puer de magno genere mortuus est circa etatem novem annorum, qui a familia patris ac matris acceperat mutuum ut ludos suos faceret; qui in morte non recoluit, licet confessus esset, et sic nihil solvit. Qui post apparuit alicui suorum, dicens se graviter affligi eo quod non solverat quod debebat : illa autem persona cui apparuit, inquirens, omnia solvit. Et post dictus puer illi apparuit persone cui prius apparuerat, intimans se ab omni pena liberatum, et esse in magna felicitate apparebat. Iste autem puer fuit filius ducis Burgonie, Hugo dictus[1] ; persona cui apparuit fuit mater ducis, qua revelante hoc novi[2].

34. Item cuidam militi valde devoto et bone vite, qui super hoc eciam me consuluit, cum esset solus in ecclesia in oracione, quidam cognatus ejus defunctus, qui fuerat miles valde strenuus, apparuit ei pluries; et cum quereret ab eo quomodo ei esset, dicebat se gravissime afflictum propter aliqua que retinuerat de alieno, que non recoluerat emendare, et dixit que erant

---

1. Cet enfant, fils d'Eudes III, duc de Bourgogne, et d'Alix de Vergy, sa femme, que l'auteur cite plus d'une fois, n'est pas nommé dans *L'Art de vérifier les dates*. Du Tillet parle d'un fils en bas-âge; mais il lui attribue le nom de Jean. (V. Échard, I, 189.) Les renseignements donnés ici par Étienne de Bourbon paraissent beaucoup plus authentiques.

2. C'est la mère de Hugues IV, duc de Bourgogne, c'est-à-dire Alix de Vergy, qui fut en relations avec notre auteur, et non la mère d'Eudes III, comme ces mots pourraient le donner à entendre. Cf. le n° 311.

illa que habuerat et a quibus habuerat, pro quibus per septennium jam multam penam passus fuerat, et rogabat eum quod ea faceret solvi et dimitti sibi faceret injuriam, quia credebat se liberari si esset de hoc satisfactum. Miles cui alius apparuit dictus fuit dominus Guillelmus de Contres[1], socius comitis Nivernensis et Forensis, qui miles magne abstinencie et devocionis mihi fuit familiarissimus, qui eciam in terra Albigensium et transmarina multa sustinuit propter Deum.

35. Item audivi a fratre Humberto[2], magistro Predicatorum, quod duo scolares de eadem nacione, socii et juvenes, religionem intraverunt, et in eadem religione bene et devote apud Deum et homines se habuerunt. Cum autem alter eorum laboraret in extremis et alter pro eo fleret, dicens se desolatum remanere in aliena terra, respondit eger quod, si hoc Deo placeret et posset, quod consolaretur eum eciam post mortem, certificans eum de statu suo. Cum autem, eo mortuo, alius esset in oracione, apparuit socius suus valde tristis et afflictus; et cum iste quereret causam, respondit quod nulla alia causa pateretur penam purgatorii, nisi pro hoc quod, cum darentur novi socci, retinebat et occultabat veteres contra regule statutum, et adhuc erant absconditi ad pedes lecti sui; et rogavit eum ut eos ibi acciperet et abbati redderet, et rogaret abbatem

---

1. Guillaume de Contres est mentionné par Pierre de Vaux-de-Cernay et par l'auteur de l'*Histoire de la guerre des Albigeois* (D. Bouquet, XIX, 91, 128, etc.). Il avait la faveur de Simon de Montfort, qui lui confia la place de Castel-Sarrazin. Étienne de Bourbon le connut, sans doute, dans le cours de ses missions chez les hérétiques.

2. Ms. *Huberto*. C'est Humbert de Romans, déjà cité.

ut eum de hoc in capitulo absolveret et orari pro se faceret; quod ille fecit. Post apparuit ei letissimus et splendidus, rogans ut cum eo foras egrederetur : quo facto, vidit ante se transeuntem maximam multitudinem candidatorum hominum et fulgencium et habencium retro super humeros cruces pulcherrimas, in celum ascendencium; et statim sequtus alius ordo longe pulcrior apparuit, et habebant cruces pulcriores et majores, et recepti sunt in celum; post sequtus est tercius ordo longe pulcrior, et quilibet eorum habebat unum angelum sibi preambulum, qui crucem gemmis fulgentem et speciosissimam ante eum ferebat, et transibant ascendentes in celum. Cumque ille quereret a socio suo quid sibi vellet hoc, respondit : « Priores erant qui intraverunt ordinem in senectute; secundi, qui in virili etate; tercii, qui in adolescencia sua, et cum istis deputaberis si perseveraveris in incepto, et beatus eris, et ego cum eis per Dei graciam ascendo. » Et, hoc dicto, alios sequtus est, angelo precedente et crucem ejus bajulante[1].

Quod ad multa valet cogitacio pene purgatorie.

36. Valet autem hujus revelacio pene, sicut patet per multa exempla supra posita, ad multa : non solum autem visio, immo eciam hujus assidua meditacio, quia a culpa revocat, in temptacione a ruina peccati hominem conservat, munit ad pacienciam, provocat ad compassionem et misericordiam, inducit ad penitenciam, videlicet eciam ad perseveranciam. Audivi a

---

1. F^{os} 163 v°, 164.

fratre Guillelmo de Peraut[1], qui composuit summas de Viciis et virtutibus, quod, cum quidam flagiciosus homo confiteretur episcopo suo, nec valebat eum inducere ad condignam penitenciam, misit eum ad quemdam sanctum abbatem; qui similiter, post multas ammoniciones, non valens eum ad condignam penitenciam movere, nisi quod ad ultimum diceret ei quod faceret penitenciam de qua in brevi spacio diei vel septimane posset se expedire, tradidit eum converso suo, dicens : « Duc istum ad vallem solitariam, et illi quem ibi invenies dic ut cogitet de isto homine, quod faciat ei facere brevem penitenciam, quam compleat in spacio diei ac noctis, ita quod ipse servet eum viventem et integre, et cras mihi remittat. » Quod fecit conversus, et invenit in valle unum demonem sub humana specie, cui tradidit dictum hominem hospitandum et ut de eo faceret ut mandabat abbas. In crastinum, cum de mandato abbatis rediret conversus ad dictam vallem, adduxit demon dictum hominem afflictum quasi ad mortem ; et cum reduxisset eum ad abbatem et retulisset ei quanta mala et que tormenta passus fuisset, ait abbas quod liber recederet ab omni penitencia. Ille autem dixit quod nunquam recederet, sed quantumcumque asperiorem penitenciam faceret et in ea tota vita sua perseveraret, dummodo de cetero in demonum manus non caderet ; quod et fecit.

37. Item audivi a quodam magistro, qui ostendit hoc luculenter metrice compositum, quod quidam miles fuit raptor et flagiciosus, qui ad instanciam uxoris sue,

---

[1]. Guillaume Perraud ou de Lyon, dont l'ouvrage est déjà mentionné plus haut, n° 15.

que valde devota erat, venit ad confitendum episcopo suo ; qui cum reus esset multorum homicidiorum et aliorum scelerum, nec vellet ire Romam vel aliam penitenciam facere condignam, ait ei episcopus, confisus de Domino, quod in facto suo aliquod consilium deberet apponere : « Tu, inquit, qui tot noctes in servicio dyaboli vigilasti, velles tu saltem hoc modicum facere, quod per noctem integram in Dei servicio in ecclesia vigilares, nulli alii loquens vel intendens nisi Deo et sanctis ejus, rogando eos pro tua salute? Et hoc solum tibi injungimus pro remissione omnium peccatorum. » Tunc ille, cogitans de bono foro quod sibi fiebat et de lenitate et brevitate dicte penitencie, hanc gratanter accepit ; quem episcopus in ecclesia introduxit, firmatis hostiis, et precepit ne omnino usque in mane alicui loqueretur, nisi, ut dictum est, usquequo ipse ad eum rediret facto mane. Cum autem usque circa mediam noctem miles coram crucifixo in pace orando vigilasset, ecce quedam claritas incepit per ecclesiam fulgere quasi si diesceret, dyabolo procurante, et visa est ei porta aperta et homines et mulieres quasi ingredientes ad orandum ; incepit audire quasi strepitus quadrigarum multarum, et visum fuit quod intrarent ecclesiam mercatores, qui dixerunt quod missi erant ab uxore sua, quia mercatores erant, ducentes multas quadrigas, et volebant eum habere pro guidagio et conductore per terram vicinam, et dare sibi de pecunia sua ad beneplacitum suum. Cum autem videretur ei quod dies non ita cito deberet esse et quod nec episcopus ad eum venerat, cogitavit apud se quod nullo modo penitenciam suam frangeret.

Cum autem illi sollicitassent eum qualiter esset responderet, et ipse immobiliter oraret, indignantes recesserunt; et quasi ad domum ejus euntes, adducunt ei unum dyabolum in speciem uxoris transfiguratum, et alium in speciem pueri sui parvuli, quem maxime diligebat, quem portabat inter brachia mater; et dixit ei uxor : « Domine, quid respondebitis istis mercatoribus? Modo juste potestis lucrari, qui solebatis aliena rapere. » Similiter puer pomum ei porrigebat, et ei applaudebat, et ei loquebatur balbuciendo. Cum autem nec per hoc stupens se moveret aut loqueretur eis, incepit uxor flere et se miseram dicere, pro viro suo, qui loquelam amiserat et sensum; et cum nec sic ille loqueretur, mutant se demones in similitudinem episcopi et clericorum, et venit ad militem ille factus episcopus cum clero suo, dicens : « Benedicite, fili; benedicat tibi Dominus; quomodo fuit tibi? » et hujusmodi. Obstupuit miles, et hesitans diu si responderet, quia non videbatur ei nox transisse, rogabat intra se Dominum ne deciperetur, et deliberavit se primo signare quam loqui; quod cum faceret, confusi demones invertunt se in horribiles species, militem verberantes usque ad mortem et eum acerrime torquentes. Cum autem ad crucifixum oculos elevaret et Jhesum crucifixum et matrem ejus in suum adjutorium advocaret, confusi cum maximo sonitu fugerunt. Mane autem facto, aperiens episcopus portas, venit et invenit eum quasi mortuum, qui, reversus ad vires, retulit qualiter sibi fuerat; et cum episcopus diceret ei quod ei aliam penitenciam non injungeret, ille in artissima penitencia permansit, dicens quod magis vellet mori quam demonibus tam crudelibus servire. de cetero vel in manus eorum cadere[1].

SEXTUS TITULUS.

DE TIMORE FUTURI JUDICII.

38. Titulus sextus prime partis est de timore futuri judicii; et nota quod dicitur eciam judicium futurum scilicet generale, de quo hic agemus, in quo Dominus omnes homines judicabit... Secundum judicium est speciale et particulare, quod est in morte cujuslibet, de quo post agemus... Notandum autem quod propter ista multum est futurum et generale judicium metuendum : primo, propter diei et hore incertitudinem; secundo, propter signorum perambulacionem ante judicium[2].....

De generali citacione et peremptoria.

39. Tercium quod timendum est, est generalis et peremptoria omnium citacio... Audivi a quodam

1. F^{os} 164, 164 v°. Le sujet de cette anecdote est celui de la *Légende du chevalier dans la chapelle*, publiée par Kœhler (*Jahrbuch für romanische literatur*, VI, 326). Parmi les nombreuses versions citées par cet auteur, il n'en est pas d'aussi anciennes que celle d'Étienne de Bourbon. Celle qu'à reproduite Jubinal (*Nouveau recueil de contes, dits, fabliaux, etc.* Paris, 1839, in-8°, I, 352) est du xive siècle.
2. F° 164 v°.

probo viro, dicto domino Terrico, Lugdunensi canonico, quod habuerit socium quemdam Parisius, in theologia, qui, quociens audiebat verbum in leccione vel sermone de ista materia, quasi positus in extasi, sincopizabat et totus quasi deficiebat, quia videbatur ei quod statim deberet ad judicium vocari.

40. Dicitur quod, cum magister Radulfus de Bulli, qui suo tempore summus erat in artibus, in quibus studendo Parisius diucius vitam suam consumpserat, laboraret in extremis, dixit sibi circumstantibus : « Vocor ad districtum judicium, a quo nulli licitum est appellare. » Et sic expiravit. Hoc audivi Parisius a scolaribus, tempore mortis sue[1].

De judicis qualitate.

41. Timenda est judicis qualitas sive condicio. Timendus est autem judex iste et ejus potencia insuperabilis... Secundo, timendus est judex iste, quia ejus sciencia infallibilis, quia nec fallitur nec falli potest..... Hebr., IIII g : « Non est ulla creatura invisibilis in conspectu Dei; omnia autem nuda sunt et aperta coram oculis Dei. » Quidam scolaris, cum amasset quamdam ante quam ivisset ad scolas, rediens de eis, cum illa sollicitaret eum : « Veni mecum, » ait ; et duxit illam in medio foro, et dixit ei : « Hic para te, ut agam quod vis. » Illa dixit : « Non hic, ubi viderent nos homines, sed in domo. » Respondit : « Si tu non vis hic propter

---

[1]. F° 166. Le nom de cette célébrité du temps n'était pas même venu jusqu'à nous.

homines, nec ego in domo propter Deum et celestem curiam, que me videret.

42. Item dicitur quod, cum quidam barbitonsor singulis annis festum faceret beati N[icolai], reficiens clericos, aliquando, cum deficerent ei carnes ad hoc necessarie, furatus est porcum cujusdam vicini sui, cogitans, cum dives esset, quod non esset peccatum. Quem cum deinde nollet Deus sic decipi, venit ad eum in specie cujusdam hominis, quasi pro radenda barba sua. Qui cum vellet ei collum primo madidare, invenit collum plenum oculis; et, cum resiliret pre stupore et quereret quid hoc esset, ait illi Dominus : « Ego sum ille qui video ante et retro et undique, qui bene vidi quando in tali hora et tali loco furatus es porcum talis hominis; sed restitue, ne dampneris [1]. »

De accusatoribus et testibus.

43. [Aliud] inducens et aggravans timorem judicii est accusatorum et testimoniorum diversitas.... Primo, testimonium perhibent scripture; secundo, accusans erit interior consciencia; tercio, accusabunt opera sua [peccatorem]; quarto, accusabit eum vicinia, quam corrupit exemplo suo et lesit facto suo..... Ibi de patre impio querentur filii, quoniam propter illum dati sunt in opprobrium.

Audivi a magistro Nicholao de Flaviniaco, archiepiscopo Bisuntinensi [2], et a pluribus aliis, quod, cum quidam pater, sectans tabernas, filium parvulum duce-

1. F[os] 168, 168 v[o].
2. V. ci-dessus, n[o] 28.

ret ibi secum, factus grandis, ita assuetus ludis est et tabernis, quod non poterat retrahi, et furabatur primo patri, post vicinis que ibi expenderet; nec pater suus primo corrigebat eum. Et cum factus esset magnus fur et judicatus duceretur ad suspendium, rogavit pro Deo ut adduceretur ei pater suus; qui cum venisset et fleret, rogavit eum filius ut oscularetur eum et remitteret ei injurias. Quod cum faceret pater, ita momordit eum filius, ut amputaret ei nasum cum labio; et cum de hoc argueretur, ait quod melius debuisset eum occidisse, si potuisset, quia non ipsi bajuli, sed ipse pater eum ad suspendium ducebat, qui eum non corripuerat, sed pocius exemplo suo corruperat. Et dicitur quod, dimissus ob hoc, vitam suam correxit[1].

44. Accusabunt eos demones... Habet enim tunc dicere ipse dyabolus : « Equissime judex, judica istum esse meum ob culpam, qui tuus noluit esse per graciam; tuus per naturam, meus est per maliciam; tuus est per compassionem, meus est per observacionem; mihi obediens, tibi inobediens. »

Audivi a quodam fratre religioso, cujus nomen et episcopi et loci tacendum esse arbitror propter scandalum, audivi de quodam episcopo, quem aliquando ego vidi, quod, cum egrotaret, apparuit ei dyabolus, dicens quod citabat eum summus papa per eum et assignabat ei diem, quam ei nominavit, in qua, ut dicebat, oportebat eum racionem reddere de admi-

---

1. F^{os} 170 v°, 171. Un apologue analogue à celui-ci se lit dans Ésope (éd. Coray, 48, 264), dans le *Speculum morale* attribué à Vincent de Beauvais (liv. III, part. III, dist. 7), et dans plusieurs recueils du moyen-âge cités par Oesterley (*Pauli Schïmpf und Ernst,* Stuttgart, 1866, in-8°, n° 19).

nistracione sua. Cui, die assignata, visum est ei quod ipse traheretur in causa coram papa, et quod dyabolus qui ei apparuerat contra eum de eo petebat jus a papa de administracionibus suis, qualiter administraverat in officio prioratus quod ante habuerat, vel qualiter in officio abbatis, modo in officio episcopi : fuerat enim niger prior, abbas albus, et tunc erat episcopus. Cum autem requireretur de officio prioratus et nesciret de eo racionem reddere, queritur racio de abbatis officio : in qua responsione magis deficiebat, et maxime post in responsione episcopatus. Cum autem in ea omnino deficeret et peteret aliam diem sibi assignari, allegans quod non fuerat in responsione dicta premeditatus, assignatur ei alia dies peremptoria, illi valde proxima, in qua debebat judex procedere ad sentenciam diffinitivam. Cum autem anxius pro hoc vigilaret fortiter, ad clamorem ejus convenit familia ejus. Cum autem hec dicta indicasset pluribus, die sequenti, apparuit ei dyabolus qui prius ei apparuerat, urgens eum ad reddendam racionem veniendum coram summo judice. Qui, cum se nondum paratum clamaret et ejus aspectum horreret, et dyabolus eum magis perurgeret, invitis omnibus astantibus, surrexit de lecto in quo jacebat, volens fugere et demonem effugere. Cum autem fugeret, cum impetu impegit in columpnam, petens induciàs, et, eliso in ea capite, cecidit et expiravit.

45. Audivi quod, cum quidam frater noster predicasset in quadam civitate Tucie[1], et cum qui affuerant recitarent verba ejus et commendarent predicacionem

---

1. Pour *Tuscie*, Toscane.

ejus, audiens hoc quidam demoniacus qui ligatus tenebatur ibi, ait, immo pocius [demon] per eum loquebatur : « O homines, iste frater nil dixit populo ad comparacionem hujus quod ego predicarem, si populo mihi loqui permitteretur. Si autem populum convocaveritis, promitto vobis quod veritatem predicabo et in nullo menciar, et quod in pace me habebo, nullum omnino ledens. » Cum autem suasu aliquorum populus advocatus venisset, incepit retexere historias multas et de casu suo et hominis, et quomodo multos miserat Deus in mundum predicatores, prophetas, filium suum, apostolos, martires, confessores, Predicatores et Minores ; et ne aliquid omittat Deus de contingentibus : « Noveritis, ait, me esse dyabolum, qui vobis compellor veritatem predicare, ut Deus magis habeat in die judicii quid vobis improperet, et ego unde vos magis accusem, et obiciatur vobis per ipsos dyabolos veritatem vobis predicatam fuisse ; et, ut vere dyabolum me sciatis, ecce egredior. » Et exivit cum magno sonitu ab obsesso, partem domus secum ferens[1].

46. Accusabunt eos sancti et beati angeli, a quorum consorcio peccando recesserunt, vel quos in presenti contumeliis affecerunt vel injuriis, vel quorum festa fregerunt, vel quorum intuitum non erubuerunt, coram quibus peccaverunt, vel quorum loca prophanaverunt, vel coram quibus justos opprimere non timuerunt...

Audivi a fratre Gaufrido de Blevex[2], rectore theo-

1. Fos 171 vo, 172.
2. Geoffroi de Blevex, de Blével ou de Blaviaus, qui dirigea les

logie, quod accidit in Theothonia quod quidam archidyaconus, ambiens episcopatum, insidiabatur episcopo suo, bono viro et seni, quomodo eum occideret ; et cum consuevisset dictus episcopus venire ad matutinas et prevenire alios, ad salutandam beatam Virginem, et intrare per quamdam portam veterem, collocavit de nocte archidyaconus lapidem super portam dictam : et veniens episcopus, ut consueverat, et aperiens portam, lapide cadente, excerebratur et moritur. Archidyaconus cum multo labore optinet episcopatum ; cumque confirmatus gaudens obtineret et faceret convivium recepcionis sue, quidam princeps serviens in mensa coram eo, flexis genibus, subito rapitur ante tribunal summi judicis et videt ibi beatam Virginem Mariam, cum innumera multitudine sanctorum et angelorum, adducentem dictum episcopum portantem cerebrum suum in manibus suis ; et dixit beata Virgo : « Fili, adhuc recenti sanguine et vulneribus et cerebro hujus mei militis, cujus hec sunt vulnera, hic sanguis, hoc cerebrum, crudelis et proditor homicida gaudet se optinere pontificalem ejus dignitatem. » Respondit Dominus : « Quem mittam, et quis ibit vobis ? » Tunc beata Virgo ait : « Ecce hic servitor suus. » Cui Dominus precepit sub pena mortis ut citet dominum suum peremptorie, ut cito veniat coram eo de tam nephando crimine responsurus, et ei causam coram omnibus exprimat. Qui statim rediens, turbatus infremuit tremuitque, et cutellum quem tenebat ad serviendum projecit, ama-

écoles de Saint-Jacques à Paris. Étienne le cite souvent et parait avoir été lié avec lui. V. la notice sur ce religieux insérée dans les *Script. ord. Præd.* (I, 127), et le n° 468, ci-après.

rissime flens. Rogatus ab omnibus et eciam ab ipso episcopo, causam pandit; qua audita, episcopus, subita morte percussus, ibi coram omnibus mortuus est.

47. Item quod sancti accusant. Audivi ab episcopo quodam quod quidam homo, in civitate Turonis, consueverat venire ad matutinas majoris ecclesie; et cum visum fuisset ei quod fuisset pulsatum, venit ante horam. Inveniens portas apertas, intrat, et orat retro columpnam. Videt lumen maximum intrare per ecclesiam, et angelos apportantes tronum lucidum, et judicem summum sedentem in illo trono, et angelos assistentes ei. Tunc venit beatus Martinus cum multitudine sociorum accusancium quemdam archiepiscopum illius ecclesie de multis flagiciis, et quod tam indignus auderet occupare cathedram beati Martini. Citatur a demone; indutus pontificalibus, sedens in cathedra, accusatur de omnibus maliciis suis; nescit quid respondeat: tunc Dominus, quasi indignatus, pede suo, ad accusacionem Sancti Martini et aliorum, illum percussit et eum cum sede evertit; et post visio recessit. Ille autem qui hoc viderat ad domum episcopi cucurrit, familiam excitat, rogans ut viderent quid circa dominum suum ageretur : qui inquirentes eum subito mortuum invenerunt[2].

Quod memoria divini judicii valet ad multa.

48. Notandum autem quod timor judicii et memoria

1. F° 172. Ce récit se trouve, sous une forme dramatique, dans le recueil des *Miracles de Notre-Dame,* publié par la Société des anciens textes (Paris, 1876, in-8°, I, 101), avec le titre suivant : *De l'évesque que l'arcediacre meurtrit.*

2. F° 172 v°.

homini valet ad multa : primo, quia à peccato eum revocat, et ad fletum et ad penitenciam provocat... Item, ut audivi, in quadam maxima abbacia Cisterciensis ordinis, quidam fuit conversus multum contemplatus; qui cum esset in oracione, visum fuit ei astare ante oculos suos divinum judicium, et angelos assistentes multum accusare peccata et facta enormia duorum magnorum hominum, quorum alter magnus comes fuit, alter magnus prelatus. Cum autem Dominus quasi graviter ferre niteretur mala eorum et gravissimas dampnaciones eis adjudicaret, affuerunt aliqui in illa curia rogantes Dominum pro eis; ad quorum preces Dominus distulit sentenciam mortis et dampnacionis quam eis paraverat, precipiens converso quod eos moneri faceret par abbatem suum. Conversus autem abbati retulit visa et audita, facta et nomina illorum, quos ipse prius non noverat. Cum autem per magnos viros moniti essent procurante abbate, et visio eis esset relata, laicus vitam emendavit, timuit et penitenciam egit : cilicium ego ei tradidi, quo ipse, cum fuisset delicatissimus, ad carnem utebatur; et magnas eleemosynas et penitencias faciebat, et in bona confessione et in magna devocione, cum omni sacramentorum suscepcione, ad Dominum migravit post plures annos penitencie peracte. Clericus autem admonitus, vel parvi pendit, vel, aliquibus ei tribulacionibus insurgentibus, a proposito, si bonum ex hoc conceperat, pedem retraxit, ad vindictam injuriarum anhelans. Cum autem omnia successissent ei prospere et ad votum complevisset desiderium animi sui, subito, cum non speraret, sublatus est de medio in nocte; festinus et letus et sanus intrans lectum, in mane mortuus a suis in lecto suo inventus est. Hanc visionem et admonicionem factam esse audivi ab uxore dicti principis, qui comes erat, et uxor religiosa, devota et sancta, que hoc mihi retulit et loca et personas, nomina quorum reticeo propter scandalum aliquorum[1].

TITULUS SEPTIMUS.

DE TIMORE MORTIS.

49. Septimus titulus de timore est de judicio particulari, scilicet de morte. De hoc duo videamus : quare et a quibus maxime sit hoc judicium timendum; secundo, quare sit sepe memoriter recolendum[2].

Quare mors sit timenda.

50. Primo autem timenda est propter eorum immensitatem qui eam timuerunt; secundo, timenda est mors propter moriendi neccessitatem et inevitabilitatem; tercio, propter mortis communitatem... Dicitur quod, cum dominus de Vagnori[3] haberet filium novum militem euntem ad tyrocinium et trans-

---

1. F° 175 v°. Étienne a parfois de ces réticences dans le but d'épargner la réputation de certains personnages. Cf. les n°s 31, 455, etc.
2. F° 176.
3. Sans doute Vignory (Haute-Marne).

euntem per Claram-Vallem, videns ibi Dei milites beate Virgini militantes, cogitans quis finis est utriusque milicie, eciam quod in utraque posset mori, quia mors communis erat hiis et illis, junioribus et senioribus, intravit in ordinem. Cum autem pater suus veniret, minans quod abbaciam destrueret nisi rediret, ait quod rediret cum hac condicione : si unam consuetudinem, que erat in terra sua, removeret; quod si non faceret, eum in pace dimitteret. Hoc pater annuit : filius consuetudinem patrie declaravit, que erat quod eque morerentur ibi juvenes ut senes[1].

51. Quarto, [timendum est] propter mortis velocitatem, quia et velociter ad eam currimus, et ipsa nos insequitur eque velociter. Item accidit in diocesi Matisconensi[2] quod, cum quidam, adductus a capellano suo et a vicinis, accusaretur, publice excommunicatus, admonitus a Fratre Predicatore ut quamdam dimitteret quam consanguineam vel affinem in concubinatu tenebat, nec minis aut blandimentis vellet eam dimittere, cum crederet diu in suo peccato contra Deum voluptari, cum recederet a dicto fratre contumax, per viam cum patre suo vadens et colloquens, repentina morte subito percussus, corruit in ipsa via; quod mihi predicanti in terra illa, que [dicitur] Capella de Duno[3], pater et capellanus, coram quibus et cum quibus admonitus fuit et contumax periit, retulerunt[4].

52. Item dicitur de quadam vetula sortilega [quod],

1. F^{os} 176, 176 v°. Cf. Jacques de Vitry, ms. cité, f° 90.
2. Ms. *Masticensi*.
3. Dun (Saône-et-Loire).
4. F° 176 v°.

cum audisset quinquies, in prima die maii, avem que dicitur *cucu*, dicentem *cucu*, credidit pro certo quod ad minus tot annis viveret. Unde, cum graviter infirmaretur ad mortem, et filia sua ad penitenciam et confessionem eam moneret, dicebat quod non oportebat, cum viveret adhuc per quinque annos; et cum jam non posset plene loqui et moneretur adhuc, dicebat *cucu* quinquies; et cum nihil posset loqui, elevans quinque digitos, idem innuens expiravit. Hoc retulit magister Jordanus in sermone[1].

53. Quintum est moriendi continuitas et assiduitas... Sextum quare mors timenda est, est ejus propinquitas... Item accidit apud Divionem quod, cum quidam fenerator ante portam ecclesie beate Virginis quamdam sibi desponsaret, cum qua credebat diu vivere matrimonialiter, alius usurarius lapideus, qui erat sculptus cum bursa supra portam, bursam suam lapideam projecit super caput vivi, qui statim expiravit et vitam cum uxore amisit. Ideo omnes alii usurarii sculptas ymagines, que erant supra ante portam, destituere fecerunt in anteriori parte ecclesie, supra, in muro exteriori; quod ego vidi cito post factum, et magister Girardus, episcopus Tornacensis, hoc ibi predicavit[2].

1. F° 177. Cf. le n° 356. Cette superstition de bonne femme, rapportée non-seulement par Jourdain de Saxe, mais par Jacques de Vitry, paraît être un vestige du culte de la déesse Maia et des anciennes croyances relatives au 1er mai. On en retrouve la trace dans un exemple du même genre publié par Th. Wright (*Latin stories*, n° 41).

2. F° 177 v°. L'église de Notre-Dame de Dijon, monument historique récemment restauré, est précisément remarquable par son portail. Elle devait être encore toute neuve à l'époque de cette

54. Septimum est moriendi facilitas : est enim homo ut lucerna ad ventum, que cito et subito extinguitur... Apud Cabilonem, me existente in villa, accidit quod quidam, post nimiam crapulam, dum vellet in aqua lavare manus suas, cecidit et submersus est. Alius, dum ad solem crapulatus sederet, vinum similiter evomuit et vitam. Alius, bonus natator, dum post ebrietatem in aquam caderet et crederet esse super aquam, nans sub aqua, impegit caput in os nasse cum tanta violencia, quod captus fuit ibi per collum, nec potuit se retrahere, infigentibus viminibus[1].

55. Item accidit apud Poilliacum[2], in dyocesi Matisconensi[3] (quod plus estimo miraculum et divinum judicium quàm naturam), quod, cum quidam juvenis bubulcus promisisset cuidam, fide data, quod duceret eam in uxorem, et, postquam deflorasset eam, nollet ei servare pactum, et excommunicatus fuisset per officialem loci, et egomet ipse publice ammonuissem eum multum ad observacionem pacti et sollempnizacionem matrimonii, et ipse contumax sentenciam contempneret et rideret ad increpaciones et comminaciones; accidit quod, cum in nocte carniprivii sederet ad ignem, et frater suus lectum intrasset, et ille diceret quid in crastinum comederet, frater, qui lectum intraverat, unam truffam dixit, de qua ille ridens et sotu-

---

mutilation, qu'Étienne de Bourbon, en répétant plus loin l'anecdote avec plus de détails, place vers 1240. (V. le n° 420.) Le prélat dont il s'agit est Guiard de Laon, évêque de Cambrai, qu'Étienne appelle ordinairement, par erreur, évêque de Tournai, et qui mourut en 1247.

1. F° 177 v°.
2. Probablement Pouilly (Saône-et-Loire).
3. Ms. *Masticonensi*.

lares ungens cum risu dyabolo animam reddidit et statim expiravit. Hoc mihi post factum ipsa quam juraverat et alii vicini sic accidisse retulerunt.

56. Item accidit nuper, in dyocesi Remensi, quod tres pueri jacebant in uno lecto. Cum autem maxima fierent tonitrua et corruscaciones, ille qui jacebat in medio surrexit sedendo inter alios duos ad oracionem; quem cum alii irriderent, vocantes eum beguinum, et arguerent, subito fulgur descendens, utrumque hinc inde occidens, medium orantem nec tetigit nec lesit. Hoc mihi dixit frater Stephanus de Firmitate, qui audivit hoc a fratribus Remensibus, qui hoc accidisse apud eos asserebant[1].

57. Octavo, timenda est mortis incertitudo... Nono, timenda est gravissime infirmitatis occupacio, que preoccupat omnes artus et sensus, auferens pedibus potestatem gradiendi, manibus operandi, lingue loquendi, ori comedendi, auribus audiendi, oculis videndi, et sic de aliis... Ita inexorabilis est mors quod pro toto modo non daret unam diem aut horam de induciis, vel [per] aliquam horam propter aliquem revocaret, precibus aliquibus aut precio, gravedinem infirmitatis. Unde dicitur quod cum quidam, ut dicebat magister Jacobus[2], longo tempore servivisset cuidam magno principi et graviter egrotaret, cum astaret ei dominus suus, dicens quod multum ejus doleret et quod, si quo indigeret, hoc ab eo peteret, dixit eger quod petebat, pro omni servicio quod ei fecerat, ut liberaret eum ab infirmitate, vel saltim ad

1. F° 177 v°.
2. Jacques de Vitry. C'est ainsi qu'Étienne désigne souvent le célèbre prélat.

horam. Et cum diceret quod hoc non posset facere nisi solus Deus, ait eger : « Et ego illi qui solus hoc potest promitto quod, si me liberet, ei soli in perpetuum serviam. » Quod et fecit.

58. Item rex Francie[1], laborans ad mortem et desperatus a medicis et positus in cinere, vocavit omnes astantes, dicens : « Ego ecce, qui ditissimus eram et nobilissimus de mundo et potentissimus pre omnibus, diviciis et potencia et amicis, non possum extorquere a morte inducias vel ab hac infirmitate per unicam horam. Quid ergo valent ista omnia? » Et hoc dicens[2] omnes auditores concitavit ad fletum. Ipse contra spem a Domino curatus, cum crederetur mortuus, resurgens et Deo gracias exhibens, crucem accepit.

59. Item, ut audivi, quidam usurarius, dum in extremis laboraret, fecit apportari ante se vasa aurea et argentea, promittens anime sue illa et multo ampliora, ut agros et domos et alia, si adhuc cum eo remaneret. Et cum magis urgeret eum dolor infirmitatis, ait : « Ex quo non vis mecum morari, reddo te dyabolo[3]. » Et hoc dicens expiravit[4].

60. Decimo, timenda est circa exitum anime peccatorum occursio [mortis]... Undecimo, est timenda mors quia est corporis et anime separacio, que tanto amarior est quanto magis anima adhesit carni et

---

1. S. Louis. L'événement rapporté ici est dans toutes les mémoires; mais la confirmation sortie de la bouche d'un contemporain, et peut-être d'un témoin auriculaire, ne saurait être dédaignée.
2. Ms. *audiens*.
3. En bon français : « Va-t'en au diable. » Cf. le n° 411.
4. F°s 178, 178 v°.

dilexit eam et opera ejus.... Duodecimo, timenda est propter omnium rerum amissionem. Item exemplum ad hoc : Saladinus magnus inter Sarracenos fecit sibi deportari sudarium suum, cum videret se propinquum morti, et fecit illud clamando deportari : « Tantum deportabit secum princeps magnus Saladinus de omnibus rebus suis[1]. » B.: « Angustum est foramen mortis, et de omnibus bonis tuis nihil tecum deportare poteris. »

1. Cf. Jacques de Vitry (f° 93) et les *Récits d'un Ménestrel de Reims*, éd. de Wailly, Paris, 1876, in-8°, p. 104. Cette parole de Saladin est aussi rapportée dans le recueil d'exemples de la bibliothèque de Tours : « Item, imminente morte, fecit afferri sudarium suum, et a quatuor militibus per quatuor lanceas fecit deportari per vicos civitatis, dicentibus : Salehadim, dominus duodecim regnorum, non plus portat de mundo. (Ms. 205, f° 161.) On trouve au même endroit, sur ce héros légendaire, les anecdotes suivantes :

« Soldanus Salehadim in morte, ut dicitur, mandavit pro meliori christiano, pro meliori Judeo, pro meliori Sarraceno quos potuit invenire. Et quesivit a Judeo que melior lex. Respondit quod sua. Et si istam, inquit, dimitteres, quam acciperes? Respondit : Legem christianorum, que descendit a nostra. Item quesivit a pagano que melior, qui respondit quod sua, et, si illam dimitteret, acciperet legem christianorum, quia nostra, inquit, descendit a sua. Item quesivit a christiano illud; et dixit quod sua est, et quod nullam aliam reciperet quam suam. Tunc ait : Alii duo, si dimitterent leges, consentirent in istam; iste nullam aliam acciperet nisi suam; hanc eligo et judico meliorem. Et fecit se, ut dicitur, baptizari.

« Idem, audiens quod rex Johannes habebat ensem de qua scindebat hominem armatum usque ad sellam, rogavit quod ei mitteret, et hominem armatum damnatum posuit in medium, et fecit per meliorem et fortiorem militem tentare num posset scindere per medium; qui non potuit. Et remisit regi, mandans quod non credebat, quod faceret sibi fraudem, et quod illum ensem non miserat. Qui remandavit quod bene miserat, sed non miserat brachium cum ense.

61. Item, cum quidam dives laborare videretur in extremis, videns amicos eum dimittentes et ad archas vestesque currentes, clamavit gallice : « Hastez vos, hastez. » Id est : « Festinate, festinate, quia nundine deficiunt[1]. »

62. Terciodecimo, timenda est propter demonum occursionem... Quatuordecimo, propter ignote regionis ingressionem... Audivi quod quidam juvenis dux Lohorangie, cum esset in extremis, respiciens domos suas et castra, dicebat : « O Domine Deus, quam contempnendus est mundus iste! quia ego, qui tot habeo castra et palacia et tot potui hospitari, nescio adhuc ubi in nocte hac debeo iré aut quis me debet hospitari[2]. »

« Idem, habens militem in carcere, audivit a custodibus quod non cessabat de die et de nocte aspirare et desiderare terram suam. Qui, mandans pro eo, ait : Sunt silve in terrâ vestrâ? Respondit : Non. — Sunt flumina? — Non. — Certe, inquit, ego dabo vobis licentiam illuc eundi, quia non possum vos ponere, pro posse meo, in majori carcere. Et sic recessit. »
La tradition qui veut que le soudan se soit fait baptiser avant de mourir, et qui n'est rappelée ici qu'avec réserve, semble reposer sur un passage de la vie de S. François d'Assise dont les Bollandistes ont rejeté l'authenticité : ce saint aurait envoyé au prince sarrazin deux religieux de son ordre, qui l'auraient converti. Wadding croit qu'ils l'instruisirent au moins de la loi chrétienne. (V. *Acta SS.*, t. II oct., p. 616.) Cf. les autres légendes sur Saladin rapportées d'outre-mer par les croisés et citées par M. Victor Le Clerc dans l'*Histoire littéraire* (XXIII, 161). V. aussi dans la *Romania* (t. VI, n° 23) un article de M. Pio Rajna (*La novella boccaccesca di messer Torello*).

1. F° 178 v°. Allusion au cri du héraut qui prononçait la clôture des foires (*divisio nundinarum*) et la cessation de tous les priviléges assurés tant aux marchands qu'aux consommateurs. V. Bourquelot, *Les foires de Champagne*, I, 88, 90.

2. F° 179.

De memoria mortis.

63. Notandum autem quod memoria mortis ad multa valet homini : primo, ad humiliacionem...; secundo, valet ad contemptum mundi... Dicitur quod frater Guerricus, audiens legi in Biblia de antiquis : « Iste vixit tot annis, et iste tot, et mortuus est, » mundum contempnens, intravit ordinem Predicatorum, ubi factus est maximus magister in theologia et contemptor mundi et sui[1].

Item audivi a fratre Galterio de Letis quod, cum quedam ecclesia consecraretur de Crespi, in qua erat comes[2] sepultus, et deberet inde extrahi propter consecracionem, patefacto ejus sepulcro, apparuit immanissimus bufo super faciem ejus, eam corrodens, et alii vermes et serpentes, ad quorum aspectum et horrorem omnes resilierunt. Filius autem dicti comitis juvenis, hoc audiens, accessit, et, visa carnis paterne sanie et vermium diversitate et horrore, incepit mestus cogitare de morte, et quam vane sunt mundi divicie et delicie et honores : unde, relictis omnibus, fugit, cogitans se fore beatum si pauper fieret pro Christo. Quidam autem domicelli ejus, eum sequentes et invenientes, nec eum revocare valentes, venditis equis et rebus et pro Deo erogatis, ad monicionem ejus eum pauperem pauperes sequebantur, multa convicia propter Deum cum eo[3] ab hominibus sustinentes.

1. Cf. le n° 262 et *Script. ord. Prædicat.*, I, 113.
2. Raoul, comte de Crépy en Valois, d'Amiens, etc., mort en 1074.
3. Ms. *et eum cum Deo.*

Et cum elemosynas peterent, quidquid melius inveniebant, ei dabant; quod noluit, sed dixit quod quilibet haberet quod Deus daret ei. Et cum in introitu cujusdam ville duxisset eos per vicos et ipse pauperiorem eligeret, nihil in eo potuit invenire nisi durissimam crustam et nigerrimam, quam in domo cujusdam paupercule videns petivit, et fragmen teste ubi galline ejus bibebant; que agendo gracias ad socios suos deportavit, nec aliquid voluit comedere nisi crustam dictam in aqua teste temperatam. Cum autem crustam illam comederet et sanguis de ore ejus exiret, flebant ejus socii; quos ipse licenciavit et ab eis affugit, ne emollirent cor ejus. Romam venit, ubi factus est carbonarius, et secretum suum cuidam cardinali, cui confessus est, et statum suum revelavit. Cum autem, post plures annos, semel urbem intrasset ad vendendum carbones et in domum dicti cardinalis confessoris sui carbones deportasset, arreptus ibi infirmitate, post suscepta sacramenta omnia, pauper jacens sub gradu, ad Dominum migravit. Quo facto, omnes campane urbis per se sonuerunt; quod cum papa miraretur, cardinalis, confessor ejus, revelavit causam. Homines autem terre sue existentes in curia, audientes hoc, quem vivum querebant, mortuum invenerunt[1].

1. F° 180 v°. Cette histoire est répétée en abrégé au f° 649 du ms. Elle est relative au bienheureux Simon de Crespy, fils de Raoul, dont le biographe contemporain raconte les mêmes faits en gros. Guibert de Nogent parle aussi de l'effet produit sur ce seigneur par la vue du corps de son père, déjà décomposé, mais ne dit rien du crapaud. Hugues de Fleury dit que Simon mourut à Rome et fut enterré à Saint-Pierre (en 1082). Le récit de ces historiens a été enrichi de détails qui paraissent purement légendaires. (V. D. Bouquet, XII, 237, 797; XIV, 37-41.)

64. Provocat [memoria mortis] ad penitenciam. Item dicitur quod, cum quidam miles flagiciosus nollet facere penitenciam aliquam injunctam ab Alexandro papa[1], dedit ei annulum suum et [dixit] quod portaret eum pro penitencia, tali condicione quod, cum eum respiceret, pluribus horis diei, se moriturum et diceret et cogitaret. Quod cum pluries fecisset, ita contristatus est, quod rediens dixit quod paratus erat pocius facere quamcumque penitentiam aliam quam illam.

65. Item, cum alius similiter omnem penitenciam respueret, injunxit aliquis ei quod, cum sederet in mensa sua, serviens sibi deportaret ei ibi pro primo ferculo baculum decorticatum, dicens : « Domine, reducatis ad memoriam quod necesse habetis mori, et nescitis quam cito. » Et cum omnia que comedebat fierent ei amara, rediit, dicens quod pocius faceret quamcumque penitenciam quam illam.

66. Provocat ad misericordiam.... Dicitur quod quidam burgensis Parisiensis paravit feretrum suum in camera sua, in quo deferretur cum moreretur, ut per hoc mortis memoriam haberet et provocaretur ad opera misericordie, et in die defunctorum replebat panibus, quos pauperibus dabat, dicens : « Ecce cito moriar; et quis memorabitur mei[2]? »

---

1. Alexandre III., dont le séjour en France (de 1162 à 1165) n'était pas encore oublié du temps de l'auteur. Cf. le n° 148.
2. F° 181.

OCTAVUS TITULUS.

DE TIMORE PECCATI.

67. Octavus titulus est de timore peccati. Et notandum quod maxime timendum est peccatum sive peccare propter septem : primo, quia, si peccatum non esset, nil homini obesset; secundo, quia sine hoc quicquid est homini prodesset; tercio, quia Deo summe displicet; quarto, quia hoc angelus bonus summe abhorret, quinto, quia sanctis injuriam infert; sexto, quia dyabolo summe placet; septimo, quia facienti summe nocet[1]...

De insania peccatorum et fatuitate.

68. [Peccatum] facit hominem fatuum et insanum; cujus fatuitas apparet... primo in via sua, quia perelegit magis ambulare viam latam et spaciosam, que ducit ad mortem, quam artam, que ducit ad vitam... Secunda fatuitas ejus est incuria, de qua B. : « Sic stulti estimatores de maximis minimam, de minimis maximam curam gerunt...; » similes illi episcopo, qui majorem sollicitudinem habebat de custodiendo calatho pleno pirorum quam de multitudine animarum. Cum enim tradisset nepotulo suo archidyaconatum, et quidam apportasset ei calathum plenum piris, et quereret cui commendaret, dixit dictus nepotulus archidyaco-

---

1. F° 181 v°.

nus : « Mihi commendate. » Ait episcopus : « Non confido de te ; male mihi custodires. » Respondit quidam magister : « Miser, ei commisisti infinitum numerum animarum, cui non audes committere calathum pirorum[1]! »

69. [Peccatum] spoliat hominem et depauperat bonis interioribus... Similis est peccator illi militi qui, cum alii pugnarent in tyrocinio, exivit ut dormiret sub umbra arboris. Quod videntes aliqui hyraudi condixerunt sibi ut ei arma sua et vestes furarentur : unus furatur ei calcaria et ensem, alius loricam, tercius scutum, quartus equum, quintus lanceam, sextus brachas, cingulam et camisiam, septimus galeam ; et cum non sic excitaretur, vulneraverunt eum diversimode et periculosissime in diversis locis ad mortem. Miser autem, factus insensibilis, nec sic excitatur[2].

NONUS TITULUS.

DE PRESENTI PERICULO TIMENDO.

70. Nonus titulus de timore est de sexto[3] timendo, scilicet de presenti periculo in quo sumus et materialiter et spiritualiter, cujus consideracio multum valet

---

1. F° 184 v°. Cet apologue, qu'on trouvera répété plus loin sous différentes formes, a fourni un sujet à Ulrich Boner, fabuliste allemand du xiv° siècle (*Der Edelstein*, éd. Benecke, Berlin, 1816, in-8°, fable 98).
2. F° 186.
3. Ms. *quinto*.

ad retrahendum hominem a peccato. Ad hoc autem quod cognoscamus periculum in quo sunt peccatores, valet considerare sex[1], scilicet : qualis sit locus in quo sunt; quale sit tempus in quo sunt; quam periculosus sit status in quo sunt; item considerare proprie condicionis infirmitatem; item hostium suorum qualitatem; item factorum suorum enormitatem...[2]

TITULUS DECIMUS.

DE QUALITATE INIMICORUM HUMANI GENERIS.

71. Decimus titulus prime partis, scilicet doni timoris, est de septimo [timendo], scilicet de qualitate inimicorum humani generis, qui sunt timendi a nobis multis de causis, scilicet ex multitudinis eorum diversitate et diversitatis adversitate, ex nature eorum subtilitate, ex discursus velocitate...; de quorum pluribus supra dictum est et infra plenius proponimus dicere sub dono fortitudinis, de diversis generibus temptandi et diversis demonum qualitatibus ac proprietatibus, quibus fortiter resistendum est et à quibus prudenter cavendum[3]...

1. Ms. *septem*.
2. F° 186 v°.
3. F° 189 v°.

INCIPIT SECUNDA PARS,

DE EIS QUE PERTINENT AD

DONUM PIETATIS.

72. Dicto in prima parte de eis que pertinent ad donum timoris, que habent hominem a peccato retrahere, nunc dicendum est in hac secunda parte de eis que pertinent ad donum pietatis, quod per spem ad Deum peccatores habet retrahere. Jere. XXXI : « In caritate perpetua dilexi te; ideo attraxi te miserans. » Sunt autem septem attractoria pietatis, per que quasi per funiculos spei ad Deum attrahit, que sunt : verbum Dei ; exempla misericordie Dei ; [incarnacio Christi[1]]; passio Christi; crux et ea que pertinent ad crucem Christi; festa et exempla misericordie matris Christi; compassio et misericordia que habetur et exhibetur pauperibus et amicis Christi, exempla misericordie et adjutorii que exhibent peccatoribus amici Christi, et beneficia eorum et adjutoria Ecclesie Christi...[2]

---

1. Addition réclamée par le texte même de cette seconde partie.
2. F° 190.

PRIMUS TITULUS.

DE VERBO DEI.

73. Primus titulus hujus secunde partis est de verbo Dei, quod multum, spe concepta de Dei misericordia consequenda, ad redeundum ad Deum peccatorem monet et movet. Est autem verbum Dei libenter audiendum, et devote suscipiendum, et memoriter retinendum, et diligenter custodiendum, et fideliter opere adimplendum, et humiliter docendum, et frequenter ruminandum, et dulciter et assidue meditandum...[1]

Quod verbum predicacionis multum Deo placet.

74. Verbum autem Dei care est amplexandum et diligenter servandum ideo maxime : primo, quia Deo et angelis ejus placet... Patet quam Deo placeat verbum Dei ex eo quod tantam vim dederit Deus ipsi verbo creato et prolato... Signum dilectionis dominice ad verbum est hoc quod ministerii hujus Verbum eternum assumpsit in semetipso officium, ut loqueretur Deus per filium, qui ante loquutus fuerat per ora prophetarum. Quidam novicius, cum intrasset ordinem Predicatorum, et quidam monachi vellent eum retrahere et extrahere ab ordine quem intraverat et attra-

---

1. F° 190.

here ad ordinem suum, multa ei obloquendo de ordine quem intraverat, multa excellencia loquendo de ordine suo, quesivit ab eis si Dominus Jhesus Christus dedit nobis formam bene vivendi super omnes, et si ejus actio esset nostra institucio. Qui aiunt ita. « Ergo, ait ille, cum legerim Dominum Jhesum Christum non fuisse monachum album vel nigrum, sed fuisse pauperem predicatorem, volo pocius ejus sequi vestigia quam alterius. »

75. Et notandum quod multas gracias facit Dominus eis qui libenter conveniunt ad audiendum verbum Dei. Nota, ut audivi ab eadem, quod, cum quedam mulier, audiens famam cujusdam predicatoris, affectaret audire verbum Dei ab illo predicatore, nec posset venire ad sermonem, cum esset longe a villa in qua fiebat predicacio, et esset ita impotens quod per multos annos non surrexisset de lecto, fecit in grabato suo se portari in platea ubi fiebat sermo; et cum fuisset peccatrix, institit et optinuit ut visitaret eam predicator et confessionem ejus audiret. Quo facto, in mane, cum alii accederent ad sermonem, amore audiendi affecta, quasi proprie infirmitatis oblita, incolumis surrexit, et per dies et dietas plurimas cum aliis sermonem sequentibus et ipsa sequta fuit.

76. Item audivi quod, cum quidam senex sequeretur predicacionem, et ipse pre fatigacione et infirmitate ad pedem cujusdam maximi montis, per quem habebat transire, quiesceret oppressus et dormitans, invenit[1] se ad oppositam partem montis sine fatigacione.

77. Item audivi a magistro Jacobo de Vitri quod

---

1. Ms. *inveniret*.

mulier quedam, dum sequens sermones de villa in villam expendisset quicquid haberet, nec sciret quo se verteret, sedit nesciens quid comederet. Tunc lepus veniens ad eam sedit in ejus gremio, quasi munus sibi a Deo datum; de cujus precio per dies aliquos panem habuit.

78. Item alia, ut audivi ab ipsa muliere, cum non haberet jam fere circa sextam [horam] quid manducaret, in oracione in ecclesia prostravit se; et cum inde caput elevaret, panem album ad caput suum invenit, quem, gracias [agens], quasi munus a Deo missum sibi cum gaudio suscepit... Item vidi ego nobiles mulieres amore verbi Dei sic affectas, ut, assumpto pauperum mulierum habitu vilissimo, ut liberius possent predicacionem sequi et latere, de villa in villam quasi mendicantes pedibus irent[1].

Quod dyabolo displicet [verbum Dei].

79. Secundo notandum, circa Dei verbum, quod multum dyabolo displicet, quod patet ex multis..., quia maxime potestatem ejus expugnat. Refert magister Jacobus se audivisse quod, cum quidam abbas Cisterciensis rediret a capitulo cum quodam monacho multum litterato, et essent in medio cujusdam silve errantes, occurrerunt eis quidam qui videbantur valde religiosi, rogantes eos ut reclinarent ad abbaciam suam;

---

1. Ms. *pedes ire.* F° 191. Sur les prédications en plein air et ambulantes, que cet exemple et les précédents font revivre aux yeux du lecteur, cf. notre livre sur *La Chaire française au moyen âge*, p. 214-218.

quod cum facerent, videbatur eis ornatissima et ordinatissima abbacia illa in omnibus officinis. Et cum viderentur jacere in lectis pulcherrimis garçones et monachi, horrore concussi, non poterant quiescere; sed et equi nitebantur capistra sua rumpere et fugere, nec de avena sibi apposita gustabant. Cum autem facto mane vellent recedere, venit abbas illius abbacie, rogans obnixe ut loqueretur aliquis eorum in capitulo; quod cum intrassent, videntes maximum capitulum et monachorum maximam societatem, mirati sunt de apparencia maxima religionis et de spiritualitate maxima apparenti dictorum monachorum. Cum autem ad preceptum abbatis predicaret dictus monachus, estimans eos spiritualissimos, ut apparebant, incepit loqui de ordinibus angelorum. Cum autem primo loqueretur de inferiori ordine angelorum et dejeccione malorum qui non steterunt, exivit de capitulo maxima multitudo; similiter, cum de secundo ordine loqueretur, alia maxima multitudo exivit; similiter cum de tercio ordine et aliis loqueretur. Cum autem ad ultimum paucissimi remansissent, quesivit indignatus monachus quid hoc esset. Tunc abbas ait : « Nos fuimus de illis angelis de quibus loqueris; illi autem de quorum ordine loquebaris recedebant, non valentes ferre verba sue dejectionis; nos qui remansimus de superioribus, de quibus nondum loqutus es, nec volumus audire ultra verba tua. » Et, hoc dicto, cum omni abbacia illa cum maximo sonitu evanuerunt. Dicti autem monachi, se invenientes inter dumos et paludes, vix ad viam redire potuerunt[1].

1. F⁰ˢ 191 v⁰, 192.

Quod verbum Dei pascit.

80. Primo, verbum Dei pascit et sustentat...; secundo, edificat...; tercio, potat et inebriat, quia est fons vite, ad quem serpens venenum effundendo, cervus cornua deponendo, aquila plumas, rostrum et ungues immutando innovantur. Audivi a quadam persona, que diu manserat in terra transmarina (sed si verum sit mirabiliter nescio), quod quidam in terra transmarina senex et fatigatus, ad fontem veniens, casu fortuito, siciens et de illo bibens, cum esset senex, factus est juvenis, et fuit ibi, ut dicitur, ad potum et ablucionem illius subito immutatus. Sed postea, ut audivi, dictum fontem, etsi voluit, non valuit invenire[1].

[*Quod verbum Dei vivificat.*]

81. Verbum Dei vivificat, unde fons vite dicitur... Item conservat a mortis casu. Prov. XIII e : « Lex Dei fons vite, ut declinet quis a ruina mortis. » Nota quod in civitate cujusdam regis magne erant nundine, ut dicitur : filius autem regis cum sociis suis ivit per nundinas videre diversitatem mercium, si forte aliquid ibi videret quod ei placeret; et cum pertransiret, vidit domum mirabiliter ornatam et paratam pannis sericeis et deauratis, tamen intus vacuam. Admiratus intravit; nil vidit intra, nisi senem in cathedra sedentem et in manu librum legentem et tenentem, a quo quesivit quid sibi vellet hoc. Respondit quod domus

---

1. F° 192 v°. C'est une variante de la tradition de la fontaine de Jouvence.

ista erat in qua vendebantur preciosiora et utiliora que essent in nundinis, maxime hominibus qui aliquos habent regere, et, si ipse vellet emere, venderet ei centum libratas et plus; et dixit quod merces ejus erant sapiencia et prudencia. Iste emit centum libratas. Scripsit [senex] in cedula hoc : « In omnibus factis tuis considera, antequam facias, ad quem finem inde venire valeas; » asserens quod, si hoc semper haberet pre oculis, plus posset ei valere quam unum regnum. Juvenis, mortuo patre, rex fuit factus; verba ista scripsit in mensis, in mappis et mappulis et in aliis rebus ubi poterat. Cum autem barones ejus conspirassent contra eum, fecerunt pactum cum barbitonsore ejus quod eum occideret. Cum autem hoc vellet facere et vellet faciendo barbam ejus guttur amputare, legit scriptum quod erat in mappula, et incepit stupere, fremere et tremere : quod rex advertens, fecit eum teneri et urgere usque dum veritatem diceret; qui proditores suos fecit capi, et ipse a morte liberatus est. Hoc exemplum predicabat, ut audivi, frater Symon pueris de Bruelio [1].

Quales debent esse predicatores verbi Dei.

82. Debent autem esse doctores vel auditores verbi Dei primo humiles..., non solum intra in cordis affectu, sed extra in actu, gestu et habitu, ne improperetur eis. Quod quedam vetula fecit apud Cathalanum cuidam magno theologo, qui, cum predicasset de

1. Ms. *puerorum de Bruelio.* F^{os} 193, 193 v°. Cf. *Gesta Romanorum*, éd. Oesterley, n° 103, où l'on trouvera une version plus complète de ce récit.

humilitate Domini in Ramis palmarum et de asina, statim ascendit faleratum palefridum. Tunc vetula accurrens, et per lorum eum tenens, coram populo quesivit : « O magister, fuitne talis asina Domini? » At ille obmutuit[1].

83. Item, cum Didascus, Ozomensis episcopus[2], venisset ad terram Albigensium cum summariis et equis episcopalibus et audiret terram infectam, predicavit in quodam castro contra hereses. Heretici autem assurrexerunt contra eum, non habentes forcius argumentum ad defensionem sui erroris sicut fastum apparatus episcopalis, et dixerunt suis credentibus : « Isti et suis similibus quomodo potestis credere, qui vobis predicant Christum humilem et pauperem cum tanto fastu, diviciis, sommariis et equitaturis? Nos autem, dixerunt, predicamus in paupertate et humilitate et abstinencia; que ore vobis diximus, opere exhibemus. » Confusus ad hoc episcopus equos et fastum dimisit, et paratum remisit, et pedes cum beato Dominico et pauper in terra illa predicare cepit. Et hoc fuit causa ordinis nostri instituendi ; et hoc audivi a prioribus fratribus qui cum beato Dominico in terra illa fuerunt[3].

---

1. Cf. le n° 255.
2. Didaque ou Diego, évêque d'Osma, en Castille.
3. F° 195. Cf., ci-après, le n° 251. Le même fait est relaté, d'une manière absolument conforme au récit d'Étienne, dans la Vie de S. Dominique, écrite par son contemporain Jourdain de Saxe. C'est ce qu'indique, du reste, une note inscrite à la marge de notre manuscrit : « *In vita beati Dominici, de Dydasco episcopo dimittente equos et fastum.* » Ces textes sont d'accord aussi avec l'*Histoire de la croisade des Albigeois*, par Pierre de Vaux-de-Cernay (ch. 3). V., à ce sujet, *Script. ord. Præd.*, I, 5.

SECUNDUS TITULUS.

DE CONSIDERACIONE MISERICORDIE DEI.

84. Secundum per quod pietatis donum peccatores trahit ad spem, et sperantes attrahit ab bonum et ad Dei voluntatem faciendam, est consideracio exemplorum misericordie Dei exhibite peccatoribus diversimode in diversis... Hoc attractivo rogat trahi ad Dominum sponsa ibi infirma[1]...

De officiis divine misericordie : quod diu expectat.

85. Est siquidem maxima Dei misericordia, que diu peccantem in peccato suo sustinet et expectat, que eum revocare multum laborat... Primum ergo [officium] est quod peccatorem sibi adversantem Deus non statim puniat, sed diu sustineat et ad penitenciam expectet... Item audivi a quodam fratre Predicatore, Guillelmo Nivernensi nomine, quod, cum quidam miles, habens castrum in alta rupe supra mare, invenisset in camera adulterum cum uxore, volebat eum exacto gladio occidere; sed ille prostratus veniam peciit, promittens quod talia de cetero non attemptaret. Miles autem eum per decem passus extra cameram suam deportavit, et promisit ei quod, si ei de cetero consimilia faceret, semper decem passus ulterius elongaret. Ad ultimum autem videns quod tam leviter transisset

---

1. F° 196.

et tam misericordem maritum invenisset, rediit, et
eum vir in consimili facto invenit, et per viginti passus,
consimilia ut prius promittentem, elongavit. Cum autem
tercio iterum redisset, per triginta passus a camera sua
eum elongans, in trigesimo fuit in fine rupis supra
mare prominentis, et dimittens eum cadere, in mare
precipitavit. Sic Dominus parcit frequenter homini
emendam promittenti, elongans eum a peccato suo per
adimplecionis decalogi promissionem et transgressionis
ejus promissam emendacionem; sed ad ultimum, cum
non se emendat, in infernum precipitat[1].

Quod in regnum celorum introducit.

86. [Misericordia Dei] in regnum celorum introducit et supra condignum remunerat.... Legitur quod
quidam rex, habens in terra sua quemdam divitem
sapientem, non inveniens occasionem quomodo ejus
pecuniam extorqueret, quesivit ab eo tres questiones,
quas nisi solveret, multam pecuniam ei daret; que
videbantur insolubiles. Prima fuit ubi erat medium
terre, quasi centrum; alia, quot modii aque erant in
mari; tercia, quam magna erat misericordia Dei. Cum
autem, die assignata, coram regis curia a carcere duceretur, in quo detinebatur ut se redimeret, nisi dictas
questiones solveret, de consilio cujusdam philosophi
dicti *Auxilium miserorum*, assumpto baculo, in terra
infixit, dicens : « Hic est centrum terre et medium;
improba si potes. Si vis ut mensurem modios maris,

---

1. F⁰ 196 v⁰.

retine fluvia et aquas alias, ne subintrent illud, quousque mensuraverim, et tibi dicam numerum modiorum[1]. Terciam solvere potero si tradideris mihi vestes tuas et solium ad hoc judicium faciendum. » Quo facto, cum esset in sublimi solio in apparatu regio, ait : « Audite et videte sublimitatem misericordie Dei, quia parum ante eram servus, modo subito factus sum quasi rex; ante pauper, modo quasi dives; ante in imo, modo in alto; ante in cathenis et carcere, modo quasi in libertate; etc. » Sic centrum misericordie Dei est ubique in presenti vita; misericordie ejus non est numerus; sublimitas et universitas ejus est quod de carcere et vinculis peccatorum, per penitenciam modicam, venit peccator ad regnum celorum[2].

TERCIUS TITULUS.

DE INCARNACIONIS CHRISTI CONSIDERACIONE.

87. Tercius titulus est de tercio attractivo ad bonum, scilicet de consideracione beneficiorum incarnacionis et passionis Christi : multum enim movet ad pietatem et compassionem, et per hoc ad spem de Deo concipiendum et bonum opus aggrediendum[3]...

1. Ce trait rappelle l'épreuve à laquelle Xanthippe fut soumis, d'après la légende insérée dans toutes les biographies d'Ésope.
2. F° 199.
3. F° 199 v°.

Ad quid valet devota meditacio incarnacionis Christi.

88. Notandum autem quod Christi incarnacio, partus virgineus et infancia Salvatoris multum valent ad peccatorum conversionem, ad conversorum provectionem et consolacionem... Unde audivi in sermonibus quod quedam monialis, exiens ordinem, facta publica meretrix, post multos annos rediit ad locum suum. Cum autem de Dei judicio cogitaret et de penis inferni, desperabat se posse veniam consequi; cum de paradiso cogitaret, cogitabat quod immunda nunquam ibi intraret; cum de Passione cogitaret, quanta mala pro ea Christus sustinuerat et quanta ipsa commiserat, et desperabat; similiter de aliis festis, de eis que Christus fecerat et que facta fuerant circa Christum. In natali autem Domini, cepit cogitare quia puer natus est nobis et quia pueri pro modico placantur; coram ymagine beate Virginis cepit cogitare de infancia Salvatoris, et tot perfusa est lacrimis, quod fere moriebatur, adjurans puerum per benignitatem infancie sue quod miseretur ejus. Ipsa audivit vocem dicentem sibi quod, per benignitatem illius infancie quam allegabat, sciret ipsa sibi dimissa omnino peccata sua...

89. Item audivi a quodam decano, in sermone, quod, cum fames maxima esset in Egypto et quidam Sarracenus, compaciens afflictioni pauperum, evacuasset horrea sua dando eis, quedam domina, que videbatur honestissima, bajulans puerum graciosissimum et speciosissimum, venit ad eum rogans ut benefaceret ei; et cum ille assereret horrea sua omnino esse evacuata, adjuravit eum, per illam dominam que virgo pepererat

Salvatorem mundi, quod faceret videri si adhuc aliquid inveniretur ibi. Cum autem ipse, motus pietate, curreret ad horreum, invenit omnia horrea plena, nec ultra dictam dominam potuit invenire. Hoc viso miraculo, et motus gracia visi pueri, baptisatus est cum omni domo sua[1]...

90. Quidam miles devotissimus fuit in Francia qui, in die Natalis, cogitans in matutinis de infancia Domini et partu virgineo, in tantum excessum amoris, ut audivi, raptus est, quod videbatur eum habere pre oculis, et clamaret gallice coram omnibus, iterans et iterans : « *Berciés l'enfant...* »

91. Quidam clericus secularis, in quadam neccessitate positus, ut audivi ab eodem, vovit Deo et beate Virgini quod serviret ei in religione. Cum autem intraret ordinem Predicatorum et graviter temptaretur, consueverat venire coram ymagine beate Virginis ad oracionem; ibi, ad memoriam infancie Salvatoris, consueverat recipere consolaciones. Aliquando, cum, victus temptacione, occulte recederet et fugeret, cogitavit quod non acceperat licenciam ab illa ymagine : unde reversus, flexis genibus, dicebat quod non poterat ultra morari ibi, et vadens osculari pedes ymaginis, et pueri et beate Virginis accipiendo licenciam, tantis lacrimis fuit perfusus et gracia, quod ita omnino post recessit illa temptacio, quod pro toto mundo non exiret[2].

---

1. Il faut rapprocher de cette histoire, qui fut peut-être rapportée d'Égypte lors de l'expédition de S. Louis, ce que l'auteur dit plus loin des conversions opérées chez les Sarrazins par la fréquentation des croisés. (V. le n° 327.)

2. F° 200. Cette anecdote ainsi que plusieurs autres semblent dériver plus ou moins directement de l'histoire qui fait le sujet

TITULUS QUARTUS.

DE PASSIONE CHRISTI, QUOMODO ALLICIT.

92. Quartus titulus est de passione Christi. Et notandum quod summe attractivum et activum caritatis allicitamentum divine bonitatis est passio Salvatoris, de qua ipse, Joan. XII d : « Ego, si exaltatus fuero a terra, omnia traham ad meipsum[1]... »

QUINTUS TITULUS.

DE DIVERSIS EFFECTIBUS CRUCIS ET PASSIONIS CHRISTI.

93. Quintus titulus est de effectu passionis dominice et virtute crucis... Notandum autem quod passio Domini et crucis virtus primo nos emit, merito omnes vendicat, illaqueat et inflammat in amorem ejus[2].

Quod a malo revocat et est reclamatorium Domini.

94. Passio Domini et crux ejus a malo revocat; unde fit reclamatorium, ubi caro rubea ligno crucis

---

d'un des mystères de Notre-Dame (*la Nonne enlevée*), et qui est racontée notamment par Jacques de Vitry (ms. 17509, f° 53).
1. F° 200 v°.
2. F° 207.

colligatur, ad revocandum aves venatorias que a manu nobili avolaverunt[1]... Cum quidam clericus scolaris Parisius multum esset vicio carnis subditus, et procrastinaret penitenciam facere, quadam nocte, apparuit ei Dominus in ea forma in qua crucifixus est, ostendens vulnera sua cruentata, dicens quod hec pro peccato suo pertulerat et eorum cicatrices retinuerat ad corvos maxime, id est procrastinatores maxime faciende penitencie, ad faciendam penitenciam advocandos et a peccato revocandos. Qui, ad hanc visionem motus, Predicatorum religionem intravit; qui vitam bono fine consummavit, et hoc ab ipsius ore audivi[2].

Quod provocat ad bene agendum.

95. Item nota quod ad bonorum provocacionem ad benefaciendum et revocacionem malorum a malo ponitur crucifixus in medio ecclesie... Audivi quod quidam magnus clericus predicator crucis hoc predicabat, quod legitur in hystoria Arturi, quod consuetudo ejus erat quod differebat comedere quousque aliquid novum et mirabile veniret ad curiam suam. Cum autem expectaret hoc, ecce navis quedam applicuit sine gubernatore et ductore. Mirantes et occurrentes milites invenerunt in navi illa militem ibi jacentem, vulneratum et lanceatum et cruentatum. Cum autem respicerent in ejus elemosynariam, inve-

---

1. Le nom et l'usage de ce *reclamatorium,* sur lequel était fixé un morceau de viande saignante destiné à ramener le faucon vers son maître, ne sont pas indiqués dans le glossaire de Ducange. Cf., ci-après, le n° 205.

2. F° 208.

nerunt ibi litteras ubi continebatur quod defunctus ille petebat justiciam a curia ab eis ibi contentis, qui injuste eum occiderant; que littere animaverunt totam curiam ad sumendum arma in ulcionem sanguinis innocentis. Hoc autem si non fuit ad litteram, verumptamen similitudinarie, quia Christus, pugil noster, in navicula crucis apparet, pro nobis innocenter occisus a Judeis et gentibus ; quod ostendunt nobis euvangelia sacra, que de cordis ejus elemosynaria, tanquam hujus prodicionis littere, exierunt. Hec ad accipienda arma pro hac prodicione vindicanda corda nobilia debent multum movere[1].

Quod mundat et sanctificat.

96. Item, [ubi] non est memoria Passionis, est habitacio immundorum spirituum, ut in passione beati Longini dicitur, quod, cum fregisset ydolum, exierunt inde multi immundi spiritus, irruentes et intrantes gentiles ; qui, adjurati ut dicerent quare in ydolis habitarent, dixerunt : « Ubi Christus non est aut signum ejus, ibi est habitacio nostra. » Item, in dyocesi Tharantasiensi, supra quoddam castrum quod dicitur Chirum, est quoddam saxum eminentissimum altitudine, quod non videtur esse ascensibile, adeo est altum et arduum; ubi, ut audivi, tanta et tam frequens videbatur ibi congregacio demonum et ludificacio : aliquando vide-

[1]. F° 209. Ce trait, dans lequel Étienne lui-même voit une fiction, est emprunté au début d'un roman de la Table-Ronde, *Messire Gauvain ou la Vengeance de Raguidel*, publié par Hippeau, Paris, 1862, in-8°. C'est sans doute ce poëme que l'auteur désigne par les mots *Historia Arthuri*.

bantur ignes succendere, flamina vibrare, castra construere, et videbatur quod totam patriam deberent succendere. Homines loci, habito consilio quid contra hoc facere possent, laboraverunt aliqui adeo quod montem illum ascenderent, et crucem ligneam in cacumine posuerunt; et ex tunc nunquam ibi postea demones aut illa incendia aut ludificaciones comparuerunt[1].

Quod fugat demones.

97. Hostes eciam spirituales [crux] fugat, superat et spoliat et adnihilat, id est demones... Audivi a quodam fratre sacerdote, Guillelmo Gebennensi nomine, qui eciam asserebat eum de quo subjungitur socium suum in seculo fuisse, quod in Gebennensi dyocesi fuit quidam homo de quo dicebatur quod de nocte ibat cum mulieribus que vulgariter dicuntur *bone res*[2], et quod super hoc argueretur a sacerdote suo, dicente quod non credebat quod hoc esset nisi purum figmentum. Promisit ei sacerdos quod non molestaret eum de cetero super hoc, si ipse eum secum duceret in illo

---

1. F° 209 v°.

2. Nom que le peuple donnait, paraît-il, à certaines sorcières. Les mots français que notre auteur rend par *bone res* sont apparemment *bonnes choses*. On pourrait peut-être voir là une altération du terme *bensozia*, cité par Ducange comme un genre de prestige à lui inconnu, et que le vulgaire devait prononcer, en français, *benesoze, bonesoze*. Ce mot viendrait alors de *bona socia*, car il s'appliquait aux compagnes de Diane dans les danses fantastiques de la légende; on avait même fait de *bensozia* un nom propre attribué à Hérodiade, qu'on supposait prendre part à ces rondes nocturnes. (V. Ducange à ce mot, et, ci-après, le n° 368.)

facto ; qui, consilio istarum, [eum] vocavit, ut de lecto[1] suo cito nudus surgeret, ut cum eo iret, quia vehiculum erat eis paratum ; qui, de primo sompnio nudus surgens, invenit ante hostium suum trabem, quam de mandato illius hominis quasi equum ascendit sacerdos : cui inhibuit ille ne aliquo modo se signaret, quia erubescebant signum illud ille domine. Tunc visum fuit illi sacerdoti quod subito reperiretur et portaretur in quodam maximo cellario, ubi vidit maximam multitudinem dominarum psallencium cum torticiis et luminaribus, et mensas positas et bonis refertas. Tunc, postquam satis lusissent, factus est clamor ibi : « Eamus, sedeamus et comedamus. » Cum autem sedissent ad mensam et sacerdos cum eis et deberent comedere, sacerdos ille, ut erat assuetus, manum levavit et mensam signavit ; quo facto, omnia luminaria et alia que ibi apparuerant evanuerunt, et demones cum maximo impetu inde fugerunt, et illum nudum in Lumbardia, in quodam cellario solo inclusum, super quoddam vas vinaticum reliquerunt. Qui in mane ibi inventus a domini cellarii servis, vix evasit quin tanquam latro suspenderetur. Et eum dicebat dictus frater fuisse socium suum in seculo.

98. Item audivi ab alio fratre quod nuper accidit in dyocesi Carnotensi, eo tempore, quo crucesignato rege Ludovico pio Francorum, predicante Odone, venerabili Tusculanensi episcopo, apostolice sedis legato, crucesignati sunt Francie barones, circa festum beati Dyonisii[2]. Dum quidam miles transiret per silvam cum

---

1. Ms. *loco.*
2. La grande assemblée tenue par S. Louis et le légat, et dans

tribus scutiferis, audivit horribiles planctus demonum dicencium : « Ve nobis, quia omnia nostra amittimus, et jam pro magna parte amisimus quos diu possideramus, scilicet istos et illos principes. » Et nominabant eos. Et audiens dictus miles, et nomina baronum et militum recognoscens quos nominabant, territus descendit de equo, et monitus est ab altero scutifero quod crucesignaretur cum eis qui secum erant, et quod hoc Deo promitterent ibi. Quod cum fecissent, et eciam crucem herbarum de foliis accepissent in signum voti[1], demones confusi fugerunt et illos illesos reliquerunt. Qui, cum venissent versus Parisius, comperiunt illos fuisse crucesignatos de quibus demones plangebant, et in ipsa hora[2].

99. Item dicitur quod, dum in quadam platea crux predicaretur et homines crucesignarentur, vidit quidam beatam Virginem tenentem puerum suum et offerentem crucesignatis[3].

---

laquelle une multitude de barons prirent la croix, eut lieu dans l'octave de la Saint-Denis de l'année 1245. (V. Le Nain de Tillemont, *Vie de saint Louis*, III, 87.)

1. Cf. le n° 30.
2. F° 213.
3. F° 216 v°. On a souvent cité des apparitions de ce genre, racontées aux croisés pour les encourager. Celle que rapporte ici Étienne de Bourbon paraît empruntée au récit suivant de Jacques de Vitry : « Memini [quod], cum aliquando in quadam ecclesia de cruce suscipienda predicarem, aderat ibi quidam homo Cisterciensis ordinis conversus, qui frater Symeo vocabatur, qui frequenter divinas revelaciones et secreta Dei consilia videbat. Cumque cum lacrimis videret multos, relictis uxoribus et filiis et patria atque possessionibus, ad crucem accedere, supplicavit Domino ut ei ostenderet quale premium crucesignatis collaturus esset. Qui statim vidit in spiritu beatam Virginem filium suum tenentem, et, secun-

Quod passio et crux letificant, maxime in morte.

100. Passio eciam Domini letificat... In historia Antiochiensi dicitur quod, cum Sarraceni cepissent quemdam militem, rogabant ut murum ascenderet turris in qua servabatur et clamaret quod Franci inutiliter laborarent obsidendo urbem; quam cum ascendisset, clamavit contrarium, et quod viriliter obsiderent. Cujus caput crucesignati cum amputassent Sarraceni et cum machina Christianis projecissent, in signum adquisiti gaudii, inter manus eorum ridebat. Item audivi a quodam quod, cum fuisset in campo ubi multa corpora prostrata jacebant crucesignatorum et Sarracenorum, crucesignati eciam mortui videbantur ridere; Sarraceni autem horribiles risus et vultus habebant[1].

Quod ad regnum perducit.

101. Crux eciam Domini ad regnum eternum perducit et introducit; unde dicitur via Paradisi, pons regni eterni, scala et porta celi... Nota quod, sicut in terra Flandrie sunt fossata[2], et in multis aliis terris magni rivi, [et,] quando non possunt ea transire homines nisi cum magno dispendio temporis et labore inveniant pontem, accipiunt baculos magnos vel perticas aut

dum quod unusquisque signum crucis corde contrito recipiebat, filium suum illi dabat. » (Ms. 17509, f° 94.)

1. F° 216 v°. Ce récit rappelle l'histoire de Renaud Porquet, dans le poëme de la *Chanson d'Antioche* (éd. Paulin Paris, II, 25).

2. C'est-à-dire, sans doute, les petits canaux dont les campagnes de la Flandre étaient déjà sillonnées à cette époque.

lanceas homines agiles, cum quorum adjutorio uno saltu transeunt aquam; sic cum baculo crucis in transitu mortis crucesignati, vitando penam purgatoriam nimis longam, quasi uno saltu transeunt ad celum[1].

102. Est eciam scala per quam celum ascenditur... Item dicitur quod, cum quidam miles gallicus crucesignatus visisset omnia loca sancta, in terra sancta sequens vestigia Domini, postremo veniens ad montem Oliveti, ubi ascendit Dominus, expansis et elevatis manibus ad celum cum oculis, ait : « Domine, quantum valui, vestigia tua sequtus fui ; modo, quia volare ad te ut avis nequeo, qui alas non habeo nec scalam habeo, rogo te, in pace suscipe spiritum meum, trahens me post te. » Hoc dicto, statim evolavit.

103. Item de quodam milite dicitur quod animavit alios contra Sarracenos pugnans, dicens gallice : « *D'aaz ait*[2]; » id est, Dei odium habeat, qui ultimus curret ad Paradisum. Quo verbo animati, alii post illum currerunt ad martyrium.

104. Item alius, ut dixit dictus dominus [Jacobus], dixit equo suo : « O bone morelle[3], per multas dietas velociter in guerris [et] tyrociniis portasti me contra Deum versus infernum; modo emenda mihi, ut hac una die portes me in Paradisum. » Quo dicto, in hostes irruit, aliis relinquens probitatis exemplum[4].

1. F° 217.
2. Contraction des mots *Dé aatie ait* (qu'il ait la haine de Dieu), si l'on admet l'explication de l'auteur. V. Ducange, aux mots *Atia, aatie*.
3. *Morel*, cheval noir.
4. F° 217 v°. Cf. Jacques de Vitry, f° 75.

SEXTUS TITULUS.

DE BEATA MARIA.

105. Sextus titulus secunde partis est de sexto attractivo pietatis, id est de beatissima et piissima matre Salvatoris; maximum enim attractivum pietatis et per pietatis graciam ad Deum, fontem pietatis, est Maria, mater gracie, mater pietatis et misericordie... Notandum autem quod septem consueverunt fieri festa de ea, sive ad eam specialiter pertinencia, scilicet festum ejus Concepcionis, Nativitatis, dominice Incarnacionis, dominice Nativitatis, Purificacionis, Assumpcionis, festum Marie ad martyres sive Omnium sanctorum[1]; et sunt dicta festa ad honorem ipsius instituta et filii ejus...

De festo Concepcionis.

106. Primum igitur festum quod fit de ea est festum ejus Concepcionis; quod festum, licet generaliter ab universali Ecclesia non recipiatur, cum ipsa siquidem beata Virgo concepta sit in peccato ex parentum carnalium conjunctione, cum carnali eorum dejectione, ex seminum admixtione, cum originalis corruptele conspersione, unde nec fuit sancta quando carnaliter fuit

---

1. La fête de Notre-Dame aux Martyrs, instituée par le pape Boniface IV, fut changée par Grégoire IV en fête de la Vierge et de tous les saints, et, plus tard, devint simplement la Toussaint. On voit par ce passage que son ancien nom s'employait encore au xiiie siècle.

concepta, nec de ea racione illius status sollempnizandus est, sicut beatus Bernardus ostendit in epistola quam scribit contra Lugdunensis ecclesie consuetudinem, que cum suis suffraganeis de concepcione ejus festum facit; verumptamen, quia est concepcio ejus spiritualis, scilicet que fuit facta in utero materno quando, circa quadragesimum diem, organizato ejus corpore in utero matris, anima ejus est infusa et in utero sanctificata, ad illam secretam concepcionem debent festum suum retorquere qui de ea festum concepcionis celebrant, quando scilicet, infusa Dei gracia in utero matris, sanctificavit tabernam suam Altissimus et in templum Sancti Spiritus dedicavit et eam ab originali [labe] mundavit[1].

Cum, quadam die, abbas quidam navigaret cum pluribus monachis suis per mare occidentale, vehementi et subita tempestate perterriti, videntes navim periclitari, invocabant sanctos, vota facientes eis. Tunc abbas eis ait : « Invocemus Mariam, omnium sanctorum potentissimam. » Quam cum post alios corde devoto invocarent, apparuit illis angelus, dicens eis quod liberarentur ab illo mortis periculo, si Deo et beate Marie voverent quod festum ejus concepcionis de cetero celebrarent et aliis celebrandum edocerent. Cum autem diem nescirent nec officium, edocti sunt ab eodem angelo de die ipso et officio : ait enim eis quod idem officium dicerent de ejus concepcione quod dicitur de

---

1. Étienne soutient ici l'opinion des Dominicains de son temps sur la conception de la sainte Vierge. Mais il cherche à la concilier avec l'opinion opposée, qui est devenue un dogme de l'Église, en donnant de la fête célébrée à cette occasion une explication accommodante, qui paraît lui être personnelle.

nativitate ejus, hoc mutato quod, ubi dicitur in officio *nativitas*, diceretur *concepcio*. Quod quam cito se facturos promiserunt. Statim facta est maxima tranquillitas maris; et hec fuit occasio hoc festum faciendi[1].

De Nativitate beate Virginis.

107. Notandum autem, sicut dicit Johannes Beleth in Summa sua[2], quod institutum fuit festum Nativitatis beate Marie Virginis hoc modo. Quidam sanctus heremita multe contemplacionis singulis annis multo tempore consueverat audire laudes celestes in die nativitatis beate Marie; qui diem pluribus annis annotatam invenit eamdem esse diem in qua armoniam celestem audiebat semper, anno revoluto. Qui cum Deum rogaret instantissime ut ei revelaret que esset causa illius celestis exultacionis, ei revelatum est quod illa dies esset nativitatis beate Virginis, pro qua in celo gaudebant angeli et collaudabant filium Dei. Qui heremita hoc pape revelavit cum dictis indiciis[3]; qui festum hoc faciendum singulis annis, ipso die quo dictus heremita docuerat

---

1. F° 218 v°. Le manuscrit des *Miracles de Notre-Dame* (Bibl. nat., lat. 12593), qui contient, au f° 129 v°, la même tradition sur l'institution de la fête de la Conception, Jacques de Varagio et Robert Wace, qui la reproduisent, placent le fait à l'époque de la conquête de l'Angleterre par les Normands. Wace l'attribue, d'après S. Anselme, à Helsin, abbé de Ramsay: (V. *Hist. littér.*, XIII, 528, et le poëme de l'*Établissement de la fête de la Conception*, éd. Mancel, Caen, 1842, in-8°.)

1. Jean Beleth, qui enseigna la théologie à Paris vers 1182, a laissé un traité des *Vices* et des *Vertus*, et un traité des *Offices divins* : ce dernier porte aussi le nom de *Somme*; il est resté manuscrit. (V. *Hist. littér.*, XIV, 218.)

3. Ms. *revelavit contritis indiciis*.

faciendum, instituit[1]. Papa Innocencius quartus, in concilio nuper Lugdunensi, octabas ejus instituit faciendas ubique[2]. Multum autem in Nativitatis sue festo a nobis est honoranda, quia Dominus adeo honoravit eam in nativitate sua, ut, ea nascente, cum ea quasi nasceretur gracia et misericordia[3].

Quare beata Virgo sit devote salutanda et laudanda libenter.

108. Sunt autem decem cause et raciones ex quibus patet quod beata Virgo sit multum et devotissime salutanda et laudanda : ...quia bonis angelis est multum placitum et dyabolo multum molestum. Dyabolo autem multum est molestum quando illa femina laudatur, per quam ipse victor femine in capite conteritur et vincitur, et quando illa salutacio recitatur, per quam et illud *Ave* dicitur, per quod dampnum Eve quasi per contrarium reparatur. Unde dixit frater Guillelmus de Peyt., in sermone quodam super *Ave Maria*, etc., quod, cum quidam juvenis adamasset quamdam juvenculam et ista penitens reliquisset peccatum ne adquiesceret sollicitanti, cum transiret per quamdam silvam, dyabolus in specie juvenis voluit ei vim inferre. Tunc illa, ut instructa fuerat a suo confessore quod in omnibus

---

1. La même légende sur l'établissement de la fête de la Nativité de la Vierge est rapportée dans les *Miracles de Notre-Dame* (ms. cité, f° 149 v°).

2. Le concile général de Lyon, tenu en 1245. Cette origine des octaves de la Nativité a échappé au docte Thomassin, comme le remarque Échard (I, 189).

3. F° 218 v°.

temptacionibus diceret beate Marie salutacionem, cepit clamare : « Ave, Maria, gracia plena, » etc. Tunc dyabolus evanuit quasi percussus, clamando et dicendo quod dyabolus esset in ore ejus qui hoc eam docuerat[1].

109. Salutanda et laudanda est quia amissa restituit et reparat, quando expedit eis qui eam laudant. Unde, cum quidam clericus habuisset linguam amputatam ab hereticis Albigensibus[2], veniens apud Cluniacum, in ecclesia beate Virginis, licet lingua non posset, corde, ut poterat, eam laudabat, et laudes ejus libenter audiebat. Unde, cum in quodam festo alios audiret laudantes et affectaret cum eis laudare, beata Virgo novam linguam in palato ei subito formavit et loquelam ei reddidit; et cum aliis subito laudare cepit; cujus lingue recencia in ejus ostensione apparebat. Quem ego vidi factum monachum, et plures eorum qui viderant linguam novam et locum priorem et interfuisse miraculo se asserebant[3].

De miraculis beate Marie Suessionensis.

110. Cum quedam mulier, habens in naso et labiis ignem sacrum[4], venisset ad ecclesiam Beate Marie Suessionensis, offerens devote candelam, extinctus est

1. F° 225.
2. Cf. p. 23, note 3.
3. F° 225 v°. Exemple cité par Échard (I, 189).
4. Le mal des ardents ou feu sacré affectait parfois, comme on le voit ici, l'apparence d'un cancer. C'était la coutume de recourir à la sainte Vierge contre ce fléau, notamment à Paris, où ceux qui en étaient atteints se faisaient porter, comme l'on sait, devant le portail de Notre-Dame. La maladie elle-même avait reçu le nom de mal de Notre-Dame.

ignis ille, sed remansit deformitatis verecundia, que sub panno humido occultabatur. Que, spe concepta, ad dictum locum rediens, ut voverat, et orans, sensit panniculum elevari et subtus advenire creaturam carnis nove, que omnem defectum supplevit et deformitatem amovit ab ejus facie; lucidior tam enerat carne reliqua, ad attestacionem miraculi [1].

111. Item, cum quidam puer duodennis, ductus Suessionem, vigilaret in vigilia Purificacionis et dormisset, cum dicerentur matutine in ecclesia Beate Marie [et] ibi cantaretur responsorium : « *Videte miraculum matris Domini;* » cum esset prius mutus, incepit clamare quasi voce angelica, ita quod omnium cantancium voces superaret : « Sancta Maria! Sancta Maria! » Et retulit, plane loquens, quod visum ei fuerat quod illa columba, de celo veniens, linguam ejus et labia vellicabat [2].

112. Item, alius, octodecim annorum, cum ibidem adductus fuisset surdus et mutus, visum fuit ei dormienti quod due persone coronate de celo descenderent, linguam et aures ejus solventes, vinculum lingue ejus et aures aperientes, cum sanguinis emissione per eas. Incepit excitatus balbutire, quia non habebat usum sermonis; sed cito post plane et velociter loquebatur, hoc referens [3].

---

1. Ce miracle est rapporté plus en détail dans le livre composé par Hugues Farsit, vers le commencement du xiiie siècle, *De miraculis Beate Marie Suessionensis* (Bibl. nat., ms. lat. 12593, f° 64 v°). Suivant cet auteur, la femme s'appelait Gundrade, femme de Théodéric, et demeurait « in riparia ultra Axonam fluvium, qui preterlabitur urbem Suessonicam. »

2. Le même livre de Hugues Farsit contient un récit à peu près semblable (f° 66 v°).

3. Ce trait est aussi dans le recueil des *Miracles de Notre-Dame*

113. Item, cum quidam clericus Rome studeret cecus in novis et vanis cantacionibus inveniendis, penitens et studium suum in laudes beate Marie transferens, cum quadam die intraret ecclesiam Beate Marie Rotunde Rome, et cum alta voce inciperet hoc responsorium quod composuerat : « *Gaude, Maria, inter cunctas habere so[dales]*, » etc., visum recuperavit[1].

114. Item laus ejus a periculo liberat... Cum in festo Sancti Michaelis, ubi mare fluit et refluit bis in die, multi convenirent undique ad ecclesiam Beati Michaelis de Tumba[2], et quedam mulier vicina partui cum aliis ibi veniret, cum alii, audientes et videntes fluctum venientem, fugerent ut effugerent, dicta mulier, timore percussa, irruentibus in eam doloribus partus, cum invocaret beatam Virginem voce flebili, et illi qui erant in littore orarent pro ea, non valentes subvenire, affuit ei beata Virgo, manica sua ab ea undas maris et fluctus longe abigens, ita quod nec eam nec vestes ejus tangeret gutta aque. Que illesa, cum filio quem peperit, ad littus recipitur, omnibus astantibus gracias ei referentibus, qui eam sub mari illesam conservavit[3].

115. Item liberat a pena purgatoria. In civitate Papia[4], in ecclesia Sancti Salvatoris, fuit prior mona-

---

de Soissons (f° 67). Le jeune homme dont il s'agit, originaire de Cologne, s'appelait Wasselin, et avait été élevé à Clermont en Beauvoisis.

1. Exemple tiré des *Miracles de Notre-Dame,* contenus dans le même ms. 12593 (f° 157 v°).

2. Ms. *de Cumba.* Le Mont-Saint-Michel était appelé autrefois *Saint-Michel au Mont-de-Tombe.*

3. Le même récit, plus développé, figure dans les *Miracles de Notre-Dame* (ms. cité, f° 169).

4. Pavie.

chus levis moribus, sed beate Virgini devotus, horas ejus devote dicens; qui mortuus, in fine anni apparuit sacriste suo, [et] querenti quomodo sibi esset respondit : « Usque modo male fuit mihi, quia exilium passus sum in quamdam regionem in qua multis oppressus sum calamitatibus et miseriis, cujus princeps vocabatur *Sevirna*, id est amaritudo consummata; sed ibi Regina misericordie transiens eduxit me inde, et adduxit ad bonum locum. » *Sevirna* interpretatur consummacio amaritudinis vel amaritudo consummata[1].

116. Cum in monasterio Cistercii[2] esset quidam monachus plenus malis moribus, per quos abbatem suum offenderat, hoc boni habebat quia officium beate Virginis[3] devote dicebat, et ter in septimana ei missas celebrabat, et ei quam devocius poterat serviebat. Qui cum infirmitate occuparetur et misisset pro abbate suo ut ei reconciliaretur, cum eum infirmitas urgeret, rogavit fratres ut irent ad ecclesiam et rogarent beatam Virginem ut eum eriperet a dampnacione et ut daret ei ut abbati suo reconciliaretur; quod cum fecissent, cum redissent, invenerunt eum sine sensu et motu, ita quod crederent eum esse mortuum. Postquam diu aliquantulum expectassent, qui credebatur mortuus, resumpto spiritu, subito clamare cepit : « O domina sancta Maria ! o domina sancta Maria ! gracias ago tibi, quod a dampnacione mihi parata me liberasti, et filium tuum rogasti ut me eriperet et communionem reci-

---

1. F⁰ 226. Cf. les *Miracles de Notre-Dame* (ms. cité, f⁰ 126). On lit, dans ce texte, *Sinyrna*, au lieu de *Sevirna*, et l'explication du mot n'est pas donnée.
2. Ms. *Cirsesii*, forme qui ne répond à aucun nom d'abbaye.
3. Le petit office de la sainte Vierge, en usage dès cette époque.

perem et alia sacramenta. » Confessione autem facta priori suo, qui hoc retulit, et susceptis omnibus sacramentis, veniam petens ab omnibus, in cinere positus, lenis spiritum emisit; quem fratres, in attestacionem miraculi, non cum aliis, sed in capitulo sepelierunt[1].

117. Laus eciam beate Marie salvat, quod patet per antecedencia... Item, cum abbas Johannes de Bellavilla[2] laboraret in extremis et diu fuisset quasi mortuus, raptus, rediens et plangens, et adjuratus a circumstantibus quod eis diceret quid viderat, ait : « Hoc solum vobis dico, quod vobis sufficiat : qui vult esse salvus frequenter salutet beatam Virginem. » Quo dicto, emisit spiritum. Hic autem devotissime beate Virgini serviebat, et frequentissime in ore salutacionem ejus habebat. De dicto abbate dixit mihi quedam matrona quod frequenter viderat cum celebraret et inclinaret seipsum, quasi beate Virginis cum filio speciem perstringentem inter brachia sua; hic autem beate Virgini devotissimus erat[3].

Quomodo et quare institutum [est ut] Salve Regina post completas cantaretur.

118. Cum, in principio ordinis Predicatorum, demones totis viribus laborarent ad infestacionem fratrum, non solum invisibiliter et spiritualiter temptando et impugnando, immo eciam multos materialiter et corporaliter affligendo, apparuit aliquando dyabolus

---

1. F° 226 v°.
2. Belleville-sur-Saône, patrie de l'auteur, où un monastère consacré à la sainte Vierge existait depuis le siècle précédent.
3. F° 227.

Jordano bone memorie, dicti ordinis magistro [1], ut audivi ab aliis de eo et ab eo de quodam fratre non se nominando, dicens quod, si vellet tantum facere, scilicet quod eum predicando non molestarent sui fratres, ipse eos in pace dimitteret; cum autem respondisset ei quod ipsi propter eum a predicacione non cessarent, sed forcius instarent, ipse quantum poterat forcius fratres impugnabat. Unde ordinavit dictus Jordanus quod per totum ordinem, finitis matutinis, responsorium de angelis « *Te sanctum Dominum* » cum alta voce cantaretur, pro adjutorio bonorum angelorum invocando. Per quod cum non cessaret demonum sevicia, statuerunt ut post completas alta voce « *Salve, Regina misericordie* » cantaretur, ad adjutorium beate Virginis implorandum contra demonum seviciam; et ex tunc, per ejus misericordiam, demones, qui maxime solebant de nocte fratres vexare, magis infrenati sunt, ne possint desevire ut prius; et exemplo fratrum multe ecclesie idem facere statuerunt [2].

De jejuniis et vigiliis beate Virginis.

119. Licet autem, secundum institucionem, non fieret de ea nisi vigilia Assumpcionis ejus, tamen multi, ex devocione quam habent ad eam, omnium festivitatum ab Ecclesia institutarum jejunant vigilias, eciam multi in pane et aqua, hac eciam intencione multi, ut ipsa eis optineat ne moriantur inconfessi; et

---

1. Jourdain de Saxe, deuxième général des Frères Prêcheurs, mort en 1237.
2. F° 227.

licet mala sit in hoc supersticio et abusio reprobanda, quam quidam habent circa ejus misericordiam, confidencia hac faciendo mala securius, quasi faciendo hec jejunia non possint hinc migrare impenitentes et inconfessi, devocio tamen pia circa hujusmodi jejunia est approbanda, ut in hiis jejuniis intendant ut per suam misericordiam impetret eis graciam ad Deum convertendi et penitenciam hic agendi.

Item legitur quod quidam fur habebat boni quod vigilias beate Marie in pane et aqua jejunabat, et, cum iret furari, semper *Ave, Maria* dicebat, rogans eam ne dimitteret eum mori in peccato illo. Cum autem captus suspenderetur, per triduum pependit, nec potuit mori. Cum autem vocaret transeuntes ut advocarent ei sacerdotem, adveniente eo et preposito cum aliis, removetur a patibulo, dicens quod virgo pulcherrima sustentaverat eum per pedes per triduum; promittens emendacionem, liber dimittitur [1].

120. Idem fere accidit [apud] Assonam [2] de alio fure, qui, similiter a suspendio liberatus, diu [mansit] serviendo beate Virgini in eadem ecclesia, campanas pulsando et ecclesiam mundando; sed ad ultimum, misericordia beate Virginis abusus et confisus de consimili, rediit iterum ad furta, et mortem quam prius evaserat incurrens, ingratus postea non evasit, ut

---

1. Cf. les *Miracles de Notre-Dame*, ms. cité, f° 123. C'est à peu près le sujet d'un fabliau publié par Méon (*Nouveau recueil*, II, 443), et d'une pièce publiée par Th. Wright (*Latin Stories*, n° 109). Il y aurait là, d'après l'*Histoire littéraire* (XXIII, 75), une vieille tradition défigurée, dont il faudrait chercher l'origine dans les vies des Pères.

2. Probablement pour *Aussoniam* (Auxonne).

audivi a multis incolis loci illius, qui hoc et eum se novisse asserebant.

121. In comitatu Nivernensi, anno Domini Mº CCº XXº Vº, fuerunt tres fratres a quodam castellano exheredati : facti sunt eschivi [1], multa mala facientes; duo eorum, capti, suspensi sunt; tercius, confessus cuidam religioso, dicebat quod penitenciam libenter faceret, sed cessare non posset usquequo fratres suos vindicasset et occisorem occidisset. Cum autem postea a familia militis occisoris fratrum ejus inventus esset totus vulneribus dissipatus et evisceratus, captus, nullo vulnere poterat occidi vel loquelam amittere, sed dicebat quod non possent eum occidere nisi sacerdotem prius haberet, cui confiteretur et eucharistiam ab eo reciperet. Hiis dictis, affuit sacerdos, cui dixit quod beate Marie voverat vigilias ejus in pane et aqua, ut eum mori non permitteret sine confessione et communione, et hoc votum in malefactis suis nunquam voluerat transgredi pro aliqua neccessitate. Facta autem confessione et recepta communione, statim mortuus est. Militem illum, dictum dominum Petrum, qui suspendi fecerat duos fratres, dicit ille qui scripsit miraculum se vidisse et hoc ab illo audivisse [2].

1. Fugitifs.
2. Cet exemple est emprunté presque textuellement à un recueil de légendes contenu dans le ms. 111 de la bibliothèque d'Auxerre (fº 80 vº). L'auteur de cet opuscule, qui atteste, en effet, avoir vu le chevalier en question et mangé à sa table, donne le fait comme récent et le place à la même date de 1225. La comparaison de son texte avec celui d'Étienne prouve l'exactitude des souvenirs ou des citations de ce dernier. (V. l'analyse de ce ms. faite par M. L. Delisle dans le *Cabinet historique,* t. XXIII, p. 4 et suiv.)

122. Idem fere accidit in dyocesi Matisconensi[1], sicut mihi retulerunt qui affuerunt. Cum, in sequenti nocte Resurrectionis dominice, familia episcopi accendisset mirabiliter castrum Rupis dicte de Sulistri[2], loco quod comes Matisconensis[3] episcopo subripuerat et Judeis servandum dederat, omnes quos in rupis quadam turre invenerunt percusserunt et de rupe altissima precipitaverunt; qui omnes continuo sunt mortui, uno excepto, qui, licet moles, maxime proicerentur, quibus atterebatur, non poterat occidi, et dicebat quod non poterat occidi nisi sacerdos veniret, cui confiteretur et qui ei communionem daret, quia voverat in pane et aqua et diu fecerat has vigilias; qui, recepta communione, confessione facta, statim mortuus est.

123. Item audivi quod, cum quedam nobilis vidua haberet unicum filium parvulum in cunabulis, et domus in qua puer erat combureretur, nec posset extrahi, vovit beate Virgini quod, si, puerum suum ei redderet, singulis annis in pane et aqua vigilias ejus faceret, et panem magnum cere singulis annis in vigilia Assumpcionis ejus offerret. Puer autem dictus in domo combusta in cunabulis illesus inventus est. Cum autem factus esset grandis, et eadem domus combureretur, et ipse et quidam alius extraherent

---

1. Ms. *Matiscenci*.
2. Le château de Solustré (Saône-et-Loire), enlevé aux chanoines du lieu par le comte Girard de Mâcon, fut racheté par Aimon, évêque du même lieu, mort en 1242, qui avait enduré à ce sujet une longue lutte et même la prison. (V. *Gall. Christ.*, IV, 1078.)
3. Ms. *Matiscensis*.

archam de cellario domus, cum essent in exitu, trabes ignee ceciderunt super archam, et, fugiente socio, ille intus inclusus remansit, matre foras lamentante et beatam Virginem adjurante, per votum quod fecerat et voverat et solverat, quod ei filium suum vivum conservaret. Ille autem hoc videns fugit ad angulum cellarii, beatam Virginem invocando, ubi, cellario combusto, ipse adeo comburitur, ut in eo humana species non appareret. Cum autem post diem integrum vel plus educeretur et mortuus crederetur, cepit primo, flente matre, suspirare; postea caro innovata est ei, [et] factus est sanus. Attendens graciam sibi factam, factus est miles de ordine Hospitalariorum. Cum autem cera reservaretur in cellario supra finem cujusdam trabis, toto cellario combusto et ipsa trabe usque ad ceram, quam mater ibi servabat pro voto complendo, sola cera integra et illesa inventa est, et illa sola pars trabis cui supererat cera dicta. Hoc mihi dixit cui accidit, in periculo anime sue.

124. Sunt eciam quedam vigilie et jejunia beate Marie non institucionis, sed devocionis, ut dies sabbati, quam quidam jejunant in honore ejus in pane et aqua, aliqui ex astrictione voti, aliqui ex devocione mera et voluntate. Aliqui eciam jejunant diem illam per totum annum absque carnibus, aliqui in quadragesimali cibo, alii in pane et aqua, in qua evenit dies dominice Annunciacionis, confidentes quod beata Virgo, si hoc usque ad septennium compleverint, per hoc trahat eos ad bonum finem. Et quoddam miraculum et dignum memoria audivi in Romana curia factum, cujus memoriam non teneo, per quod permoti multi magni clerici, curiales et alii, diem illam per

totum annum jejunabant, et ad alios per multas terras hujus jejunii devocio devenit [1].

Quod ipsa sit mater misericordie.

125. Cum, in Burgundia, quidam monachus ante alios surrexisset et horas et alias oraciones beate Virginis diceret, cepit horribiliter clamare prefocatus : fratres surgerunt, et eum mortuum invenerunt. Tres priores audierunt voces in aere, sed intelligere non potuerunt. Abbas, dubitans utrum sic mortuus deberet cum aliis sepeliri, injunxit oracionem fieri, ut super hoc certificaretur : ipsa nocte, apparuit dictus frater per sompnium pluribus, dicens se adeptum misericordiam per Reginam misericordie, quia, cum eum sic suffocatum demones raperent [et] flagellarent, ad infernum secum trahentes, occurrit illis beata Regina misericordie, causam querens. « Cum autem multa mihi obicerent, et illa diceret quod in ejus servicio me ceperant, quod ei eram assuetus impendere, ejus racionibus et splendore territi fugerunt; ipsa autem me duxit ad locum ubi securus expecto diem et gloriam resurreccionis. Vos me cum aliis sepelite. » Quod ipsi fecerunt honorifice [2].

---

1. Fos 227 vo, 228. Échard, I, 189. Ce passage, attestant l'ancienne coutume de jeûner le samedi et le jour de l'Annonciation en l'honneur de la sainte Vierge, est en même temps un indice de la bonne foi de l'auteur, qui n'ose pas rapporter un miracle dont il n'a gardé qu'un vague souvenir. La même coutume est aussi constatée par Jacques de Vitry : « Multe hodie virgines et juvencule in honore beate Virginis, in die Annunciacionis, in diebus sabbati, vel per totum annum, consueverunt jejunare. » (Ms. 17509, fo 147.)

2. Fo 228 vo.

Quod temptaciones carnis refrigerat.

126. Propter hoc autem quod temptaciones maxime carnis refrigerat, comparatur ebori, quod pannum lineum quemcumque combustioni aptum conservat illesum, si adhereat ei, sicut cum carbo superponitur panno lineo qui ebori conjungitur et superponitur... Legitur in vita beati Dominici[1] quod, cum magister Reginaldus, decanus Aurelianensis[2], ei devotus, Rome laboraret in extremis et esset ab omnibus medicis, quasi desperatus, relictus, apparuit ei beata Virgo cum duabus puellis, quarum altera portabat ordinis Predicatorum habitum, qui ordo novus erat et incognitus, et altera unguentum ; quem inunxit beata Virgo supra membra singula, exprimens certam formam verborum, et ostendit ei habitum ordinis predicti, quem monuit eum suscipere. Et cum pedes inungeret, dixit : « Ungo tibi pedes in preparacionem euvangelii pacis »; cum renes, dixit : « Constringantur renes isti cingulo castitatis. » Et promisit ei quod die tercia rediret et plenam sanitatem ei daret. Cum autem, die tercia, coram dicto magistro esset beatus Dominicus et quidam frater hospitalarius, affuit beata Virgo, que eciam non solum liberavit dictum Reginaldum ab infir-

---

1. La vie de S. Dominique par Constantin, évêque d'Orvieto. Le même trait est aussi rapporté par Jourdain de Saxe; mais le récit d'Étienne est plus conforme au texte du premier de ces biographes. (V. *Script. ord. Præd.*, I, 18, 30.)

2. Regnauld ou Réginald, doyen des Frères Prêcheurs d'Orléans et l'un des premiers compagnons de S. Dominique, est célèbre dans son ordre. (V. *ibid.*, I, 89.)

mitate corporis, sed a temptacione carnis, ita ut postea, factus frater Predicatorum ordinis et egregius predicator, primum eciam motum carnis ex ipsa unctione ejus non sentiret, ut ipse postea fuit confessus...

127. Quod beata Virgo a temptacione carnis liberat : referebat frater Romeus[1], quondam prior provincialis Provincie, vir religiosus, quod, cum quidam confiteretur fratri Johanni de Monte-Mirabili, de ordine Predicatorum, qui fuerat magnus archidyaconus Parisiensis[2], magne litterature et consilii, sepe de carnis lubrico, et diceret ex consuetudine se continere non posse, dictus frater consuluit ei et injunxit quod, cum insurgeret temptacio, invocaret beate Virginis auxilium, eam salutando et predicando. Cum autem, quadam nocte, gravis insurgeret ei temptacio et solito gravior, surrexit a lecto, prolixius orans et eam salutans. Cum autem fatigatus obdormisset fortiter, visum fuit ei quod beata Virgo adveniret et quod eum per capillos traheret, quod eum excoriaret; ad quod excitatus, cucurrit ad lumen, et vidit se habere novam pellem; ex quo nec motus carnis nec incentiva libidinis sensit.

128. Item referebat idem frater, in sermone quodam, quod, cum quidam miles quamdam dominam devotam beate Virgini assidue sollicitans inclinasset usque ad consensum turpem, et assignasset ei diem et horam quo eum reciperet, cum esset illa hora, cogitavit illa domina quod prius diceret vesperas beate Virginis antequam aliquid turpe faceret; quas cum

---

1. Romée de Levia. V. les n°s 27 et 230.
2. Jean de Montmirail est encore cité plus loin, n° 449. Échard ne dit rien de ce religieux.

diceret, penituit promissi, sed cogitavit quod curialiter militem remitteret. Qui jam ad eam veniens expectabat; sed post, ut consueverat, cum diceret vigilias defunctorum, vidit miles manus infinitas de terra consurgere, quasi supplicantes ei et gracias agentes. Cum autem post continuaret completorium beate Virginis et in fine devote *Salve, Regina* diceret, miles longe stans, territus in prima visione, magis terretur secundo, videns beatam Virginem de celo cum choro Virginum assistentem sibi cum immenso lumine, et, finita antiphona predicta, ad celos redeuntem. Accessit, eo facto, miles ad eam, non eam impetens, sed oraciones ejus petens et visa referens, Deo et beate Virgini vovens quod in proprio patrimonio de proprio abbaciam faceret, si dicta domina fieret abbatissa et Deo et beate Virgini in perpetuum serviret; quod et fecit[1].

129. Item dicitur quod quidam miles fuit, dominus cujusdam castri in Alvernia, cui dyabolus in humana specie servivit per duodecim annos, volens deferre eum, si eum aliquando inveniret immunitum, propter maleficia sua. Cum hoc revelatum fuisset cuidam sancto viro, accessit ad castrum, dicens se velle loqui cum familia ejus. Cum autem dyabolus eum videns vellet subterfugere et latere, fecit eum vocari; et adjuranti illo sancto[2] quod diceret quid quereret et quis esset, dicit se esse dyabolum, et quod per duodecim annos expectaverat quando posset deportare dominum illum, sed non potuit, quia singulis diebus septem vicibus cum flectione genuum beatam Virginem salutabat et

1. F° 229.
2. Ms. *illo facto*.

septem *Pater noster* dicebat. Adjuratus ex parte beate Virginis, cadaver fedum in quo erat relinquens, fugit[1].

Quod punit et flagellat.

130. Persequutores suos et suorum punit, et flagellat sibi et suis injuriam inferentes. Cum, anno Domini m° c° lxxx° vii°, rex Philippus et Ricardus pugnarent, cum Coterelli intrassent vicum Dolosum[2], destruentes omnia et crementes, ex parte regis Ricardi, fideles ad ecclesiam fugientes coram ymagine beate Virginis lapidea orabant [Deum], ut eos beate Marie precibus liberaret. Sed dicti Coterelli ibi invenientes eos irridebant, blasphemias proferentes. Unus eorum, lapidem proiciens, frangit brachium pueri, de cujus utraque parte sanguis maximus erupit, quo lapides fuerunt cruentati. Ipse autem percussor et blasphemus, arreptus a dyabolo et horribiliter vexatus, expiravit. Multi curati sunt ibi ad tactum sanguinis. Rex autem Anglie illi ecclesie privilegia et dona donavit[3].

1. F° 229 v°.
2. Déols (Indre).
3. Ce miracle est rapporté par plusieurs historiens du temps, notamment par Rigord et par Gervais de Cantorbéry (D. Bouquet, XVII, 24, 667). Ils le placent tous deux à la même date qu'Étienne de Bourbon (1187). Cette année-là, les armées française et anglaise furent sur le point d'en venir aux mains auprès de Déols : les Cotereaux avaient été envoyés par Richard, comte de Poitiers, fils du roi d'Angleterre, au secours de ses troupes. Rigord ajoute que le plus jeune fils de ce prince, Jean sans Terre, emporta respectueusement, comme une relique, le bras de la statue mutilée. (D. Bouquet, *ibid.*, et XVIII, 629.)

131. Item, cum quidam institor, [ad] augendum lucra, membra Christi et aliorum sanctorum impune blasphemando jurasset, nil mali sustinuit. Cum autem per mamillas beate Virginis juraret, cecidit mortuus, extracta lingua teterrima.

132. Item, anno Domini DCCCC° XI°[1], Rollo, dux exercitus Normannorum, multas terras vastans stragesque Francorum faciens, obsedit Carnotum, cujus episcopus, Galcellinus[2] nomine, confisus in beata Virgine, convocato Ricardo, duce Burgundie, et Ebalo, comite Pictavie[3], cum suis aggressus est hostium infinitam multitudinem, habens tunicam beate Virginis pro vexillo, que ibi servabatur; qua visa, hostes adeo sunt excecati, ut nescirent quo irent quove se verterent. Carnotenses autem, videntes eos insensibiles et quasi amentes, in eos nimis immisericorditer seviunt et eos cedunt et occidunt, dum se non possint juvare. Et, quia beate Marie non placuit, sublata est de medio ejus tunica et disparuit, et hostes, visu recuperato et viribus, in fuga labuntur, et civitas liberatur, viduata tam precioso thesauro. Ex quo patet quod ubi adest divinum judicium, humanum non est adhibendum[4].

---

1. Ms. LXXX° XCVIII°, ce qui ne veut rien dire et m'autorise à remettre la date véritable. Échard a lu DCCC II c.
2. Pour *Gantelmus*. L'évêque de ce nom siégea de 898 à 920 environ.
3. Richard, duc de Bourgogne, et Ébles, comte de Poitiers, duc d'Aquitaine, défirent les Normands en 911.
4. F° 231. Cette dernière anecdote est citée par Échard (I, 190). Il en juge la première partie empruntée à Roger de Hoveden et ne se prononce pas sur l'origine de la seconde, qu'il faut sans doute chercher dans une tradition locale. La première figure aussi seule dans les *Miracles de Notre-Dame* (ms. 12593, f° 147 v°).

133. Item accidit apud Cluniacum nuper, anno scilicet Domini mº ccº xl°vi° [1], me existente ibi, ut audivi a pluribus, cum quidam tabernarius, die sabbati ante Adventum, vendendo vinum et recipiendo precium, tota die Christum blasphemasset, cum circa nonam coram hominum multitudine per linguam beate Virginis jurasset, eam blasphemando, usum lingue sue perdidit, et eam turpiter extrahendo, subito coram multitudine percussus, corruit mortuus [2].

Quod servientes sibi a tribulacione liberat.

134. Fuit in comitatu Flandrensi abbatissa quedam, quam comes consilio malignorum dejecit a dignitate; que venit ad quandam inclusam, que credebatur spiritum prophecie habere. Ipsa malefica et simulatrix cum dyabolo loquebatur. Cum autem dicta abbatissa quereret ab ea consilium quomodo recuperaret amissam dignitatem, et illa super [hoc] privatum sibi demonem consuleret, respondit quod, si dimitteret dicta abbatissa dicere salutacionem angelicam et canticum Marie et Elizabeth et Zacharie, que dicebat singulis diebus in honore beate Marie, recuperaret dignitatem; quod cum audiret abbatissa, ait hoc non esse salutare consilium, [et] quod pro aliqua re ab hac consuetudine non recederet. Ideo beata Virgo cor comitis ad penitenciam movit, et eam statim vocatam in honore suo restituit, et ampliorem honorem ei donavit.

1. L'auteur écrivait ceci huit ou dix ans après.
2. Fº 231 vº.

135. Item aliud fidelium narracione comparatum est, quod quedam abbatissa, beate Virgini devote serviens, sub arta custodia servabat sibi subditas moniales, licencias inutiles negans; ex qua causa eis est odio habita. Cum autem, eis procurantibus, esset impregnata et seducta, facti penitens et graviter dolens, non cessabat eas arte custodire et beatam [Virginem] rogare. Appropinquante partu et utero intumescente, accusatur episcopo suo, qui descendit ad factum inquirendum. Cum autem in mane esset facienda inquisicio, tota nocte se contulit ad rogandam beatam Virginem, facta prius cum lacrimis confessione. Apparuit ei dormienti beata Virgo, dicens ejus preces a filio suo exauditas pro venia obtinenda et confusione vitanda, et dixit duobus angelis, qui eam comitabantur, ut eam liberarent ab onere pueri et eum cuidam incluso vicino deportarent alendum ex parte ipsius, monens eam ut de cetero sibi caveret et invigilaret in custodia sui et suarum. Que evigilans invenit se ab omni onere et dolore liberatam. In mane in capitulo accusatur: negat se esse pregnantem; inquiritur: invenitur vacua et sana et integra; quod noscens episcopus, prostravit se ad pedes ejus, veniam petens pro illatis injuriis et conviciis et imposito crimine, volens de abbacia emittere omnes qui eam infamaverant. Illa autem hoc non ferens, apertam episcopo veritatem fatetur, et invenit per inclusum quod duo juvenes ei puerum deportaverant ex parte beate Marie alendum usque ad septennium. Episcopus autem, pueri curam agens, instrui eum fecit et imbui litteris et moribus, et eum instructum reliquit sui in episcopatu

successorem et egregium beate Marie predicatorem, etc.[1]

136. Item legitur quod quidam imperator Romanus uxorem habuit pulcherrimam et castissimam; qui, recedens pro negociis imperii, sub custodia fratris sui uxorem et terram dimisit. Cujus allectus frater pulcritudine, impetivit eam promissis et minis et violenciis. Cum autem ipsa hec omnino respueret et se ab eo viriliter defenderet, adveniente imperatore, frater precurrens, ut Egypcia Joseph, crimen retorquens in eam, viro suo eam accusavit; cui leviter credens, eam sibi accurrentem pugnis et pedibus verberans, duobus ejus servis eam tradidit, ut furtive eam in silvam ducerent et decapitarent : ubi, ejus allecti pulcritudine, cum primo eam vellent violare, et illa se pro viribus defenderet et beate Virginis, cui devote servierat, adjutorium alta voce advocaret, quidam nobilis peregrinus transiens et clamorem audiens accurrit, et, ea liberata, occidit servos, et secum adduxit et uxoris servicio eam mancipavit, et puerum suum nutriendum tradidit. Quam cum interim impeteret frater domini sui et ipsa non consentiret, sed viriliter cum pugnis cedens se defenderet et sanguinem ei faceret, ille, volens sibi illatam injuriam vindicare, ea dormiente, filium fratris extinguit juxta eam. Ideo dominus ille nautis eam tradidit, ut eam in perpetuum exilium relegaret. Cum autem ipsi eam

---

1. Cette histoire fait partie des contes dévots de Gautier de Coinsi. V. Méon, *Nouveau recueil de Fabliaux* (II, 314), Th. Wright, *Latin Stories* (n° 38), et les *Miracles de Notre-Dame* publiés par la Société des anciens textes français (I, 57).

vellent opprimere vel in mari submergere; ipsa omnino non adquiescente, eam in quamdam insulam dimiserunt, ubi ei in arto posite beata Virgo apparuit, eam confortans, et docuit eam quamdam herbam cognoscere, cujus virtute curabantur[1] infirmitates desperate, et maxime per hanc leprosi curabantur, peccata sua confitentes. Cum aliqui ad famam tante curacionis venirent, dominus ejus, adducens fratrem suum, illum qui eam opprimere voluerat et infantem occiderat, factum pessimum leprosum, et diceret, cognoscens eos et incognita ab eis, quod prius ad curam tantam oporteret eum coram fratre suo omnia peccata sua confiteri et coram astantibus, cum, aliis confessis, id predictum retineret peccatum et nil ei proficeret medicina, dixit illa quod adhuc peccatum hoc retinuerat, pro quo curacio ejus impediebatur. Fratre eo assecurante et monente ut diceret omnia, confessus dictum facinus, a lepra curatur. Ad hanc famam commotus imperator, fratre suo facto leproso corruptissimo, facit eam adduci ad se, honorabiliter rogans eam pro curacione sui fratris : cui respondit quod aliter curari non posset, nisi culpa sua coram omnibus preconfessa. Cum autem alia confiteretur et id quod in eam commiserat retineret nec curaretur, monente fratre eum et assecurante, vix tandem confitetur scelus in eam commissum. Cum autem imperator inconsolabiliter pro ea doleret, non cognoscendo eam, ipsa eum advocans, fratre curato, temperavit eum ab odio fratris; et, cum ei colloqueretur, per

---

1. Ms. *curabuntur*.

aliqua sibi data eam cognoscens recepit, in gaudium dolore commutato. Et postmodum facta est monialis, et beatissime Marie devotissime servivit [1].

Quod honorat et exaltat eternaliter.

137. Item honorat eternaliter, quod eciam satis patet per illos ad quorum exitum fuit... Legitur in vita beati Dominici [2], qui multum fuerat ei devotus, quod, illa hora qua migravit ad Dominum frater Guala, prior tunc Bricie fratrum Predicatorum, postea episcopus ejusdem urbis [3], vidit duas scalas a terra usque ad celum prominentes : in ymo earum erat beatus Dominicus; harum capita et summitates Dominus Jhesus Christus tenebat, alterius beata Virgo summitatem, et sic paulatim sursum ferebant eas, et per eas in celum cum eis et in eis beatum Dominicum elevabant; et hoc vidit in Bricia dictus frater illa hora et die qua beatus Dominicus migravit, apud Bononiam, et hoc predixit.

Notandum autem quod ista miracula [seu] eorum plurima collegimus de libris diversis de miraculis ejus scriptis, quorum conscriptores non sunt mihi omnes cogniti, nec tituli librorum hoc declara-

1. F° 231 v°, 232. On reconnaît ici la légende d'origine orientale appelée quelquefois légende de Crescentia, qu'on retrouve dans Vincent de Beauvais, dans les *Gesta Romanorum,* et dans beaucoup d'autres sources, énumérées par Bæckstrœm, *Svenska Folkbœcker,* I, 264, et G. Paris, *Hist. poétique de Charlemagne,* p. 396.

2. Le trait qui suit est rapporté par les deux biographes contemporains de S. Dominique, Jourdain de Saxe et Constantin, évêque d'Orvieto. (V. *Script. ord. Præd.,* I, 22, 36.) Étienne le raconte une seconde fois plus loin (n° 509).

3. Guala, élu évêque de Brescia en 1229, mourut en 1244.

bant, nec mihi constat de omni[um] veritate; sed hoc scio quod mater Dei omnipotentis, ista omnia beneficia misericordie potest facere, et longe ampliora et majora et potest facere et fecit. Hoc tamen sciendum, quod eorum plurima dicitur sanctus Petrus, Tarentasiensis archiepiscopus, compilasse; quedam alia sanctus Hugo, Cluniacensis abbas, et Petrus Cluniacensis, alia Urbanus papa, alia Petrus Damiani, Ostiensis episcopus, leguntur scripsisse[1].

[Quod] *sibi devotos exaudit.*

138. Tempore scismatis quod fuit inter Innocencium et Petrum Leonis, beatus Bernardus venit ad Ytaliam pro pace reformanda[2]; quod audiens quidam vir sanctus, qui, soli Deo volens vacare, reliquerat omnia, bonis habundans operibus et gravi infirmitate laborans, misit ad eum, ut se ejus oracionibus commendans securior exiret. Qui, cum urgentibus negociis non posset venire, mandavit ei quod securus esset, quia ante beatam Virginem opportebat apparere, et rogavit eum ut genua flecteret coram ea pro eo, rogans ex parte ejus ut dicto scismati finem imponeret, in quo multum sanctorum paciencia ledebatur. Quo de facto, cuidam alteri visum est sancto quod in quadam magna ecclesia congregabatur concilium, et in medio collocabatur cathedra excelsa, et in sedilibus

1. F° 232 v°.
2. Le schisme d'Anaclet ou Pierre de Léon, antipape opposé à Innocent II, dura de 1130 à 1138, et se termina par la mort du premier. S. Bernard fit à cette époque un séjour de trois années en Italie, pour défendre les intérêts d'Innocent, et ne revint en France qu'en 1138.

sedebant cardinales, abbates[1], archiepiscopi, episcopi et multitudo aliorum magnorum, et in magna cathedra Petrus Leonis, papa Anacletus dictus. Venit ibi quedam domina speciosissima, ante quam venit quidam senior indutus sacco postremus, et cambuscam suam ad columpnam ecclesie appodiavit. Cui dixit dicta domina : « Cur ita tarde venisti, domine senior? » Et de altari descendens, accepit cambuscam dicti senioris; et girans eam, percussit cuspide ejus guttur dicti Petri Leonis, dicens : « Cur sedere presumpsisti in sede quam filius meus concessit Petro apostolo et successoribus electis canonice? » Et hoc dicto, visio disparuit. Petrus autem Leonis, gutture inflato, mortuus est, et Ecclesia in unum[2] redacta, pace sibi reddita. Et sic patet quod preces servorum suorum exaudit Deus per eam[3].

[Quod] sibi devotos secum recipit.

139. De monacho qui nomen beate Virginis consueverat vel consuetus erat scribere tribus coloribus, auro, minio, croco, quando in libris occurrebat, conscribebat, et ejus horas devote dicere solitus erat, et nomen ejus osculabatur inventum inscriptum devote. Cum autem sacramenta omnia recepisset et graviter laboraret, cuidam fratri, longe a domo infirmorum jacenti invigilanti, visum est quod beata Virgo de celo descenderet ad dictum infirmum, et juxta lectum ejus diceret ei : « Ne timeas, fili ; te enim oportet gaudere

1. Ms. *prates.*
2. Ms. *in ymum.*
3. F° 233.

cum celicolis, quia fuit tibi cure nomen meum honorare; nominis signacionem accipiens, in libro vite ascriptus, in celo mecum vive. Surge ergo hinc et sequere me ». Et in celo conscendens, sibi familiarem secum duxit. Frater autem, currens ad domum infirmorum, invenit fratrem de quo viderat morientem, et retulit que viderat super eum laudantibus Deum [1].

140. Cujusdam episcopi clericus, devotus beate Virgini, ejus horas devote dicebat; qui, dyabolo instigante, in amore cujusdam virginis inardescens, arte magica adjuravit demones ut facerent quod eam haberet matrimonialiter vel aliter. Qui, eis petentibus, Jhesum Christum et matrem ejus negavit, et juramento firmavit. Tunc demones adeo stimulaverunt virginem in amore dicti clerici, quod clamabat quod moreretur nisi illo clerico daretur conjux; quo coacti, parentes ejus dant uxorem. Cum autem [nupcie] fierent, voluit prius dictus clericus horas beate Virginis consummare antequam ad mensam accederet; quod cum faceret, sopor irruit super eum, et audivit beatam Mariam conquerentem repudiatam ab eo pro alia. Qui, facti penitens et omnia episcopo confitens, intacta uxore, ad religionem transivit et obsequio beate [Virginis] devotus perseveravit. Et hec in ejus obitu dicitur affuisse, et eum secum suscepisse et duxisse [2].

1. On ne pouvait mieux encourager que par de semblables récits les pieux enlumineurs qui nous ont laissé tant de chefs-d'œuvre de patience.
2. F° 233. A rapprocher de l'anecdote reproduite ci-dessus (n° 91) et de l'histoire de la *Nonne enlevée*. Ces exemples font partie d'une famille nombreuse.

TITULUS SEPTIMUS.

DE OPERIBUS MISERICORDIE.

141. Septimum attractivum pietatis ad Deum, fontem pietatis, sunt non solum sanctorum pietatis exempla, sed eciam misericordie et pietatis opera : per opera enim misericordie veniunt homines ad pietatis donum, et per hoc attrahuntur ad amandum statum bonum et sperandum in summum bonum[1]...

De elemosina cibi vel vestimenti.

142. Secundo dicendum est de elemosina que est dando cibum vel potum vel vestimentum, cujus est multiplex virtutis effectus... Bona multiplicat. Prov. xviii g : « Qui dat pauperi non indiget. »... Dixit quidam magister Odo[2] in sermonibus suis quod quidam, audiens predicari a sacerdote suo quod Dominus dicebat de dantibus elemosynam : « Centuplum accipietis, » etc., de consilio uxoris sue vaccam suam sacerdoti dedit, ut centum acciperet. Sed cum factus pauper diu expectasset et non evenissent ei pro una data centum, deliberavit de nocte occidere sacerdotem illum; ad quod agendum cum iret, in via invenit massam auri, et veritatem verbi expertus fuit.

1. F° 233 v°.
2. Très-probablement le cardinal Eudes de Châteauroux, d'abord chancelier de Paris, dont les sermons écrits, fort répandus au xiii° siècle, sont souvent précédés des mots *Magister Odo*. (V. *La Chaire française au moyen-âge,* p. 66, 67.)

143. Item dicitur quod, cum alius propter eadem verba vaccam suam dedisset sacerdoti diviti, et ille misisset vaccam pauperis sibi datam cum suis et grege aliarum, in vespere illa vacca ad domum pauperis omnes illas sacerdotis et usque ad centum de aliis adduxit. Dixit ille quod illa erat solucio promissi quam Deus ei fecerat; et sic judicio episcopi pro promissione sacerdotis sunt ei adjudicate que erant sacerdotis[1].

144. Item dicitur quod, cum quidam episcopus predicasset inter Sarracenos quemdam eorum tantum quod eum baptisasset et convertisset, postea cum suaderet ei facere opera misericordie, dicens quod hoc dixerat Dominus in euvangelio : « Centuplum accipietis, » etc., cum monuisset eum ad perfectionem euvangelicam, ille, venditis omnibus que habebat et datis pauperibus, mortuus fuit in Domino. Cum autem filii illius traherent episcopum ad judicium, impetentes eum coram judice Sarraceno de hoc quod, ut dicebant, patri promiserat : « Centum accipietis, » etc., quod pater, ut dicebant, nunquam receperat, et quod propter ejus promissum eos exheredaverat, et episcopus diceret quod immo Deus ei reddiderat in vita eterna, nec posset hoc episcopus probare, adductus ad tumulum mortui, adjuravit eum in nomine Jhesu Christi quod diceret si erat bene solutus de promisso. Respondit mortuus, omnibus audientibus : « Centuplum accepi et vitam eternam possideo. » Et quidam eciam hoc addunt quod de hoc littere in-

---

1. Cf. le conte publié par Méon (III, 25), *De Brunain la vache au prestre*.

vente sunt in manu defuncti, in quibus hoc continebatur[1].

Qualis debet esse misericordia.

145. Viso de effectu elemosine, videndum est qualis esse et qualiter fieri debeat. Debet autem primo esse pura et munda, ut non fiat de alieno, sed de proprio... Debet eciam pia esse, ut fiat cum animi compassione... Ad hoc ponitur exemplum. Audivi in sermonibus, quod nobilis quidam duos habuit filios crucesignatos : majori dedit maximas pecunias, minori paucas, recommendans eum fraterne provisioni. Cum autem redirent ad patriam et major navem suam nimis onerasset bonis, minorem cepit abicere et vilipendere. Cum autem non haberet in navi sua victualia, accessit ad fratrem suum, rogans ut misereretur ejus, quia os suum et caro sua erat; et, si hoc non faceret eo quod frater suus esset aut propter honorem suum, saltem pro gracia patris et amore, vel saltim accomodaret ei, et ipse cum multo lucro ei restitueret, vel saltim propter periculum suum et navis sue, que nimis erat onerata. Quem cum nulla racione audire vellet, navis ejus pro nimio pondere est submersa, ipso nudo a mari exeunte. Alius autem, licet pauper, ad patrem rediens et fratris crudelitatem ostendens, a patre honorifice est susceptus et heres omnium bonorum suorum constitutus. Alius autem rediens, patris odium incurrens, abicitur et, omnium bonorum paternorum spoliatus successione,

---

1. F^{os} 234 v°, 236 v°. Cf. les n°s 89 et 327.

incurrit perpetuam paupertatem. Sic palam est de divitibus immisericordibus et pauperibus, quia, pauperibus gaudentibus de successione hereditatis eterne, divites immisericordes incurrunt odium Dei et inferni perpetuam paupertatem[1].

146. Elemosina debet esse larga, ad exemplum Domini, qui, postquam dedit sua, dedit se, ad similitudinem cujusdam largi, qui, cum dedisset sua petentibus et adhuc peterent, projecit se inter manus petencium, dans se eis, ut non haberent ultra quid ab eo possent ulterius petere. Dicebat magister Jacobus de Vitri quod quidam comes Campanie adeo largus erat, quod nesciebat negare petenti quin sibi daret. Unde, cum quadam vice sequerentur eum quidam milites pauperes, petentes ab eo, respondit quidam dives burgensis : « Dominus meus nil habet quod vobis possit dare. » Tunc indignatus comes : « Immo te ipsum, qui hoc dicis, habeo, et te eis do. » Et ait militibus : « Accipite istum divitem, qui habet superflua, et eum ponite in carcere usquequo redimat se de omnibus suis, et inde solvite debita vestra. » Quod ipsi fecerunt, super hoc gracias agentes. Sic Deus nimis tenaces exponit, largorum debita solvit [2].

---

1. F° 238.
2. L'auteur du recueil anonyme de Tours rapporte le même fait en ces termes : « Idem [comes Theobaldus], habens coram se militem supplicantem eum [ut] juvaret ad maritandum filias suas, cum decem haberet, cogitans tacuit. Quod videns quidam homo suus ditissimus, servus proprii capitis, eum excusavit, dicens quod non habebat unde. Miles autem ut indigens devotissime supplicabat. Homo autem ille quod comes non habebat ferociter replicabat. Tunc comes militi : Mentitur, quia ipse ipsum habeo ad dandum, qui servus meus est; et ipsum tibi do. Redime (*pour*

DU DON DE PIÉTÉ.   125

147. Item idem dixit quod, cum [comes] semel vidisset puerum nudum petentem elemosynam ab eo, vocavit eum, dans ei unum denarium, dicens quod de eo bursam emeret et rediret ad se, et bursam ei impleret, unde neccessaria emeret. Puer autem ivit, et, volens lucrari, obolum retinuit, et de obolo bur-

revende) bene eum, quia bene habebis decem milia librarum ad tuas decem filias maritandas. Miles statim eum cepit, et filias maritavit. » (Ms. 205, f° 120.) Mais Joinville nous a laissé une version meilleure, dans une page pleine de vie et de charme, où sont désignés les vrais héros de l'anecdote, Henri le Large ou le Libéral, comte de Champagne de 1152 à 1181, et Artaud, sire de Nogent. Il est intéressant de comparer son récit avec les deux textes latins : « Ertaus de Nogent fu li bourgois dou monde que li cuens créoit plus, et fu si riches que il fist le chastel de Nogent-l'Ertaut de ses deniers. Or avint chose que li cuens Henris descendi de ses sales de Troies pour aler oïr messe à Saint-Estienne, le jour d'une Penthecouste. Aus piez des degrez, vint au devant de li uns povres chevaliers, qui s'agenoilla devant li et li dist ainsi : Sire, je vous pri pour Dieu que vous me donnés dou vostre, par quoy je puisse marier mes dous filles, que vous véez ci. Ertaus, qui aloit darière li, dist au povre chevalier : Sire chevaliers, vous ne faites pas que courtois, de demander à monsignour ; car il a tant donnei que il n'a mais que donner. Li larges cuens se tourna devers Ertaut et li dist : Sire vilains, vous ne dites mie voir, de ce que vous dites que je n'ai mais que donner ; si ai vous-meismes. Et tenez, sire chevaliers, car je le vous doing, et si le vous garantirai. Li chevaliers ne fu pas esbahiz, ainçois le prist par la chape, et li dist que il ne le lairoit jusques à tant que il averoit finei à li; et avant que il li eschapast, ot Ertaus finei à li de cinq cens livres. » (Joinville, éd. de Wailly, 1868, in-8°, p. 33.) On voit que l'histoire s'était quelque peu altérée en passant dans le domaine populaire, et que le nombre des filles du chevalier pauvre s'était considérablement accru dans l'intervalle. Étienne de Bourbon ne nomme pas le comte de Champagne dont il s'agit ; mais, d'après un autre passage, il semble croire, comme l'auteur du recueil de Tours et comme Jacques de Vitry, que c'était Thibaud le Grand, père d'Henri. (Cf. le n° 157.)

sam unam emit, quam deportavit comiti, ut ei dixerat. Cum autem comes quereret pro quanto emisset, puer non ausus fuit ei negare, sed ait : « Pro obolo et alium vobis reporto. » Tunc comes implevit ei bursam, dicens : « Si majorem deportasses, majorem plenam reportasses. » Sic homo, secundum quod plura dat pro Deo, plura centuplicata recipiet [1].

148. Debet esse caritativa, ut in statu caritatis et ex caritate fiat..., item ut spiritualia temporalibus preponantur... Unde dicitur quod quidam conversus Cisterciensis, habens multas vestes, a quibus, ut videbatur ei, poterat abstinere, cum inveniret nudum pauperem, dabat ei tunicam unam de suis, licet hoc prohiberet abbas suus et eum sepe propter hoc verberaret. Super quo cum consuleretur Alexander papa [2], qui tunc temporis venerat in Franciam, videns quod alterum obediencia inhiberet, alterum caritas preciperet, ait : « Tu, converse, quociens suadebit hoc tibi caritas, semper da ; tu, abba, quociens invenietur inobediencia, conversum semper verbera. »

149. Item quidam sanctus vir, ut dicitur in Summa de Virtutibus [3] (et audivi quod ille fuit sanctus Petrus, Tarentasiensis archiepiscopus [4]), quemdam penitenciarium inveniens qui ab injuncto Sedis Apostolice tunicam plumbeam deferebat et gravabatur nimio pondere

---

1. F° 238 v°. Ce trait doit se rapporter, plutôt que le précédent, au comte Thibaud le Grand (V. les n°s 150 et 157).

2. Alexandre III, qui séjourna en France de 1162 à 1165. Cf. le n° 64.

3. La *Somme des Vices et des Vertus*, par Guillaume Perraud, dominicain.

4. Pierre II, archevêque de Tarentaise, de 1141 à 1174.

DU DON DE PIÉTÉ.

et debilitate, abstulit illam. Cum autem requireretur cujus auctoritate hoc fecisset, cum papa qui hoc preceperat summus esset, ait : « Illius superioris qui ait : Beati misericordes, quoniam misericordiam consequentur. »

150. Debet eciam elemosina esse devota, ut holocaustum pingue fiat. Dixit magister Jacobus de Vitriaco quod quidam comes Campanie, Theobaldus nomine[1], cum dabat elemosynam, sotulares vel vestes pauperibus manu sua dabat; et respondit querenti quare hoc faceret, quod hoc ideo faciebat, ut dando et laborando magis moveretur ad devocionem et pauperis compassionem, et sic magis mereretur, ut ad majorem humilitudinem inclinaretur in consideracione sue condicionis in paupere, et ut pauper magis provocaretur ad eum commemorandum et orandum pro eo, et ut alii ad exemplum illius ad similia facienda provocarentur et ad devocionem erga Deum et pauperes[2].

1. Thibaud IV, dit le Grand, comte de Blois et de Champagne, mort en 1152, et renommé pour ses vertus. On a vu tout-à-l'heure prêter à ce prince une action généreuse accomplie par son fils Henri le Large. Jacques de Vitry, et Étienne de Bourbon d'après lui, attribuent encore au même deux autres traits de charité (n°s 147, 157).

2. Jacques de Vitry, en rapportant ce trait du vertueux comte, ajoute que ses chevaliers haussaient parfois les épaules en le voyant distribuer lui-même ses aumônes; et alors il leur disait tranquillement : « Ne vous étonnez pas de cela, car je serais bien fâché de ne pas recevoir moi-même ma récompense. » Il ajoute, à propos de ces distributions charitables : « De Theobaldo bone memorie, quondam comite Campanie, dicitur quod unctum secum portabat, et sotulares cum uncto manu propria pauperibus dabat, ud sic ad compunctionem et devotionem atque humilitatem provocaretur, et ut pauperes affectuosius pro ipso orarent, attendentes in tanto viro tante humilitatis obsequium. » (Ms. 17509, f° 77.)

151. Debet esse festina... Dicitur vulgariter : Qui cito dat, bis dat. Dixit et scripsit magister Jacobus de Vitriaco se vidisse quamdam matronam que, cum venisset ad missam, vidit pauperem afflictum frigore in hyeme nudum : et, cum non haberet quid posset ei dare quin dehonestaret se, nisi pellicium suum, cogitavit quod, si iret ad domum, missam amitteret, que interim cantaretur; si missam expectaret, pauper nudus diu frigore affligeretur. Ivit ergo festinanter sub porticu ecclesie, facta oblacione, et, clauso hostio, spoliavit se et pellicium exuit et se reinduit[1], et, vocato paupere, pellicium suum ei dedit, et post ad missam rediit. Missa autem celebrata, sacerdos eam vocavit, dicens : « Domina, quo ivistis vel quid fecistis, quia vidi vos exire de missa cum irem ad canonem, et nunquam potui proferre verbum in canone usquequo fuistis reversa ? » Noluit ergo Dominus ut fraudaretur ab integritate misse, que nec missam volebat amittere nec pauperi elemosynam differri[2].

[*De hospitalitate.*]

152. Consequenter agendum est de hospitalitate,

---

1. Le *pellisson* est ici un vêtement de dessous; sans quoi ce passage ne se comprendrait pas. Au xiiie siècle, en effet, les femmes portaient sous leur cote ou leur surcot, pendant l'hiver, une sorte de manteau intérieur, appelé du même nom que le manteau de fourrures extérieur.

2. F° 239. Jacques de Vitry, qui dit effectivement avoir été témoin du fait, ne le rapporte pas tout-à-fait de la même manière : il parle d'une pauvresse qu'une noble dame emmène avec elle dans le campanile (*ubi campane ecclesie dependebant*), pour la revêtir de

de qua primo ostendemus quare sectanda sit libenter, secundo qualiter sit facienda, ut fiat efficaciter et Deo placenter. Notandum autem quod hospitalitas, et maxime bonorum, duodecim bona facit... Hospicio recipit eciam Dominus hospitales. Refert magister Jacobus de Vitri quod quidam laicus, Johannes nomine, quem eciam se cognoscere dicebat, Cameracensis dyocesis, qui morabatur in villa Villaisvilla dicta, [et,] visitatus a Domino, artam faciebat penitenciam, hospitalis et misericors, voluit eciam beatam Virginem hospitari in ymagine sua. Ivit ergo ad villam Fontanam[1], distantem a villa sua per duas dietas; ubi fiunt ymagines pulcre; emit ibi ymaginem beate Virginis, panno involvens, volens in domo sua facere oratorium secretum, ubi coram ea oracioni sepe procumberet. Cumque rediens venisset ad villam que vocatur Luncium, nec posset ibi invenire honestum hospicium, quidam, indutus religioso habitu, dixit ei: « Veni mecum, frater; ego ducam te ad honestum et bonum et propinquum hospicium. » Et nominavit se fratrem Petrum. Et visum fuit ei quod duceret eum extra villam, ubi erat silva speciosissima et mansio. Occurrit ei dominus domus, hyllariter eum recipiens, et precipiens fratri Petro quod procuraret quomodo bene procuraretur. Fit ignis copiosus; mensa apponitur, et mappa mirabilis mundicie et candoris, et panis similiter, et potus incomparabilis saporis; nec poterat perpendere

---

son manteau. Les mots « *et se reinduit* » ne sont pas dans son récit. (Ms. 17509, f° 76.)

1. Il y a plusieurs *Fontaine* près de Cambrai. Peut-être s'agit-il de Fontaine-Notre-Dame (Aisne); mais les deux noms de lieu cités plus haut et plus bas ne se retrouvent pas dans le rayon indiqué.

cujus materie esset mappa, et omnia que gustasset non audebat comedere, tante suavitatis erant. Timebat ne essent confecta cum carnibus. Cui hospes : « Secure comedere potes, quod ea carnes non tetigerunt. » Postea apposita sunt ei pira incomparabilis saporis et odoris. Post refectionem visitavit eum hospita, querens ab eo quid esset quod deportaverat super humeros suos involutum; et eo dicente quod esset ymago beate Virginis, ipsa evolvit eam, multum commendans eam, et involvit eam pulcrius, suadens quod frequenter salutaret beatam Virginem coram ea, et flecteret genua et adoraret, quia multum placebat ei et largiter retribueret. Et cum sedisset ibi juxta dominum cum duabus ancillis quas secum duxerat, precepit dominus fratri Petro quod dictum Johannem duceret ad lectum. Ductus ad lectum speciosissimum et locum videns, stramenta candidissima et clarissima nolebat intrare. Cui Petrus : « Secure intra, quia non sunt linea. » Quesivit nomen hospitis; dixit Petrus : « Nomen ejus est Jhesus, et hospite Maria. »

Intrans lectum, suavissime dormivit usque mane alta die, et tunc frater Petrus excitavit eum ut surgeret; ipse autem erubuit quia tantum dormisset, qui consueverat de nocte ad oracionem surgere. Cum licenciam acciperet a domino, gracias agens, ait dominus : « Nolo quod hic in via defectum paciatur; da ei panem ut comedat. » Quo dato et gustato, ita roboratus et refectus est, quod videbatur ei quod absque alia comestione posset semper vivere. Tunc, sumpta licencia, duxit eum extra beatus Petrus; dixit ei hospitem suum Dominum Jhesum Christum, qui, compaciens ei et videns laborem suum, et mater ejus hospita dederunt ei illam modicam consolacionem, et futuram darent ei si perseveraret; misit eum ad penitenciarium episcopi sui, dicens se Petrum apostolum, monens ut confiteretur ei omnia peccata sua et de consilio suo se regeret : qui disparuit, et locus et silva et edificia. Ipse autem invenit se juxta Cameracum, quod parum distat a villa sua, licet distaret inde locus hospicii dicti per XIIII miliaria. Hic quociens temptabatur in die, apparebat ei beatus Petrus in nocte, in sompno, dicens quod reduceret ad memoriam hospitem suum et hospitam; et hoc faciens libera[ba]tur a temptacione[1].

153. Bona temporalia multiplicat et augmentat [hospitalitas]... Audivi a fratre Galtero de Leus quod, cum quidam sapiens predicasset apud Sanctum Victorem Marcilie[2], et monachi quererent quare magis erant oppressi debitis et pauperes quam antea, cum magis parce viverent et plures redditus haberent, respondit quod ante unum procuratorem solebant habere in domo qui omnia neccessaria eis procurabat; sed, quodam suo socio de abbacia injuste expulso, cum eo exierat, nec rediret de cetero nisi revocaretur : et hic erat *Dabitur vobis*, qui recesserat expulso *Date;* sed, si adhuc reservarent hospitalitatem solitam et caritatem, et adhuc prior habundancia rediret, quia dixit Dominus (Mat. VI) : « Date et dabitur vobis[3]. »

154. Christum recipit [hospitalis]. Mat. x g : « Qui

---

1. F°s 239-240 v°. Ce récit a été ajouté à la marge inférieure du ms; mais il est de la même écriture.
2. L'abbaye de Saint-Victor de Marseille.
3. Ces deux personnages fictifs, *Date* et *Dabitur-vobis,* figurent dans un exemple de la même famille, publié par Th. Wright (*Latin Stories,* n° 123).

vos recipit me recipit » ... Item audivi a fratre Gaufrido de Blevex [1] (hoc eciam scripsit magister Jacobus de Vitri) quod, cum quedam mulier nobilis consueta esset recipere pauperes et servire eis manibus propriis et abluere pedes eorum, invito viro et inhibente, et invenisset ante domum suam pauperem mirabiliter, ut videbatur, afflictum et ulcerosum, compassa duxit eum in domum suam, viro ejus absente, et, cum peteret balneum, paravit ei ; post, cum diceret quod non posset quiescere nisi in molli lecto, posuit eum in camera sua. Cum autem subito vir ejus, cameram dictam veniens, intrasset in lecto uxoris, invenit dictum infirmum ; quem cum crederet adulterum et vellet eum occidere super lectum ejus, apparuit ei Dominus nudus, in ea forma in qua pependit in cruce, dicens : « Quid me persequeris, qui pro te hoc passus sum? » Cum autem ad terram prostratus oculos erigeret, nil invenit, et conversus est ad Dominum [2].

De visitacione et compassione infirmorum.

155. Nunc dicendum est de visitacione infirmorum ; et sciendum quod sicut misericordia dicitur regulariter [a] miseria, videtur istud opus excedere omnia alia opera misericordie, cum nulla major sit miseria temporalis miseria infirmitatis... Debemus visitare

---

1. V. ci-dessus, n° 46.
2. F^{os} 240, 240 v°. L'exemple rapporté par Jacques de Vitry (f° 77) n'est pas tout-à-fait semblable : le malade est un lépreux, et le seigneur, en entrant dans sa chambre, ne trouve plus à sa place qu'une odeur embaumée. Cette anecdote, assez répandue, est reproduite dans le recueil de la bibliothèque de Tours (ms. 205, f° 165).

infirmos quia hoc est contra peccata medicamentum, contra temptaciones tutamentum; hoc eciam est fragilitatis nostre speculum et documentum, vere religionis exemplum. Cum quidam maximus peccator, ut audivi, transfretasset, et cum posuisset se in hospitali ad serviendum infirmis, cum aliquando abhorreret cujusdam ulcera, cujus lavabat pedes, cum lavacionis aquam contra cor biberet cum pleno ore, facta est ei dulcissima et suavitate fragrantissima super omnia pigmenta; et hoc ei fuit signum remissionis peccatorum, ad quorum[1] memoriam dictam aquam hauserat.

156. Huic simile refert magister Jacobus de Vitri de domino Johanne, de Monte-Mirabili domino[2], quod, [cum] dictus dominus, valde pius et devotus, videret pauperem valde afflictum ulceribus, sanie et sordibus, ait ei : « Quare non vadis ad domum Dei, ut ibi quiesceres? » Respondit : « Quia non possum ire. — Et ego, ait, ibi portabo te. » Et assumpto eo super humeros, portavit eum ibi. Cumque haberet sordidos pedes et tibias et plenos sanie, lavit ei, et cum ei doleret cor, ait : « O cor miserum et superbum ! modo poteris crepare. » Et, hausta aqua lavature, bibit cum duabus manibus.

1. Ms. *ad cujus.*
2. Il ne faut pas confondre ce Jean, seigneur de Montmirail, avec l'archidiacre Jean de Montmirail, mentionné plus haut. Il s'agit ici du bienheureux Jean de Montmirail, mort en 1217, religieux à Longpont. Sa vie, écrite par un de ses confrères, ne fait pas mention des deux traits rapportés par Étienne, quoiqu'elle en contienne plusieurs du même genre. Les Bollandistes les citent néanmoins, d'après l'auteur du *Speculum morale*, qui a pillé notre écrivain en cet endroit comme en beaucoup d'autres. (V. *Acta SS. septembr.*, VIII, 196.)

Item Eccli. vi : « Non te pigeat visitare infirmos. » Hujus exemplum dabat Dominus, qui illos non solum[1] visitabat, sed se ab eis tangi permittebat, immo leprosos tangebat et tactu suo eos curabat. Item beatus Martinus, ad hujus exemplum, non solum eos tangebat, sed osculabatur et osculo curabat[2].

157. Refert magister Jacobus de Vitri quod quidam comes Campanie[3], devotus et pius et humilis, consueverat frequenter visitare, cum moraretur apud Sesannam[4], quemdam leprosum, et se ordinibus ejus committere, et verbis et beneficiis eum confortare. Cum autem diu fuisset quod non fuisset ibi, mortuo dicto leproso, hoc eo ignorante, cum venisset ibi, venit visitare eum, intrans ejus tugurium; et cum vocaret eum nomine suo, querens quomodo circa eum ageretur, respondit : « Bene, per Dei graciam; nunquam ita bene fuit mihi. » Tunc burgenses et milites qui cum domino comite erant dixerunt : « Domine, quare intratis tugurium illud, cum nullus ibi moretur? Ille enim leprosus mortuus est, jam mensis est elapsus, et sepultus in illo loco. » Faciens ergo inquiri dictus comes, non invenit ibi nisi parietes et tugurium, mira fragrancia odoris plenum. Et hic comes dictus fuit Theobaldus, de quo supra dictum est[5].

1. Ms. *Dominus quietis non solum.*
2. Cf. Sulpice Sévère, *Vita beati Martini*, ch. 19.
3. Thibaud IV, nommé plus haut et plus bas.
4. Sézanne (Marne).
5. F^{os} 241, 241 v°. Cf. les n°s 146, 147, 150. Cette anecdote se trouve dans le manuscrit de Jacques de Vitry, au f° 77. Étienne de Bourbon la reproduit, suivant sa coutume, avec exactitude, mais non textuellement. Elle se trouve aussi dans le recueil anonyme de Tours, sous cette forme abrégée : « Comes Theobaldus consuetus

De visitacione et misericordia incarceratorum.

158. Sequitur de visitacione incarceratorum. Ad hoc opus invitant nos exempla primo Christi...; item ad hoc monent nos exempla sanctorum, eciam hic vivencium, de quibus dicit Apostolus, ad Hebr. x f : « Vinctis compassi fuistis. » De beato Dominico audivi a domino Bartholomeo de Clusa, archidyacono Matisconensi et canonico Carnotensi[1] (a quo eciam audivi quod ei Rome fuit confessus, et quod ei predixit, quia[2] nollet intrare ordinem, multa que ei, ut dicebat, postea acciderunt), quod, [cum] ipse beatus Dominicus esset Rome, postquam officium suum audierat, fere singulis diebus muros urbis circuibat et alia loca ubi erant immurati, et eis monita salutis dabat, similis Thobie, de quo legitur [in libro] ejusdem, I c : « Pergebat per omnes qui erant in captivitate, et monita salutis dabat eis[3]. »

159. Item de eodem beato Dominico dixit mihi

erat semper visitare unum leprosum quotiescunque declinabat ad quoddam suum manerium, et confortabat eum. Quadam die, veniens per locum, intrans domum, occurrit leprosus, dulcissime alloquens eum. Et exiens, a populo acclamante audivit ipsum nuper mortuum et sepultum; et sic cognovit loco ipsius invenisse Christum. Et ideo ad visitandum leprosos et pauperes devotior est effectus. » (Ms. 205, f° 120.) Enfin on la rencontre dans une autre compilation contemporaine, à laquelle M. d'Arbois de Jubainville l'a empruntée (*Cæsarii dialogi miraculorum*, dist. VIII, c. 31; *Hist. des comtes de Champagne*, II, 400).

1. Barthélemi de la Cluse avait été aussi chantre de l'église de Tripoli, comme il est dit un peu plus bas.

2. Ms. *quod*.

3. Ce trait de S. Dominique n'a été consigné ni par l'un ni par l'autre de ses biographes.

idem archidyaconus quod, cum ipse esset Rome canonizatus, et ipse presens esset in canonizacione beati Dominici, cum ipse esset tunc Tripolitanus cantor et deberet transfretare, rogaverunt eum fratres Predicatores qui tunc erant Rome quod ferret litteras canonizacionis beati Dominici ad fratres transmarinos; quod cum faceret, in quodam loco cum applicuisset, submersa est navis et omnia que erant dicti archidyaconi cum aliis, et quecumque erant in ejus cophinis repleta sunt [aqua], in qua diu jacuerunt lesa. Littere autem dicte invente sunt illese sole ab aqua in qua diu jacuerant, in medio aque, ac si eas aqua omnino non tetigisset [1].

De pietate parentum.

160. Ultimo dicendum est de pietate parentum et de misericordia eis exibenda, quibus, quanto magis tenemur eos diligere, tanto magis debemus compati. Ad compassionem et pietatem eorum nos movent ista, scilicet admonicio sacre scripture... Secundo monet ad hoc propria natura. Basilius : « Parentes nostros ut propria viscera diligamus... » Dicitur quod quidam paterfamilias uxorem habuit adulteram, de qua habere videbatur tres filios. Cum autem aliquando improperaret ei peccatum suum et molestaret eam, ait illa ei : « Ut vos habeatis dolorem perpetuum, significo vobis quod unicus istorum trium vester est, alii duo adul-

---

1. F° 242. Ce fait, emprunté par Étienne à un témoin oculaire, est rapporté d'autre part, avec moins de détails, dans un supplément aux Vies de S. Dominique, publié par Échard d'après un ms. du xiii° siècle (*Script. ord. Præd.*, I, 42).

teri ; et, ut amore unius duobus aliis provideatis, nunquam scietis quis est vester. » Quod cum nulla racione vellet ita ei dicere, cum ille in morte faceret testamentum suum, dixit quod omnia bona sua relinquebat illi qui suus erat, aliis ab eis exclusis. Cum autem quereretur ab eo quis esset ille, nec ille sciret eis dicere, quilibet eorum dicebat se legitimum heredem et volebat res omnes occupare. Trahuntur ad judicium ; judex dat istam sentenciam : quod pater mortuus ligaretur ad arborem, et quod quilibet haberet arcum et sagittam, et qui melius percuteret eum medium hereditatem haberet. Cum autem duo eorum traxissent et valde fortiter corpus infixissent, tercius dixit quod nunquam ad patrem suum traheret, sed, si quis eum de cetero percuteret, non impune fieret ; et hoc dicens flebat. Tunc judex judicavit eum verum heredem et alios spurios, quia naturalis instinctus in compassione patris eum ad hoc impellebat ; unde propter hoc vulgariter dicitur quod cor non mentitur [1].

161. Tercio monere potest ad hoc irracionalis creatura per exemplum suum... Quarto ad hoc valent sanctorum monita [et] exempla. Frequenter accidit

---

1. Une autre leçon de cette histoire se trouve dans les *Latin stories* de Thomas Wright (n° 21), qui en signale une pareille dans Bromyard (*op. cit.*; tit. *Filiatio*). Le même éditeur la rapproche d'une des *Cent nouvelles nouvelles* (*Les vrais pères*), et d'un morceau du *King John* de Shakespeare. Elle se retrouve encore dans un fabliau, qui attribue le jugement à Salomon lui-même (Méon, II, 440), dans les sermons d'Albert de Padoue, édités à Turin en 1527 (p. 233), etc., et, sous une forme un peu différente, dans les prétendus contes tartares cités par M. Victor Le Clerc (*Hist. litt.*, XXIII, 75). C'est là, sans doute, une de ces mille légendes venues du fond de l'Orient et rapportées dans nos contrées par les pèlerins ou les croisés.

quod taliter se habent filii patrum ad eos qualiter vident eos se habere ad parentes suos. Audivi hoc exemplum a magistro Nicholao de Flavini, archiepiscopo Bysuntino[1], in sermonibus, quod, cum quidam paterfamilias unicum filium suum egregie maritasset, ditasset, et bonis suis se spoliasset eum investiendo, cum factus esset decrepitus et infirmus, instigante uxore, positus est in vilissimo loco domus, quam ipse edificaverat, et vix potuit habere a filio duas ulnas de burello, quo operiretur in hyeme. Puer autem quidam, filius filii, quem tenerrime pater diligebat, hoc notans, flebat, et dicebat quod non cessaret nisi pater suus daret sibi duas ulnas de burello sicut dederat patri; que cum ei date essent, puer complicavit et reposuit, dicens quod idem faceret ipse patri suo cum senex esset ut faciebat ipse patri suo, dans ei duas ulnas ad cooperiendum[2].

162. [Monet eciam] pena impiorum ad parentes : puniuntur enim filii impii ad parentes multipliciter... Iram Dei super se accumulant, que eos occidit subito frequenter. Mat. III e : « Progenies viperarum, » etc., quia paterna latera mali filii corrodunt. Anno Domini M° CC° L°, accidit in dyocesi Eduensi, apud Vergiacum[3], castrum ducis Burgundie, quod quidam, propter bona materna que male expendebat in tabernis et aliis, ut consueverat, quodam mane offendit matrem suam, ita quod ipsa, commota ira, imprecata est ei sic : « Rogo

---

1. Nicolas de Flavigny, qui occupa le siége de Besançon de 1227 à 1235.

2. F° 243. Cet apologue ressemble beaucoup au fabliau de la *Housse partie*, de Bernier, publié par Méon (IV, 472), et à celui qu'a édité M. de Montaiglon (*Fabliaux*, tome II, *initio*).

3. Vergy (Côte-d'Or).

Deum quod antequam revertaris et antequam dies transeat, deporteris matri tue frigidus, in feretro mortuus et malo gladio laceratus! » Alius juvenis, de villa circumjacente, impius contra parentes suos, sepe eos propter suam insolenciam molestabat; unde, ipsa die, cum ipsum corrigerent parentes sui, manu dextera percussit patrem suum, et pater iratus imprecatus est, dicens : « Manus qua me percussisti rogo Deum ut hodie malo gladio amputetur, et tu infra triduum in tali patibulo suspendaris! » Accidit ergo ut illi duo juvenes, post imprecaciones dictas parentum, obviarent sibi, et unus invitavit alium ad tabernam; quam cum ingressi essent et biberent et luderent, ceperunt litigare et se percutere. Ille contra quem imprecatus est pater percussit gladio alium, et, cum essent soli, timens ne clamor excitaretur contra eum si alius vivus remaneret, multis vulneribus eum lacerans occidit. Cum autem, clamore moto contra eum, ad silvam fugeret et illi de castro illo eum insequerentur, cum se gladio suo defenderet, unus de insequentibus manum qua tenebat gladium et qua patrem percusserat amputavit : captus est; infra triduum suspensus est in patibulo illo in quo pater fuerat imprecatus. Alius autem deportatus fuit ad domum matris in feretro, multis vulneribus confossus, ut ipsa fuerat imprecata. Hoc autem, cum factum esset recens et predicaretur in dicto castro, dicta mater mihi retulit cum lacrimis, petens penitenciam pro dicta imprecacione; et hoc idem vicinia testabatur, quod infra decennium, ut estimo, factum erat[1].

1. F[os] 243 v°, 244. D'après ce passage, Étienne aurait appris

163. Cum ego predicarem crucem apud Verzeliacum[1] contra hereticos Albigenses, dictum fuit mihi a pluribus qui illum hominem ibi viderunt[2], ut dicebant, et multi in pluribus locis dixerunt mihi eo tempore hominem vidisse, qui habebat maximum et horribilem bufonem in facie, adherentem ei, et suggentem eum inter oculos, et pedes suos habentem hinc inde in genis ejus ; quem si laboraret aliquis ab eo excutere, mirabiliter homo dictus cruciabatur. Sed, quia sciebat illum ibi esse divino judicio, visitabat loca sanctorum, ut eorum meritis juvaretur et liberaretur; et audivi quod dictus homo nunquam potuit ab illo bufone liberari usquequo transfretavit : cum autem intraret Terram Sanctam, dictus bufo divina virtute ab eo cecidit et crepuit. Causam autem referebat dictus homo, ut audivi a pluribus et in pluribus locis, quia, cum patrem haberet qui multum laboraverat ad eum ditandum et egregie maritandum, cum se exspoliasset bonis suis et ei pater dictus tradidisset, consilio uxoris, emisit patrem de domo sua a se. Cum autem in quodam die parasset sibi et uxori sue pinguem caponem et sederet in mensa, paterfamilias pulsavit ad hostium. Cum autem intraret nec posset ei negare introitum, consilio uxoris sue, caponem dictum in archa posuit et contexit, ne pater inde comederet. Cum autem pater de domo recessisset famelicus, filius ivit ad archam, ut caponem caperet et comederet. Cum autem archam

l'événement sur les lieux, vers 1250 : c'est un des faits les plus récents qu'il ait mentionnés.

1. Vézelay (Yonne).
2. En marge : « De illo cui adhesit buffo in facie, vidit frater Stephanus, operis hujus auctor, plures qui illum viderunt. »

aperiret, invenit in scutella bufonem horribilem, qui, saltans in ejus faciem, eum arripuit, ut supra dictum est; nec poterat alico consilio ab eo liberari, nisi ut supradictum est. Et audivi quod hoc accidit apud Chinon, quod est castrum regium in dyocesi Turonensi[1].

1. F° 244. Thomas de Cantimpré rapporte, de son côté, le même fait, avec des détails quelque peu différents, et dit le tenir d'un de ses confrères qui avait vu à Paris l'homme au crapaud (*Bon. univ. de apibus,* II, 7). Une rédaction en vers de ce récit a été signalée dans le ms. 325 de l'Arsenal par M. Victor Le Clerc (*Hist. litt.,* XXIII, 193).

LIBER TERTIUS.

DE EIS QUE PERTINENT AD

DONUM SCIENCIE.

164. Tercia pars hujus operis est de eis que pertinent ad donum sciencie, per quod in homine efficitur vera penitencia et habetur. Et notandum quod sicut donum timoris peccatorem a malo culpe retrahit, donum pietatis per spem quam operatur in homine ad bonum attrahit, ut premonstratum est, ita donum sciencie per penitenciam a malo culpe extrahit hominem defixum in fecibus viciorum... Notandum autem quod donum sciencie hominem illuminat : 1° ut ei quare sit penitendum appareat ; 2° ut statum suum scrutetur, et videat qualiter et quantum peccatum suum ei noceat ; 3° qualiter pro statu suo et peccato agnito doleat ; 4° qualiter vulnera que affligunt eum medico spirituali discrete exhibeat ; 5° qualiter de peccatis suis integre Deo et hominibus satisfaciat ; 6° quale et qualiter et quare jejunium teneat ; 7° qualem et quare peregrinacionem, et maxime transmarinam, facere habeat ; 8° quale et qualiter et quam

diversimode homo orare debeat; 9° quare in penitencia usque in finem perseverando maneat [1]...

PRIMUS TITULUS.

DE PENITENCIA; QUID SIT ET QUARE SIT FACIENDA.

165. Primus titulus tercie partis est de penitencia cognoscenda, quam facit cognoscere et effectum ejus, ut libenter fiat penitencia, lumen doni sciencie... Primo ergo quid sit penitencia, et quare sit libenter facienda, et qualis esse debet et qualis non, in hoc tytulo dicemus... Facienda est autem penitencia libenter propter ista maxime, primo quia Deo et angelis ejus mirabiliter placet, dyabolo displicet [2]...

[*De incommodis que penitencia facit dyabolo.*]

166. Facienda est penitencia quia maxime dyabolo displicet...; [quod] patet ex eo, quia penitentes magis quam alios impugnat. Audivi quod quidam miles flagiciosus accessit ad episcopum suum causa penitencie; cum autem nollet facere penitenciam aliquam vel oracionis vel jejunii vel peregrinacionis, sed omnia respueret facere que ei injungebantur, querebat episcopus quid libencius in mundo faciebat. At ille ait quod

---

1. F° 244 v°. Dans le texte même de cette troisième partie, il n'y a que huit divisions; le *jeûne* est réuni à la *satisfaction*.
2. F° 244 v°.

festa feriaret, et episcopus ei injunxit quod dies dominicos et apostolorum festa feriaret ab omni opere servili, et hoc ei esset pro penitencia. Qua accepta, in prima die dominica sequenti, vidit in agro suo aratrum jacere ociosum : at ille temptatus et boves juxta [videns], arare cepit, quod nunquam prius fecerat. Cum autem redisset ad episcopum dicens se fregisse datam sibi penitenciam, cum quereret quem cibum plus abhorreret, ait quod porros crudos, et injunxit ei episcopus, ut dicitur, quod de eis de cetero non gustaret. Cum autem rediret, videns mulieres porros lavantes et comedentes, temptatus non potuit continere quin comederet, rapiens ab eis. Tunc cognoscens miseriam suam, rediens ad episcopum dictum, ad ejus arbitrium penitenciam fecit [1].

De multiplici utilitate penitencie.

167. Tercio libenter facienda est penitencia quia facienti digne multipliciter prodest... Primo peccatorem Deo reconciliat. Secundo animam per peccatum mortuam vivificat... Item audivi a fratre, qui dicebat se legisse, quod, cum quidam magnus homo in peccatum mortale et grave lapsus fuisset, attendens mortem anime sue, Romam venit, ut summo pontifici illud confiteretur. Cum autem non posset pape libere loqui, clamavit coram omnibus : « Pater, miserere mei ! » Cum autem quereret papa quid haberet et cur sic fleret, dicebat se esse mortuum; cui papa per subrepcionem respondit : « Si tu es mortuus, vade

1. Fos 246, 246 vo.

cum mortuis. » Tunc ille, hoc pro penitencia accipiens, intravit ortum Rome in cujus parte erat cripta subterranea, in qua positi erant mortui conditi aromatibus[1], cum quibus de die habitabat, et oracioni et fletui vacabat, et de nocte exibat, et ad modum bestie de collectis oleribus se reficiebat. Cum autem dominus orti olera collecta invenisset, invigilans ut furem deprehenderet, vidit hominem dictum de dicta cripta egredientem et olera colligentem; quem cum cepisset, et veritatem fateri compulsus esset, judicavit eum papa inter vivos post deputandum[2].

168. Penitencia vincit et superat hostes, et a casu et a miseria elevat... Audivi a duobus fratribus, a fratre qui hoc se legisse asserebat, quod, cum uxor cujusdam comitis prole careret et Dominum multum rogasset pro ea optinenda, nec daretur ei, ad ultimum promisit dyabolo quod eam ei daret si eam ei procuraret; quod et fecit. Que concepit et peperit filium, quem baptizatum vocavit Robertum[3]; qui, cum cresceret per processum temporis, crescebat malicia plus et plus in eo, ita primo quod mammas nutricum mordebat, post major alios percuciebat, post quem occurrebat destruebat et rapiebat, post virgines rapiebat et deflorabat et conjugatas, homines capiebat et occidebat; et cum, procedente tempore, cresceret in flagiciis,

---

1. Il s'agit très-probablement d'une des nombreuses entrées des catacombes de Rome.

2. F⁰ˢ 246 v°, 247.

3. La légende de Robert le Diable est ici quelque peu altérée; mais elle était tellement répandue, que les variantes en sont fort nombreuses. Celle-ci ne dit même pas que le héros était issu des ducs de Normandie. On remarquera aussi qu'au dénouement Robert, au lieu d'épouser une princesse, se fait ermite.

factus miles, fit magis scelestus. Cum aliquando mater sua ei dixisset, commota ad querelas conquerencium de eo, quod pro nihilo circa eum laboraretur, quia constabat ei quod non faceret nisi malum, ipsam impetit extracto gladio, dicens quod aut eam occideret, aut ei diceret cur hoc ei dixerat, et cur esset ita malus. Ipsa autem, timore perterrita, refert quomodo eum dyabolo dederat, et que supra posita sunt. Quod cum audisset, relictis omnibus, ivit Romam, ingerens se quomodo posset confiteri pape multociens. Ad ultimum, in quadam processione, per pedes eum arripit, dicens quod prius se occidi permitteret quam non loqueretur ei. Qui, cum audisset eum, misit eum ad quemdam sanctum inclusum; qui cum in missa sua rogaret Dominum quod intimaret quam penitenciam ei injungeret, quia perplexus erat de hoc quod factum ejus audierat, mittitur ei per columbam quedam carta, in qua erat scriptum quod daret ei in penitencia quod de cetero non loqueretur nisi de licencia dicti inclusi, quod fatuum se faceret, et injurias sibi illatas a pueris et aliis sibi pacienter portaret, et quod de cetero cum canibus jaceret, et non comederet nisi [quod] ab eis auferret. Quam cum audiret, accepit penitenciam illam gratanter quasi munus a Deo sibi missum, promittens ut hanc penitenciam consummaret. Tonsus ut fatuus ab heremita, ivit ad civitatem regiam; insequtus a pueris, ascendit aulam regiam, pugnat cum canibus, rapit ea que eis proiciuntur ab eorum dentibus; curiales proiciebant ossa et alia eis, ut viderent pugnam ejus et canum. Cum autem rex perpenderet quod aliter non vellet comedere nisi proiceretur canibus, multa eis proiciebat, ut ille quem fatuum credebat ea comederet. Nolebat jacere nisi cum canibus sub gradibus, ubi pernoctabat in fletu et oracione. Rex autem, multum ei compaciens, non sinebat eum molestari. Cum autem barbari irruerent contra regem, regnum vastando illud, et rex cum suis processisset ad prelium, et Robertus multum ei compateretur et oraret pro eo, apparuit ei angelus Domini, dicens ut se sequeretur, et acciperet arma sibi a Deo missa, et iret in adjutorium domini sui, et, habita victoria, reponeret arma unde ea sumeret. Duxit eum juxta fontem qui erat in fundo[1] regio, et ibi eum armavit armis albis cum cruce rubea, et imposuit super equum album. Ipse autem ad exercitum advolans penetravit, fugavit et prostravit hostes, et, habita victoria, rediit ubi prius erat, et arma cum equo deposuit ubi dixerat angelus. Hoc autem viderat unica regis filia, que erat muta, de fenestra camere sue ; cum autem rex redisset et quereret a suis quis esset miles ille cum armis albis qui sic fecerat, nec posset inveniri, filia muta ostendebat digito fatuum quem rex arguebat. Cum autem hostes redissent, resumpto majori exercitu, Robertus, admonitus ab eo angelo, fecit ut prius, regem et ejus exercitum liberans, et omnes hostes superavit. Cum autem hoc videret rex, precepit militibus suis ut eum caperent, si aliter non possent eum ad eum adducere, ut eum sublimaret et honoraret. Unus autem militum, cum vellet et non valeret eum capere, lanceam figens in crus ejus, eum vulneravit, et in vulnere ferrum lancee remansit. Ipse autem juxta fontem predictum arma deposuit, ferrum removit, abjecit, et mustum supra vulnus posuit ; quod videns, filia regis cucurrit et ferrum rapuit. Cum

1. Ms. *funto*.

autem rex diceret quod si ille miles, qui vicerat, veniret, filiam suam in conjugem ei daret, et heredem regni sui eum faceret, senescallus suus crus suum vulneravit et ferrum cujusdam lancee apportavit, de quo miles, licet hoc bene adverteret, qui Robertum vulneraverat, non audebat dicere non esse suum. Cum autem deberet ei puella desponsari, et ipsa signis quantum poterat reclamaret et fatuum ostendens senescallum abiceret, et eam pater verberaret et urgeret, aperuit Dominus os ejus, et patri retulit que viderat, et ferrum apportavit, quod miles recognovit et in hasta sua posuit. Divina autem revelacione advenit heremita qui Roberto penitenciam injunxerat, precipiens ut loquatur et veritatem pandat, quod vix fecit. Cum autem rex vellet ei filiam suam unigenitam dare et regnum suum resignare et illud ei dimittere, et homines patris sui, hoc audientes, eum repeterent ut eis dominaretur, noluit eos exaudire; sed cum dicto heremita, relictis omnibus, ivit et heremiticam duxit vitam[1].

[*Qualis debet esse penitencia.*]

169. Hic videndum est qualis debet esse penitencia et qualis non debet esse... Et notandum quod penitencia primo debet esse fidelis, ut in fide fiat, ut non sit penitencia infidelium, hereticorum aut aliquorum fidelium[2]. Heb. XI a : « Sine fide impossibile est placere Deo. » Unde audivi a fratribus quod, cum quidam heretici in terra Albigensium jactarent se

---

1. F^{os} 249, 249 v°.
2. Ms. *infidelium*.

coram suis credentibus de exteriori affliccione, affuit quidam joculator, qui dixit quod probaret roncinum suum meliorem ipsis, quia, si ipsi non comederent carnes, nec ipse, nec vinum biberet, nec eciam panem comederet; si male jacerent, et ipse pejus; sed hec omnia plus debebant proficere equo suo, et omnia alia dura et aspera, quam eis, quia ipsi non credebant, sed fidei articula discredebant: cum autem sine fide nil posset Deo placere, nil quod ipsi facerent Deo placere poterat, sed facta roncini sui Deo plus placere poterant, quia, etsi non credebat, tamen in nullo discredebat, et ita et in factis et in fide melioris condicionis erat eis[1].

170. Item audivi quod in dyocesi Cathalaunensi[2], versus Montem Hysmerum[3], fuit quedam vetula, Alberea nomine, manichea, que propter errorem suum non comedebat carnes, non ova, non caseum, et a multis secundum secte sue doctrinam abstinebat, non propter Deum: tamen tante fame erat, ut omnes incole ex hoc eam sanctissimam judicarent; que etiam, ad contegendum errorem suum, singulis diebus dominicis communicabat, nec tamen in corpus dominicum fidem aut devocionem habebat. Que, comprehensa et combusta, confessa est in jure omnia opera ista esse dyaboli et infecta et inficiencia animas; et ideo dicta penitencia

---

1. On sait que le pays des Albigeois était en même temps la terre classique des jongleurs, ordinairement plus favorables aux hérétiques; c'est ce qui rend cette singulière argumentation plus curieuse encore.
2. Ms. *Chathalanensi*.
3. Mont-Aimé; jadis Moymer, commune de Bergères-les-Vertus (Marne).

non solum ei non proficiebat, sed nocebat, juxta illud Apostoli, Rom. XIIII g : « Omne quod non est ex fide peccatum est. » Hoc audivi ab eis qui ante eam de hoc convicerant et hereticam judicaverant, et a filio suo, Theobaldo nomine, qui fuit hereticus manicheus et combustus apud Montem Hismerum, in sentencia que data est ibi [contra] plus quam LXXX hereticos manicheos, cui sentencie ego interfui et fere omnes episcopi Francie [1].

TITULUS SECUNDUS.

DE STATUS SUI CONSIDERACIONE ET COGNICIONE.

171. Sciendum autem quod, sicut donum sciencie hominem illuminat, ut quid sit penitencia, et quot et quanta bona facienti hec faciat, videat, similiter per

---

1. F^{os} 250, 250 v°. Cf. le n° 482, où l'auteur, rapportant le même fait, donne le chiffre de 180 hérétiques au lieu de 80. Une assemblée ecclésiastique aussi importante, constituant une sorte de concile national, devrait être plus connue. Cependant, comme l'observe Échard en reproduisant ce passage, elle n'est guère mentionnée que dans la chronique du moine Albéric, qui la rapporte à l'année 1239 (Étienne de Bourbon la place vers 1230), et qui parle de 183 bulgares ou *bougres* brûlés en présence du roi de Navarre, Thibaud IV, et des barons de Champagne « *apud Montrimert, qui ab antiquo mons Wedomari dicitur.* » Le même chroniqueur nomme ensuite divers prélats qui assistèrent, soit à l'interrogatoire et à l'examen de ces hérétiques, soit à leur supplice, au milieu d'une multitude qu'il ne craint pas d'évaluer au chiffre exagéré de sept cent mille hommes. (Albéric, éd. Pertz, XXIII, 944; *Script. ord. Prædicatorum*, I, 190. Cf. encore Philippe Mousket, éd. Reiffenberg, II, 666; et d'Arbois de Jubainville, *Hist. des comtes de Champagne*, IV, 297 et suiv.)

idem donum illustratur homo ut seipsum agnoscat, et statum suum diligenter consideret et attendat, et circumspiciat et videat undique mala multiplicia quibus undique circumvallatur, et de visis doleat et peniteat [1]...

TITULUS TERCIUS.

DE CONTRICIONE.

172. Tercius titulus est de contricione peccatorum, quam facit in homine donum sciencie. Post sui status consideracionem et cognicionem, est habere de malis suis agnitis contricionis dolorem... De contricione, quam facit in homine sciencia salutaris, agemus hoc modo : primo ostendemus quid hominem ad contricionem moveat ; secundo, qualis contricio penitencium esse debeat ; tercio ostendemus quod contricio ad multa homini valeat [2]...

De effectibus contricionis.

173. Primus est quod lavat et purgat... [Item] confortat. Mat. v a : « Beati qui lugent, quia consolabuntur. »... Audivi a quodam fratre, qui et scriptum se vidisse asserebat, quod quidam miles dives, juvenis, delicatus et litteratus incepit cogitare de vanitate mundi, et quomodo vix aut nunquam posset in statu

1. F° 251 v°.
2. F° 252 v°.

illo salvari, et quod beati erant pauperes, lugentes et tribulacionem pacientes. Volens peccata sua lugere et divinam consolacionem promereri per luctum, latenter recedens a patria sua, venit Constantinopolim. In ejus introitu invenit pauperem carbonarium, cui commutavit vestes suas bonas pro suis pravis; intrans, fecit se fatuum. De die a pueris fustigabatur, irridebatur et flagellabatur miserabiliter, nil eos ledens; de nocte, super fimarium jacens, invigilabat fletui et oracioni; de die redibat ad agonem et ludibrium puerorum. Cum autem duo filii imperatoris ibi litigarent, minor occidit majorem; qui, ad ultimum compunctus, ivit Romam. Cumque papa remisisset ad patriarcham suum, qui misit eum ad quemdam heremitam Egypcium, ille misit eum ad extremam partem solitudinis Egypciace, ad quemdam alium tanti meriti, quod crebras habebat divinas revelaciones et consolaciones, et singulis diebus panis celestis mittebatur ei. Cui cum revelatum esset de adventu ejus, precucurrit ad eum : tunc panis eis ab angelo duplicatus mittitur ; post refectionem mutuam, colloquia et oraciones, Deo revelante, mittit eum ad militem dictum, qui se fatuum fingebat, et docuit eum quid faceret, et quod dictum militem inveniret in tali fimario. Qui venit Constantinopolim latenter, et circa primum sompnum venit ad dictum fimarium. Videt quem querebat surgentem et euntem ad ecclesiam Sancte Sophie, et videt duos choros psallencium eum precedentes, aperientes ecclesiam et sedem ei ad orandum preparantes. Cum autem diu perseverasset in oracione et prope matutinas esset, surrexit, cum dictis choris regrediens, qui, firmantes ostia, celos ascendunt. Ille autem ad fimarium suum regreditur; quem dictus juvenis subsequitur, procidens ad pedes suos. Quem credens primo pueros, clamabat nondum esse diem; audiens autem quis esset et causas vie, et a quibus missus esset, et que viderat, consuluit ei quid ageret, injungens ei et per juramentum constringens eum ne cuiquam in vita sua factum suum revelaret. De consilio ejus, suo hospiti manifestavit quis esset; et cum multi, patre ejus mortuo, pro imperio litigarent, eo quod non inveniretur heres, imperium repetivit et obtinuit. Factus autem imperator, videns hominem Dei conspui, flagellari, etc., nec audens propter suum juramentum signa recognicionis exibere, uberrime eciam inter epulas flebat, vel eciam quando ei[1] illatas injurias audiebat. Quadam autem die, cum audisset bonum illum fatuum defunctum, prosiliit et ad funus currit, flens et patrem suum proclamans, revelando factum suum. Inventa est autem quedam carta in manu ejus, in qua erat scriptum quis et unde esset, et quare sic se abjecisset. Imperator autem, ex una parte funus portans, eum honorifice sepeliri fecit, et ipsum Dominus multa miraculorum gloria decoravit[2].

174. Vitam eternam [contricio] impetrat... Item audivi a quodam magistro, predicatore crucis cum magistro Jacobo de Vitriaco, quod quidam habuit filiam de uxore sua valde pulcram, quam, instigante dyabolo, illicito amore amavit et corrupit. Quem zelum mater per signa nimis evidencia advertit, et rem depre-

---

1. Ms. *sibi*.

2. F° 255. Une légende analogue a formé le sujet du *Dit des trois chanoines*, publié par Jubinal (*Contes*, I, 266).

hendit. Et cum pre confusione sua et filie stupens nollet factum propalare, filia, perpendens quod res esset matri cognita, consilio cujusdam vetule dedit matri venenum, de cujus haustu mortua est. Quod cum pater advertens horreret, et filiam dimitteret et refugeret, ipso eodem veneno quo mortem intulit matri, intulit et patri. Quibus sic occisis, diu desperata permansit, quousque a quodam predicatore crucis audivit quod omnia peccata que possent fieri nihil erant ad comparacionem misericordie Dei. Ad quem accedens, cum nec pre dolore confiteri valeret, tamen eam est consolatus; cui eciam ante cum aliis crucem dederat. Que ei, vix valens pre lacrimis, peccatum suum est confessa, indicans se dignam omni pena et confusione. Que eciam, statim ut ab eo recessit, cum quadam ancilla sua ad ecclesiam ivit, et ibi in oracione se prosternens et lacrimis laxans habenas, pre eorum inundacione et dolore prefocata, mortua inventa est. Cum autem ille qui confessionem ejus audierat in sermone ad populum faceret pro ea rogari [1], audivit vocem sibi dicentem quod pocius erat neccessarium quod ipsa oraret pro eo, que, in lacrimarum inundacione iterum baptizata, evolaverat ad celestem patriam sine omni pena purgatoria [2].

1. L'usage de demander aux fidèles, du haut de la chaire, des prières pour les défunts est également constaté dans le recueil d'exemples de Jacques de Vitry (Bibl. nat., ms. lat. 17509, f° 133).
2. F° 256.

TITULUS QUARTUS.

DE CONFESSIONE.

175. Quartus titulus est de peccatorum confessione, que fit quando anima, dono sciencie illuminata, cognoscens plagas cordis sui et infirmitates peccatorum periculosas, timens per has mortem eternam incurrere, currit ad medicum spiritualem, ostendens eas ei, ut per ejus consilium liberetur[1]... -

De incommodis que facit confessio dyabolo.

176. Debet nos ad confitendum monere hostium nostrorum multiplex incommodum et molestia quam consequuntur ex peccatorum nostrorum confessione... [Confessio] delet scripta dyaboli. Et nota quod, cum quidam clericus sanctissime viveret, ita quod ei dyabolus invideret, procuravit et laboravit temptando eundem quod in peccatum grave esset delapsus. Cum autem dyabolus vellet eum confundere, et, assumpta humana specie, eum coram suo episcopo accusasset, et assignata esset dies in qua que dicebat dyabolus debebat probare, afferens cartas suas coram judice, in quibus continebantur locus et tempus et persone quibus scientibus peccaverat, dictus clericus, videns se in arto positum, confessus est omnia, dolens et proponens non redire ad peccata. Cum autem essent coram judice, et dyabolus diceret se habere multa contra eum que

---

1. F° 257.

poterat probare per scripta et testes, revolvens scripta sua, invenit ibi omnia deleta, dicens : « Certe hodie erant omnia que habebam contra istum hic scripta ; sed nescio quis omnia hec delevit. » Et, hoc dicto, evanuit. Clericus autem in secreto confessionis omnia hec episcopo narravit.

177. Item dicitur de quodam sancto patre quod, cum aliquando esset occupatus in alico opere cum fratribus, et tradidisset oblivioni dicere nonam suo tempore propter occupacionem, vidit dyabolum transeuntem ante se et ferentem unum librum maximum ad modum rotuli super humerum suum, qui videbatur magnus ad modum turris; et adjuravit eum in nomine Domini ut dimitteret librum illum. Et cum revolveret librum, invenit in una pagina ejus scriptum quod ipse, illa die et hora qua debuerat, nonam non dicerat. Ipse autem statim prostratus pedibus socii sui, suam confessum est negligenciam ; et statim in rotulo dyaboli respiciens, invenit quod prius erat ibi scriptum deletum, et ex hoc novit virtutem confessionis.

178. Item dicitur quod, cum quedam vidua familiarissima esset cujusdam episcopi propter religionem que credebatur in ea, cum, instigante dyabolo, peccasset cum proprio filio et prolem inde habuisset, idem dyabolus, volens eam confundere et per hanc religiosas personas interminare, in humana specie venit ad episcopum, dicens quod eam probaret ipse, die assignata, pessimam meretricem. Cum autem accussasset eam, assignatur ei dies ad probandum dicta contra eam. Dyabolus, colligens et in scripto redigens acta ejus et omnes peccati ejus circumstancias, ad diem venit : illa autem, videns sibi diem instare, confessa est peccatum

suum ; dyabolus autem, ea veniente ad diem, aperiens cartas suas, invenit omnia que contra eam habebat deleta, insuper nec eam agnovit [1].

179. Item dicitur quod quidam sacrista cujusdam abbacie surrexit ut pulsaret ad matutinas, et vidit dyabolum portantem saccum plenum et librum in manu. Cum quereret dictus sacrista quis esset, [dixit] quod erat circator officinarum, qui faciebat monachos in dormitorio vigilare, in ecclesia dormire, in refectorio mala signa facere et micas dispergere, de quibus saccus quem ferebat erat plenus, ut dicebat, et liber quem ferebat de negligenciis fratrum [2] ; sed dicebat quod super omnia oderat capitulum, quia sepe in capitulo amittebat quicquid laboraverat, propter confessiones et accusaciones ibi factas et penitencias.

180. Item, cum duo fratres Predicatores oberrarent in montibus Hybernie, nec viam possent invenire, aspiciunt non longe homunculum quemdam, quem cum vocarent et eos fugeret, insequentes eum, attingunt eum in arta montana. A quo cum quererent de via et

1. Ces trois dernières anecdotes et leurs congénères paraissent issues de la vieille légende de Théophile, racontée bien des fois, notamment par Roswith et dans les *Miracles de Notre-Dame* (ms. 12593, f° 149); la dernière rappelle le *Dit de la bourgeoise de Rome*, édité par Jubinal (*Contes*, I, 79). On peut les rapprocher de la suivante, dont nous devons le récit à Jacques de Vitry : « Contigit in Francia quod quidam clericus, cum vellet peccata confiteri, ita copiose flebat coram sacerdote, quod non poterat loqui. Cui sacerdos ait : Fili, scribe peccata tua, et affer mihi. Cumque ille scripsisset et sacerdos legisset, ait : Volo habere consilium cum meo superiori. Aperta autem carta coram episcopo, nihil nisi cartam vacuam invenit, et, reversus ad clericum, ait : Confide, fili, dimissa sunt peccata tua tibi. » (Ms. 17509, f° 152.)

2. Cf. le n° 212.

vix sciret eis respondere, cum multum institissent ut eis diceret quis esset, ait, eis quod per triginta annos servierat demonibus, qui apparebant ei in diversis flagiciis, et eis fecerat homagium, ut eorum faceret voluntatem; et eorum ferebat in manu sua impressum sigillum, in quo erant scripte littere illius homagii, quod ostendit eis. Ipsi autem vix potuerunt ei suadere quod cum eis veniret usque ad villam. Cum autem in villam venissent, et quidam eorum predicaret de abhominacione peccatorum et de misericordia Dei quam faciebat confitentibus, ille homo coram omnibus factum suum dixit; cum autem cum lacrimis fuisset confessus fratri peccatum suum, invenit sigillum dyaboli a manu sua deletum. Cum autem post aliquantos dies confortatus et instructus rediret ad silvam solitam, ut inde aliqua que ibi habebat reportaret, obviavit illi demoni cui homagium fecerat, discurrenti per montes cum multitudine aliorum demonum, cum equis nigris et canibus, [et] querenti ab eo si viderat talem hominem, quem nuper amiserat, servum fugitivum. Et cum ad ultimum quereret ab eis si eum non agnoscerent, ipsi dicebant quod non; et cum ille assereret eis quod ipse esset ille quem querebant, respicientes in manu ejus et non invenientes suum sigillum, dicebant quod menciebatur, quia signum homagii non habebat; sed derisorem reputantes eum, ab eo recesserunt. Ipse autem letus ad fratres rediit, et cum eis remansit. Hoc retulit mihi quidam frater illius terre, qui venerat ad curiam domini pape apud Lugdunum [1].

1. F^{os} 259, 259, v°. Ces derniers mots désignent sans doute le concile général tenu à Lyon en 1245.

De multiplici confessionis effectu.

181. Primus effectus ejus est quia animam lavat et mundat... Audivi quod in quadam abbacia erat nidus ciconiarum : cum autem masculus recessisset de nido ad pastum, masculus alius, nidum intrans, commiscebatur cum ciconia ; que statim ad fontem ibi propinquum, antequam veniret ejus masculus, descendens, se ibi abluebat. Cum autem hoc frequenter fieret et monachi hoc perciperent, impedierunt eam ne se in fonte posset lavare, quousque masculus ejus venisset ; qui statim adulterum percipiens, ab ea recessit, et alias ciconias in maximam multitudinem congregavit, que in prato vicino, ibi spectantibus et mirantibus multis, ad invicem deriserunt, et illos duos qui quasi in adulterio se commiscuerant, postquam diu hinc inde cum rostris strepitassent, in medio positos, ad ultimum in eos irruentes, deplumaverunt et laceraverunt et occiderunt, quasi esset sentencia data contra eos[1].

182. Item audivi a magistro Nicholao de Flavigni, archiepiscopo Bisuntino, quod, cum quidam homo, qui dives fuerat, ad subitam et maximam devenisset inopiam, [et] desperans vagaretur, occurrit ei dyabolus in forma humana, dicens quod, si vellet ei servire, et si ei homagium faceret, eum divitem faceret. Cum autem hoc faceret et manum dexteram ad promittendum fedus ei, inter manus dyaboli poneret, ibi nigrefacta est quasi carbo, nec aliqua ablucione vel alio poterat dealbari. Cum autem diu dyabolo servivisset, ad cor rediens, ad confessionem, quam dyabolus ei

---

1. Vincent de Beauvair raconte le même trait comme un exemple de la piété conjugale des cigognes (*Spec. natur.*, liv. xvi, ch. 48).

inhibuerat, confugit : cum autem flendo confiteretur, manus illa nigra subito est dealbata et ad colorem pristinum revocata [1].

183. Item liberat a mortis cordis et anime periculo...; item liberat a periculo ignis...; item a periculo maris. Audivi a fratre Galtero de Leus [2] quod, cum quedam mulier, mare transiens, pulcritudine sua omnes qui erant in navi ita attraxisset, ut omnes qui erant ibi fere cum ea peccassent vel per actum aut consensum, et non evitaret patrem aut filium, sed indifferenter omnibus, licet occulte, se exponeret, facta in mari tempestate et navi periclitante, cepit clamare coram omnibus omnia peccata sua et confiteri ea, credens quod alii propter ea deberent periclitari. Tunc, aliis confitentibus, cessavit mare a furore suo. Facta tranquillitate, nullus potuit scire que esset illa mulier aut cognoscere eam [3].

184. Confessio contra justiciam Dei allegat et allegando instat, et sentencias ejus immutat, et summum judicem placat... Peccator debet in confessione allegare Dei misericordiam et benignitatem solitam ejus, Christi merita et passionem, et sanctorum merita, et Ecclesie afflictionem pro eo, et alia, ut Christum moveat et veniam optineat. Audivi quod, cum quidam miles confessus esset cuidam bono viro peccata sua, nec vellet cessare vel ea relinquere, optinuit confessor quod saltem, ex quo nolebat pacem plenam cum Domino facere, saltem daret ei treugam usque ad quindenam, et tunc rediret ad confessionem; quod cum fecisset,

---

1. F^{os} 259 v°, 260. V. le n° 178 et la note qui le concerne.
2. Ce religieux inconnu est déjà cité au n° 153.
3. F^o 260 v°.

magis invenit eum elongatum a voluntate mala, nec tamen proponebat adhuc omnino cessare. Tunc, ad instanciam confessoris, dedit Deo treugas unius mensis; post, in alio reditu, unius anni ; ad ultimum, virtute confessionis, pacem cum Domino fecit plenam, proponens firmiter abstinere [1].

185. [Confessio] sanat... Gregorius : « Contricio apostema pungit, confessio aperit et saniem eicit, satisfactio cathaplasma apponit. » Seneca : « In hiis morbis quibus affligimur, qui pejus se habet, minus sentit ; et premia sua narrare vigilantis est, et vicia sua confiteri sanitatis indicium est. »... Item audivi a fratribus [quod] apud Andegavensem urbem accidit quod quedam juvencula in festivis diebus, cum alii irent ad sermonem, alias socias convocabat ad choreas, et prope plateam ubi fiebat sermo ita alte cantabat, quod sermonem impediebat, nec correpta sepe desistere volebat. Cum autem semel hoc faceret, a demone arrepta fuit, et tot pustulis fuit percussa, quod tota inflata et infecta et corrupta videbatur. Cum autem amici sui ducerent eam per multos sanctos nec ei proficeret, habuerunt consilium quod eum adducerent ad domum fratrum, ad locum contra quem fecerat injuriam ; quod cum fecissent et fratres loci orarent pro ea, liberatur a demonis oppresione, sed non ab infectione illa, usquequo, suasa confiteri, confessa est. Et cum confessa fuisset nec inveniretur aliquod peccatum mortale, dictum fuit ei quod graviter peccaverat quando cantu suo verbum Dei impediebat ; quod cum fuisset humiliter et lacrimanter confessa, et promississet quod de cetero

1. F[os] 261, 261 v°.

choreas non duceret nec verbum Dei impediret, illico curata est [1].

[*Qualis debet esse confessio.*]

186. Hic videndum est qualis debet esse vera et salutaris confessio... Debet esse munda et recta, ut fiat recta interpretacione vel intencione, non pro lucro et favore... Timeant qui ad hoc confitentur solum, ne heretici suspicentur, vel ut boni reputentur, vel ne a solis sacerdotibus molestentur, vel qui in confessione sua se justificant, vel ne mali appareant, vel ut boni videantur. In dyocesi Remensi, cum quidam sacerdos, ut audivi, haberet quamdam parrochianam quam sciebat valde peccatricem, sed occultam, et ipsa esset coram eo se justificans, nec aliquod peccatum posset de ea extorquere, firmato cancello in quo erat, dixit quod Deus dederat ei maximas reliquias que non fuerant invente de aliqua muliere, matre Dei excepta, que non peccasset : cum autem pulsaret campanas et faceret parrochianos vocari, dicens quod eam repo-

1. F° 262. Sur les danses à la porte des églises et les sermons en plein air, voy. *La Chaire française au moyen âge*, p. 214, 413, et ci-après, n° 275. Les danses de cette époque étaient, en général, de simples rondes, dirigées par le chant d'un coryphée, comme on le voit ici et dans Jacques de Vitry : « Sicut vacca que alias precedit in collo campanam gerit, sic mulier que prima cantat [et] coream ducit, quasi campanam dyaboli ad collum habet ligatam... Chorea enim circulus est, cujus centrum est diabolus; et omnes vergunt in sinistram, quia omnes tendunt ad mortem eternam. Dum autem pes pede comprimitur vel manus mulieris manu viri tangitur, ignis dyaboli succenditur. » (Ms. 17509, f° 146.)

neret in capsa argentea, illa confusa multa peccata et enormia est confessa [1].

QUINTUS TITULUS.

DE SATISFACTIONE.

187. Nunc dicendum est de discreta peccatorum satisfactione; et quia sunt tria a quibus omne peccatum oritur, scilicet concupiscencia carnis, concupiscencia oculorum, superbia vite, ita tria sunt contra hec satisfactoria peccatorum : contra carnis concupiscenciam est carnis afflictio, vel ex duricia et asperitate lectorum..., vel ex asperitate, vilitate et parcitate ciborum et potuum et abstinencia eorum, sive per disciplinas, vigilias, jejunia, peregrinaciones et corporis alios labores, sive per studium et frequentes meditaciones, quia, ut dicitur in Ecc. xii g : « Frequens meditacio carnis est affliccio » ; item contra concupiscenciam oculorum est satisfactoria alieni restitucio et suorum largicio in pios usus; item contra superbiam vite est Deo satisfactoria humilis et devota oracio [2]...

De jejunio; quale debet esse.

188. Jejunium debet esse pium, discretum, sobrium et letum... Vulgariter dicitur quod *fames expellit lupum a nemore*, et jejunium discretum dyabolum ab

1. F° 264 v°.
2. F° 270 v°.

umbroso corde. Quod autem dyabolo placet indiscretum jejunium, patet per hoc, quia homo per id inutilis redditur ad pugnam. Unde dixit magister Jacobus de Vitri quod, cum quidam Templarius nimia abstinencia in pane et aqua se diu afflixisset, et neccessitas urgeret quod omnes irent et occurrerent Sarracenis, ita debilitatus fuit dictus frater per indiscretam abstinenciam, quod in primo impetu et conflictu cecidit. Quod cum vidisset quidam frater ejus, de equo descendens, cum periculo suo et labore eum a terra elevavit. Item elevatus a terra, iterum corruit, et idem frater miles cum eodem labore et periculo eum erexit, dicens : « Modo teneatis vos bene, domine Panis-et-aqua. » Cum autem tercio idem accidisset, et alius idem quod supra fecisset, ait : « Domine Panis-et-aqua, amodo teneatis vos bene, quia, si cecideritis, per me non elevabimini de cetero. » Qui ex hiis confusus, relictis singularibus suis, vixit communiter [1].

189. Et nota quod indiscreta abstinencia facit aliquando homines in religione impotentes et inutiles, quod sint sibi graves et onerosi et aliis, et quod non possint exequi officia sua ad que sunt vocati... Videns dyabolus, in principio ordinis Predicatorum, fratres nimis affligi paupertate et defectu cibi et sompni, cum multum affligeret eos, eciam corporaliter, [et] fratres statuissent ut in fine matutinarum cantarent *Te sanctum Dominum*, ut boni angeli quos invocabant malorum nocuitum reprimerent, clamavit dyabolus

---

1. Cf. le ms. de Jacques de Vitry (lat. 17509), f° 73. On sait que les Templiers ne gardèrent pas longtemps cette réputation d'excessive sobriété.

per os cujusdam fratris, quem propter indiscretam abstinenciam arripuerat, cum cantarent *Cherubin quoque ac Seraphin*, etc. : « O miseri! vos nescitis quid cantatis. Nescitis quam sublimes isti sunt, sed ego scio, qui de eorum consorcio cecidi; et cum non habeam carnem in qua possim facere penitenciam, non possum illuc ultra conscendere; sed certe, si tantum haberem de carne quantum est in pollice humano, tantum facerem in ea de penitencia, quod adhuc ad alciorem statum ascenderem. » Magister autem Jordanus[1], videns demonis fallaciam, monebat fratres contra indiscretam abstinenciam[2].

De effectu multiplici jejunii.

190. Nota quod jejunium saciat, Deum placat, sanat jejunantem...; sanitatem enim facit et conservat sobrietas... Item hoc ostendit natura animalium, que, gravata superfluitate cibi vel humoris mali, jejunant ut curentur, ut patet in cervo, serpente et aquila, que animalia jejunant ut deponent noxium humorem et infirmitatem senectutis pariter et noxii humoris, et accipiant sanitatem et vite novitatem. Item accipitres et aves venatice, que nimis avide et nimium sumpserunt cibum, jejunare compelluntur ut curentur. Item magister Jacobus de Vitri dicebat quod in Francia fuit quidam prelatus qui cotidie epulabatur splendide; et, deliciis affluens, erat languidus et miser, nec medicinis poterat reparari : qui, desperans de vita, intravit

---

1. Jourdain de Saxe, deuxième général des Frères Prêcheurs.
2. F° 271 v°.

ordinem Cisterciensem, ubi, assuescens parcimoniam vite et jejunia, convaluit, factus robustus in corpore. Cum autem hoc audiret archiepiscopus Remensis et non crederet, visitavit eum, et in abbacia comedens in refectorio, videns quod dictus monachus comedisset unum discum plenum de fabis, alium de oleribus, ait servienti : « Porta mihi illi monacho, qui, cum afflueret omnibus deliciis, erat languidus nec poterat comedere, ut, postquam istum comederit, crepet. » Et recessit archiepiscopus, edificatus quod condimentum monachorum sit fames [1].

191. Item audivi quod, cum quidam haberet canem parvulum et nobilem nutritum suis deliciis, languidum et miserum, cogitavit quomodo posset magnam pecuniam extorquere a quodam suo burgense divite et avaro, dicens : « Iste canis non dignatur comedere nisi regales cibos, et cum istis languet et moritur ; iste avarus dimittet eum mori fame, nec audebit ei dare assueta propter avariciam suam. » Cum autem commendasset ei canem dictum, ut eum servaret ei in periculo suorum bonorum eque bonum, ille inclusit eum in camera, ubi, cum diu flevisset et ejulasset diurno jejunio, fecit ei fieri pulmentum de furfure; quod primo olefaciens canis recedebat; post incepit lambere, post cum dolore gustare et horrore, post comedere; et sic paulatim assuescens, semel in die fortiter comedens, fortis et pinguis domino suo redditus est, super hoc plurimum admiranti [2].

1. Exemple répété plus loin avec de légères différences (n° 479).
2. F° 272 v°.

SEXTUS TITULUS.

DE PEREGRINACIONE.

192. Sextus titulus pertinens ad satisfactionem et ad carnis maceracionem est peregrinacio. Primo dicemus de hac in genere, qualis esse debet ut Deo et sanctis ejus placeat ; secundo, quare fieri debeat et quid ad peregrinandum hominem movere debeat; tercio, de diversis beneficiis que Deus peregrinis facit, precibus et meritis sanctorum ; quarto dicemus de peregrinacione transmarina, quare libenter sit facienda[1]...

Qualis debet esse peregrinacio.

193. Primo debet esse sobria, ne peregrini spolientur et jugulentur et irrideantur materialiter et spiritualiter. Vidi ego aliquam personam que multum laboraverat faciendo peregrinacionem transmarinam, et, cum inebriatus esset in quodam hospicio, castitate, quam diu servaverat, et pecunia, jacens cum quadam meretrice ancilla domus, spoliatur[2]...

194. Item debet esse leta (Psalm.: « Cantate mihi eciam

---

1. F° 274 v°.
2. Cf. l'exemple des pèlerins corrompus par Saladin au moyen du vin et des femmes (n° 481). Jacques de Vitry, qui avait longtemps séjourné en Orient, dit de son côté : « Multos quidem vidi peregrinos qui, fatigati ex itinere, usque ad ebrietatem bibebant... Multas in hospiciis invenietis meretrices et malas mulieres, que insidiantur incautis et male remunerant hospites suos, velut mus in pera, serpens in sinu. » (Ms. 17509, f° 101.)

justi », etc.), ut de Deo cantent, ut faciunt Theutonici, non de aliis vanitatibus et turpibus, ut qui exiverant de Babilonia Judei, qui loquebantur azotice. (Nee., ult.[1]) Azotus interpretatur incendium. Sunt similes hiis illi peregrini qui, cum loca sanctorum visitant, luxuriosas cantilenas cantant, per quas corda audiencium inflammant et succendunt ignem luxurie [2]; et aliquando succenduntur a Domino igne materiali vel gehennali, ut illi maxime sacrilegi qui corpora sanctorum christianorum in cimiteriis conculcant, ubi choreant in vigiliis sanctorum, et templa viva Dei igne luxurie inflammant, dum in festis et vigiliis sanctorum in templis conveniunt et choreas ducunt et Dei officium et sanctorum impediunt. Accidit in dyocesi Elnensi [3], quod, cum quidam predicator in terra illa predicasset et multum choreas inhibuisset fieri in ecclesiis et vigiliis sanctorum, cum in quadam parrochia quidam juvenes consuevissent venire et super equum ligneum ascendere, et larvati et parati choreas ducere, in vigilia festivitatis illius ecclesie, in ecclesia et per cimiterium [4], cum,

1. C'est-à-dire le second livre d'Esdras, attribué à Néhémie (XIII, 24).

2. Les chansons d'amour se mêlent encore aujourd'hui, dans certaines campagnes, aux veillées de Noël ou d'autres fêtes. Mais quels sont ces chants sacrés que l'auteur met dans la bouche des pèlerins allemands?

3. Elne en Roussillon, dont l'évêché fut transféré à Perpignan au XVIIe siècle.

4. Les danses devant les églises, et même dans leur enceinte ou dans celle des cimetières qui les entouraient, étaient encore très-répandues au XIIIe siècle, comme on peut le voir notamment par les n°s 185, 275, 461, etc. Mais cette coutume de célébrer la fête patronale par des déguisements et des danses équestres, sur des montures en bois, semble particulière au Roussillon : il serait curieux d'en retrouver la trace chez les montagnards de ce pays.

propter verba illius predicatoris et inhibicionem sui sacerdotis, dimissis choreis, vigilarent homines in ecclesia in oracione, venit quidam juvenis ad socium suum, invitans eum ad solitum ludum. Cum autem ille ludum respueret, dicens hoc esse inhibitum a dicto predicatore et sacerdote, armavit se alius, dicens quod maledictus esset qui propter eorum inhibiciones solitum ludum dimitteret. Cum autem in ecclesia, ubi agebant homines vigilias in pace et oracione, dictus juvenis in equo ligneo intraret, in ipso introitu ecclesie, ignis arripuit eum per pedes et combussit eum totum et equum suum. Nullus qui esset in ecclesia illa, nec consanguineus nec amicus, potuit aliquod apponere consilium quin combureretur ibi : unde tandem omnes, divino judicio perterriti, ecclesiam dimiserunt solam, confugientes ad domum sacerdotis; qui, cum surrexisset et ad ecclesiam venisset, invenit dictum juvenem jam fere exustum totum, de cujus corpore tanta exibat flamma, quod videbatur exire per fenestras pinnaculi ecclesie. Hoc in ipsa parrochia audivi, cito post hoc, ab ipso capellano et parentibus dicti juvenis et ab aliis parrochianis.

195. Item in eadem dyocesi, eodem tempore, accidit quod, cum ivissent multi ad cujusdam sancti vigilias et peregrinacionem, et contra consimilem inhibicionem quidam tota nocte choreas ducerent per cimiterium, cum in mane in quadam capella convenissent, in aurora, ad missam audiendam, cum sacerdos incepisset *Gloria in excelsis*, factum est tantum tonitruum et terre motus, quod visum fuit sacerdoti quod de genibus suis tangeret super altare. Nullus respondit ei; ipse, ut mihi dixit, credidit quod sensum

ibi amisisset, nisi columba alba ante eum alas expandens eum confortasset. Fulgur, intrans ecclesiam, illos qui duces et capita in chorea illa fuerant, alios fetore occidit, aliorum brachia, aliorum crura fregit, alios aliter diversimode afflixit. Hec duo exempla audivi temporibus et locis quo acciderunt, a multis qui interfuerunt, eciam juratis [1].

196. [Peregrinacio] eciam debet esse munda a crimine, ne fiat in mortali peccato, vel ut in ea homo abstineat a peccato, maxime mortali. In miraculis beati Jacobi legitur quod facta in mortali non valet ad eternum salutem. Refert Calixtus papa [2] quod XXX Lotharingici sibi ad invicem promiserunt quod, faciendo peregrinacionem beati Jacobi, unus alium non dimitteret nec ei deficeret, et de hoc sibi fidem dederunt. Cum autem unus eorum infirmaretur et alii per XV dietas eum deportassent, quas potuissent complere in V dies, tedio affecti, infirmum, cui fidem dederant, dimiserunt. Unus autem [3], qui noluerat se astringere juramento, pietate motus, solus remansit cum infirmo. Cum autem de voluntate infirmi eum deportaret, cum venissent ad pedem cujusdam montis dicti Sancti Michaelis [4],

1. F° 274 v°. Cf. le n° 462.
2. C'est-à-dire l'auteur du *Livre des miracles de S. Jacques*, attribué à tort au pape Calixte II, et composé peut-être par Jean, abbé de Bonneval. (V. *Hist. litt.*, X, 532.) Vincent de Beauvais a reproduit ce récit du faux Calixte, qui est placé, dans son histoire, à la date de 1080 et tiré, suivant lui, d'Hubert *Sibuntinus* ou *Bisuntinus*. (*Spec. histor.*, liv. XXVI, ch. 32.) Étienne a fait au même recueil plusieurs autres emprunts, que j'ai négligé de transcrire, parce que Vincent de Beauvais a inséré presque entièrement cet ouvrage dans le sien.
3. Ms. *Ille autem*.
4. Ce mont Saint-Michel était situé à quelque distance d'une

cum, ingravescente infirmitate, super montem eum deduxisset, nocte adveniente, socius infirmus mortuus est. Cum autem ille qui cum eo remanserat hoc videret, et timeret tam noctis horrorem quam mortui, et barbariem gentis terre et feritatem, nesciens quid ageret, transtulit se ad oracionem et lacrimarum effusionem. Tunc advenit beatus Jacobus in forma peregrini, eques veniens, et quesivit ab illo causas fletus. Cum autem ille ei dixisset, precepit ei beatus Jacobus quod traderet ei corpus defuncti et quod retro eum ascenderet super equum suum ; quod cum fecisset, deportavit eos in spacio subsequentis noctis per XII dietas, usque ad Montem Gaudii, quod erat prope Sanctum Jacobum per dimidiam leucam : ibi de equo suo dimisit eos, precipiens quod ex parte sancti Jacobi diceret canonicis ejus quod venirent ad defunctum sepeliendum, et quod diceret sociis suis, quos in civitate que dicitur Legio[1] inveniret, quod de fide fracta peniterent, quia nil valebat eorum peregrinacio sic facta; et, hoc facto, disparuit sanctus. Ille quod preceperat fecit; socii autem, eo audito, ab episcopo dicte urbis, ubi eos invenit, penitenciam de fracta fide acceperunt[2].

De peregrinacione transmarina; quare sit facienda libenter.

197. Ultimo videndum est, quia sepe ad hoc oportet homines exhortari, quare specialiter transmarina

ville appelée par le faux Calixte *Porta Clausa* (Vincent de Beauvais, *ibid.*).

1. Léon, capitale de l'ancien royaume de ce nom.
2. F° 275 v°.

peregrinacio pre ceteris libenter sit facienda... Primo ergo nos debet movere ad transmarinam peregrinacionem libenter faciendam exhortacio scripturarum. Ysa. II a, Mic. IV a : « Venite, ascendite ad montem Domini et ad domum Dei Jacob, » etc. Secundo, natura, id est naturalis instigacio racionis, vel eciam naturalis rerum proprietas aut qualitas...; unusquisque enim naturaliter diligit locum sue originis, ut dicit quidam :

« Nescio qua natale solum dulcedine cunctos
Ducit, et immemores non sinit esse sui[1]. »

Cum ergo a terra illa traximus originem carnalem et spiritualem, carnalem quia pater omnium Adam in ea creatus est, scilicet in agro Damasceno, et in ea sepultus est et alii patriarche, item spiritualem quia in ea pater noster Christus et mater nostra beata Virgo nati fuerunt, in ea vixerunt, et mortui et sepulti in ea fuerunt, quia eciam in ea patres nostri apostoli nati et nutriti fuerunt, et mater nostra Ecclesia in hac habuit originem, corda nostra ad eam visitandam debent tendere... Item nostra est hereditas jure successionis, si sumus Dei et beate Virginis et Ecclesie veri filii; item jure empcionis et adquisicionis, quia [Christus] emit eam sanguine suo nobis, et per pugnam Romanorum expellendo de ea populum Judeorum, et introducendo populum christianorum. Jerem. LI : « Confusi sumus..., quia venerunt alieni super sanctificacionem domus Domini », etc. Contra divites qui non curant de injuria Christi, audivi hoc exemplum vel parabolam. Quidam rex habuit nobilissimam et munitissimam civitatem in monte in qua regnabat, que nullum hostem timebat;

1. Ovide, *Epistol. ex Ponto*, I, III, 35.

et habebat duos filios, majorem quorum heredem et regni sui successorem facere proponebat. Cum autem haberet eciam multam terram in planicie et inhabitarent eam duo ejus filii, major et primogenitus, ab irruentibus Sarracenis captus et incarceratus, artissime compeditus est. Pater autem, hoc audiens, ad inferiores regiones descendens, congregato exercitu, non sine multis laboribus et preliis et gravibus vulneribus hostes impugnans, fregit carcerem, filium de vinculis liberavit, et ei maximam pecuniam et magnam partem terre inferioris donavit. Accidit autem quod, collecto exercitu, Sarraceni maximam partem inferioris terre vastaverunt, occupaverunt, et habitatores illius occiderunt, et adhuc majora et plura ei auferre nitebantur. Pater autem, hoc videns, mandavit filio per litteras quod cum posse suo veniret, et ei subveniret; cum autem videret quod dictus filius non veniret, sed pocius ditatus nuncios et litteras contempneret, et filium minorem, qui se pro viribus parabat ut in patris adjutorium veniret, licet pauper nondum haberet multos redditus, irrideret, misit ei iteratas litteras hoc continentes et nuncios qui hoc dicerent : « Fili, rogo te ut, motus naturali pietate, venias vindicaturus paternam injuriam; quod si hoc non moveat te, ante suscepta beneficia moveant te, et que propter te sustinui vulnera; quod si nec te moveant multa stipendia, sumptus et arma que ego tibi exhibeo, moveat eciam te hereditas amissa, que tua est; ad ultimum moveat te regni principalis corona, quam a me expectas. » Cum autem ista non moverent filium supradictum, sed pocius contempneret et irrideret et fratrem minorem et patris adjutorem, pater, victor existens de hostibus, convocata baronum suorum curia, communi judicio non solum illum ingratum et contumacem filium exheredavit bonis suis, que ei competebant, sed eciam, ablatis omnibus que habebat, eum cepit et in carcerem perpetuum detrusit. Sic faciet pater celestis majoribus et divitibus hujus mundi, quos a carcere inferni et a manu dyaboli redemit suo sanguine..., qui non solum non crucesignantur, sed minores se cruce signantes irrident[1], nolentes patris injuriam vindicare, dum in fine, convocato consilio baronum suorum, in judicio suo eos exheredabit..., immo eciam minores heredes sibi constituet, et divites in perpetuum carcerem ingratos detrudet[2].

SEPTIMUS TITULUS.

DE ORACIONE.

198. Septimus titulus pertinens ad penitenciam est oracio, que est satisfactoria maxime contra superbiam vite, que se contra Deum elevat; hec autem tanquam

---

1. Ms. *irriderent*. Ces mots indiquent clairement le déclin de la grande idée des croisades, au moins dans les hautes classes de la société. Pour avoir un aperçu plus complet des considérations par lesquelles les prédicateurs entraînaient les peuples vers la Palestine, il faut consulter les sermons spéciaux de Jacques de Vitry (ms. lat. 17509, f°s 94 et suiv.) et deux traités d'Humbert de Romans, l'un *De predicatione crucis*, ms. à la bibliothèque de Vienne, l'autre *De eruditione Predicatorum*, publié dans la *Max. Bibl. Patrum*, t. XXV.

2. F[os] 278, 279 v°.

superiori se ei humiliat, quem humilis exorat, cum tanquam a domino et potenti subvenire quod desiderat postulat[1]...

De hiis que monent nos ad orandum.

199. Debent nos movere ad orandum sanctorum exempla, qui fuerunt ita assidui in oracione, quod non sufficiebat eis dies, nisi et in oracionibus pernoctarent... Item de beato Dominico audivi a quodam fratre quod, cum ipse per maximam partem noctis pernoctasset apud Bononiam in oracione, tunc ascendebat super quasdam caulas vimineas que erant juxta lectum dicti fratris. Cum autem audiret gemitus crebros ejus et rugitus, et nunquam ita tarde intraret lectum quod eum ibi inveniret, nec ita cito surgeret, tunc quesivit a quodam alio fratre quid poterat hoc esse ; qui dicebat ei quod erat beatus Dominicus, qui ibi, cum esset prope matutinas, veniebat ad aliquantulum pausandum[2]...

200. Item honorabile est officium. Qui orat, cum Deo loquitur : magnus honor est loqui cum aliquo magno principe frequenter, majus cum rege, multo forcius cum rege regum... Audivi quod, cum quidam trotarius[3] servivisset diu regi Francorum Philippo, et videret quod illi magni, qui habebant accessum ad regem et frequenter loquebantur familiariter ad aurem, ab aliis honorarentur, et multum serviretur eis ab aliis,

---

1. F° 282 v°.
2. Ces pieuses habitudes de S. Dominique sont confirmées par un chapitre du supplément de sa vie, publié par Échard (I, 40).
3. Courrier.

ait regi dictus cursor : « Domine, multo tempore servivi vobis, nec recepi a vobis aliquod premium; rogo autem vos quod remuneretis me de uno quod nil constabit vobis. » Cum rex concessisset, ait : « Peto ut, diebus quando eritis in curia vestra, coram multis, audiatis me usquequo ego unum *Pater noster* dixero vobis in secreto ad aurem. » Quod cum fieret, inceperunt audientes mirari quod ita familiariter singulis diebus loqueretur regi, et ceperunt eum honorare et multa ei dare et peticiones suas ei portare[1].

Qualis oracio esse debeat.

201. Debet esse vigilans, non sompnolenta, ut oracio apostolorum in Passione, cum inimicus eos expetere non cessaret; ideo Dominus frequenter excitabat eos et incitabat ad oracionem... Audivi quod, in quodam prioratu monachorum, cum diu vigilassent monachi majores in potacionibus et confabulacionibus, pulsantes ad matutinas, eas incipiebant, et cito post dormire in psalmodia incipiebant, et quosdam pueros eam dicere angariabant. Cum autem unus eorum videret quod omnes obdormissent, innuit sociis quod tacerent. Cum autem aliquandiu siluissent et lusissent, unus eorum cum magno sonitu et voce incepit clamare : « Benedicamus Domino. » Monachi autem illi, expergefacti et stupefacti, inceperunt clamare cum aliis : « Deo Gracias »; et quilibet dormiencium credidit quod alii cum pueris dixissent, et credentes se dictas dixisse matutinas, ad lectos suos venerunt. Sic dyabolus multis furatur per

---

1. F[os] 283, 283 v°. Le dernier trait a été attribué à divers personnages.

somnolenciam fructum oracionis, ita ut nec « Deo gracias » dicant, ita quod per totam noctem silent, in viciis et deliciis absorti.

202. Audivi quod vetula habebat gallum qui optime horas noctis distinguebat, et circa primum sompnum alte cantabat, et sic vetulam excitabat, quod post non poterat quiescere; que cogitans quomodo contra hoc remedium apponeret, accipiebat eum et immergebat in aqua, et sic gallus non audebat in hora cantare, sed tardius alia hora cantavit. Item et dicta vetula eum immersit, et sic similiter fecit in aliis horis usque ad diem, ita quod gallus non cantabat usque ad diem[1].

203. Debet esse attenta [oracio]... Item audivi quod quidam bonus homo, ut posset liberius vacare oracioni et predicacioni, omnibus abrenunciavit, uno asino retento, per quem portaretur per parrochias ubi predicare deberet. Cum autem esset in aliqua parrochia, aut meditans, aut orans, aut predicans, aut celebrans, cum deberet cogitare et attendere in hiis que faciebat, occurrebat ei cogitacio de asino suo, quem foris reliquerat, vel ne ei furaretur, vel ne a lupo voraretur, et hujusmodi. Videns hoc quod vix posset revocare cor suum ad hoc, coram omnibus licenciavit asinum suum, dicens quod magis volebat asinum suum amittere quam cor suum, similiter et oracionem.

204. Item magister Jacobus dicebat quod quidam clericus conquerebatur de hoc quod non posset diu cor suum retinere in oracione coram aliis. Cum autem alius, hoc audiens, jactaret se quod bene ibi cor suum tenebat, dixit ei alius quod daret ei equum suum si ita con-

1. F° 285 v°.

tinue teneret ibi cor suum, quod non cogitaret alibi usquequo dixisset unum *Pater noster*, et econtra, si non faceret, daret ei ipse suum. Cum autem huic condicioni consensissent, et alius juraret se dicturum veritatem, cum requireretur post de ea dicenda per juramentum, recognovit quod, in fine *Pater noster*, cepit gaudere de hoc quod equum lucrabatur et cogitare utrum sella esset de pactione; et ita pro modico gaudio amisit sellam et equum suum et alterius.

205. Item dicebat quidam quod cor humanum erat quasi avis venatica que, cum tenetur in manu, audito modico sonitu, nititur advolare; sed tenens quibusdam vinculis que tenet in manu eam revocat super manum, et, cum transit per locum ubi est strepitus, carnes rubras tenet ei ante oculos ad rostrum, ut attentus milvo non attendat ad strepitum[1]. Sic cor in oracione ut avis avolare nititur ad strepitum temptacionum. Debet autem homo illud revocare vinculis timoris et amoris Dei, et carnes Christi cruentas ante oculos ejus ponere, et in refectione earum cor detinere et occupare. Item audivi quod, cum quidam rusticus super asinum veniret ad forum, tres latrones condixerunt quod furarentur ei asinum; duo quorum, cum essent in pressura homini, in verbis eum posuerunt, et, multa ei proponentes, ita attentum eum reddiderunt, quod dimisit a manu capistrum ire. Duo autem discingulaverunt asinum, et rusticum in sella deferebant; tercius ei asinum subtraxit per capistrum. Cum autem longe esset ab eo, duo qui eum portabant dimiserunt rusticum in densum lutum.

---

1. Le procédé employé pour rappeler ou retenir les oiseaux de chasse est déjà indiqué plus haut (n° 92).

Sic, cum homo convenit ad orandum et emendum per oracionem bona spiritualia et eterna, cogitaciones carnales et sordide quasi ponunt eum in verbis ex una parte; mundus suggerit terrenas et curiosas et vanas ex alia parte; cum hiis attendit anima, et dimittit ire capistrum regiminis racionis. Dyabolus cor rapit fatuum, ut asinum fur, et homo miser, dimissa oracione, cadit in alia parva desideria et immundas affectiones[1].

206. Debet esse devota, ut thymiama boni odoris, sicut virgula fumi ex aromatibus, etc... Item audivi quod vetula quedam erat que, ad angelum majoris ecclesie in oracione prostrata, perseverabat tota die, [et] cum maxima devocione *Pater noster* et *Ave, Maria* et *Credo* inculcans iterabat, liquescens tota lacrimis. Episcopus autem illius ecclesie, illuc respiciens, videbat columbam descendentem de celo et ejus lacrimas haurientem; quod cum pluries vidisset, accessit inquirens ab ea quid oraret. Quo audito, ait : « O quam felix esses, si scires psalterium et sepe diceres ! » Qui fecit psalterium eam addiscere, quod dedit ei. Cum autem illud diceret, episcopus non videbat aut lacrimas aut columbam. Abstulit ei psalterium, precipiens quod rediret ad consuetas oraciones; quod cum fecisset, redierunt et lacrime et devocio, et columba, ut solebat, visa est descendere et lacrimas haurire[2].

207. Item debet esse oracio perseverans... Augustinus : « Quando Dominus tardius dat, dona non negat, sed commodat; diu enim desiderata dulcius optinen-

---

1. F° 286. Ce conte a été employé par l'auteur de *Don Quichotte*.
2. F° 287.

tur »... Audivi quod quidam magnus princeps habuit falconem optimum, quem voluit regi Francie dare; sed cogitans quod parum appreciaretur donum illud si statim daret, cum equitaret in comitatu ejus, projecit ad aves, et cepit avem maximam, et sera die et tria coram rege. Habuit eciam aliquos familiares, qui, cum hoc quod rex videbat, mirabiliter dictum falconem regi commendabant; unde rex magis desiderabat avem habere. Qui misit ei alicos occulte, qui suaderent ei quod dictam avem regi daret vel venderet; iste autem respondebat quod nullo modo ei daret vel venderet. Tunc rex ad illam habendam magis exarsit, ita quod eam ab eo petivit, volens ei dare pro ea magnam terram. Ille autem magis ac magis dictam avem commendabat, dicens quod nullo modo vellet ea carere; cum autem rex magis instaret, ad ultimum dedit ei. Cum autem rex quereret quare tantum distulerat donum, respondit ut illud carius haberet et melius custodiret et graciosius ei esset[1].

De diversis effectibus oracionis.

208. Primus effectus oracionis est quod hominem liberat a multiplici periculo... Oracio pascit et potat. Item audivi et, ut credo, in vita sancti Hugonis legi quod, cum quidam locus datus esset quibusdam monachis Cluniacensibus Parisius, quos miserat ibi sanctus Hugo, qui modo dicitur Sanctus Martinus de Campis et est prioratus ditissimus, et cum essent paucissimi monachi nec invenirent ibi unde vivere possent, qui-

---

1. F° 288.

dam eorum redierunt apud Cluniacum, rogantes ut ipsi et alii, tanquam non valentes invenire neccessaria in loco dicto, apud Cluniacum revocarentur : quibus sanctus vir respondit quod ideo non inveniebant neccessaria in loco dicto, quia pauci erant nec clamabant fortiter ad eum, orando et laudando, qui dat jumentis escam ipsorum, etc.[1] Ipse sanctus adjunxit[2] eis plures, injungens quod forcius clamarent ad Dominum, et maxime de nocte, laudando et orando ; quod cum advenientes facerent, contigit quod, cum de nocte rex Francie per locum transiret et audiret eos fortiter cantantes, admiratus loci novitatem et laudis vel laudum Dei altitudinem, quesivit cujusmodi essent homines ; et audiens eorum novam missionem et factum sancti, quomodo et quare miserat plures, motus ad pietatem, assignavit eis plures redditus, unde viverent et Deum semper laudarent cum pluribus aliis monachis[3].

209. Item audivi, et in legenda nova legitur, de oracione beati Dominici [et] pane misso, quod, cum beatus Dominicus esset in conventu fratrum, nec haberent panem quem servitoribus fratribus preponerent, sanctus dictus, in Domino confisus, sedit ad mensam vacuam et fecit fratres sedere. Cum autem videret mensam a pane omnino vacuam, inclinavit caput ad oracionem ;

---

1. Psaume 146, verset 9.
2. Ms. *injunxit*.
3. L'ancienne abbaye de Saint-Martin-des-Champs fut donnée à l'ordre de Cluny par le roi Philippe Ier en 1079. (V. Lebeuf, I, 305.) C'est évidemment de ce prince et de sa fondation qu'il s'agit ici ; mais le fait rapporté ne se trouve pas dans les vies de S. Hugues reproduites par les Bollandistes, au 29 avril.

quo orante, intraverunt per refectorium homines speciosissimi, apportantes cophinos plenos panum candidissimorum, quibus depositis, inclinantes recesserunt[1].

210. Item audivi a quadam muliere paupere et devota quod, cum ipsa incubuisset ad oracionem fere usque ad sextam, nec haberet panem in domo sua nec unde posset emere, cum haberet perdicere aliqua consueta, cogitavit quod pocius volebat comestione carere quam non perdicere oraciones assuetas; cumque ab oracione caput elevaret, invenit ad caput suum panem albissimum, quem, postquam non posset invenire quis eum ibi posuisset, accepit et comedit cum graciarum actione[2].

211. Transfert [oracio] saxa et montes. Job XIII e : « Mons cadens defluit et saxum transfertur de loco suo. »... Item, anno Domini M°CC°XLIX°, accidit in comitatu Sabaudie quod quidam clericus dicti comitis, dictus Jacobus Benevais[3], videns in declivo montis quemdam prioratum habundantissimum; situm prope villam suam, que vocatur Chambarriacus[4], nobile scilicet castrum dicti comitis, cujus erat prior quidam bonus homo, ibi cum aliquibus sociis regulariter et devote Deo ibi serviens; cogitans quomodo posset dictos canonicos et priorem inde expellere et dictum prioratum obtinere, cum esset advocatus et consiliarius dicti comitis, fo-

---

1. Ce miracle est raconté dans la vie du saint par l'évêque d'Orviéto (Échard, I, 31). On voit à Bologne, dans l'église de Santa-Maria de Mascarella, une inscription qui le rappelle.
2. F^{os} 288 v°, 290.
3. Bonivard, secrétaire du duc de Savoie Thomas II.
4. Chambéry.

ventis partem Frederici contra papam et Ecclesiam, cujus etiam fidelitati commiserat dictus prior, cum ivisset Parisius ad scolas, custodiendum sub annuo censu quamdiu esset Parisius; venit apud Lugdunum, ubi tunc erat curia[1], [et] tantum procuravit apud papam, promittens ipse quod dominum suum revocaret ab auxilio Frederici ad pape vocem faciendam, [quod] optinuit dictum prioratum. Cum autem, expulso dicto priore et canonicis ejus, venisset dictum prioratum possidere cum multis amicis suis et faceret inde magnum festum, in ipsa nocte, circa partem primam noctis, audiente Deo[2] voces et gemitus injuste expulsorum et oppressorum, mons quidam, durans in latum et longum per spacium leuce, translatus de loco suo, cecidit supra dictum prioratum, opprimens et atterens circa XVI villas et multas parrochias cum habitantibus suis, que erant per latum et longum circa spacium unius leuce; ibi dictus clericus cum suis et prioratu subito attritus est, et brevem habuit loci possessionem[3].

1. Innocent IV séjourna, en effet, à Lyon durant six ans et demi, de 1245 à 1251.
2. Ms. *audiens Deus*.
3. F° 291 v°. Ce passage prouve à quel point notre auteur est véridique lorsqu'il laisse de côté l'apologue ou la légende pour se renfermer dans le récit des événements de son temps. La chute du mont Grenier, en Savoie, arrivée le 24 novembre 1248, suivant les chroniqueurs (et Étienne de Bourbon, en recueillant ses souvenirs, s'écarte à peine de cette date précise), est un des épisodes les plus notoires et les plus authentiques de l'histoire de ce pays. Le nom de Jacques Bonivard, clerc du duc Thomas II, n'est pas plus défiguré que cent autres noms reproduits par la plume des écrivains de l'époque. Non-seulement le rôle qu'il joua dans cette catastrophe n'est ni inventé ni altéré; mais les détails fournis par le narrateur ajoutent à ce que l'on savait d'autre part une

De psalmodia.

212. Potest autem vocalis oracio multipliciter dividi... Nona species [est] psalmodiacio, cum decantacione psalmorum. Debet autem fieri attente, distincte, devote, integre et subcincte... Contra illos qui inattente et indevote et indistincte psallunt, vel qui psalmorum detruncant versus, a suo intellectu eviscerant, dictiones sincopant, litteras oblitterant et oblictant, qui non intelligibiliter, sed congregatim quasi milvi clamant alter ad alterum, ad hoc facit exemplum magistri Jacobi, dicentis quod cuidam sancto viro apparuit dyabolus portans saccum plenum, et, adjuratus quid ferret, dixit quod veniebat de quadam ecclesia secularium, ubi collegerat illum plenum saccum de sillabis et dictionibus detruncatis a psalmodiis, de quibus eos

---

lumière nouvelle, et à tout le moins le témoignage d'un contemporain : Étienne écrivait quinze ou seize ans seulement après l'événement ; il avait pu en voir lui-même le théâtre, ayant traversé les Alpes pour se rendre en Piémont. Le mont Grenier détruisit dans sa chute la petite ville de Saint-André et seize hameaux, dont les restes sont encore ensevelis sous une masse informe de terre et de rochers, appelée communément *Diluvium Granerii* ou *les Abîmes de Myans*. On est arrivé, au moyen d'un pouillé du XIIe siècle, à reconstituer les noms et la consistance de la plupart des localités anéanties par cet effroyable éboulement (la montagne, malgré la chute de sa cime, dépasse encore de plus de 1600 mètres le niveau de la plaine voisine) : mais on ne saura jamais l'étendue du désastre qu'après que des fouilles persévérantes auront été pratiquées dans cette moderne Pompéi. (Voy., à ce sujet, un mémoire intéressant de M. l'abbé Trepier, dans le bulletin du Congrès scientifique de France, tenu à Chambéry en 1863, p. 589.)

in judicio accusaret[1]. Item ad idem, audivi quod frater Gaufridus de Blevez[2] referebat quod in dyocesi Senonensi, cum quidam sacerdos mortuus deberet sepeliri, evocatus a morte surrexit, et, inter ea que dicebat terribilia se vidisse, ait quod occurrerat ei infinita multitudo sacerdotum et clericorum incredibiliter afflictorum et oppressorum sub maximis sarcinis quas portabant; et dictum est ei querenti quod portabant sillabas et dictiones et ea que omiserant dicere distincte de psalmis, pro quo gravissime punirentur[3].

213. Item contra tales audivi quod, [cum] quidam pauper scolaris veniret de Parisius et juvaret in quadam parrochia quemdam sacerdotem celebrare, cum prediceret horas, ita corumpebat dictus sacerdos versus, quod nullum intellectum posset ibi capere dictus scolaris, nisi sonum : tunc incepit ipse clamare, conformans illud quod audierat clamari Parisius a quodam artifice clamante artificium suum, ut faciunt reparatores vestium veterum ac querentes veteres sotulares aut oblearii[4], et credidit sacerdos quod clericus bene

---

1. Cf. Jacques de Vitry, ms. cité, f° 20.

2. Cf. le n° 46.

3. Répété plus loin (n° 104), dans le ms. lat. 15971 de la Bibl. nat. (f° 53), et reproduit par M. Hauréau dans les *Mémoires de l'Institut* (t. XXVIII, 2ᵉ part., p. 250). Un exemple analogue, tiré par Th. Wright de manuscrits anglais et du recueil de Bromyard (tit. *Ordo clericalis*), nous montre les sacs en question portés par un diable appelé *Tityvillus,* nom imitatif qui sent le bredouillement. (*Latin Stories,* n° 46.)

4. Cf. les *Crieries de Paris* de Guillaume de Villeneuve, dans les *Proverbes et dictons populaires* publiés par Crapelet (p. 137) : On y trouve et les marchands d'habits et les marchands

dixisset totum, quia parum intellexerat ipse clericum ut clericus eum, non attendens nisi ad vocis sonum [1].

[*De laudacione Dei.*]

214. Decima species oracionis est [2] Dei laus vel Dei collaudacio... Laudendus est autem Deus propter se, propter bonitatis ejus generalitatem; in ipso enim sunt omnia bona generaliter, propter que dicitur totus laudabilis. Audivi quod, cum quidam domina pulcritudine speciosa, a multis impetita, multos amore pernicioso adamasset, et multi eam, quidam joculator per hanc viam eam ad amorem Dei convertit. Sollicitabat eam quod amorem suum poneret in quemdam magnum maxime pulcritudinis, probitatis, largitatis, curialitatis, etc. Cum autem illa diceret quod ipsa habuisset tot impetitores et habuisset amatores tam magnos et divites et probos, cum ille intulisset quod ille pro quo rogabat omnes gracias aliorum excedebat, illa tandem consenciente quod, si talem eum probaret, amorem suum ei daret, intulit : « Nullus nobilior, divicior, curialior Virginis filio, in quo sunt omnes gracie sine defectu. » Cum ergo ostendisset ei eorum quos ipsa dilexerat defectum et Christi complementum graciarum omnium, movit eam ad contemptum vanitatis et amorem veritatis [3].

215. Laudandus est Deus propter laudancium uni-

---

d'oublies (*chaudes oublées renforcées*). Cette anecdote a été également reproduite par M. Hauréau (*Mémoires de l'Institut, loc. cit.*).

1. F^{os} 296, 296 v°.
2. Ms. *oracionis potest*.
3. F^o 296 v°.

versitatem... Omnis enim [creatura] suis actibus et qualitatibus et disposicionibus et virtutibus suum laudat creatorem. Laudant astra radiis pro linguis; laudant herbe, flores et arbores foliis suis quasi linguis; laudant aves eciam parvule... Dicit magister Jacobus quod quidam comes Pictavensis intravit ordinem Cisterciensem [1]; factus conversus et memor actuum suorum, rogavit causa humilitatis quod poneretur ad custodiam gallinarum. Satisfactum est instancie sue, ut haberet ibi occupacionem. Qui cepit attendere et mirari quam sollicite ova foverent et pullos, et quomodo pulli statim sequerentur matrem et pascerentur ab ea; et dicebat quod nunquam sic in mundo fuerat delectatus sicut hoc admirando. Postea optinuit ut fieret pastor ovium, et mirabiliter delectabatur in innocencia agni, et quomodo agnus, quam cito natus erat, agnoscebat balatum matris et currebat post eam. Post optinens ut fieret custos porcorum, mirabatur quomodo porcelli statim nati currebant ad ubera materna, quilibet ad suum, secundum diem nativitatis sue, ita quod primus ad primum et alii secundum ordinem quo nati erant; quomodo currebant, et quomodo ludebant cum matre. Et reversus ad claustrum, non cessabat admirari et laudare in creaturis creatorem [2].

[1]. Deux comtes de Poitiers, Guillaume I et Guillaume II, son fils, se firent religieux sur la fin de leur vie, mais à Saint-Cyprien de Poitiers et à Saint-Maixent, et non à Citeaux (*Art de vérif. les dates,* X, 94, 96). La tradition recueillie par Jacques de Vitry peut se rapporter à l'un de ces deux personnages, quoique le nom du monastère soit changé, et plutôt au second qu'au premier, car celui-ci mourut presque aussitôt après son entrée en religion, en 963.

[2]. F° 297.

De graciarum actione.

216. Undecima species oracionis est graciarum actio, de qua videndum est quare debeamus Deo gracias agere. Grati esse debemus pro absolucione a vinculis peccatorum...; item de hoc quod a veneno et serpente infernali nos liberavit per graciam. Audivi quod, cum quidam miles, vadens per silvam, inveniret leonem pugnantem cum maximo serpente, qui jam leonem per collum circumligaverat et eum veneno suo occidere laborabat, miles autem cogitans de nobilitate leonina et malicia serpentina, extracto ense, caput serpentis amputavit. Leo autem videns militem sequtus est quasi domesticum animal, et pro eo, ut dicitur, liberando multa prelia gessit contra ejus hostes.

Item de alio audivi quod, [cum] ab alio liberaretur a sentibus, eum eciam a morte liberavit, qui ei a pede aliqua extraxerat...

Item ab alio audivi quod, cum quidam eum liberasset a serpente et sequeretur eum, ut redderet ei beneficium, cum ille intrasset mare cum navi, leo insequtus est eum per mare, usquequo submersus est leo dictus[1].

---

1. Fos 298, 299. De ces trois légendes relatives aux lions, la première figure dans le roman du *Chevalier au lion*, mis en vers par Chrestien de Troyes (vers 3335 et suiv.), et dans les *Fleurs des chroniques* de Bernard Gui, qui, dans le chapitre consacré à la première croisade, attribue le fait à un chevalier limousin nommé Gouffier des Tours; la seconde est l'histoire bien connue du lion d'Androclès; la troisième semble n'être qu'une variante de la première.

OCTAVUS TITULUS.

DE PERSEVERANCIA.

217. Quoniam perseverancia debet esse penitencie finis et complementum, utpote sine qua non habet penitencia sui laboris laudem aut premium debitum, immo sine hac inutilis est..., ideo, in fine de Penitencia, de perseverancia agemus.[1]...

[De effectibus perseverancie.]

218. Notandum est quod perseverancia bonum in nobis multiplex efficit, si eam tenuerimus... Multa bona impetrat, victoriam, graciam et gloriam et sanitatem, illuminacionem, liberacionem.... Item impetrat sanctorum reliquias. Audivi quod, cum quidam Rothomagensis monachus cum multo labore et periculo venisset ad montem Synai[2], perseveravit per septem annos in servicio beate Katerine, cui devotus erat. Cum autem in fine rogaret instantissime virginem cui servierat quod aliquid [daret] de corpore suo, quod ibi est inclusum ab angelis in lapide quasi cristallino, vidit erumpere de manu virginis unum articulum digitorum, quod recessit in vase apposito ad quoddam parvum foramen quod est in sepulcro, per quod liquor recipitur qui de membris ejus manat, et gaudens detulit ad locum suum et abbaciam[3].

---

1. F° 300 v°.
2. Au couvent de Sainte-Catherine, fondé par Justinien sur le sommet le plus élevé du Sinaï.
3. Une portion des reliques de sainte Catherine fut, en effet,

219. Non solum autem patet maxima virtus perseverancie quia eam Deus ut singularem filiam summe diligit, et quia eam servanti summe proficit, sed eciam eo quod ipsa dyabolo summe displicet et angelis bonis summe placet... Quod bonis angelis maxime placeat perseverancie virtus, patet ex hoc quod animas in fine visitant et quod perseverantibus assistunt, et eorum animas quasi sponsas egressas de thalamo suscipiunt et ad eternum sponsum perducunt, quod, cum agemus de morte bonorum, proponimus monstrare. Item patet, quia perseveranciam hominibus consulunt et suggerunt... Audivi a priore suo de quodam fratre, quem ego novi, quod, [cum] dives esset in seculo scansor[1], intravit ordinem Predicatorum, receptus ibi in conventu suo. Cum autem intrasset ibi, cepit cogitare et temptari multum de exitu ordinis, et [quod] melius salvaret animam in alio ordine, ubi reciperetur in clericum et fieret sacerdos et cantaret missam suam, cum ipse haberet bonum instrumentum cantandi [2]. Cum aliquando ante lectum suum ad oracionem se prostravisset, incepit temptari, et aperuit Deus oculos, et vidit ante se unum parvum Ethyopem teterrimum ad sinistram suam, omnem temptacionem suam et raciones multas ei replicantem, et ad exitum ordinis eum monentem instantissime; postea ad dexteram suam vidit angelum pulcherrimum, ei contrarium suggerentem et raciones demonis repellentem, et ostendentem quod eciam ipsa abhominacio et contemptibilitas persone deberet reddere consilium ejus

apportée à Rouen dans le cours du xie siècle, mais par un moine du Sinaï, appelé Siméon. (V. Surius, 25 novembre.)

1. Pour *campsor*, changeur, banquier.
2. C'est-à-dire une belle voix.

contemptibile. Multas eciam raciones ostendebat ei, per quas demonstrabat ei quod deberet suus status placere ei. Quibus auditis, recedente visione, in suo statu roboratus permansit, et, completis in eo pluribus annis, in multa humilitate, et, devocione Deo serviens, dies suos in eo fine commendabili complevit [1].

---

[1]. F⁰ˢ 302 v°, 303 v°. On peut rapprocher le fond de ce récit du vieil apologue d'Hercule entre le vice et la vertu, raconté par Xénophon (*Memorabilia,* liv. II, ch. 1).

QUARTA PARS.

DE FORTITUDINE.

220. Quarta pars hujus operis est de hiis que pertinent ad donum fortitudinis..., per que et quomodo donum fortitudinis hominem roborat et munit contra malum culpe, ut viriliter et expedite et faciliter resistat insultibus viciorum que diversimode hominem impugnant...

Hujus autem quarte partis, que major est quam aliqua aliarum, sunt xiii tituli : primus est de diversis temptacionibus et temptatoribus et repugnaculis eorum; secundus, de diversis cogitacionibus ; tercius, de peccato lingue, et de silencio bono et ejus virtute; quartus est de peccato actionis, et corrupcionibus et viciis quinque sensuum, et cautela et custodia eorum ; quintus est de malo exemplo, et bono per contrarium ; sextus est de consuetudine mala et bona; septimus est de primo principalium viciorum, scilicet de superbia et de ejus speciebus quamplurimis; octavus est de invidia et ejus speciebus pluribus; nonus est de ira et de ejus speciebus plurimis; decimus est de accidia et ejus speciebus pluribus; undecimus est de avaricia et pluribus ejus speciebus ; duodecimus est de luxuria et ejus speciebus pluribus ; tredecimus et ultimus est de gula et pluribus ejus speciebus. De fortitudine autem et constancia et paciencia que est fortiter ferre mala culpe, hic in parte ista quarta agere dimittemus sub dono fortitudinis, propter nimiam hujus partis extensionem ; sed agemus de hoc, si Deus dederit, in quinta parte sub dono consilii, sub quo agemus de quatuor cardinalibus virtutibus[1]...

PRIMUS TITULUS.

DE TEMPTACIONE.

221. Primus ergo titulus, de temptacione, dividitur in sex partes : primo dicemus de diversis temptatoribus in diversis temptacionibus temptantibus ; secundo, de diversis demonum qualitatibus, secundum quas diversimode temptant ; tercio, de diversis eorum temptacionibus et progressu earum ; quarto, de hiis que dant occasionem temptacionibus et demonibus ut temptent ; quinto, de hiis per que fortitudo repugnat et vincit temptaciones ; sexto, de multiplici temptacionum utilitate. Notandum autem quod hominem octo temptant, que per hos versus notantur :

Temptant ipse Deus, bonus et malus, ut phariseus,
Spiritus immundus, mala mens, sensus, caro, mundus[2].

1. F° 303 v°.
2. F° 304.

De temptacione carnis.

222. Notandum quod quatuor modis temptat caro : primo, timore humano, adversa nimis timendo et horrendo, quia suadet ut illo timore hoc contra salutem anime faciat, vel que sunt ad salutem omittat, ne adversa incurrat. Contra hoc debet homo inferni supplicia sibi opponere vel graviora sibi intemptare, ut libenter sustineat minus dura. Fui ego in quadam villa ubi, cum quidam ribaldus vestes suas lusisset in hyeme, cum temptaret eum caro ne domum exiret, ut sibi victum adquireret, et molestiam frigoris sustineret, ipse, ut ubi audivi, sub quodam molendino currebat, et aquam que inde cadebat in gelu super carnem nudam recipiebat; et hoc faciebat ut, senciens majus frigus, caro non abhorreret minus [1].

223. Item audivi quod, cum quidam frater Minor temptaretur in hyeme propter frigus ab ordine recedere, quadam nocte, habitu relicto, nudus projecit se in magnum cumulum nivis, volutans se ibi. Cum autem caro afflicta fuisset ibi, quesivit ipse : « O domina caro, acciperetis vos modo et amodo unam tunicam pacienter? » Cum carnalis voluptas respondisset diu quod sic, resumpto habitu, de illa temptacione postea in pace remansit [2].

224. Temptat [caro] ex eo quod, oppressa[3] vel afflicta penitencia vel tribulacione, ad murmur et impacienciam spiritum provocare laborat et contra recla-

---

1. Cet exemple est répété plus loin (n° 514).
2. F° 304 v°.
3. Ms. *quod eo oppressa.*

mat... Item audivi quod, cum quidam Lothoringicus iret ad forum, emit quamdam anguillam. Cum autem quiesceret, juxta fluvium rediens, videt dictam anguillam, in sacco in quo posuerat eam, afflictam; voluit eam recreare, et, tenens eam manibus, misit in aqua, stringens eam ne evaderet; [et] dicebat: «Bibe, pulcra, bibe.» Illa, subito resumptis in aqua viribus, ab ejus manibus est elapsa. Sic caro afflicta per penitenciam, dum ei nimis compatitur, dum in delicias immergitur, cito in peccatum elabitur.

225. Item fabulose dicitur quod, cum homo per desertum iret, invenit serpentem frigore afflictum, jacentem quasi mortuum; quem compassus cum in sinu suo foveret, calefactus circumvolvit eum, resumptis viribus, eum intoxicans. Qui, cum eum argueret de ingratitudine, respondit : « Tu scis quod natura mea est quod non noceo nisi calefactus, et tunc venenum effundere neccesse habeo; non inculpes me si naturam meam feci, sed tibi imputa, qui me calefecisti et fovisti[1]. »

[*De temptacione dyaboli.*]

226. Item graviter et occulte temptat [dyabolus] de fide subtiliter vel de spiritu blasphemie, de quo temptat frequenter, cum alia ei deficiunt, pias mentes, et, ut eas in desperacionem inducat, maxime simplices, vel ut a bono eas impediat. Vidi aliquem pium et reli-

---

1. F° 305. Cette fable du villageois et du serpent a été de tout temps une des plus populaires. On la retrouve notamment dans Ésope (fab. 170), dans Phèdre (IV, 18), dans Romulus (I, 10), et dans Lafontaine (VI, 13). Cf. Jacques de Vitry, ms. 17509, f° 115.

giosum et probum clericum in noviciatu suo temptatum, primo utrum mundus aliquid esset nisi sompnium aliquod, utrum ipse animam haberet, et utrum eciam Deus esset; et de hoc ad mortem dolebat, et fere pro hoc ad desperacionem induxisset eum [dyabolus] vel ad sui occisionem, nisi saniori consilio credidisset, dicenti sibi quod, ex quo illa cogitacio dyaboli pocius quam sua non placebat ei, sed pocius ei omnino displicebat, pocius erat ei martyrium quam culpa, sicut infra dicemus de cogitacione blasphemosa.

227. Item, cum ego in quadam civitate essem contra hereticos et inquirerem de mandato apostolico, quedam nobilis mulier, sancta et innocens, accessit ad me, dicens quod offerebat se ad comburendum, tanquam heretica deterior omnibus qui pro infidelitate comburebantur, ut cogitans pessima de articulis [fidei] et sacramentis; et hoc cum fletu maximo asserebat. Cum autem ego quererem si illis cogitacionibus ipsa adquiesceret, ut ita crederet ut ei dicebant, vel si placerent ei, respondit quod magis vellet esse mortua et quod vellet bene comburi, ut ab illis liberaretur. Cum diceretur ei quod eas contempneret et alibi cor suum transferret, consolacionem recipiens, liberata est ab eis [1].

228. Item leviter et manifeste temptat [dyabolus], quando in aliquas visibiles similitudines se transfigurat hominum et animalium, ut viros sanctos ad aliquas levitates provocet, si non potest ad alia... Cum, in principio domus Fratrum Predicatorum Parisius[2], fieret ibi puteus in claustro, et post completorium fratres intrassent dor-

---

1. F^{os} 305 v°, 306. On voit par ce passage que le rôle de l'inquisiteur n'était pas toujours la rigueur.
2. Le couvent de Saint-Jacques de Paris.

mitorium, visum fuit subpriori domus quod videret quemdam fratrem remansisse juxta puteum : ivit illuc, faciens ei signum quod intraret domum ; ille noluit, sed videbatur eum subterfugere; quasi si vellet recedere a domo. Cum autem ille sequeretur eum, ut videret quis esset, cum diu fuisset eum sequtus per refectorii circuitum, quod tunc fiebat, et veniret dictus subprior prope ostium, fecit saltum quemdam, ut eum precedentem apprehenderet; passus lubricum cecidit, et demon, qui erat in similitudine fratris mutatus, evanuit ante eum, dicens : « Hoc querebam quod te errare et circuire facerem. » [Hoc audivi] per dictum subpriorem, qui vocabatur frater Guillelmus Limovicensis [1]...

229. Quia astutus est et sagax, multiformis, multas habet formas et modos decipiendi, unde temptat multipliciter. Cum sit venator et piscator hominum, multa habet artificia, per que homines diversos diversimode capit... Audivi a fratre Jordano, ordinis Predicatorum [2], quod, cum divino judicio quidam frater arreptus esset, et quereret a demone, adjurando eum, quomodo vocaretur, respondit quod *Mille artifex*, quia mille modos et artes habebat homines seducendi. « Et ut scias, ait, quod verum dico, ego sum qui decipio magnos theologos, decretistas et legistas, physicos, barones, milites, prepositos, mercatores. » Et incepit singulorum verba, gestus et modos et officia ei representare, usque ad domicellas dominarum, que serviunt in cameris earum; blandiendo eis et adulando et molliter loquendo [3].

---

1. Échard ne fait point mention de ce religieux.
2. Jourdain de Saxe.
3. F° 306 v°.

230. Item fallax est, non solum proferendo mendacia et falsa testimonia, immo eciam intendendo decipere factis falsis, aliquando transfigurans se in similitudinem Christi et apostolorum et angelorum et aliorum sanctorum et bonorum, ut sic menciendo illos incautos seducat... Item aliquos indiscretos per hujusmodi illusiones decipit. Item audivi in quadam civitate quamdam mulierem sic seductam, que eciam mihi demonstrata hoc verum esse quod dicam recognovit; et erat cui satis fides super hoc adhiberi poterat. Incepit ipsa aliquando apud se cogitare quod esset munda mulier, et talis que esset digna quod Dominus daret ei visibiles consolaciones; et cum aliquando esset sola in camera sua, de hoc cogitans, visus est fulgor maximus in cameram suam intrare, et cum eo quidam rex pulcherrimus, constipatus multitudine duodecim pulcherrimorum hominum, dicens ipsi horrenti quod non timeret, quia ipse erat Jhesus Christus, cum discipulis suis veniens ad ipsam consolandam. Cui cum multa blanda dixisset et multa ei promisisset si in ejus amore perseveraret, et ipsa hoc ei se facturam promitteret, recessit promittens quod eam sepe visitaret. Similiter in sequenti nocte venit ad eam solus, sollicitans eam ad amplexus et fedam commixtionem; qua consenciente, fecit eam jurare quod non revelaret alicui familiaritatem suam, plurima promittens. Tercia nocte, in minus speciosa forma et habitu venit; post in forma militis, post clerici, post rustici, post monachi, post goliardi. Cum autem, videns se deceptam, confugisset ad confessionem, veniens ad eam sequenti nocte, fere insanire videbatur, comminans ei, [et] non poterat eam opprimere vel extinguere,

ut volebat. Quocienscunque peccabat venialiter, gravius magis ad eam accedebat et magis eam tenebat; quando autem confessa erat et communionem recipiebat, quod erat ei singulare remedium et consolacio, tunc dyabolus a longe stabat, nec accedere poterat, nec turbare, usquequo in alico excessisset. Hoc apud Lugdunum factum est, et hoc ipsa retulit mihi coram fratre Romeo[1], quondam ibi priore Fratrum Predicatorum, circa annum Domini M° CC° XX° III°[2].

231. Item vidi ego hominem in religione novicium qui multum erat sollicitus, de nocte invigilans et rogans, cum alii dormirent, Deum et beatam Virginem quod revelarent ei de matre sua defuncta, in quo statu esset, credens quod dignus esset quod fieret ei revelacio de hoc, eo quod in lecto suo, aliis dormientibus, hora dormicionis vigilaret. Aliquando, cum fere sic vigilasset usque ad matutinas, apparuit ei dyabolus sub specie beate Virginis, ostendens quasi matrem suam quasi sub pallio suo, dicens eam ejus precibus liberatam. Item cum secunda nocte similiter usque ad dictam horam vigilasset, apparuit ei in minus decenti similitudine, et ad ultimum, feda relinquens vestigia, eum ad turpia provocabat; et ad tantam devenit ex hoc vigilanciam et capitis debilitatem, quod, nisi esset ei discretorum consilio subventum, graviter periclitari potuisset in anima et corpore[3].

232. Horribilis est et terribilis, et ideo temptat terribiliter et horribiliter : ejus enim apparicio semper

---

1. V. ci-dessus, n°ˢ 27 et 127.
2. F° 307 v°.
3. F° 308.

est cum horrore. In hoc differunt divina et angelica apparicio et dyabolica, quia divina et angelica semper relinquit consolacionem et leticiam internam, dyabolica autem horrorem... Audivi a fratre magistro[1] quod in conventu Fratrum Predicatorum apud Montem-Pessulanum accidit quod quidam frater conversus subito horribiliter et fortiter adeo clamavit, ut propter horrorem vocis ejus fratres territi occurrerent; et pulsantes eum invenerunt frigidum et rigidum et pallidum et horribilem visu, nec ab eo poterant extorquere nisi clamorem horribilem. Cum autem, fratribus orantibus, cessasset clamare et reversus esset in pristinum statum, adjuravit eum prior suus ut ei diceret quid viderat vel habuerat. Respondit quod demonem videbat ita deformem et horribilem, quod fere ex ejus visione moriebatur; et cum de qualitate ejus quereret dictus prior, ait : « Hoc vobis sufficiat, quod preelegissem in furnum ardentem intrare quam eum inspicere[2]. »

233. Ludificat autem dyabolus tripliciter homines : temptat scilicet [per] vim imaginativam vel fantasticam, ut videantur hominibus res exteriores in aliarum rerum species transmutate, vel ipsi homines videantur sibi ipsis in aliarum rerum speciem transmutati; sicut audivi quod quidam incantator sic adjurabat demones, quod ipsi imprimebant in fantasia hominum quod videbatur eis quod unus gallus, qui filo trahebat festucam, traheret maximam trabem cum magnis funibus, et quod, cum incantator modicam ligaturam feni divi-

---

1. Probablement Humbert de Romans, maître-général des Frères Prêcheurs à l'époque où l'auteur écrivait. Cf. le n° 261.
2. F° 308 v°.

deret per plures particulas, videretur aspicientibus quod divideret equum suum per frusta et cum eis mitteret frusta dicta, per hospicia eis receptis; postea recedente illusione, nil inveniebant nisi modicas ligaturas feni[1].

SECUNDUS TITULUS.

DE PECCATO COGITACIONIS.

234. Secundus titulus hujus quarte partis est de peccato cogitacionis. Prima parte dictum est de peccato in communi vel in genere, quare sit timendum et cavendum : hic ergo primo agemus de cogitacione mala, cui resistendum est fortiter. Notandum quod tria sunt genera cogitacionum : quedam enim sunt utiles et fructuose, quedam volatiles et ociose, quedam viciose[2]...

TITULUS TERCIUS.

DE PECCATO LINGUE.

235. Hic de peccato lingue dicendum est in genere, non descendendo ad ejus species, de quibus post agemus sub viciis sub quibus continetur, et de silencio

1. F^{os} 309 v°, 310.
2. F° 315.

sibi opposito. Peccatum autem lingue est valde periculosum, et cavendum est maxime propter ista[1]...

De nocumentis que facit loquenti lingua.

236. Cavendum est hoc vicium propter multiplex nocumentum quod facit primo ipsi loquenti... Facit hominem odiosum... Sic mulier linguata homini quieto gravissima est ad sustinendum. Audivi a fratre G[aufrido] de Bleves[2], quod, cum quidam in mari haberet uxorem suam secum linguatam et ideo gravem ad tollerandum, cum, imminente tempestate, clamatum esset a nautis quod graviora navi proicerentur, ille exhibuit uxorem, dicens quod in tota navi non esset gravius aliquid lingua ejus. Hoc est enim causa quare viri exosas habent uxores suas et male tractant eas, hoc scilicet quia malas habent linguas.

237. Audivi quod, cum quedam juvencula requireret consilium a quadam vetula, que dicebatur divinatrix, quid facere posset unde pacem viri sui haberet et amorem, et unde erat quod ita male eam tractabat, ei dixit[3] vetula quod summo mane surgeret ante diem et intraret vicinum vetule ortum, ita quod non loqueretur eundo vel redeundo, et, cum ibi veniret, genua flecteret versus Orientem, et ter *Pater noster* diceret, et ab herba que vocatur *averone* quereret ter quid faceret, quia vir suus eam male tractaret, et ab herba audiret quid eam facere oporteret; quod illa fecit, sed vetula eam prevenit et sub herba latuit. Cum autem

1. F° 316.
2. Cf. n° 46.
3. Ms. *cui dixit*.

quereret hoc quod instructa fuerat, ad trinam questionem juvencule respondit vetula ter, primo in bassa voce, postea inaltando vocem : « Tace et pacem habe ; redeundo non loquaris. » Cum autem vetula quereret quid audisset et illa referret, ait : « Vere, filia, bene dictum est tibi ; si tacueris deinde, [et,] viro redeunte et litigante, linguam tenueris, pacem cum eo habebis. »

238. Item alia, ut audivi a fratre quodam, consimilis misit aliam pro casu consimili post venatores principis, dicens quod docerent eam lepores quos insequuntur canes quomodo pacem et amorem viri sui haberet ; si interrogaret inde eos. Ipsa autem cum videret lepores fugientes nec verba ejus curantes, reversa ad vetulam, conquerebatur se illusam. Cui vetula ait : « In veritate, ait vetula, lepus optime docuit te, etsi non verbo, tamen exemplo ; sicut enim lepus non rebellando aut de verbis curando, sed fugiendo et declinando canes evadebat, ita et tu potes. » Item alius docuit aliam digitum superponere ori suo [1].

De malis que facit mala lingua proximo.

239. Lingue autem vicium non solum nocet ei qui male loquitur, sed proximo multa mala infert... De hiis magister Jacobus multa dixit exempla, maxime contra litigatores et aliorum inflammatores ad iram. Cum quedam mulier litigiosa frequenter litigaret contra quemdam bonum virum, et ipse quasi cani latranti tergum ei verteret et nil ei responderet, requisitus ab alio quare ei non responderet, respondit quod nescie-

---

1. F^{os} 316 v°, 317.

bat litigare. Ait ille : « Si vis ut quiescat, quere aliam litigiosam et conducas eam, que litiget pro te. » Et docuit eum quamdam que optime sciebat litigare. Cum autem eam rogaret ut, accepto bono precio, litigaret pro eo contra talem, quia audierat quod hoc facere noverat, ipsa, fortiter indignata, incepit cum eo litigare et vituperare eum fortiter, dicens quod aliam quereret, quia ipsa non erat talis. Cum autem ille diceret : « Benedictus Deus, quia inveni quod querebam », tunc illa acrius et turpius vituperabat et se magis excusabat. Tunc ille : « Non queram ego aliam, quia meliorem te ad hoc non invenirem, que hoc melius sciat facere et velit et possit. »

240. Item, cum quedam, ut audivi, litigaret cum quadam bona muliere, nec posset eam sedare, cum diu coram vicinia illa tota auscultasset, ad ultimum dixit : « Nisi tacueritis, ego de vobis dicam coram omnibus tale verbum quod nunquam de vobis dictum fuit. » Cum autem illa instaret quod diceret illud, quia de eo mentiretur, ait : « O domina, proba mulier, loquamini. » At illa confusa, adhuc vituperando aliam, recessit.

241. Item audivi quod alia, cum alia coram vicinia litigaret cum illa implacabiliter, expandit ei pallium suum, dicens, sicut audiverat in sermonibus : « Domina, ista vituperia vestra et litigia sunt mihi valde neccessaria, quasi preciosum aurum et lapides, ad mea debita, quibus multum affligor, [solvenda], et coronam eternam mihi fabricandam; proiciatis ergo satis de his in hoc pallio[1]. » Dicit enim Dominus

---

1. Cf. le n° 381.

(Mat. v b) : « Beati eritis cum maledicerent, » etc.

242. Item de alia magister Jacobus dixit quod, cum litigaret sepe cum viro, vocabat eum pediculosum. Ille autem[1] aliquando commotus, cum nec sepe de hoc correcta et verberata vellet se corrigere, sed coram vicinis eum confunderet, projecit eam in alveo rivi cujusdam, eam conculcans et suffocans. Cum autem non posset loqui verbo, elevabat manus, et quasi atterens pediculos de manibus faciebat[2].

243. Item de alia assueta litigare et viro semper contradicere, cum transiret cum viro suo per pratum, dicebat vir quod erat falcatum : uxor incepit econtra dicere quod non, immo erat attonsum. Ex his sumpta occasione, processit vir de verbis ad verbera, adeo quod linguam ei amputavit. Cum autem non posset loqui, digitis ostendebat sibi quasi forcipibus tonderet[3]. Ideo dicitur Eccli. xxv d : « Commorari leoni vel draconi magis placet quam cum muliere venenosa. »

244. Item idem Jacobus refert de alia quod, cum vir suus invitaret vicinos suos, ipsa semper viro suo litigabat, et confundebat eum et turbabat, et alios similiter. Cum autem vicinos suos vir ejus semel invitasset, paravit eis mensam juxta alveum fluminis quod juxta ortum suum fluebat. Ipsa autem contra id quod vir suus rogabat eam semper facere erat assueta. Cum au-

---

1. Ms. *Cum autem.*
2. Ce trait se trouve dans les *Facéties* du Pogge (I, 68) et dans les exemples publiés par Thomas Wright (*Latin Stories*, n° 8).
3. C'est le sujet d'une fable de Marie de France, du fabliau intitulé le *Pré tondu*, et de quelques autres contes. (V. Méon, *Nouveau recueil*, I, 289; *Hist. litt.*, XXIII, 191; Th. Wright, *Latin Stories*, n° 9.)

tem vir suus sederet cum vicinis ex opposita parte fluminis, rogabat eam quod ex illa parte sederet : illa autem, assumpta sella, sedit ad oppositam partem ; et cum vir suus eam rogaret ut ei appropinquaret, magis se elongabat, usquequo in fluvium caderet. Cum autem eam fluvius raperet quo currebat, vir ejus ascendebat ad oppositam partem quasi querens eam ; cum autem super hoc argueretur a vicinis, dicentibus quod pocius inferius deberet eam querere, respondit : « Scitis quia contrarium fecit hujus quod debuit et ad contrariam partem tetendit semper [1]. »

1. Fos 317 vo, 318. Pour ce dernier exemple, Cf. Marie de France (fabl. 96), Le Pogge (*Facéties*, I, 69), Lafontaine (*Fables*, III, 16). Ces traits plaisants sur les femmes querelleuses ne se trouvent qu'en partie dans le recueil du maître cité par Étienne (ms. lat. 17509, fos 136 et suiv.). En revanche, notre auteur a négligé d'emprunter à Jacques de Vitry sa jolie variante de l'histoire du *Médecin malgré lui*, dont voici le texte : « De quadam alia muliere audivi quod semper contradicebat marito suo. Cum autem maritus et ipsa venirent de foro, lepus quidam transivit coram ipsis, et, cum capere vellent, evasit. Tunc maritus ait : Quam pulcher et pinguis est lepus iste ! Si cepissemus eum, comederemus frixum cum cepis et sagimine. Uxor autem respondit : Libentius comedo cum pipere. Imo, ait vir ejus, melior est quando cum brodio et sagimine paratur. Non est, ait uxor. Cum autem mulier nullo modo vellet acquiescere marito, ille, iratus valde, fortiter ipsam verberavit. At illa cepit studere et cogitare quomodo posset se de marito suo vindicare; et audivit quod rex valde infirmaretur. Que, accedens ad regis servientes, ait : Habeo maritum qui optimus est medicus ; sed celat et abscondit sapienciam suam, nec nunquam vult aliquem juvare nisi timore et verberibus inductus. Cum autem homo ille adductus esset ad regem, ceperunt eum multum rogare ut curam regi adhiberet et mederetur ejus infirmitati. Illo autem renuente et dicente : Non sum medicus, tandem servi regis nunciaverunt ei verba uxoris; unde rex precepit eum fortiter verberari. Et cum nec sic induci posset, iterum et iterum verberatus, tandem a conspectu regis ejectus est; et ita mala mulier verberari

245. Mala lingua humana transcendit in malicia malam linguam dyaboli, in efficacia malicie. Aliquando, quod dyabolus non potest facere per plures annos lingua sua temptando, facit modico tempore humana lingua... Audivi [quod], cum dyabolus per multos annos quosdam conjugatos, scilicet virum et uxorem, temptasset, per triginta scilicet annos vel amplius, et non posset prevalere ut saltem semel discordarent vel dura verba haberent, transfiguravit se in forma juvenis, sedens mestus in via per quam quedam vetula lotrix pannorum debebat transire, sedens sub arbore, habens cinctam quamdam bursam plenam denariis, que vulgariter dicitur *querles*[1]. Cum autem vetula transiret et quereret ab eo quis esset et causas mesticie, dixit quod hoc diceret ei et denarios illos daret ei, si juraret quod pro viribus suis eum juvaret. Quod cum illa fecisset, ille dixit se esse demonem qui graviter timebat puniri a suo principe, quia per triginta annos laboraverat contra tales conjugatos, nec potuerat eos vel facere peccare, vel in aliquo discordare; qui, data ei pecunia, recessit. Vetula autem, assumpta quadam juvencula, misit eam in domum suam, et venit ad mulierem dictam conjugatam, et dixit ei quasi cum magna compassione quod vir suus illaqueatus erat amore cujusdam juvencule vicine sue, quem viderat

---

fecit maritum suum. » (*Ibid.*, f° 139.) Il existe du même récit une version beaucoup plus développée, qui a été mise en vers dans le fabliau intitulé *le Vilain Mire*, publié par Méon (III, 1) d'après le ms. 7218 de la Bibliothèque nationale. Cf. Legrand d'Aussy (I, 398), Guill. Bouchet (*Serées,* p. 322), et la narration des voyages d'Adam Olearius, qui trouva au fond de la Russie, en 1635, une histoire presque semblable (*Hist. littér.*, XXIII, 196).

1. Goule ou gourle, gibecière, du mot *gula* (Ducange).

cum ea in domo conjuncta, prospiciens per parietem; audierat eciam quod sollicitabat eam, et jam ei promiserat tunicam, quia ei se exposuerat, de quocunque panno vellet, et ipsa debebat venire ad ejus operatorium, ut eligeret sibi pannum quod vellet, quia mercator erat. Cum autem diceret dicta uxor quod hoc nunquam crederet, quia vir suus probus homo erat, ait : « Non credatis nisi hec insignia videritis. » Item eadem vetula ivit ad dictum virum, dicens quod talis clericus illius ecclesie, quam vetula frequentabat, ejus adamabat uxorem, et, cum ipsa esset abscondita retro columpnam in oracione, audiverat eos colloquentes, et condixerant sibi quod ipsa virum suum spoliaret et cum dicto clerico recederet. Quod cum vir nollet credere, ait vetula : « Non credatis nisi eos cras tali hora colloquentes videritis, in tali loco ubi, ut audivi, debent convenire. » Tunc recedens vetula misit juvenculam ad operatorium cum denariis[1], quasi ad videndum pannum qui sibi placeret. Uxor autem dicti mercatoris, videns eam operatorium viri intrantem et exeuntem, cepit suspicari quod verum posset esse quod ei vetula dixerat, et pro tristicia non poterat comedere. In sero, [vir], advertens uxoris tristiciam, mirabatur et suspicabatur quod aliquod esset in causa. Vetula autem procuravit quod clericus de quo dixerat viro, hora qua dixerat et loco, cum dicta matrona est loqutus; viro hoc advertente et notante, venit ad mulierem, que eciam viderat quod juvencula pannum quem ante viderat deportaverat emptum, et ait ei : « Domina, certa sitis quod vir vester peccatum jam perpetravit, et pre

---

1. Ms. *de denariis.*

amore illius juvencule affligitur, quod satis potuistis advertisse ex mesticia ejus ad vos; jam pannum deportavit, et virum vestrum amisistis, nisi cito occurratis. » Tunc illa quesivit quomodo posset occurrere; et vetula : « Si, viro incipiente dormire, potueritis cum rasorio amputare tres pilos de barba ejus, et ei comedere dederitis combustos, tunc ipse de cetero habebit eam exosam, et vos diliget plus quam prius. » Cum autem illa ei promisisset quod hoc nocte sequenti faceret, venit vetula ad virum, dicens quod audiverat dictum clericum et uxorem ejus proloqutos fuisse mortem suam; et dixit quod, si ei non crederet, ipsum certum redderet, et mortem vitaret. Dixit ergo ei quod uxor sua vellet eum de consilio, dicti clerici jugulare nocte sequenti cum rasorio, et quod eum inebriaret si posset; quod ipse sibi caveret a nimio potu et sompno, sed fingeret se fortiter dormientem, et, cum sentiret quod uxor sua guttur ejus sentiret, arriperet pugnum ejus cum rasorio et excitaret familiam suam et ignem faceret succendi, ut omnes viderent prodicionem. Cum autem ille hoc fecisset ut vetula docuerat, in mane convocavit amicos suos et sacerdotem suum et amicos uxoris, eam de prodicione tali accusans et convincens ostendendo rasorium. Cum autem matrona pre verecundia taceret, vocavit eam sacerdos, inquirens ab ea veritatem hujus facti, similiter et virum; postea fecit vocari vetulam, que compulsa est dicere veritatem. Et ita patet quod lingua humana aliquando plus potest in malicia quam dyabolica [1]...

1. F° 319.

14

246. Malum verbum, cum amatur in loquendo et audiendo, hominem similem dyabolo facit; immo ei placet... Sic filii dyaboli, et maxime magni principes, in verbis accusatorum et detractorum et adulatorum et malorum consiliariorum pascuntur et delectantur. De quo audivi quod quidam magnus princeps habebat cocum optimum; et, cum invitasset alium magnum principem, qui multum delectabatur in verbis talium, dixit ei dominus suus quod pararet diversa fercula et bona, ut melius posset. Volens autem cocus ostendere invitato maliciam consiliatorum, inter alia fercula paravit unum ferculum de linguis, amarissimis speciebus confectum; de quo cum non posset gustare, sed malediceret ei dominus suus, dicens quod non fuerat deterius ferculum nec magis male paratum, ait : « Dabo vobis aliud quod omnem amaritudinem istius evacuabit. » Et dedit ei ferculum de linguis, preciosis speciebus delectabiliter confectum. Dicebant omnes, cum gustassent de eo, quod non fuit unquam ita bonum ferculum. Cum autem adjurassent eum quod eis diceret de quo erat ferculum, dixit quod utrumque erat factum de linguis, et quod nullum ferculum erat deterius mala lingua, nullum melius bona. Et hoc dixit et fecit in suggillacionem illius principis et malarum linguarum que secum erant[1].

1. F° 320. On reconnaît là une variante de l'apologue qui figure dans la *Vie d'Ésope*, attribuée jadis à Maxime Planude, et composée en réalité au xiiie siècle, à l'aide de vieux contes du genre de celui-ci. On le trouve sous une autre forme dans les *Latin Stories* publiées par Th. Wright (n° 42).

QUARTUS TITULUS.

DE CORRUPTELA ET CUSTODIA QUINQUE SENSUUM.

247. Postquam dictum est de peccato lingue sive loquucionis, quare et quomodo sit vitandum, nunc dicendum est de peccato operacionis male, quomodo sit vitandum; quare autem sit cavendum, satis dictum est supra, prima parte hujus operis... Vitatur autem per donum fortitudinis... Primo ostendemus in genere quare quinque sensus sunt fortiter custodiendi a peccato[1].

[*De custodia oculorum.*]

248. Cum visus inter sensus quinque sit prior, sicut situ et ordine in capite, ita et in anime nocumento optinet principatum : ideo summo studio invigilandum est in oculorum custodia, per quos hic sensus habet excitari... Ad hoc debent nos movere pericula que homo incurrit ex incauto aspectu... Item nota quod in mulieribus, non solum cum aspiciunt, immo eciam cum aspiciuntur, potentes sunt oculi animas capere. Audivi quod, cum rex Ricardus Anglie intrasset in quamdam abbaciam monialium, vidit ibi quamdam sanctimonialem virginem, cujus pulcritudine illectus, mandavit abbatisse quod eam ei mitteret, quod si non faceret; ipse abbaciam destrueret et eam violenter auferret. Quod audiens dicta monialis, quesivit quid ei

1. F° 322.

in ea pre ceteris placuisset. Audiens quod oculi ejus eum illaqueaverant, volens de cetero periculo oculorum carere, eruit sibi oculos, et, ponens eos in vase, misit dicto rege, mandans ei quod saciaret se optato. Qui ex hoc confusus, eam in pace dimisit[1].

Contra tactum illicitum.

249. Ultimus quinque sensuum est tactus, qui multum est timendus, tanquam hostis propinquior, forcior et potencior et violencior ad nocendum : forcius enim insevit libido in sensu tactus quam in aliis... Dissuadent hoc sacra que sumpsimus,... ea que habemus tangere et tractare, maxime ministri altaris. Audivi quod, cum quedam regina Francie cuperet quemdam magistrum dictum Gilebertum Porretanum, vocavit eum ad se, impetens eum per hunc modum. Videns eum habentem pulcras manus, ait, apprehendens eum per manus : « O quam digni essent isti digiti tractare latera mea ! » Qui, manum retrahens ad se, ait : « Non, inquit, domina, fiet hoc, quia, si digiti mei vos sic tractassent, cum quibus ego de cetero comedere possem [2] ? » Quod dicit : Sic immundi fierent, quod de cetero abhominarer eos ad os convertere[3].

1. F^{os} 324 v°, 325 v°. Étienne répète cette histoire plus loin (n° 500). Jacques de Vitry la rapporte également, mais sans nommer le roi Richard (ms. latin 17509, f° 51). On attribue un trait analogue à une jeune religieuse anglo-saxonne du viie siècle. Étienne s'est sans doute fait ici l'écho d'une vieille tradition dont les héros changeaient avec les temps.

2. Ms. *Porretanus*.

3. F^{os} 329, 329 v°. Il pourrait y avoir dans cette anecdote, comme je l'ai remarqué ailleurs, un vestige des médisances accréditées

QUINTUS TITULUS.

DE MALO EXEMPLO ET SCANDALO.

250. Quoniam, post peccatum operis in genere, in via peccandi est peccatum mali exempli vel scandali, quod est tanquam fortissimum propugnaculum dyaboli ad animas impugnandum et deiciendum..., dicendum est de peccato mali exempli et scandali, contra cujus impugnacionem maximum est neccessarium donum fortitudinis, per quod homo muniatur contra fortem armatum, cujus arma fortissima sunt scandala et mala exempla...

De argumento hereticorum contra catholicos.

251. Audivi a fratribus Provincie quod in terra Albigensium, cum heretici convincuntur scripturis et racionibus, non habent forcius argumentum ad defensionem erroris sui et subversionem simplicium quam exempla mala catholicorum et maxime prelatorum; unde, cum eis deficiunt alia argumenta, adhuc recurrunt dicentes : « Videte quales sunt isti vel illi, et maxime prelati; videte quomodo vivunt et incedunt, nec sicut antiqui, ut Petrus et Paulus et alii, ambulantes. »

Item audivi a fratribus illius temporis quod, cum

---

par les galanteries de la reine Éléonore d'Aquitaine, femme de Louis VII, qui fut la contemporaine du célèbre docteur Gilbert de la Porrée, évêque de Poitiers, et celle de l'auteur lui-même, pendant les dix ou douze premières années de la vie de celui-ci.

quidam legati et tredecim abbates missi fuissent ad terram Albigensium ad predicandum contra hereticos Albigenses, cum ipsi secum haberent equitaturas ad portandum vestes suas et [alia] ad viam neccessaria, et predicarent contra hereticos et errores, insurgebant contra eos heretici, predicantes econtra exempla mala et insolenciam vite catholicorum, de corruptela clericorum et religiosorum maxime texentes sermonem ; ex quo maxime illi abbates confusi, sine multo fructu a predicatione cessantes, a terra illa recesserunt, dicentibus hereticis : « Ecce quomodo isti equites predicant vobis Christum dominum suum peditem, divites pauperem, honorati abjectum et vilem », et hujusmodi [1].

Quod mala exempla ledunt proximos.

252. Mala exempla proximos multipliciter ledunt... Similes sunt mali prelati, intuentibus eorum mala exempla, monstro Meduse, de quo dicitur quod qui [eum] viderunt quasi lapides diriguerunt... Item similes sunt cuidam grui, de qua audivi quod, capta ab aucupe et diu nutrita, detractis alis, facta est ei quasi domestica. Cum autem redissent plume, videns gregem aliarum advolavit cum eis, et, cum circa tempus hyemale mutarent patriam, facta ductrix aliarum et transiens per locum ubi nutrita fuerat, quasi recordata boni pabuli quod [habuerat] in domo dicti rustici ubi habitaverat, de nocte per tenebras introduxit alias in dicta domo ; quarum clamorem audientes qui in domo erant, surrexerunt et, accensis luminibus, illam et alias ceperunt

---

1. F^{os} 330, 330 v°. Voy. le n° 83 et la note qui s'y rapporte.

et occiderunt; quam inter alias potuit dominus domus agnoscere, signo quod consuerat in coxa invento. Similiter qui apostatant a Deo, vel a fide, vel ab ordine, cum maxima venacione animarum ad dyabolum, vel mundum, vel peccatum redeunt.

253. Item audivi a fratribus qui ibi inquirebant in familia episcopi, cum facerem per eos transitum, quod in episcopatu Tullensi quidam sacerdos, perversus ab hereticis, ita exemplo suo infecit parrochiam suam, quod postea recessit cum quadraginta parrochianis suis apud Mediolanum, ad discendam ibi plenius doctrinam hereticorum; qui eciam ibidem, abjecto sacerdocio, faciebat artificia texencium[1].

[*Quod mala exempla ledunt ipsos facientes.*]

254. Malum exemplum eciam plus facientem quam alium ledit... Facit confundentem et confusum... Audivi a quodam fratre nostro sacerdote quod, cum quidam prelati magni essent in quodam loco congregati, audientes quod sanctus Franciscus predicaret avibus et hominibus, cum esset simplex in litteratura et hoc scirent, vocaverunt eum, dicentes quod vellent audire quomodo predicabat qui predicacionem sibi usurpabat, et assignaverunt ei diem in qua coram eis proponeret verba predicacionis. Tunc unus maximus episcopus, amicus ejus, timens confusionem viri sancti, vocavit eum in secreto domus sue, affirmans ei verba cujusdam sermonis compositi valde et ordinati. Cum

1. F^{os} 331, 332. On sait que Milan était, au commencement du xiiie siècle, le principal centre des sectes hérétiques. Cf. les n°s 329, 330.

autem sanctus vir venisset ad dictum locum, noluit proponere que erant ei firmata et que diu ruminaverat, et nescivit penitus, in eis deficiens. Cum autem hesitaret quid faceret, spem ponens in Deo, aperuit psalterium suum, et occurrit ei verbum hoc : « Tota die confusio facta cooperuit me. » Et assumpto eo in vulgari suo, multa fuit loqutus de insolencia prelatorum et malis exemplis eorum, et quomodo Ecclesia per ea confundebatur omnis, quomodo ipsi essent facies Ecclesie, in qua tota pulcritudo ejus deberet relucere, de qua dicit Augustinus : « Pulcra facies debet esse dimensa pariliter, ornata decenter, colorata luculenter » ; et quomodo confusio malorum exemplorum operuerat eam, et quanto est in corpore pars eminencior, apparencior, pulcrior et dignior, tanto in ea esse macula turpior, etc. Et tot et talia de hac materia eis dixit, quod eos satis confundere salubriter et edificare potuit [1].

255. Item [qui dant mala exempla] irridentur ab hominibus merito. Sic magnus quidam clericus, qui cum in Ramis Palmarum predicasset de humilitate summi magistri et asine super quam ascendit, cum, finito sermone, palefridus suus, pinguis et rotundus et faleratus, adduceretur et ascenderet ipse, similiter

---

[1]. F° 333. Étienne, en répétant plus loin ce curieux trait de mœurs de saint François d'Assise, place la scène à Rome, et fait de l'évêque trop empressé un cardinal. (V. le n° 473.) Effectivement, les hagiographes parlent d'un fait à peu près semblable arrivé au fondateur des Frères Mineurs lorsqu'il prêcha à Rome devant le pape, et désignent son ami, le cardinal d'Ostie, comme ayant voulu lui rendre service dans cette occasion. Mais ils rapportent la chose en quelques mots seulement. (V. *Acta SS.*, t. II octob., p. 775.)

preciosis vestibus ornatus, quedam vetula irrisit eum coram omnibus, querens : « O magister, respondeatis; fuit-ne talis asina et assessor vel ascensor ejus, de quibus nobis loqutus fuistis? » At ille obmutuit confusus[1].

256. Facit malum exemplum hominem pestiferum et perniciosum, ut morbus contagiosus... Audivi a quodam sancto viro fratre P[etro][2], Hispano dicto, quod, cum quidam sanctus vir esset in oracione pervigil, apparuit ei ante se quedam domina, regio cultu ornata; et cum ille esset stupidus ad ejus visionem, quesivit illa ab eo si eam agnosceret. Cum autem ille diceret quod non, nisi forsitan ipsa esset beata Maria, mater Dei, ait illi : « Non sum illa quam estimas, sed sum illius figura pro qua frequenter gemis et oras, scilicet Ecclesie, cujus est dolor mirabilis et corrumptela descendens a capite per omnes artus usque ad pedes ; et, ut mihi magis condoleas, vide argumenta doloris. » Et, amota manu corona speciosissima capitis, inclinavit caput ei. Ille autem vidit superiorem partem capitis ejus ad modum crucis cisam in quatuor partes, et vermes

1. F° 334. Cf. le n° 82. Cette anecdote, qui a sans doute des ancêtres reculés, a également une postérité. On en a fait plus tard l'application aux Jésuites, en plaçant dans la bouche de la matrone scandalisée ce mauvais jeu de mots, qui court encore dans certains recueils :
Jesuita, Jesuita,
Non ibat Jesu ita.

2. Ce frère Pierre, dit l'Espagnol, parait être celui dont Échard fait mention, et qui, suivant lui, a été regardé à tort comme dominicain : en effet, Étienne n'eût pas manqué de lui donner cette qualité, soit ici, soit plus loin (n° 397). Pierre est l'auteur d'un traité de dialectique; il vivait au milieu du XIII° siècle. (V. *Script. ord. Prædic.*, I, 485.)

de cerebro vidit ebullientes, et scaturiencia vulnera sanie in quatuor partes. « Ecce, ait, ex hiis que vides in capite, perpendere potes corrumptelam et dolorem meum in membris aliis. » Et, eo dicto, evanuit ab ejus oculis [1].

257. Hominem paradiso excludit malum exemplum... Unde cum quidam, ut audivi a quodam fratre Gaufrido, vir religiosus venisset ad quoddam concilium quod celebrabatur in Francia a quodam prelato, cum esset ei injunctus sermo tanquam prepollenti vita et sciencia, inchoavit sic sermonem suum, circumspiciens undique et iterans hoc verbum pluries gallice : « Saint Pere et saint Pol, *babimbabo*[2] » ; id est : Sancte Petre et Paule, vobis dicendum est verbum derisionis quod dicitur fatuis in expressionem fatuitatis eorum. Et exposuit sic : quia, si per tantas divicias et delicias et honores et fastum et vanitates, quantas moderni prelati exhibent, regnum celorum intrare possunt[3], et vos cum tanta paupertate, penalitate et miseria et vilitate ad illud pervenistis, vere miseri et contemptibiles et irrisione digni, ut vere fatui, estis. Et contra predicta voluptatis et vanitatis exempla excellenter loquens, malos multum confutare potuit et confundere[4].

1. F° 334 v°.
2. *Babimbalo* à la marge du ms.
3. Ms. *potuistis*.
4. F° 335 v°. Une version moins détaillée de cet exemple est donnée par Jacques de Vitry (ms. 17509, f° 18) et par Eudes de Shirton (ms. 2593, f° 23). Elle ne contient pas ce singulier mot de *babimbabo*, que l'on adressait, paraît-il, aux fous par dérision, et qui ressemble à un bégaiement.

[*De bono exemplo.*]

258. Sicut autem dyabolus habet, ut ostensum est, fortissimum propugnaculum Babilonis, ad impugnacionem et deicionem bone vite, exempla malorum, et maxime illorum qui sunt in statu sublimiori, ut prelacionis, erudicionis, religionis, vel temporalis dominacionis, ita Spiritus Sanctus habet fortissimum et firmissimum fortitudinis sue propugnaculum, per contrarium, exempla bona eorum qui se bene gerunt, maxime in statu eminenciori... Dicunt naturales quod magnes lapis est que ferrum rapit. Cum autem adamas accedit ad magnetem, attrahit ad se ferrum quod magnes rapuerat et aufert ei : sic bonum exemplum sancti viri durum cor, quod peccatum et dyabolus rapuerant, aufert eis. Quod patet in exemplo quod magister Jacobus refert[1]. Dicebat quod fuit quidam obstinatissimus et opinatissimus in sceleribus princeps latronum, spolians terram, et desperatus se omnibus flagiciis admiscens. Qui cum hec mala faceret juxta abbaciam quamdam, abbas compassus ei et suis, ascendens super equum suum, ivit ad eos, qui arripuerunt eum irruentes ; et cum quereret quid ipsi vellent, dixerunt quod ejus equum, ut de eo haberent panem et vinum et carnes. Tunc abbas descendens, convocans eos ad se, ait : « O filii, de vobis audiens, ad vos veni, ut ego scirem quare hec mala facitis ; quia, si propter victum et vestimenta habenda hec facitis cum tanto periculo anime et corporis vestri tot et tanta miseria, venite mecum,

---

1. Au f⁰ 61 de son recueil manuscrit.

et ego vobis hec exhibebo in abbacia mea sine labore et absque omni periculo, dummodo ab hiis cessetis. » Cum autem princeps latronum diceret quod non posset comedere fabas suas, promisit tunc quod, si secum iret, faceret ei satis dari de carnibus et alia prout vellet. Cum autem promisisset abbati quod hoc faceret et ad abbaciam venisset dictus princeps latronum, ut probaret abbatis dictum, recepit abbas eum cum maximo honore, et fecit ei preparari cameram pulcherrimam per monachum religiosissimum, qui omnia que desiderabat ei preparari faciebat et ministrabat ei, comedens coram eo panem et aquam solum. Cum autem monachus hoc pluribus diebus fecisset, quesivit latro quid fecerat unde talem penitenciam faceret, que adulteria et homicidia. Signavit se monachus pre admiracione, dicens quod propter Deum solum et futuram vitam hoc faciebat, quia mulierem nunquam tetigerat nec aliqua talium fecerat, cum puer intrasset ordinem. Latro compunctus, cogitans de flagiciis suis, accedens et prosternens se ad pedes monachorum, petivit habitum et optinuit, et factus est pre ceteris abstinens et religiosus[1].

SEXTUS TITULUS.

DE MALA CONSUETUDINE.

259. Quoniam in gradibus peccatorum ultimum locum tenet consuetudo mala, que fortissima servitute

---

[1]. F^{os} 336 v°, 338. Cf. Th. Wright, *Latin Stories*, n° 149. Une

deprimit hominem, cujus servitus est jugum ferreum,...
ad hoc jugum frangendum, est maxime neccessarium
donum fortitudinis, a cujus presencia hoc jugum com-
putrescit : ideo sub dono fortitudinis agendum est de
mala consuetudine[1]...

SEPTIMUS TITULUS.

DE SEPTEM VICIIS ET EORUM SPECIEBUS,
[ET PRIMO DE SUPERBIA].

260. Quoniam supra, parte prima, titulo octavo,
egimus de peccato in genere, quare scilicet timendum
est peccare, et in ista quarta parte dictum est de
passu sive de gradibus peccatorum,... dicendum est
consequenter de septem principalibus viciis et eorum
aliquibus speciebus, que scilicet magis sunt apud homines note et magis mundum inficiunt et occidere spiritualiter videntur, contra que donum fortitudinis
maxime neccessarium videtur[2]...

De superbia et ejus speciebus.

261. Primo ergo, tanquam de capite et origine omnium viciorum,... dicemus de superbia in genere, pos-

---

histoire qui a beaucoup d'analogie avec celle-ci, et qui en est peut-
être la source première, est racontée par Eusèbe d'après les Actes
apocryphes de S. Jean (*Hist. eccles.*, III, 23).

1. F° 339 v°.
2. F° 341 v°.

tea de aliquibus ejus speciebus, et non de omnibus, sed de eis que magis a mundo cognoscuntur. Primo de ea dicemus quid eam nobis dissuadeat...

Destruit superbiam mortis memoria. Item audivi a fratre Hymberto[1], magistro ordinis Predicatorum, quod, cum Aristoteles moreretur, et quererent discipuli sui ab eo quod diceret eis aliquid dignum perpetua memoria, ait : « Mundum intravi anxius vel anxiatus, vixi turbatus, exeo hinc inscius et ignarus. » Hec dixit, humiliatus ad mortis memoriam.

262. Item audivi ab eodem [quod], cum frater Guernerus esset Parisius magnus magister[2], cum in quadam die audivisset legere de Adam et successoribus ejus : « Vixit ille tot annis, et mortuus est; et ille tot, » etc.; cogitans quod nec medicina posset facere quin mors concluderet omnibus et finem imponeret, ad mortis meditacionem, relicta tumida et inani philosophia, intravit ordinem Predicatorum, ubi, vacans summe philosophie, multis annis postea rexit Parisius in theologia[3].

263. Item eciam ad hoc facit consideracio infirmitatis aliene, sicut de Josaphat dicitur in Barlaam quod, cum videret cecum leprosum et decrepitum senem,

---

1. Humbert de Romans, nommé plusieurs fois dans le cours de ce volume.

2. C'est Guerric de Saint-Quentin, qu'on trouve appelé quelquefois Garnier, et qui fut recteur des écoles de Saint-Jacques. Son entrée dans l'ordre de S. Dominique eut lieu vers 1225. Elle est racontée en abrégé, mais de la même façon, ci-dessus, n° 63. Échard a reproduit plusieurs textes concernant ce religieux et tirés de Thomas de Cantimpré ou d'anciennes vies des Frères Prêcheurs (I, 113).

3. F°s 342, 342 v°.

audiens quod humana miseria poterat ad hoc devenire, ingemuit intra se humiliatus. Item dicitur quod episcopus Odo Parisiensis[1], cum comederet, despicabiliores pauperes faciebat ante se poni, alios hinc et inde, et, cum quereretur quare hoc faciebat, dicebat quod hoc eum docuerat miles nobilissimus...

264. Ad hoc facit peccatorum nostrorum gravitas... Audivi quod, cum quedam parvula puella pontem quemdam transiret et ventus vehemens flaret, timens ne per eum in aquam deiceretur et submergeretur, lapidem grossum superposuit humero, qui suo pondere contra ventum eam retineret; quod videns senex quidam et audiens causam ab ea, stupuit clamans : « Modo venerunt tempora quod pueri docent senes! » Sic nos contra ventum superbie habemus magnum repressivum, pondera peccatorum nostrorum[2].

De vana gloria.

265. Dissuadet vanam gloriam pena futura, que ei debetur in purgatorio pro venieli, vel in inferno pro mortali culpa. Legi in libro quodam exemplorum quod magister Hugo de Sancto Victore[3] post mortem suam apparuit cuidam sancto viro graviter afflictus, petens suffragia ejus et bonorum ; cum autem ille causam afflicionis quereret, respondit quod propter *zenedoxiam*, et post disparuit. Cum autem ille quereret sensum verbi quod responderat, invenit illud grece significare vanam gloriam...

1. Eudes de Sully, évêque de Paris de 1197 à 1208.
2. F° 343.
3. Hugues, religieux de Saint-Victor de Paris, mort en 1140.

266. Similis est vanegloriosus fatuo saltanti ad caseum; cum autem aperit os, subtrahitur et nil capit. Item similis est cani de quo dicitur [quod], cum portaret caseum, transiens super pontem, videns umbram ejus in aqua, credidit ibi esse alium caseum; et volens habere utrumque, dimisso caseo quem portabat, et descendens ad umbram ejus, amisit utrumque. Sic qui vanam querunt gloriam, vel in oracione, vel predicacione, vel in aliis, amittunt veram similiter et vanam, que statim transit [1].

267. Similis est [vana gloria] umbre humane, que sequentem se fugit et fugientem sequitur. Audivi quod quidam fatuus, respiciens umbram suam similem sibi, ferentem baculum super humerum suum ut ipse ad pugnandum, credidit quod esset alius qui contra se vellet pugnare; quem cum sequeretur et umbra fugeret, projecta clava sua, umbram suam manibus apprehendere voluit et amplecti, nec valuit capere.

268. Audivi a fratre Mattheo, priore Fratrum Predicatorum Parisius [2], quod quidam clericus cujusdam ecclesie prebendatus sompniavit quod existeret in eminencia cujusdam monticuli, et quod plebs tocius dyocesis esset congregata ante eum, et quod ipse indutus capa serica, cum deberent recedere, signaret eos; quod cum narraret nutrici sue, interpretata est eum futurum episcopum ecclesie sue. Cui cum ille fidem adhiberet, incepit esse parcus et avarus, [et] pecunias congregare, ut haberet unde posset vel promocionem suam juvare,

---

1. F⁰ 346 v⁰. Cf. Jacques de Vitry (f⁰ 18), Phèdre (I, 4), Lafontaine (VI, 17).

2. Mathieu de France, compagnon de S. Dominique et premier prieur de la maison de Saint-Jacques. (V. Échard, I, 92.)

vel defendere electionem vel jus sui episcopatus, quod ex ipso sompnio jam putabat sibi deberi. Cum autem canonici illius ecclesie mitterent questores ad fabricam illius ecclesie reparandam, cogitantes quod ille propter parcitatem suam melius adquisita servaret, miserunt cum questoribus eum, cum reliquiis quibusdam et cum brachio argenteo cujusdam sancti. Cum autem populus multus dyocesis illius convenisset ad locum de quo sompniaverat, et, facta questa, exhibuisset eis reliquias, cum capa serica indutus, ad dictum questorum et populi surrexit, signans populum cum brachio dicto; quod cum faceret et adverteret sompnium suum esse completum in hoc, advertens circumstancias sompnii, projecit dictum brachium, videns se esse frustratum a spe sua.

269. Item, cum quidam archidiaconus audivisset quemdam predicantem quod qui sequuntur dignitates non assequuntur, quia ad modum umbre fugiunt, sed pocius fugientes honorem assequuntur sepe, cum ipse aspirasset ad quamdam dignitatem, cum vacaret, et fingeret se non curare, ut per istam viam assequeretur eam, et alius aliam obtinuisset, improperavit predicatori predicto, quod ei abstulerat dictam dignitatem verbo suo. Cui respondit ille quod sic non fugiebat, sed, ut cicius caperet, fugam fingebat[1].

270. Calcant alios hic [vanigloriosi], et dyabolus calcabit eos in futuro, cum calcant homines quos contempnunt et vilipendunt et bona eorum, que vanigloriosi quantum possunt deprimunt, ut sua plus appareant; in futuro autem calcabuntur ab eis... Au-

---

1. F° 347. Cf. le n° 408.

divi quod, cum quedam mulier choreas duceret[1], quidam sanctus vidit demonem super caput ejus saltantem, et ad saltum ejus caput dicte mulieris circumvolvi et agitari in dancia dyaboli...

271. Est prona presumere de se et supra se. Hoc eciam vicium presumit invadere meliores in Ecclesia et sanctiores, loca sacra et officia sacra, ut predicacionem, oracionem, etc... Item audivi quod, cum cuidam ancille dedisset domina sua lac dominicale, et ipsa portaret illud super caput suum ad vendendum ad urbem, cum iret juxta fossatum, incepit cogitare quod de precio lactis emeret gallinam, que faceret ei pullos multos; quod factos gallinas venderet, et porcellos emeret; quos grandes venderet, de quibus faceret oves, et de illis boves; et sic paulatim ditata, contraheret cum quodam nobili. Et cum gloriaretur, cogitans cum quanta gloria duceretur ad virum illum cum equo, et, quasi si pungeret equum calcaribus, pede terram percuteret, dicendo equo *io! io!* lubricatus est pes ejus, et cecidit in fossato, et olla ejus fracta est et lac effusum. Et ita amisit totum quod se adepturam sperabat et quod adquisierat[2].

1. Ce rôle de coryphée consistait simplement à conduire des rondes, dans lesquelles Jacques de Vitry donne également une place au démon : « Chorea enim circulus est, cujus centrum est diabolus, et omnes vergunt in sinistrum. » (Ms. lat. 17509, f° 146.) V. plus loin, n°s 461 et suiv.

2. F° 348 v°. Cette heureuse façon d'amener la chute du pot au lait est empruntée à Jacques de Vitry, qui raconte ainsi la fable : « Similes [sunt dissipatores] cuidam vetule, que, dum in urceo terreo ad forum lac portaret, cepit cogitare in via quomodo posset fieri dives. Attendens autem quod de suo lacte tres obolos habere posset, cepit cogitare quod de illis tribus obolis emeret pullum galline et nutriret, ita quod fieret gallina, ex cujus ovis multos pullos

272. Sumptus extorquet, quia in vanis rebus multi res suas consumunt, ut milites in tyrociniis, et mulieres et homines in ornamentis vanis, ad pascendum oculos lecatoris. Audivi quod, cum quidam miles moreretur magnus et nobilis, qui omnia fere bona sua consumpserat in vanitate, et maxime dando histrionibus et in tyrociniis, advertens et dolens pro vanitate sua, rogavit amicos suos ut sibi unum darent obolum. Cum autem obolum teneret, ait : « Ecce multum dolere possum, qui pro tam vili precio vendidi omnia que habebam, scilicet pro laudibus vanis. Omnia enim que pro his lucratus sum darem pro uno tali obolo, qui plus valebit mihi, quia pro Deo illud dari precipio. » Homo enim de hoc quod facit pro vana gloria non habebit plus quam dextrarius mortuus, cujus bonitas, cum mortuus est, amissa plangitur et laudatur, cito tamen oblivioni traditur[1].

acquireret; quibus venditis, emeret porcum; quo nutrito et impinguato, venderet illum, ut inde emeret pullum equinum, et tandiu nutriret ipsum quod aptus esset ad equitandum. Et cepit intra se dicere : Equitabo equum illum, et ducam ad pascua, et dicam ei *io! io!* Cum autem hec cogitaret, cepit movere pedes, et, quasi calcaria in pedibus haberet, cepit talos movere et pre gaudio manibus plaudere; ita quod motu pedum et plausu manuum urceum fregit, et, lacte in terra effuso, in manibus suis nihil invenit; et, sicut prius pauper fuerat, ita postea pauperior fuit. » (Ms. lat. 17509, f° 46.) Que l'on mette ces deux versions dans la langue populaire, en remplaçant, comme le faisaient les prédicateurs en chaire, le discours indirect par le discours direct, et l'on aura un récit animé, valant ceux des meilleurs fabulistes. Cette fable si connue est dans Bonaventure des Périers et dans Lafontaine (VII, 10).

1. F° 349.

De nocumentis pulcritudinis vane.

273. De pulcritudine autem notandum... quod consuevit nocere tam ei in quo est pulcritudo quam aliis qui eam vident... [Mulieres ornate] sunt homicide filiorum Dei et fratrum suorum... Ante habent faciem nature, retro artis, scilicet vani ornatus et artificialis composicionis, per quam, cum sint ante senes, apparent retro juvenes. Audivi quod accidit Parisius quod quidam burgensis habebat valde vetulam et rugosam uxorem, quam multum habebat exosam. Cum autem in quodam festo esset multum ornata, in quadam processione ambulans, et vir suus eam retro sequeretur et aspiceret, videns crines flavos quasi aureos retro et ejus nobile ornamentum capitis, credidit aliquam speciosissimam juvenculam, cujus virum felicem estimabat, qui tanta ejus pulcritudine potiretur; et precurrens ut, eam videns in facie, ejus pulcritudine delectaretur, cognoscens eam uxorem suam, confusus coram astantibus, faciei ejus rugas videns, irrisit dicens : « Estis vos-ne ista domina transfigurata simia? Melius est vos sequi quam obviare. Alia estis ante, alia retro; alia obvoluta quam evoluta. Melius valet de vobis serpellaria quam trossellum [1]. »

274. Item tales sunt similes Jano, qui ex una parte depingitur habere faciem senis, ex alia juvenis. Earum capitis ornamentum est facies vinculi colligati capillorum alienorum, vel et mortuorum, obvolutorum auro

---

1. « Mieux vaut le sac que le trousseau », c'est-à-dire le contenant que le contenu.

et serico. Quedam symia, cum esset ad fenestram cujusdam clerici divitis, et in Ramis Palmarum cum videret per viam descendere processionem et vetulam ornatissimam in capite, volens ostendere omnibus quod id ornamentum non herebat capiti, subito descendens per cathenulam per quam ligata erat super caput ejus, et rapiens subito crines alienos insitos cum ornamento capitis, reascendit per dictam cathenulam, omnes ad risum provocans ostendendo de fenestra suam predam. Dicta vetula apparuit omnibus turpiter decalvata et confusione plena. Et in illa processione credo me interfuisse.

275. Item, cum quidam probus clericus, dictus magister Stephanus de Cudo[1], dimisisset archidyaconatum Altissiodorensem et prebendam Parisius pro parrochia de Vermentona[2], quam accepit ut fructum ibi faceret animarum, et singulis dominicis consuevisset vocare parrochianos suos in ecclesia sua, ut eis ibi predicaret et eos symbolum et oracionem dominicam et salutacionem beate Virginis edoceret; quedam majorissa ville, non ferens quod choree et alia mala impedirentur, congregatis quibusdam juvenculis, venit ad ostium ecclesie choreizare. Vir autem dictus, zelo motus, exivit de ecclesia cum populo qui audiebat verba ejus; et cum nec verbis posset sedare dictam choream, extendens manum ad caput dicte mulieris, peplum ejus rapiens, eam sequti sunt omnes capilli et omnia capitis ornamenta. Ipsa autem confusa de hoc quod coram omnibus depilata turpiter et quasi sca-

1. V. ci-dessus, n° 19.
2. Vermenton (Yonne).

biosa apparebat, volens tegere superiora, coram omnibus denudavit turpiter inferiora sua, proiciens vestem super caput suum; et turpitudo sua versa est ei in confusionem. Sic Dominus in judicio denudabit eas, ostendens earum turpitudinem et confusionem omnibus. Hoc mihi retulit idem Stephanus [1].

De vano ornatu.

276. Meretricius habitus signum est meretricii actus. Sic judicavit histrio, testimonio illarum sic ornatarum. Audivi quod quidam histrio notus in quadam civitate voluit confundere mulieres illas que nimis meretrice se ornabant, in plateis gregatim post prandium sedentes. Intravit civitatem, rusticano se occultans habitu; quem a longe aliqui sequebantur, ut audirent eum. Et cum musitans staret coram quolibet acervo earum, et ipse quid ibi musitaret quererent, respondebat quod querebat unam probam mulierem. Respondebant : « Rustice, nonne vides quod ipsa non est hic? » Cum sic per singulas et idem fecisset, et ipse idem similiter respondissent, remoto rusticano habitu, ivit clamando per singulas multum esse plangendum super illam civitatem, in qua, testimonio habitus et oris ipsarum, nec una proba mulier poterat inveniri; sicut enim habitus monachi monachum facit credere [2], et habitus canonici canonicum, et novicii novicium, militis militem, rustici rusticum, sic et meretricis meretricem, levitatis levem [3].

1. F^{os} 349, 350.
2. *L'habit ne fait pas le moine*, dit le proverbe français.
3. F° 351.

278. Jeronimus : Contumeliam faciunt suo creatori, que se tales quales create sunt esse nolunt... Dicit magister Jacobus quod, cum episcopus Mauricius Parisiensis factus esset novus episcopus, mater sua paupercula, hoc audiens, venit Parisius, et hospitata est in domo cujusdam divitis burgensis, cui revelavit quod esset mater episcopi. Qui eam preciosis vestibus exornans, nobiliter duxit eam ad episcopum dictum, intimans ei quod esset mater sua. Cui ille : « Istam matrem meam non recognosco, quia apparet nobilis, dives et juvenis; satis ego autem scio quod fui filius cujusdam paupercule femine, rusticane et inculte, qui nunquam habuit ornamentorum culturam. Illam, si talem viderem, bene agnoscerem. » Illa autem confusa, deposito ornatu illo et resumpta veste propria, veniens ad filium, honorifice ab eo est recognita, suscepta et tractata [1].

279. Contra illas que, cum sint vetule, quasi ydola se pingunt et ornant, ut videantur esse larvate, ad similitudinem illorum joculatorum qui ferunt facies depictas, que dicuntur artificia gallice [2], cum quibus ludunt et homines deludunt : ... Magna et singularis gloria est hominibus [3], quod portant ymaginem et similitudinem Dei, ad quam creati sunt. Injuriam videntur Deo facere, et quasi creatori suo dicere : « Tu

---

1. Ce trait de modestie de Maurice de Sully, prêté depuis à d'autres prélats, avait été révoqué en doute par Oudin, et d'après lui par Daunou (*Hist. litt.*, XV, 150), sous prétexte que l'ouvrage de Godescalc Hollen, où on l'avait trouvé, ne datait que du xve siècle. On aura désormais le témoignage de deux contemporains, Étienne de Bourbon et Jacques de Vitry.

2. C'est-à-dire des masques.

3. Ms. *homini*.

male me fecisti, ego [bene] me faciam; tu me pallidam, ego rubeam; tu fuscam, ego albam; tu me vetulam, ego me faciam juvenculam... Audivi quod quidam histrio, in curia cujusdam potentis, videns intrasse quamdam vetulam sic depictam, implevit os suum aqua; et, cum illa esset inter mulieres, accessit histrio, et subito, sicut faciunt qui pelles parant, aqua quam in ore gerebat in faciem ejus aspersit, qua fluitante[1], ejus facies leprosa videbatur.

280. Item, cum quedam consimilis venisset ad colloquendum cum quodam magno et potente, et ille accumbens super pulvinar suum videret ejus faciei picturam, volens eam confundere, fecit unum parvum foramen in pulvinari, et paulatim cum deprimeretur, plume egrediebantur et ipse suaviter eas inflabat ad ejus[2] faciem; que adherebant picture et inuncture faciei. Que cum egrederetur camera obscura, facies ejus plumis coöperta in confusionem suam omnibus apparebat; quas cum confricando voleret abstergere et removere faciei ejus, magis agglutinabantur et magis pictura senilem faciem denudabat, et deformior erat, ad modum imaginis reparate[3].

281. Per hec ornamenta tenet dyabolus mulieres captas, sicut anceps avem per laqueos. Unde dicitur quod in Theotonia[4] accidit quod, dum quedam mulier iret in chorea, fuit per triduum quod non poterat pedes removere. Unde, cum confusa abjecisset ornamenta vanitatis ad consilium sacerdotis, exceptis sotularibus

---

1. Ms. *fulcante*.
2. Ms. *et ejus*.
3. F° 352 v°.
4. Ms. *Theodonia*.

rostratis quos babebat, amovere se non poterat. Et dixit quidam bonus homo; quod adhuc dyabolus eam per rostra pedum tenebat; quibus amputatis, inde dyabolus exivit cum sonitu, et tunc illa liberata libere incedere potuit.

Faciunt hominem dyaboli servum. Serviunt dyabolo de se, id est animabus suis, quas venales exhibent, et eciam aliquando ipsa corpora; propter habenda hec vanitatis ornamenta, et de membris suis omnibus, que mactant iniquitati et vanitati : pedes affligunt arctis sotularibus, capita et facies ablucionibus et aliis vanis cultibus, et sic de aliis membris. Vidi ego aliquos de multa vanitate conversos ad statum penitencie, qui referebant quomodo propter vanitatem jacebant in cofis et duris funibus, ut crines capitis crisparent, et alia mala multa sustinebant propter vanam gloriam, in quibus martyres dyaboli erant[1].

282. Quantitas autem superbi ornamenti excedit corporis quantitatem, et per totum corpus se extendit, et maxime in ornatu mulierum... Item, [de] caudis quas domine trahunt post se plusquam per cubitum unum, in quibus mirabiliter peccant, quia multo precio sibi eas comparant, Christum in pauperibus spoliant, pulices colligunt, terram operiunt, homines orantes in ecclesiis ab oracione impediunt, pulverem commovent et agitant, ecclesias obnubilant, altaria quasi incensant et pulvere sacra loca inquinant et deturpant, et super ipsas caudas dyabolum portant et quadrigant, dicit magister Jacobus quod quidam sanctus, videns dyabolum ridentem, cum adjuraret eum [ut diceret] cur

1. F° 353.

risisset, ait quod quedam domina talis, cum iret ad ecclesiam, quemdam socium suum quadrigabat super caudam suam; que, cum debebat transire per locum lutosum, elevavit vestimentum, et dyabolus cecidit in lutum; cujus visa deturpacione, provocatus fuerat ad risum[1].

Item nota quod mulieres caudate similes sunt pavonibus, qui, cum caudas suas extendunt, turpitudinem suam ostendunt. Brutis animalibus cauda data est in velamen turpitudinis, et signum est quod turpitudo est sub cauda. Mirum est quomodo non erubescunt fieri similes jumentis insipientibus, ut videantur animalia caudata; nec sufficit eis honor creacionis, quod est quod inter cetera animalia eas Deus fecit sine cauda. In hoc caudate contumeliam Deo faciunt, cujus opus imperfectum et insufficiens, quantum in ipsis est, ostendunt, dum creacioni sue caudas addunt. Item mirum est quod non erubescunt esse caudate, cum Anglici erubescunt caudati vocari[2]. Item mirum est quod vexillum serpentis magis volunt portare, a quo victe sunt et per quod maledicto subjecte sunt, quam beate Virginis, cujus vexillum, quo dyabolum vicit et Deo placuit et maledictionem mulierum expulit et benedictionem adquisivit, fuit signum humilitatis tam in actu quam in habitu. Item non erubescunt per caudam trahi a dyabolo in infernum; de quo Apoc. XII b : « Draco magnus cum cauda sua trahebat terciam par-

---

1. Cf. Jacques de Vitry, f° 140.
2. V. Ducange, au mot *Caudatus*. Cette épithète, que le savant étymologiste paraît assimiler au mot *couard*, remonte peut-être à une vieille tradition qui gratifiait d'une queue les premiers habitants de l'Angleterre.

tem stellarum », mulierum scilicet nobilium in ecclesia existencium, quia rusticane mulieres, non habentes vestes caudatas, per eas non trahuntur, nec burgenses, sed que dicuntur nobiles. Nobiles ille caudas trahunt superfluas, de quarum superfluitate et sumptuositate multi pauperes possent vestiri. Contra has Merlinus in prophecia sua : « Mulieres incessu serpentes fient, et omnis gressus earum superbia replebitur; renovabuntur castra Veneris, nec cessabunt sagitte Cupidinis[1]. »

283. Licet autem ulcus superbie, quo percuciuntur per superbum ornatum, per totum corpus [se] extendat, quotidie crescit[2], juxta id : « Superbia eorum qui te oderunt ascendit semper[3]. » Quod patet : primo enim cum fuerunt homines, sufficiebat eis sua nuditas; postea induti fuerunt de incultis pellibus, postea de lanis incoloratis ovium ; postea processit cura ad cortices silvarum, postea herbarum, ut canabi et lini, postea ad stercora vermium, unde fecit sericum, postea ad succos herbarum et radicum et arborum et ad naturas varias rerum, de quibus colores diversos eliceret, et pannos tingeret et diversimode coloraret ; postea ipsas materias diversis coloribus tingens et subtiliter nens, attemptavit subtilius texere et diversis figuris depingere, aurum attenuare et intexere vestibus et pannis et aurifrigiis, et ipsa intexere et inserere lapidibus preciosis ; et secundum quod de die in diem crescit artis et adinvencionis novitas, crescit ornamentorum vanitas et variandi

---

1. F° 354 v°.
2. Ms. *et cotidie crescat.*
3. Psalm. LXXIII, vers. 23.

vestes diversimode nova subtilitas et subtilis curiositas.

Vanitas autem maxima et reprehensione dignissima apparet in corrigiis ferratis, sericatis, argenteis vel aureis, vel de preciosis lapidibus insertis; quas ostendunt reprehensione dignas hujus cujus sunt ornamentum condicio et humilitas, abusionis immensitas, ornamenti preciositas secundum naturam operis, curiositas facture, sumptuositas ornamenti [et] ponderositas : vilitas enim renum et ventris, quorum sunt ornamentum, que sunt vasa libidinis et putredinis, sentina sordium, vasa stercorum, habitacula sordida vermium et origo; magna quidem abusio talia vasa ligari hujusmodi corrigiis, cum trosellis preciosissimis, et de viridi et scarleto, et de pannis sericeis et auro, [cum] sufficiat ligari vilibus cordis vel sacculos plenos auro et argento et lapidibus preciosis, et aromatibus sufficiat ligari quibuscumque funibus, vasis eciam aureis et argenteis dominici corporis et sanguinis sufficiat ligari pannis et vinculis. Ipsi dominico corpori suffecit in presepio et in sepulcro eisdem ligari et involvi, et non sufficit vasi stercorum nisi argento et auro ligari... Item detestabilis est materie preciositas : de materia enim de qua fit una modica corrigia, possent aliquando vestiri plures nudi, qui aliquando pro illa spoliantur. Culpabilis eciam videtur esse facture curiositas et sumptus : faciunt enim in corrigiis imagines leonum et draconum et avium et aliarum similitudinum pictas vel sculptas et fusas ex argento et auro, quorum factura majoris est sumptus et plus constat quam ipsa materia aliquando; et materiam superbia superat opus artificis, et eos qui his utuntur devorabunt aliquando leones et dracones infernales...

Item reprehensibilis est ponderositas : non enim in remissionem omnium peccatorum suorum, si quis hoc eis injungeret in penitencia, portarent circa lumbos suos tanta pondera ferri vel plumbi quanta portant auri et argenti.

284. Capitis autem ornamenta sunt maxime in mulieribus reprehensibilia, in peplis croceatis, cristatis et crispatis, et in laqueis sericeis et coronis, in aurifrigiis et palliolis, mira curiositate et superbitate et varietate contextis, ex supposicione alienorum capillorum, ex culturis et picturis facierum et aliis hujusmodi... Magis esse similes dyabolo quam Deo et angelis eligunt. De Christo legitur quod unicum caput habuit (I Cor. : « Caput Christi Deus »), draco autem, id est dyabolus, septem (Apoc. XII b, XVII a). Similiter aliquando mulier unica multa habet capita, id est multa capitis ornamenta : aliud enim habet caput de nocte, aliud de die, aliud in ferialibus, aliud in festis ; secundum mutacionem dierum et festorum mutat capita, id est capitis ornamenta ; aliud in domo caput habet, aliud extra, aliud inter extraneos. De interiori capite pagat virum suum ; cum enim est cum solo viro suo, tunc sufficit ei quod portet deterius ornamentum quod habet, licet excuset se de vano et superfluo ornatu, [cum] arguitur, dicens quod se ornat propter virum suum. Cum ego aliquando quamdam mulierem arguerem de vanitate et superfluitate ornatus capitis sui, cum responderet se hoc facere propter virum suum, qui adhuc emerat ei septem preciosiora capitis ornamenta, que habebat in arca sua, quorum neutrum accipiebat cum sola ad virum suum solum intrabat in cubili suo, sed sufficiebat ei habere in capite mitram

de tela grossa vel reticulam de filo, depositis aliis capitis ornamentis; cum autem iret ad curias vel ad alia loca ubi alii homines erant, tunc accipiebat pro loco et tempore alia capitis ornamenta; ex hoc ego ei intuli quod non ornabat se propter virum suum, sed propter aliquorum lecatorum oculos pascendos[1].

285. Per hujusmodi signa vanitatis se venales ostendunt; sunt signa levitatis et lenocinii. Quando caminus uritur, signum est color rufus ignis qui est vel qui fuit; et hujusmodi vitte croceate signum sunt[2] quod viget vel viguit ibi ignis luxurie; et per hec signa cognoscunt homines mulieres leves, et eas impetunt. Audivi quod, cum communia cujusdam civitatis iret contra castrum quorumdam cum armis, ante domum patris sui sedebat quidam puer Rosellus vocatus, quia capillos rufos habebat; et omnes qui transibant, videntes caput ejus rufum, salutabant eum expresso nomine Roselli. Qui, intrans domum patris, clamabat : « O pater! tu nescis? tota talis communia cognoscit me. » Cui pater : « Quomodo scis? — Qui omnes salutant me ex nomine. » Cui pater : « Ego faciam quod non cognoscent te. » Qui rasit ei caput. Cum autem rediret exercitus, sedit Rosellus in eodem loco ubi prius sederat, et nemo salutavit eum, nec cognovit quod Rosellus esset. Sic mulieres habentes capita alba non sollicitantur nec tanquam fatue impetuntur, sed eas[3] omnes transeunt,

---

1. F^{os} 354 v°, 355 v°. On peut compléter tous ces curieux détails sur la toilette des élégantes du XIIIe siècle au moyen des critiques de divers prédicateurs, citées dans *la Chaire française au moyen-âge*, p. 405-410.
2. Ms. *signum est*.
3. Ms. *sed eam*.

quia signum fatuitatis in eas vel eis non aspiciunt.

286. Se peccatrices ostendere vel apparere non erubescunt. Sicut enim serpentes et dracones, quanto sunt rufiores, tanto venenaciores, sic mulieres, quanto sunt in capite rufiores, tanto videntur esse interius venenaciores[1]. Fui ego [in quadam villa] ubi nulla talis mulier audebat intrare ; sacerdos enim, timens infici parrochiam suam hoc veneno, instruxerat pueros ita quod, quociens mulier meretricio habitu ornata et croceata in parrochia tota apparebat, pueri clamabant post eam : « Egredere, rosselle, cum venenosa pelle[2] ! » Et projicientes post hujusmodi vilia, eas fugando expellebant[3].

287. Debent autem cohibere mulieres ab hac posicione crinium alienorum vel eorum qui non sunt de capite... Audivi vel forsitan vidi quod, cum quidam scolares morarentur juxta domum cujusdam mulieris ornate, que vocabatur Ysabel, cum ipsa intrasset pratum suum, ubi a nemine credebat se videri, quidam scolares viderunt eam, aspicientes per fenestram, caput suum, quod forsitan erat depilatum et in parte canutum, denudantem, et multam congeriem capillorum alienorum ad arborem pendentem, tingentem et ornantem, ut suis insereret et capiti suo componeret. Qui, cum hoc viderent, alios convocaverunt ad spectaculum

---

1. Ms. *venaciores*, les deux fois.
2. Ces mots sont la reproduction de quelque refrain populaire, comme : « Va-t'en, rousseau, — Avec ta vénéneuse peau. » Autrement les gamins eussent dit *rossella*.
3. F⁰ 355 v⁰. Tout ce passage doit s'appliquer, non-seulement au fard du visage, mais aussi à l'abus du rouge éclatant dans la parure des femmes, spécialement dans leurs couvre-chefs.

multos, qui eam confutando clamaverunt : « O domina Ysabel! ista cauda non est de isto vitulo. » Et sepe, cum eam per vicum ambulare viderent, idem clamabant; et factum est quasi proverbium et improperium contra fatuas mulieres. Quidam ait : « Istud jumentum cauda caret. » Alius finivit sic : « *Or la lient un*[1]. » Ex contempcione [peccant iste]; semper enim contenciose agunt contra Dominum, quasi dicant : « O domine, tu cadere facis capillos meos a capite, faciens eos defluere, et ego super caput meum elevabo alienos; tu fecisti mihi caput gracile, et ego capillis alienis illud ingrossabo; tu dedisti mihi capillos canos, ego faciam mihi deauratos; tu raros, ego componam mihi multos, etc.[2] »

288. Pena autem multiplex qua puniuntur in presenti et in futuro deberet retrahere mulieres a nimio amore capillature : primo, pena laboris quem habent in adquirendo et excolendo, abluendo, pectinando, tingendo, ungendo, vermes et lendes et pediculos ibi sustinendo. Secunda est timoris amittendi : timent enim ne per capillos capiantur, ne eis scindantur, comburantur, aut furentur sibi crines alieni. Tercia est doloris quo in presenti sepe puniuntur in capite, senciendo ibi magnum dolorem; et presumendum est quod hoc est propter peccatum quod in capite committunt, juxta id Sapiencie : « Per quod peccat quis, per hoc et torquetur. » Vidi ego quemdam sanctum virum de quo audivi quod Deus per eum multa fecerat miracula;

---

1. Autre dicton, qu'il faut peut-être interpréter ainsi : « Cette vache a perdu sa queue. — Que ne la lia-t-on ? »
2. F° 356.

quem cum rogarent quedam domine quod oraret pro quadam domicella nobili, et imponeret ei manum, quia assidue cruciabatur dolore capitis, dixit ei quod, si promitteret ei quod deponeret crocum et ornatum nimis vanum et superbum capitis, oraret Dominum pro ea, confidens quod tunc et non aliter curaretur, quia frequenter a Domino per capitis superbiam mulieres flagellabantur. Quod cum illa facere nollet et magis ac magis infirmitas eam urgeret, ad ultimum fecit illum vocari, promittens ei quod de cetero nec crines alienos nec croceatam vittam in capite portaret. Qui cum orasset pro ea, statim ab illa passione capitis est liberata. Et ille fuit quidam frater Dominicus, hyspanus, qui fuit socius beati Dominici in terra Albigensium, de quo eciam in vita beati Dominici fit mencio[1] : et hoc fuit factum apud Sanctum Antonium Parisius[2], circa quamdam domicellam uxoris comitis Montisfortis.

289. Quartum est gravamen oneris, in portando massam alienorum capillorum super caput suum... Quintum est horroris, in advertendo aliquando quod mortuarum mulierum crines ferunt. Non enim auderent jacere misere in lecto suo per noctem, si scirent ibi manum vel aliquod membrorum alicujus mulieris mortue involvi ad caput suum, sine magno horrore : quomodo ergo non dimittunt, saltim horrore mortis, super capita sua deferre capillos mortuos ? Audivi quod cum pater Frederici quondam imperatoris intrasset

1. Ce frère Dominique fut, suivant quelques auteurs, le premier prieur des Dominicains de Ségovie. (V. Échard, I, 16.)

2. L'abbaye de Saint-Antoine, fondée à Paris pour les converties de Foulques de Neuilly.

lectum, [et] uxor ejus imperatrix vellet intrare ad eum et deposuisset coram eo ornamentum capitis sui cum massa magna capillorum alienorum, incepit vocare milites et servientes suos, et in presencia eorum, horrens illos capillos quasi morticinum, clamabat quasi furibundus : « Cito, cito auferte a camera mea hoc morticinum et in ignem comburite, ut senciatis quomodo est fetidum ; nolo habere uxorem mortuam, sed vivam[1]. »

[*De carnis nobilitate.*]

290. Quoniam autem de carnis nobilitate multi tument et inaniter gloriantur, quod non est de ea gloriandum patebit... Cum enim omnes simus propagati ex eodem patre et matre, Eva et Adam, omnes sumus eque nobiles. Non enim propagati sunt alii de uno patre aureo vel argenteo, et alii de alio luteo, alius de capite, alius de calcaneo ; sed omnes de eodem et de lumbis ejus exivimus, et per eamdem viam in propagacione spirituali ab eodem Christi latere, et redempti eodem sanguine sumus. Audivi quod quidam mimus venit ad regem Philippum Francie, rogans quod subveniret ei, cum ipse ejus pauper consanguineus esset. Cum autem requireret ex qua parte et quo gradu, ait quod frater ejus erat ex parte Ade, sed male erat eis

---

1. F° 356 v°. Étienne veut parler du père de Frédéric Barberousse, plutôt que du père de Frédéric II, décédé depuis très-peu de temps lorsqu'il écrivait. En effet, s'il se fût agi de celui-ci, c'est-à-dire d'Henri VI d'Allemagne, il lui eût donné aussi la qualité d'empereur ; le père de Barberousse était seulement duc de Souabe.

DU DON DE FORCE. 243

condivisa hereditas, etc. Dixit ei rex quod in crastinum rediret, et eam ei omnium judicio condivideret competenter. Cum in mane redisset, vocavit eum coram ejus curia, proferens unum obolum ; et dans ei, ait : « Ecce quam bene reddo tibi justam porcionem fraternitatis tue. Cum enim solvero tantum cuilibet de fratribus et consimilibus meis, non remanebit mihi de toto regno tantum[1]. ».

---

1. F° 357. Voici une autre version de la même anecdote, qui nous est fournie par le recueil de Tours (ms. 205, f° 113 v°) :

« Regi Philippo eunti per viam obviavit quidam ribaldus, et petiit elemosinam, quia erat cognatus ejus. Ex qua, inquit, parte? Respondit : De Adam. Da, inquit, ei obolum. Respondit : Non donum regium. Si tantum, inquit, darem cuilibet attingenti mihi de genere ex ista parte, nihil mihi remaneret. »

Ce trait nous montre que Philippe-Auguste était un de ces personnages à renommée populaire, et presque légendaires, sur le compte desquels la génération venue après eux met volontiers tous les traits d'esprit ou les historiettes ayant cours. En voici encore plusieurs preuves curieuses, puisées à la même source manuscrite :

« Idem [rex] clericos pauperes habebat in quadam mensa coram se. Et videns in fine mense unum deponentem caponem, apud se vocavit in secreto, interrogans : Quam scientiam auditis ? Ait : Theologiam. — Nonne dicitur ibi : Nolite cogitare de crastino? Quare ergo deposuisti caponem? Respondit : Quia volebam deponere sollicitudinem et nolebam cogitare.

« Idem febricitans sitiebat vinum, quia nolebat sibi ministrare physicus sine aqua. Tunc ait : Saltem velitis quod primo bibam vinum, post aquam. Et concessit. Quo hausto, noluit aquam bibere, dicens : Non sitio.

« Idem, coram abbate quodam de frigore pedum conquerens, audivit ab abbate quod tales fiebant socci in abbatia, quos qui habebat, non frigus habebat. Rogavit quod mitteret ei ; et misit ei stramen album bene fricatum. Et deinceps habere noluit tales soccos. » (Ibid., f° 113 v°.)

Quelques autres anecdotes relatives au même prince, et tirées

291. Quidam alius de nobili matre et ignobili patre obtulit regi versus ita compositos, quos cum audisset

encore du manuscrit de Tours, semblent avoir un caractère plus historique.:

« Episcopus quidam Carnotensis, a quo petiit rex Philippus, qui erat ejus cognatus, primam prebendam quam daret, ei benigne annuit et concessit. Et cum post vacasset nec regi satisfecisset, increpavit per litteras eum de mendacio, quia primam quam dedisset [non habuerat], nec quam daret habebat. Qui respondit se veritatem servasse, quia ipsi non dabat sed vendebat. Et ita erat in rei veritate. (*Ibid.*, f° 75 v°.)

« Idem, in terra de *Gastineis* frequentans, vinum de vinea cujusdam vetule libenter bibebat. Quod videns ballivus terre, institit apud virum pro emenda vinea, nec voluit. Ipso mortuo, institit apud mulierem, que renuit. Quadam die, operarios in vineam misit, et se a viro emisse dixit, et per potentiam prevaluit. In adventu regis, mulier contra eum clamavit. Quod rex audiens, ait ballivo quod adduceret testes, et sic clamor mulieris cessaret. Quibus adductis, vocavit virum ad partem. Scitis, inquit, Pater Noster? Scio, inquit. Modo dic mihi. Qui dixit, et emisit spiritum. Et alium vocavit. Vere, ait, in verbo regis, socius tuus ita dixit veritatem, sicut est Pater Noster; recognosce, et liberaberis. Qui ait quod ballivus duxerat eos de nocte ad foveam mortui cujus fuerat vinea; et, exhumato corpore, ballivus accepit manus ejus, dicens : Ego emo vineam tuam sub testimonio istorum, isto pretio. Et posuit pecuniam super pectus, et iterum reportavit, et in terram iterum reposuerunt. Tunc rex vocavit alium, qui hoc idem recognovit. Concordes jurare judicavit, et, penitus veritate recognita, ballivum statim suspendi fecit, et vineam restituit mulieri, que in morte eam legavit regi. Rex autem in ea capellam edificari fecit et dotavit, et cuidam nepotulo suo dedit. (*Ibid.*, f° 112.)

« Idem [rex Philippus] habebat pauperem clericum qui pedes sequebatur capellam suam. Et quadam die, cum vacaret cura Peronensis, que valet circa quingentas libras, et clerici sui differrent ei dicere usque post prandium, quo tempore magis letus erat, ille clericus pauper, videns regem solum in capella, cum surgeret, ait : Domine, quoddam beneficium vacat apud Peronam; pro Deo, conferatis mihi. Quod beneficium, inquit, est? Respondit ille : Qui habet illud firmat ostia, pulsat campanas. Libenter, inquit, habebo

rex, quesivit cujus patris esset filius. Ipse autem, subticens nomen patris ignobilis, ait se esse nepotem cujusdam nobilis, faceti et ingeniosi clerici, qui attinebat ei ex parte matris. Quod audiens rex, ait, commotus ad risum : « Modo ad memoriam reduco fabulam muli, qui, requisitus quis esset, respondit quod erat creatura Dei ; post, cum de patre suo requisitus esset, noluit nominare patrem asinum, sed dextrarium dixit avunculum suum. » Post ait rex sociis suis : « Demus aliquid isti, quia ab ignobili patre non degenerat[1]. »

292. Item quidam, volens vituperare alium, ait : « Tu es caput generis tui. » Cui ille : « Et tu es cauda generis tui. » Item, cum quidam de nobili genere inferior maneret, improperavit cuidam qui de infimo genere in probitate sua ascenderat ; et [hic], cum in dignitate transcenderet genus suum, ait : « Gaudeo, quia egomet surrexi, tu autem ex te cecidisti, generi tuo factus in dedecus, et ego decus. » Item alius philosophus alii idem obicienti ait : « Crimen quod obicis mihi imputandum est [sapiencie?], tuum tibi imputandum est ignavie. » Vera autem nobilitas est nobilitas gracie, quam qui vere habet, Dei filius est et dedignatur peccare...

293. Item sol dicitur nobilissum sidus, quia radios

---

consilium. Ad quod clericus : Si habetis consilium, nunquam habebo. — Et certe nolo habere de cetero; tibi concedo. Post prandium accedentibus clericis et petentibus, respondit se dedisse clerico tali. Responderunt quod non erat aptus ad tale beneficium, quoniam, inquiunt, valet quingentas libras vel circa. — Verum dixit mihi : si haberem consilium, non haberet; sed suum est. Et fuit valens homo. » (*Ibid.*, f° 113.)

1. L'auteur semble attribuer ce trait au même roi que le précédent, c'est-à-dire à Philippe-Auguste.

suos non cessat communicare, calefacere et vegetare res... Qui autem sunt liberaliores, sunt et misericordiores, vero soli maxime similes, qui non obliviscitur miseri nec cessat benefacere. Milites autem nostri temporis, qui non cessant pauperibus auferre sua, maxime rustici sunt. Dicitur quod, cum magister Alanus' legeret apud Montem-Pessulanum, audientes milites patrie famam ejus, convenerunt ad eum, [uno] consensu querentes ab eo que esset maxima curialitas. Qui probavit eis multis racionibus quod liberalitas dandi et benefaciendi; in quo omnes unanimiter consenserunt. Tunc ipse quesivit ab eis quod dicerent ei quid esset summa rusticitas. Qui cum non possent consentire in unam sentenciam, redierunt ad eum, rogantes ut hoc ostenderet eis. Qui ait : « Si omnes consentitis in hanc sentenciam quod dare et benefacere assidue est curialissimum, neccesse est ut consenciatis in hanc per contrarium, quod auferre et malefacere assidue sit rusticissimum, et quod qui pauperibus auferunt sint rusticissimi[1]. »

1. F° 358. La rusticité est ici la qualité des *rustres*, comme la courtoisie est celle des gens de cour ou des chevaliers. Cette anecdote, répétée plus loin (n° 426), est un document précieux pour l'histoire si obscure d'Alain de Lille, qu'on croyait n'avoir enseigné qu'à Paris. (V. *Hist. litt.*, XVI, 399.) Elle détruit l'assertion de quelques auteurs, qui lui ont contesté la paternité d'un de ses ouvrages (*Summa quadripartita contra hæreticos*), par la raison que ce traité était dédié à Guillaume, seigneur de Montpellier, avec qui Alain n'avait pu être en relations (Lebeuf, *Dissert. sur l'hist. de Paris*, t. II, part. 2, p. 301; Schmidt, *Hist. des Cathares*, t. II, p. 234). On trouve le même récit, ou à peu près, dans un recueil d'exemples du xiii° siècle conservé à la bibliothèque d'Auxerre (ms. 35, f° 162) et récemment analysé par M. L. Delisle (*Cabinet historique*, XXIII, 7).

Quare non est superbiendum de bonis.

294. De bonis autem spiritualibus aut temporalibus non est superbiendum aut gloriandum..., quia cito amitti possunt. Immo bona spiritualia gratuita amittuntur ex eo quod de eis habentes ea inaniter gloriantur... Audivi de quodam [quod], cum esset excellentissimus [predicator], Parisius et excellentissime predicasset, cum quidam magnificarent eum in sermonibus suis, dicentes eidem quod multum deberet dare gloriam Deo, eo quod non haberet in sciencia sibi parem, audiens hoc, elatus in animo suo et glorians de laudibus humanis, non Deo dedit gloriam, sed ait : « Gracias habeat inde crucibolus[1] meus, ad cujus vigilias tantum institi; quod ad hanc excellenciam sciencie deveni! » Post quod verbum, ita amisit omnino et memoriam et scienciam, et ita tradidit omnia oblivioni, quod nil omnino videbatur scire, et quod omnibus eum agnoscentibus et videntibus Dei judicium circa eum versum est in stuporem et timorem[2].

De ambicione.

295. Sicut vana gloria provenit ex corruptili affectu, scilicet ex affectu vane laudis et favoris,

---

1. Lampe ou lumière de nuit.
2. F° 358 v°. Ce trait rappelle celui qu'on a prêté à Alain de Lille, qui aurait perdu la parole au milieu d'un sermon (Martène, *Ampliss. Coll.*, VI, 52; *Hist.-litt.*, XVI, 412).

sic et ambicio provenit ex affectu corrupto, scilicet ex affectu et appetitu vane excellencie proprie vel honoris... A regno celorum excludit. Cum quidam magnus prelatus quosdam religiosos, quibus debebat providere de loco competenti, providisset locum altum et aridum et incompetentem ad religionem, propter defectum aque et impetum ventorum undique comitancium, qui dissipabant ea que ipsi edificabant, cum visitasset eos et peteret ab eis aliquod verbum edificacionis, ait ille qui eis preerat : « Domine, non oportet vos rogare Deum ut ipse retribuat vobis in futuro bona que fecistis nobis, quia ipse ea in presenti vobis satis retribuit competenter. De tribus nobis dedistis largiter, que Dominus satis abundanter tribuit omnibus qui in temporalibus dignitatibus constituti sunt, scilicet : de visione, quia undequaque longe lateque possumus videre et videri; de vento, quia, undecunque veniat, satis habemus abundanter, ita quod dissipat edificia nostra; de ariditate, quia, quacunque divertamus, nos multum sentimus remotos ab aqua, et cum multa difficultate possumus eam habere. Sic vos, qui estis in mundi sublimitatibus constituti, de istis tribus maximam abundanciam consuevistis habere : primo de visione, quia, cum in locis vestris estis et longe et late respicitis, reficitis oculos vestros in istis bonis temporalibus, dum, undecunque vos vertatis, videtis vestras dilectas et abundantes possessiones, illinc prata, ibi vineta, ibi agros uberes, silvas, villas et castra, et alia desiderabilia anime vestre; item undique videmini et estis spectaculum hominum et exemplum; item de vento favoris humani et adulacionis sive detractionis, que assidue insufflant auribus, habetis abundanter, que consueverunt edificia virtutum et bonorum operum dissipare; et hi eciam qui sunt in hujusmodi magnam consueverunt habere, ubicunque se vertant, ariditatem et defectum aquarum compunctionis. Unde ex his videte si bene, secundum quod nobis tribuistis in presenti, Deus vobis retribuit congruenter[1]. »

296. Ambicio atterit et in inferno proicit... Invenitur de quodam priore Clarevallensi, Gaufrido nomine, quod, cum ipse esset electus episcopus Tornacensis, cum ab Eugenio papa et beato Bernardo, abbate suo, cogeretur onus episcopatus illius accipere, prostravit se ad pedes beati Bernardi et clericorum in modum crucis, et ait : Monachus fugatus, si me eicitis, esse potero; episcopus nec unquam ero. » Cui laboranti in extremis quidam monachus aderat, qui multum eum dilexerat vice versa, et ait ei : « Adjuro te per Deum, carissime, quod, si Deus tibi concesserit, certifices me de statu tuo post mortem. » Qui cum post mortem ejus oraret, prostratus coram altari, apparuit ei dictus Gaufridus, dicens quod ipse esset quem adjuraverat. Cum autem ille quereret quomodo esset ei, respondit : « Bene, per Dei graciam; verumptamen revelatum est mihi a beata Trinitate quod, si essem de numero episcoporum, essem de numero reproborum et dampnatorum[2]. »

---

1. F^{os} 359, 362 v°.
2. F° 365 v°. Cf. le n° 489. Il s'agit de Geoffroi de Péronne, prieur de Clairvaux, sur qui Pierre de Blois raconte à peu près la même chose dans sa cent-deuxième lettre. (V. *Hist. litt.*, XIV, 426.) Le fait dut se passer à l'une des deux vacances du siége de Tournai qui se présentèrent en 1166 et 1171.

De ypocrisi.

297. Post ambicionem dicendum est de ypocrisi, quia hoc vicium procedit ex infectione affectus, ut illud ambicionis et vane glorie, et quia ypocrisis ambicio est vel affectacio apparencie : ut vana gloria laudis et ambicio honoris vani, ita ypocrisis est appetitus apparencie vane... Hoc peccatum maxime elongat a Deo, qui est vera lux et ipsa veritas, a qua timet deprehendi ypocrisis falsitas. Sunt similes [ypocrite] vespertilionibus et avibus nocturnis, que lucem odiunt. Item audivi quod, cum aves convenirent, venit inter eas vespertilio, occultans quatuor pedes, extendens alas, et fingebat se esse de illis, non de quadrupedibus. Cum autem animalia convenirent, veniebat ad congregacionem eorum, clausas tenens alas et quatuor pedes pretendens, ut ostenderet se esse de illis. Quod advertentes tam animalia quam aves, odiosum eum habentes et persequentes, de eorum societate projecerunt[1]. Sic est de ypocritis, qui aliquando, quando sunt cum bonis, habitum sanctitatis ostendunt et quasi alas extendunt, dum similitudinem sanctitatis et honestatis pretendunt; cum autem in congregacione malorum, cum dissolutis et bestialiter viventibus, pedes suos, id est bestiales affectus suos dissolutos pre aliis ostendunt, quando pre aliis dissolvuntur, alis omnis honestatis suspensis; et ideo deprehensi merito sunt et a bonis et a malis evitandi ; et ideo tanquam aves noctis lumen

---

1. Cette fable d'Ésope a été répétée par Phèdre (*Appendix*, fab. 18), Romulus (fab. 27), Lafontaine (II, 5), etc. On la trouve aussi dans le recueil de Jacques de Vitry (f° 111).

eternum sustinere non poterunt, nec Dei faciem videbunt.

De inobediencia.

298. Dissuadet inobedienciam magnum dampnum quod homo incurrit per eam : dampnum autem voco amissionem plurimorum et maximorum bonorum quibus homo privatur propter inobedienciam suam... Paral. xv a : « Si derelinqueritis Dominum per inobedienciam, derelinquet vos per sublatam graciam... » Similis autem est Dominus illi avi, de quo audivi quod quidam discipulus quesivit a quodam magistro suo quomodo Adam potuit ita excecari quod comederet de ligno vetito, cum longe meliora essent in Paradiso; et cum magister diceret ei :

« Nitimur in vetitum semper cupimusque negatum »,

non sufficiebat ei hec solucio, sed eum multum judicabat infelicem, dicens quod, si fuisset in loco suo, nunquam hoc fecisset. Magister ad hec intravit in cameram suam, et aviculam quam habebat posuit inter duas scutellas magnas et pulcras; et vocavit eum intra cameram, et ostendit ei libros suos et pixides electuariorum bonorum, dicens : « Ego vado ad missam, et cogitabo interim de questione tua; et si quid melius invenero quam solverim, cum venero, tibi renunciabo. Interim spacieris, et expono tibi libros meos et electuaria mea et alia comestibilia; hoc solum inhibeo tibi, quod non removeas illas scutellas, quia aliquod secre-

1. F^{os} 366, 367 v°.

tum habeo inter eas. » Et sic recessit. Discipulus autem ille, revolvens libros, cepit cogitare quare inhibuisset ei de scutellis, et, aliis relictis, cepit primo [velle] videre et mirari quid intus lateret; et volens hoc videre, scutellas aperuit, et avicula avolavit; et tunc vidit quod vera erat magistri sui solucio, scilicet : « Nitimur in vetitum. » Quo redeunte, prevenit eum, dicens quod non oportebat eum circa questionis sue solucionem laborare, quia ipse experiendo dedicerat priorem solucionem veram esse. Hoc audivi a magistro Nicholao [de] Flaviniaco, archiepiscopo Bisuntino, in sermone quodam[1].

299. [Inobediencia] est contemptus Dei et legis ejus; spernit enim jura nature, dum membra nolunt obediendo subesse capiti, ut creatura creatori, uxor viro, filius patri, subditus prelato, servus domino... Per hanc contempnit uxor virum, ut Vasti Assuerum (Esth. I g). Unde quidam ait :

« Femina, fax Sathane, fetens rosa, dulce venenum,
   Semper prona rei que prohibetur ei. »

Dixit magister Jacobus [quod], cum quidam joculator haberet uxorem que semper erat ei rebellis et faciens contrarium hujus quod dicebatur[2] ei, cogitavit quomodo se vindicaret de illa. Invitavit multos vicinos, ponens mensam in margine cujusdam pratelli sui, juxta quod inferius aqua rapidissima et profunda currebat, et faciens [eam] sedere super sellam ex illa

---

1. F^{os} 368 v°, 369 v°. Jacques de Vitry cite également un religieux qui enferma un rat entre deux plats pour tenter la curiosité d'un de ses frères. (Ms. 17509, f° 15.)

2. Ms. *docebatur*.

parte, invitatos ab alia secum. Cum autem dictus joculator diceret uxori sue quod magis appropinquaret se eis, ne caderet, quanto plus precipiebat, tanto magis se elongabat, usquequo cecidit in aquam. A qua cum raperetur, joculator currebat ad oppositam partem, eam querens. Cum autem diceretur ei quod eam inferius quereret, dicebat : « Scitis quod semper contrarium fecit hujus quod debuit ; adhuc forte, cum debeat cum aqua naturaliter descendere, ipsa sursum ex opposito tendit[1]. »

300. Item quidam alius, habens uxorem inobedientem, finxit se ire ad nundinas; precepit ei quod caveret ne aliquo modo digitum suum poneret in foramine parietis cujusdam, qui erat in domo. Cum illa secum miraretur quare hoc ei inhibuisset, venit ad parietem, post quem ille latebat. Cum autem illa frequenter digitum in foramine dicti parietis poneret, ille cum gladio digitum ejus amputavit; illa, ex sua inobediencia hoc reportans incommodum, arguente eam de hoc sepe viro suo, melius obedire curavit[2].

301. Hominem quietum et pacificum et in presenti quasi beatum [obediencia] facit; nec de presentibus adversitatibus, si insurgant contra eum, conturbatur, quia conformat voluntatem suam voluntati Domini, a quo hec ad utilitatem fiunt. Audivi quod, cum quedam

---

1. Cette anecdote se trouve ci-dessus (n° 244) et dans Jacques de Vitry (ms. lat. 17509, f° 136). J'ai déjà signalé l'emploi qu'en ont fait Marie de France, Le Poggé et Lafontaine.

2. F° 371. On retrouve ce trait dans les *Cent nouvelles nouvelles* (éd. Le Roux de Lincy, II, 364) et dans Lafontaine (*Contes*, II, 10). Th. Wright a publié un texte à peu près semblable (*Latin Stories*, n° 12).

tempestas attrivisset quamdam parrochiam, cum in dominico die convenissent in ecclesia parrochiani, mesti et afflicti de hoc quod amisissent bona sua, et contra Deum murmurarent, quidam eorum letus persistebat, Domino gracias agendo. Cum autem alii quererent ab eo quare hoc faceret, ait quod hoc ideo faciebat, quia Deum in potestate sua ita redegerat, quod nil faceret Deus nisi quod ipse vellet. Cum autem de hoc accusarent eum apud sacerdotem, quod videbatur heresim sapere, reddidit[1] de hoc racionem sacerdoti, quia hoc ideo dixerat, quia quicquid Deus volebat, et ipse, ita quod nil aliud volebat nisi quod Deus volebat; propter hoc de omnibus factis ejus sic gaudebat, quod de nullo turbabatur, et ita ipse nil volebat quod Deus nollet, sed cum ipso tanquam cum amicissimo habebat idem velle et nolle; et cum segetes suas videbat attritas, de hoc gaudebat, sciens quod hoc Deus ad ejus utilitatem volebat et faciebat[2].

[*De contumacia.*]

302. Consequenter notandum est de superbia contumacie, que provenit ex eo quod homo contempsit ecclesiasticas sentencias, parvipendens eas incurrere, vel, postquam incurrerit, non curans de eis exire; quod peccatum valde est Deo contrarium, et homini contumaci valde nocivum, et Ecclesie valde corruptivum. Sic, ut audivi, dicebat quidam pinguis usurarius, qui, cum diu stetisset excommunicatus pro contumacia, os-

---

1. Ms. *quod reddens*.
2. F° 372 v°.

tendebat parrochianis aliis ventrem crassum et pingues genas suas, deridendo dicens : « Videte quomodo desiccaverunt me maledictiones sacerdotum. » Ignorans miser quod Deus eum impinguasset ut porcum ad victimam mortis eterne, et quod securus morti proxime et subite esset occiduus!...

303. Sentenciam excommunicacionis docent timere et cavere animalia, exemplo et divino miraculo hoc agente. Audivi quod, cum papa Gregorius nonus esset ante papatum legatus sedis apostolice in Lumbardia[1], et invenisset in quadam civitate quosdam majores compugnantes, qui processum ejus impediebant, cum altera pars staret ad arbitrium ejus de pace reformanda, et altera nollet contumax consentire, cum excommunicasset capitaneum illius dissensionis, qui solus pacem impediebat, et ille excommunicacionem contempneret, ciconie multe, que nidificaverant super turres et caminos domus ejus, a domo ejus recesserunt, et nidos suos transtulerunt ad domum alterius capitanei dicte guerre, qui paratus erat stare mandato dicti legati; quod videns ille contumax, humiliavit cor suum ad absolucionem procurandam et ad voluntatem dicti legati faciendam. Quo absoluto, dicte ciconie nidos suos super domum suam reportarunt.

304. Item audivi quod in ecclesia Sancti Vincencii Matisconensis[2], in qua ego puer pluribus annis fui conversatus, multi passeres solebant intrare et eccle-

---

1. Le nom de Grégoire IX, pape de 1227 à 1241, était populaire chez les Frères Prêcheurs, auxquels il avait accordé des bulles très-favorables.

2. Ms. *Maticensis*. Saint-Vincent est l'ancienne église cathédrale de Mâcon, aujourd'hui démolie.

siam fedare et officium impedire. Cum autem non possent excludi, episcopus illius loci, Landericus nomine[1], eas excommunicavit, mortem comminans si ecclesiam ulterius intrarent; que, ab ecclesia recedentes, nunquam postea eamdem ecclesiam intraverunt. Ego autem vidi multitudinem earum circa ecclesiam nidificantes, et super dictam ecclesiam volantes et manentes; nullam autem earum vidi in dicta ecclesia. Est eciam ibi communis opinio quod, si aliquis [unam] capiat et eam in dicta ecclesia violenter intromittat, quam cito intromittitur, moritur.

305. Item audivi a pluribus fratribus nostris quod, cum quidam episcopus Lausanensis haberet piscatores in lacu, cum quadam nocte misisset eos piscari ad anguillas, proicientes recia sua in lacu, ceperunt serpentes cum anguillis. Quidam autem eorum caput dentibus attrivit, credens anguillas, ne possent exire naviculam; in mane autem, cum vidisset quod erant serpentes, ita abhorruit, quod pre abominacione mortuus est. Quod audiens episcopus, excommunicavit dictas anguillas si de cetero in dicto lacu morarentur. Omnibus autem inde recedentibus, postea, ut dicitur, in dicto lacu non remanserunt[2].

306. Item audivi a quodam fratre nostro, qui dicebat ad tumbam sancti de quo referam fuisse, quod apud Caturcensem urbem fuit quidam episcopus magne pulcritudinis et mire sanctitatis, in quem cum quedam mulier de majoribus ville inardesceret, nec videret

---

1. Landri de Brézé, évêque de Mâcon de 1074 à 1096. On voit que la tradition locale racontée à notre auteur dans son enfance remontait déjà assez loin.
2. L'anguille est, en effet, très-rare dans le lac Léman.

quomodo ei loqui posset de die sine nota sui, in quodam festo veniens ad matutinas, cum alii, qui erant regulares canonici, post matutinas recessissent, et ille remansisset in oracione, illa, a suis secedens, ad locum ubi erat sanctus accedens, prostravit se coram eo, et abhorrenti et admiranti dicebat se esse peccatricem, et volebat ei loqui de nocte, quia de die non audebat ad eum accedere. Cum autem ei compassus crederet eam velle confiteri et aurem ei preberet, ipsa incepit eum sollicitare, ostendens ei quomodo ejus amore moriebatur. Cum autem vir sanctus hoc respueret et horreret quod illa petebat, monens eam ad contrarium, illa, scissis vestibus et dissoluto crine, incepit clamare; et cum accessissent qui in ecclesia erant, dixit illa quod episcopus volebat eam opprimere, et de hoc conquesta est omnibus amicis suis. Episcopus autem, hoc audiens, et innocens, et confusus, fugit ad domum suam, et, videns quod rumor crebresceret contra eum et multe fovee profunde essent juxta ripam fluminis, qui transibat per civitatem, fecit in una fieri occulte ostium et seram; et intus in rupe erat spelunca satis profunda. Et videns quod non cessaret infamia, imputans hoc peccatis suis, quadam die vocavit quemdam nepotem suum, quem nutriverat, et facit ei prestare juramentum quod ejus secretum nullo modo revelet usque dum diceret ei, et quod sit facturus quod ipse injunxerit ei. Precipit ergo ei parari naviculam; qua parata, quadam die de domo sua intrat eam cum dicto nepote suo; venit ad dictam speluncam, precipiens nepoti per juramentum suum quod ostium claudat post eum et seret, et clavem proiciat in profundo gurgite, nec aliquid de eo loquatur, quousque clavis ostii inveniatur; quod fecit nepos.

Cum autem dictum episcopum quesissent ubique per dimidium annum, nec aliquos rumores audissent cives de eo, immo veram crederent infamacionem dictam, substituerunt ei alium, qui dictum nepotem, industriosum juvenem, secum habuit de familia sua. Elapsis autem septem annis, cum domino missus fuisset lucius maximus, signavit cocus quod in ventre ejus fuisset inventa clavis; quam accipiens, advertit dictus juvenis quod erat clavis spelunce in qua incluserat avunculum suum. Unde gaudens, retulit domino suo et aliis canonicis quomodo incluserat avunculum suum in dicta spelunca, et cum qua condicione.

Cum autem omnes ibi convenirent ut ossa ejus colligerent, invenerunt eum intus vivum et incolumem. Cum autem vocaret nepotem suum proditorem et perjurum, excusavit se nepos, dicens se non commisisse perjurium, quia clavis fuerat in lucio inventa. Successor autem suus reddidit ei pontificalia et omnia. Cum autem egrederetur, indignatus contra lucium per quem proditus fuerat, ait : « Ego, auctoritate qua fungor, precipio vobis, o lucii, ne intretis de cetero in aqua hac infra terminos dyocesis mee. » Ex quo nullus lucius intravit in aqua illa[1] infra terminos dictos, cum sint ibi ex utraque parte aque multe[2].

307. Item excommunicacio est muscipula vel sagena dyaboli. Abac. 1 f : « Totum traxit in sagena sua. » Hec sagena, cum unum capit, sepe totam parrochiam in-

---

1. Ms. *de qua illa illa.*

2. F^{os} 373 v°, 374. Le trait de la clef trouvée dans un poisson et de la préservation miraculeuse de l'évêque se retrouvent dans la légende de saint Grégoire.

volvit. Audivi quod, cum Corrardus, apostolice sedis legatus, cardinalis et albus monachus[1], predicavit in Theotonia, vidit quemdam arreptum in quo demon loquebatur, qui inter multa alia hoc dixit, quod unum erat per quod in ecclesia lucraretur plures, sed non diceret illud; ad ultimum autem, multis compulsus adjuracionibus, dixit quod illud erat excommunicacio, per quam, uno capto, aliquando majores parrochie vel omnes ei communicant, ecclesie sentenciam contempnentes vel timore, vel pudore, vel amore, vel contemptu clavium. In decretis Calixtus papa : « Nullus communicet excommunicatis in oracione, aut cibo vel potu, aut osculo, aut ave dicat eis, quia quicumque in his aut aliis prohibitis scienter eis communicaverit, juxta apostolorum institucionem, et ipse simili excommunicacioni subjacebit... »

308. Item inficit animas et denigrat maledictione, ut dyabolica tinctura. Audivi quod, cum quidam comes Tholosanus[2] fautor esset hereticorum et receptator, quidam sanctus abbas fuit missus ad eum commonendum ; qui cum nollet sancto viro adquiescere nec excommunicacionem timeret, sciens autem sanctus quod cor subversum non eruditur verbis, dixit : « Ut autem tu et tui videatis factis quam infecta sit anima sentencia excommunicacionis innodata, volo mihi deportari panem album. » Quo sibi delato, accepit eum et dixit : « Panis, licet non merueris, tamen, ut in te ostendatur veritas fidei nostre et maledictio anime

---

1. Conrard, cardinal-évêque de Porto, qui séjourna chez les Frères Prêcheurs de Bologne. (V. Échard, I, 29.)

2. Raymond VI, comte de Toulouse, excommunié après le meurtre du légat Pierre de Castelnau, en 1208.

excommunicacionem non servantis, excommunico te. »
Quo dicto, panis, qui inter manus ejus erat candidus,
subito niger factus est; qui precepit illum in duo dividi,
et similiter interius apparuit niger, mucidus et corruptus. Tunc subjunxit : « Ut vos eciam sciatis virtutem
absolucionis »; [et], accepto pane, absolvit eum, qui
in priorem speciem et candorem est reversus[1].

309. Anathema tradit Sathane : quam cito enim
aliquis excommunicatur, Sathane traditur... Item,
cum quidam frater predicasset in dyocesi Matisconensi,
cum alii qui erant concubinarii manifesto se promisissent in sermone accipere[2] concubinas suas aut dimittere, quidam, adductus coram dicto fratre et admonitus
per eum quod quamdam dimitteret, quam suam consanguineam ut concubinam tenebat, noluit eam dimittere, sed eam volebat accipere, ut dicebat. Cum autem
episcopus loci mandasset hunc excommunicare, et ipse
contumax a dicto fratre recederet, asserente ei quod
nullo modo legitime posset eam habere, cum recessisset contumax cum patre suo, G. sacerdote et multis
aliis parrochianis, cum ipsi in via eum arguerent et
ipse de verbis eorum truffaret, subito a dyabolo suffocatus, mortuus cecidit; quod sacerdos reversus dicto
fratri sic esse factum asseruit.

Item in eadem dyocesi, in villa Presiaci[3], similiter
accidit. Idem de alio de quo supra dictum est, prima
parte, titulo septimo[4], de morte timenda[5].

1. F° 374 v°.
2. Sous-entendu *in uxores*.
3. Pressy (Saône-et-Loire).
4. Ms. *sexto*: V. le n° 51.
5. F° 375.

310. Multi eciam contumaces et diu excommunicacionem sustinentes, divino judicio hoc faciente, sepe duris infirmitatibus opprimuntur et afficiuntur; vel in carceribus hostium affliguntur, et multis calamitatibus in presenti, in anima et corpore et rebus, atteruntur. Cum predicarem in dyocesi Valencinensi[1], transivi juxta castrum quoddam quod in loco eminenti et forti situm erat, et domibus magnis et lapideis edificatum; et credebam[2] quod multi erant in eo milites et alii habitatores divites; et in circuitu ejus erat terra bona, ut videbatur. Et dictum fuit mihi ab incolis terre illius quod nullus erat omnino in eo habitator. Et cum causam quererem, dictum fuit mihi quod quidam dominus ejus, qui valde superbus et contumax fuit, stratas spolians, cepit quemdam legatum sedis apostolice, equos et res alias retinens et personas dimittens. Qui super hoc excommunicatus [est], et castrum loci et habitatores interdicto suppositi, nec de sua absolucione procuranda postea curaverunt. Qui sine aliqua guerra ad tantam miseriam [devenerunt], et tota progenies illius militis cum ipso, quod in nichilum redacti esse dicebantur...

311. Facit [excommunicacio] sterilem et inutilem... Excommunicatus, excisus a corpore Ecclesie, est quasi palmes excisus, inutilis et infructuosus. Similis est talis ficulnee cui Dominus maledixit, qui statim aruit (Matt. XXI d). Item in historia Karoli[3] legitur Karolus

---

1. Pour *Valenciensi* (Valence en Dauphiné).
2. Ms. *credebant*.
3. L'histoire de Charlemagne ou de Roncevaux, attribuée à l'archevêque Turpin et plusieurs fois citée par notre auteur. Le chapitre où il est question de ces villes maudites, situées en

aliquibus maledixisse civitatibus, que in desertum sunt usque hodie redacte et desolate ab omni habitatore. Item audivi ab aliquibus fratribus nostris quod, cum Alaisia duchissa, mater ducis Burgundie[1], emisset viridarium pulcrum a quodam sacerdote, cum essent arbores pulcre et terra bona et pinguis, nullum fructum faciebat. Cum autem quereret ab incolis quid poterat esse in causa, dixerunt ei : quia, cum sacerdos in dominicis diebus celebraret missam tempore fructuum, juvenes, relicta parrochia, colligebant fructus et dissipabant clausuras et arbores ; cum autem sepius hoc monuisset eos et nihil proficeret, excommunicavit viridarium, si de cetero faceret fructum ; qui ex tunc fructum non ferebat. Dicta duchissa fecit in plena parrochia viridarium absolvi, precipiente ei sacerdote dicto ut fructum ferret de cetero assuetum ; quod et fecit. Hoc fratres qui hoc retulerunt a dicta duchissa audierunt[2].

312. Item, cum predicarem in Belletensi[3] dyocesi, et viderem in quodam loco silvam aridam juxta stagnum, cum quererem causam illius ariditatis, dicebant incole quod quidam miles vi abstulerat dictam silvam personis quibusdam religiosis, quibus eam dederant antecessores sui. Cum autem prior hujus loci non posset vi aut placito recuperare possessionem ablatam, venit ad locum, dicens silve et stagno : « Sicut veram et debitam juridictionem in vobis habemus, ita sub inti-

---

Espagne, manque dans la plupart des éditions. (V. la dissertation de M. G. Paris, *De pseudo Turpino*.)

1. Alix de Vergy, femme du duc Eudes III et mère de Hugues IV, qui régnait à l'époque où écrivait notre auteur. (Cf. le n° 33.)

2. F° 375 v°.

3. Pour *Bellicensi* (Belley).

macione anathematis vobis inhibeo ne de cetero faciatis fructus vel res unde gaudeant qui nos vobis injuste spoliaverunt. Et ex tunc, ut me recolo audivisse, dicta silva per plures annos aruerat et stagnum pisces non habuerat, ut dicebatur mihi...

313. Morte subita necat et mala et improvisa, sicut supra dictum est de traditis dyabolo et suffocatis. Item in diocesi Eduensi, apud Marciniacum[1], accidit, ut mihi retulit archipresbyter loci, probus et peritus in jure, quod, cum duo excommunicati pro contumacia Ligerim transirent cum tribus aliis, cum nec nauta nec alius posset navem [impedire] quin aqua deferret eam inferius precipitem versus quemdam pontem et crederent omnes navem atteri, iidem excommunicati dicti, quia senes erant, saltaverunt super quedam ligna dicti pontis, super que quicunque debiles securi deberent esse ; alii tres qui non erant excommunicati, Deo faciente, transierunt et evaserunt periculum. Cum autem homines loci venirent super pontem, volentes eos inde extrahere, dixerunt : « Ad quid inutiliter laboratis? Oportet nos hic perire. » Et, hoc dicto, ipsimet in aquam se projecerunt, et mortui sunt; corpora autem eorum non potuerunt inveniri, nisi post tot dies quod fuerant in excommunicacione morantes...

314. Excommunicati in igne inferni eternaliter succendunt[ur], et a demonibus vorantur et dissipantur. Item idem archipresbyter[2], de quo supra memini, dixit mihi hoc in archipresbyteratu suo accidisse, in parrochia Sancti Leodegarii[3]. Cum quedam mulier

1. Marcigny-aux-Nonnains (Saône-et-Loire).
2. L'archiprêtre de Marcigny.
3. Saint-Léger-lès-Paray, non loin de Marcigny.

esset excommunicata pro eo quod adherens adultero nolebat redire ad virum, et mortua esset in illa excommunicacione et pertinacia, in vase ab amicis suis fuit super arborem posita : canes autem tocius terre illius ibi convenerunt, et arborem ascendere nitebantur, nec valebant ; unde corticem arboris dentibus corrodebant, et maximos latratus emittebant. Quod videntes parrochiani, foveam profundam fecerunt, et eam, remotis canibus, intus sepelierunt, et magnum lapidem superposuerunt. Nilominus tamen dicti canes ad locum venerunt, et eam exhumaverunt, et membratimla ceraverunt et diviserunt.

315. Item dixit idem quod quidam miles, in excommunicacione mortuus et extra cimiterium positus, cum ab amicis procurata fuisset ejus absolucio, cum vellent eum sepelire, invenerunt maximum serpentem qui collum ejus cingebat et ventrem. Cum autem vellent serpentem amovere, intravit per os ventrem ejus[1].

[*De irreverencia, et sacrilegio personali.*]

316. Dicto de contumacia excommunicacionis, dicendum est de irreverencia, que est mater inobediencie et filia superbie... Primo dicemus de sacrilegio personali, a quo peccato debent nos revocare multa... Sunt enim [sacerdotes] medici spirituales, exhibentes unguenta sacrorum et pigmenta documentorum, lumen et salutem consiliorum et suffragia divinorum officiorum et oracionum. Similes sunt freneticis qui eos ledunt, qui eis tot beneficia conferunt. Audivi quod, cum beatus

---

1. F° 376.

Franciscus iret per Lumbardiam, quidam paccharius sive manicheus, cum ingressus fuisset quandam ecclesiam ad orandum beatus Franciscus, videns famam sanctitatis quam habebat in populo, occurrit ei, et, volens per eum populum sibi allicere et fidem subvertere et officium sacerdotale contemptibile reddere, cum parrochialis sacerdos esset infamis in parrochia de hoc quod concubinam teneret, dixit dicto sancto : « Ecce estne credendum dictis hujus, et factis ejus aliqua reverencia exhibenda, qui concubinam tenet et manus habet pollutas, carnes meretricis tractando? » Attendens autem vir sanctus heretici maliciam, coram parrochianis venit ad sacerdotem illum, [et], flectens genua ante eum, ait : « Si tales sunt manus illius quales iste dicit, nescio ; et si eciam tales essent, scio quod non possunt inquinare virtutem et efficaciam divinorum sacramentorum. Sed, quia per manus istas multa beneficia Dei et carismata populo Dei fluunt, istas osculor ob reverenciam eorum que ministrant et cujus auctoritate administrant ea. » Et hoc dicens, et flectens genua coram sacerdote illo, manus ejus osculabatur, confundens hereticos et eis credentes qui aderant[1].

[*De sacrilegio locali.*]

317. Ad reverenciam sacrorum locorum debent homines movere... Dei sive beate Trinitatis presencia,... presencia corporis dominici, quod super omnia post

---

1. F^{os} 376 v°, 377 v°. Ce trait de tolérance de S. François d'Assise est répété plus loin (n° 347). Je ne l'ai pas retrouvé dans les biographies contemporaines reproduites par les Bollandistes (au 4 octobre).

Deum est venerandum, maxime racione conjuncte sibi divinitatis... Item audivi et legi metrice dictatum exemplum quoddam quod multum potest confundere ingratitudinem et irreverenciam circa corpus Christi Domini et locum in quo est. Audivi enim quod quidam rusticus, multum affectans ditari, multos habens alveolos apum, cum quereret a quibusdam maleficis quomodo posset ditari et apes multiplicari, dictum fuit ei a quodam quod, si in die Pasche sanctam communionem retineret et in aliquo alveolo suo eam poneret, omnes apes vicinorum suorum lucraretur, que, dimissis alveolis suis, ad locum ubi esset corpus Domini convenirent et ibi mellificarent; quod fecit ille. Tunc omnes apes ad alveolum ubi erat corpus Christi convenerunt, et, pro irreverencia sibi facta compacientes quasi, opere suo inceperunt construere ecclesiam parvulam, fundamenta et bases et columpnas erigere, et altare consimili opere, et corpus dominicum cum maxima reverencia super illud altare collocaverunt, et ecclesiolam illam miro opere et pulcherrimo perfecerunt infra alveolum illum. Vicine apes vero, relictis alveis suis, ad illum conveniebant, et quasdam melodias mirabiles suo modo circa illud opificium concinebant ad modum hymnorum. Rusticus autem hoc audiens mirabatur; expectans autem usque ad tempus debitum ad colligendum examen et favum, nil inveniens in alveolis suis in quibus apes mellificare consueverant, inveniens se depauperatum unde credebat se debere fieri divitem[1], ivit ad illud ubi communionem posuerat, ubi apes convenisse viderat. Cum autem apropinquaret, quasi volentes vindi-

---

1. Ms. *fieri deceptum.*

care contumeliam Salvatoris, irruentes in rusticum, aculeos in eum defigebant apes, ita quod vix evasit, multum afflictus. Veniens ad sacerdotem, retulit totum factum et suum et apum; qui, de consilio episcopi, collegit parrochiam et venit processionaliter ad locum. Tunc apes, de alveo exeuntes, in sublime se elevaverunt, dulcem melodiam facientes; elevantes autem alveum, invenerunt intus nobile opificium illius parve ecclesie et corpus dominicum super altare collocatum. Ipsi autem gracias referentes, illam parvulam ecclesiam luculentissime et artificiosissime compositam in ecclesiam suam intromiserunt, cum laudibus super altare collocantes. Hic possunt multum confundi qui non deferunt, sed pocius contumeliam inferunt vel sacro Christi corpori vel sacro loco ejus[1].

318. Debemus venerari loca sacra propter virtutem et meritum sacri patroni vel patronorum illius loci, in quorum honore ecclesie sunt ditate vel consecrate; et ipsi honorant illos, qui loca sua honorant et visitant, defendunt et liberant... Cum civitas Avi[ni]onensis esset obsessa, propter rebellionem et notam heretice pravitatis, a beate memorie Ludovico, rege Francorum, filio Philippi regis, et ab exercitu crucesignatorum, quidam sanctus vir, ut audivi, previdit ante hoc quod Dominus celestibus exercitibus conquerebatur de illa civitate propter infidelitatem et maliciam multorum habitancium in ea; et quod acuerent fulmina et pararent jacula precipiebat angelis, in conflagracionem et destructionem civitatis dicte, qui conficissent. Videbatur dicto viro quod beata Virgo supra civitatem

---

1. F° 381.

se extenderet, opponens se pro ea, et dicens quod quedam persone devote que erant in dicta villa instabant apud eam in ecclesia ipsius, unde ipsa erat patrona, vigiliis et oracionibus et lacrimis in ea existentes, et ipsam luminaribus multis honorantes, que erant catholice. Hoc autem obtinuit, propter catholicos qui ejus ecclesiam honorabant, ne civitas destrueretur, licet reddita sit ad voluntatem dicti regis, majoribus illius captis et muris dirutis[1].

319. Qui loca sancta commaculant vel violant, vel qui eis injuriam faciunt... maledicti sunt, quia sentenciam anathematis incurrunt, que inter penas ecclesiasticas major est... Multi autem magis timent in bursa ledi, in modica pecunia, quam hoc gladio feriri mortifero anime et corpori; quia in utroque disperdit et eternaliter edit. Audivi quod quidam episcopus Graciopolitanus precepit suis sacerdotibus ut, venientes ad synodum, honeste cum stolis et albis vel superpelliciis ibi venirent; quod ipsi facere contempserunt. Tunc precepit eis sub pena suspensionis, nec tunc eciam hoc fecerunt; tunc aggravavit manum, dicens in alia synodo quod sub pena excommunicacionis venirent; quod cum non fecissent nisi pauci, ait : « Cras veniatis, ut dixi, sub pena quinque solidorum. » Tunc omnes, ne incurrerent penam dicte pecunie, albas et superpellicia quesierunt, vel per precium datum, ita quod omnes venerunt ut eis fuerat imperatum. Quos de hoc episcopus in synodo arguit et confutavit, quod magis time-

---

1. F⁰ 381 v⁰. La prise d'Avignon par Louis VIII est du 12 septembre 1226. Les fossés de la ville furent comblés, un certain nombre de maisons rasées, et deux cents otages livrés au roi. (V. Le Nain de Tillemont, *Vie de saint Louis*, I, 405.)

rent admissionem modice pecunie quam anime sue...

320. Notandum quod Dominus loca sancta sepe punit, ex eo quod prophanantur, [vel] ex eo quod aliqua inhonesta in eis fiunt... Item archiepiscopus Reginaldus Lugdunensis[1] aliquando quesivit a me unde erat quod loca sacra fulminibus plerumque ferirentur et cicius quam loca prophana. Cum ego respondissem ei quod mihi occurrebat, respondit ipse quod expertus erat quod ideo loca sancta Deus puniebat, vel concremando vel alio modo, propter inhonestates que in ipsis male fiunt. Et adjunxit quod de novo visitaverat ecclesiam Beate Marie Podiensis, qui locus est valde venerabilis et multis divinis miraculis et beneficiis illustris et a multis frequentatus, in quo dicitur esse et ostenditur calciamentum beate Virginis et digitus quo Johannes Baptista Dominum demonstravit[2]. Ibi etiam, ut audivi, ipsi Sarraceni occidentales[3] mittunt aliquando munera, ut beata Virgo eos liberet a fulgoribus et tempestatibus et agros suos. Ibi, parum antequam venisset dictus archiepiscopus, fulgur ceciderat in ecclesiam, ipsos lapides pavimenti combusserat, quod multis fiebat in stuporem. Cum autem inde rediret dictus archiepiscopus, et venisset cum Podiensi episcopo ad quemdam locum qui Silva[4] vocabatur

1. Renaud de Forez, archevêque de Lyon de 1193 à 1226.
2. L'église de Notre-Dame du Puy n'a plus ces reliques, mais prétend posséder une partie du crâne de saint Jean-Baptiste, d'après une communication de M. l'abbé Alirol, secrétaire de l'évêché, datée de 1863, et insérée dans la nouvelle édition de la *Vie des saints* du P. Giry (VIII, 679).
3. Les Maures d'Espagne, qui imitaient sans doute les chrétiens du même pays.
4. Sauve-Bénite, abbaye de Bernardines, près du Puy.

monialium, ad visitandam quamdam sanctimonialem quam beata Virgo curaverat, que fuerat gutta, fistula et aliis morbis ita corrosa et perforata, ut interiora apparerent, visitata a beata Virgine et curata subito, [et] hoc datum fuit ei ut, singulis sabbatis, in extasim rapta, multas rediens revelaciones acciperet; cumque dicti prelati quesivissent ab ea que esset causa dicte fulminacionis, ait quod due persone, adulter et adultera, cum non haberent alium locum ubi sine suspicione convenire possent, locum illum peccato suo contaminaverant : ideo Dominus igne illo locum illum voluit purgare. Et dixit mihi dictus archiepiscopus quod episcopus Podiensis dictus ei postea dixerat quod invenerat, per utriusque persone confessionem que peccatum commiserat, ita verum esse ut dicta sanctimonialis eis dixerat.

321. Item audivi [ab] abbate Johanne Belleville[1], viro sancto, quod in quadam abbacia, quam ipse mihi nominavit, quam exprimere nolo ne eos videar[2] annotare male, accidit quod, cum monachi essent insimul congregati in coro suo, tonitruum maximum insonuit, et in ecclesia dicta fulgur cadens, comburens pavimentum et quedam loca, quosdam autem majores monachos, parvis innocentibus intactis remanentibus, vulneravit ad mortem, per sinum eorum subtiliter intrans, et pilos inferiores radens et urens, et loca illa inferiora, graviter ledens. Hoc tamen non recolo si aliqui eorum mortui ex hoc fuerunt[3].

1. Belleville-sur-Saône, patrie d'Étienne de Bourbon.
2. Ms. *viderat*.
3. F⁰ˢ 384, 384 v°.

[*De sacrorum festorum violacione.*]

322. De illa sacrilegii specie que est circa sacrorum festorum violacionem, quam grave sit peccatum ostendemus, primo per multorum incitamenta ad festa celebrandum, que contrarium per consequens dehortantur... Cultura festivitatum... liberat a mortis periculo et dyabolo. Audivi quod quidam peccator flagiciosissimus hoc solum commendabile retinuerat, quod quatuor sanctorum festa, ut beate Marie et Nicholai, etc., devotissime annis singulis celebrabat. Cum autem demones convenissent ut eum, sicut meruerat, sibi concessum propter scelera sua raperent et diriperent, cum vellent eum rapere et deportare per quatuor orbis partes demones, eis se opponebat in qualibet parte sanctus unus de illis quatuor quorum festa coluerat; et sic eum demones ad terram cadere dimiserunt, non valentes ex aliqua parte eum deferre[1].

323. Item audivi a nobili muliere quondam domina Bellijoci[2], cujus sororem Philippus, rex Francie, in matrimonium habuerat, et a pluribus aliis, quod, cum Rome quidam infirmus esset in domo cujusdam cardinalis, desperatus a medicis omnibus, languens cum jaceret sub divo, ubi se fecerat deportare, exitum suum expectans, cum forte solus esset ibi relictus, vidit ante se beatum Dionisium, martirem et Francorum primum predicatorem, ducentem ante se dictum regem Philippum, et querentem ab ipso infirmo quid ibi faceret

1. F[os] 386, 386 v°.
2. Le copiste a corrigé à tort *Bellovaci*. C'est Sybille, sœur d'Isabelle de Hainaut et dame de Beaujeu. (V. ci-dessus, n° 19.)

jacens et si eum cognosceret. Cum autem ille respondisset quod infirmus erat desperatus a salute corporis, qui mortem expectabat, [ad] alia que ipse ab eo querebat, unde veniret et quis esset quem secum ducebat[1], dixit beatus Dionisius : « Ego sum Dionisius ariopagita, qui venio de liberacione anime hujus Philippi, qui modo migravit a seculo, quem demones rapiebant, secum ad infernum trahere volentes, quem ego ab eis eripui; et hunc mihi Dominus jussit et aliis sanctis reservari ad penam purgatoriam, a qua liberabitur et salvus erit, et hoc ideo, quia sanctos honoravit et festa eorum, et ecclesias et loca sancta et honoravit et conservavit, et religiosas personas. Et nunc surge sanus, et denuncia hoc domino tuo, qui faciat orari pro eo. » Eo dicto, transierunt ab eo; et ille statim curatus preceptum adimplevit. Dictus autem cardinalis, horam notans visionis, per litteras et cursorem mandavit hoc in Francia, et invenerunt quod eadem hora visionis dicte dictus Philippus migraverat[2].

324. Ultimo sunt diversa nocumenta sive pene quibus puniuntur qui festa violant... Cum ego predicarem per diocesim Lugdunensem, et essem in quadam parrochia que vocatur Sanctus Stephanus de Chalarona[3],

---

1. Ces mots « *unde veniret et quis esset quem secum ducebat* » sont reportés, dans le manuscrit, deux lignes plus haut, après les mots « *si eum agnosceret* »; ce qui produit un contre-sens que j'ai cru devoir rectifier.

2. F⁰ˢ 386 v⁰, 387. Il faut remarquer que cette curieuse légende sur la mort de Philippe-Auguste est donnée ici comme une tradition de famille, recueillie de la bouche de la belle-sœur du prince, peu d'années après la mort de ce dernier. Elle ne paraît pas avoir été reproduite ailleurs.

3. Saint-Étienne de Chalaronne (Ain), en face de Belleville, patrie de l'auteur, de l'autre côté de la Saône.

que est contra Bellavillam, contra fluvium Arateri, sacerdos illius loci et parrochiani dixerunt quoddam miraculum quod ibi acciderat recenter. Cum presbiter precepisset parrochianis suis colere festum beati Stephani patroni sui, revelacionis ejus, quidam homo, cupiditate ductus, gelimas voluit facere de pisis que coluerat et messuerat, ut in sequenti die paraciores essent ad deducendum ad domum suam. Cum autem manum extenderet et pisa colligeret ad hoc faciendum, manus ejus ita adhesit pisis, ut eam aperire non posset nec pisa dimittere, et oportuit quod sic veniret ad ecclesiam dicti sancti, et per totam diem sic mansit in illa manu impotencia. Cum autem vigilasset nocte sequenti, et mane cum fletu recognosceret peccatum suum, manus ejus, cum orari faceret sacerdos pro eo, in suo vigore restituta est, et dicti manipuli pisa de manu ejus ceciderunt ante altare dicti sancti...

325. Notandum quod quidam sunt ita negligentes, quod non curant venire ad ecclesiam nec scire sollempnitates. Magister Jacobus : In quidam villa erat quidam antiquus homo qui ex longo usu et affectu pio et ingenio sciebat optime festa. Quando autem erat dies festi, calciabat caligas rubeas ; quas cum viderant, dicebant : « Nunc feriandum, quia dominus Guocelinus vestivit caligas rubeas. » Ita multi sunt ita negligentes, quod nesciunt quando festa sunt, in urbibus, nisi quando audiunt magnum sonitum campanarum vel operatoria artificium clausa, in rure, nisi quando [non] audiunt carrucas arare, vel quando audiunt vel vident talia fieri[1].

---

1. F° 387 v°. Cet exemple se trouve au f° 124 du recueil de Jacques de Vitry.

[*De presumpcione.*]

326. Dicto de aliquibus speciebus superbie, de eis scilicet que inficiunt maxime humanum affectum et corrumpunt, dicendum est de illis que maxime excecant intellectum, ut est presumpcio... Contra illos qui presumunt de meritorum sanctitate,... audivi quod, cum quidam monachi compromisissent in quemdam, qui juraverat eis quod de eorum conventu daret eis in abbatem quem in eorum conventu crederet meliorem et utiliorem, et ipsi jurassent ei quod eum in abbatem reciperent, ipse statim se eis nominavit, per juramentum suum asserens quod non credebat quod posset eis provideri de meliori vel utiliori, precipiens eis per juramentum suum, quod ei fecerant, ut eum in abbatem reciperent et haberent; qui tamen postea ad hoc quibusdam suorum fraudibus et faucionibus receptus, abbaciam multum temporaliter et spiritualiter dissipavit[1].

[*De heresi.*]

327. Quoniam autem mater erroris est presumpcio, dicendum est de heresi vel errore, que maxime offuscat et obnubilat humanum intellectum. De heresi autem ista quinque dicere proponimus : primo, per

---

1. F^{os} 388, 390. Ce trait rappelle absolument la légende qui a eu cours si longtemps au sujet de l'élection de Maurice de Sully à l'évêché de Paris, légende qui, outre son invraisemblance, est démentie par l'anecdote rapportée ci-après (n° 485). Cf. *Hist. litt.*, XV, 149.

quas persuasiones contra heresim fides catholica vera esse monstratur, et heresis confutatur, et fides in cordibus credencium roboratur ; secundo, quomodo error in suis malis effectibus bonis fidei effectibus adversatur ; tercio, quibus malis condicionibus hereticus a fide devians circumvolvatur ; quarto, quibus erroribus heretici nostri temporis, Valdenses scilicet et Albigenses, dicti Patareni vel Bulgari, inficiantur; quinto, quibus sophismatibus operire se conantur, et quomodo detegantur....

Item racio probat et approbat fidem nostram per collacionem ad alias sectas, quando videt scripta posicionis et assercionis earum... Multi enim Sarraceni, conferentes evangelia cum Alcorano, legem Mahometi irrisibilem et inconceptibilem naturali racione judicantes, ad Deum conversi sunt. Sapienciores eciam eorum, cum in secreto a nostris confertur cum eis, nostram fidem judicant meliorem, et in secreto hoc fatentur ; sed in aperto non audent propter mortis timorem, quam incurrunt deprehensi, vel propter amorem voluptatum, in quibus sunt enutriti, sicut audivi ab illis fratribus qui fuerunt inter illos ; et multi in secreto baptismum recipiebant...

Item audivi quod quidam fuit nuper magnus princeps in Alvernia, dictus marchesius de Monteferrando[1], acutissimi ingenii naturalis et antiquissime

---

1. Robert, dauphin d'Auvergne, qui avait épousé une comtesse de Montferrand et qui mourut en 1234. Il composa, en effet, des poésies provençales, ce qui put le mettre en relation avec des écrivains et d'autres personnages hérétiques du midi. Mais son érudition et sa science, constatées ici par un témoignage irrécusable, n'ont point laissé d'autres vestiges. Sur son identité et son grand

etatis, qui, cum crederetur bene sex viginti annorum, quia multa fecisset dictamina de regibus et principibus et statibus diversorum hominum sui temporis, bene per quadraginta annos posuerat curam et diligenciam congregare libros omnium sectarum, quascunque audiebat esse per universum orbem, cum multo sumptu; quos diligenter legebat et legi sibi faciebat. Cum autem esset infirmus infirmitate qua mortuus est, fratres quidam nostri visitaverunt eum, qui hec mihi dixerunt. Cum autem, inter alia que dixerunt ei, hoc auribus ejus ingessissent, quod timor habitus esset de eo ne esset hereticus, propter libros eorum quos audiverant eum et legisse et audivisse, et affinitatem quam habebat terra sua cum terra Albigensium, respondit : « Verum est, curiosus fui bene per quadraginta annos cum multis sumptibus libros sectarum omnium colligere, et legere et studere in eis, quia videbam quod, cum plus ibi aspicerem, plus in fide catholica roborabar et plus hereses abominabar, videns fallaciam tradicionis earum. Et in signum hujus vilipensionis quam habebam ad alias sectas a fide, feci fieri scrinium ligneum, quod feci poni sub pedibus meis quando sedebam in sede camere mee private, quasi non possem ipsas sectas magis vilipendere, nisi pedibus meis subessent quando sedeo vile nature officium expleturus : evangelia autem Domini mei in multo honore servavi. Ideo autem legi libros sectarum diversarum, quia terre mee affines sunt heretici Albigenses, ut mihi ab eorum versuciis scirem cavere, et

---

âge, voyez *La Chaire française au moyen-âge*, p. 360. Cf., ci-après, le n° 477.

eos, si mecum de suis loquerentur erroribus, scirem de suis jaculis repercutere et eos confutare per suas posiciones et asserciones. » Fecit autem dictos hereticos libros extrahi de loco dicto, et in oculis suis comburi. Qui, multis annis ante mortem suam, in memoriam passionis ejus et fidei, stigmata Domini Jesu in corpore suo portaverat. Cum aliis penitenciis quas faciebat in memoriam passionis Domini, cum quibusdam clavis carnem suam singulis sextis feriis usque ad sanguinis effusionem configebat[1].

328. Probatur [eciam fides nostra] per inspiraciones et revelaciones factas prophetis... Item dicunt magistri quod, si aliquis puer, nutritus absque instructione fidei, gentilis et sine peccato actuali fuerit, et maxime baptizatus, et faciat quod in se est, orando et alia bona faciendo, quod Dominus manifestabit ei fidem salutarem, sive per inspiracionem internam, ut fecit prophetis, sive per exteriorem revelacionem, ut Daniel... Audivi quod, cum in terra Albigensium, in diocesi Agennensi, esset puer parvus relictus heres à magnis parentibus, traditus est nutriendus in quadam Cisterciensi abbacia, ne heretici eum corrumperent. Cum autem jam loqui sciret, adultus et aliquantulum provectus, heretici, cupientes pervertere eum, dissimulato habitu, abbatiam intraverunt, et contra fidem errores suos suadere moliebantur. Cum autem puer, Deo inspirante, racionabiliter per omnia responderet, ei dixerunt confusi : « Ad minus non potes dicere quin fatuus

---

1. F[os] 390 v°, 391. Échard, en reproduisant ce passage (I, 191), le ponctue différemment, de manière à faire comprendre que le vieux patriarche imprimait les stigmates sur son corps à l'aide de clous : ce n'est pas là, je crois, la pensée de l'auteur.

sis, tu et alii, qui crucem adoratis in qua Deus vester crucifixus est ; non enim bonus filius es, adorando et honorando patibulum in quo pater tuus pependit. » Puer autem, non sine divina inspiracione, sic statim respondit eis : « Ego, inquit, crucem adoro duplici racione ; una est, quia video dominum abbatem et omnes monachos et omnes episcopos, qui hic veniunt, et omnes sapientes hoc facere ; alia, quia non est aliquod lignum in mundo vel aliud quod, si tot bona mihi evenissent de eo, et tanta hereditas ut est regnum celorum, quod non honorarem et adorarem illud. » Quod audientes heretici et obstupescentes, confusi recesserunt[1].

329. Sunt similes [heretici] vulpibus Samsonis, de quibus [liber] Judicum (xv b), qui habebant caudas colligatas et facies divisas, quia intenciones habent conjunctas ad impugnandum fidem Ecclesie, facies sentenciarum et sectarum divisas ; [nam] inter se dissident, et contra nos omnes conveniunt. Audivi a quodam, qui dicebat mihi se interfuisse et vidisse et audivisse, que referam. In Lumbardia, antequam fratres nostri ibi predicassent, cum in quadam civitate convenissent

---

1. F° 394. Les Albigeois refusaient non-seulement d'adorer la croix, mais même de faire le signe de la croix, comme il résulte d'un passage curieux de Jacques de Vitry sur le même sujet : « Memini [quod] quodam tempore, cum in terra que dicitur Albigensium, coram multis militibus, contra quosdam hereticos disputaremus, et eos contra nos conclamantes auctoritatibus aperte, ut intelligere possent laici, convincere non possemus, quidam ex nostris dixit heretico ut se crucis signo signaret. Vulpecula illa, volens anfractuose in apparentia ambulare, signum crucis inchoans, non perficiebat, licet a principio facere videretur. Quod advertentes milites christiani, insurrexerunt in eos, visibili et manifesto errore deprehensos. » (Ms. 17509, f° 30.) Cf., ci-après, le n° 343.

diversarum heresum heresiarche divisi et adversi, convenerunt in quadam ecclesia maxima septem, qui dicebantur eorum episcopi, diversarum sectarum, cum credentibus suis, ut quilibet racionibus suis astrueret sectam suam meliorem et alias reprobaret et improbaret; ubi factum est communi consensu quod quilibet septem episcoporum per ordinem raciones pro secta sua proponeret, et quod contra alias haberet. Tunc surgens primus, racionibus quibus potuit sectam suam probavit, similiter et scripturis, dicens illam esse veram et catholicam fidem, sine qua nullus salvari poterat, et excommunicavit omnes quicunque aliquid contra illam suam credenciam proponeret vel acceptaret. Quo sedente, surrexit secundus, repetens que primus dixerat, et improbavit et reprobavit quantum valuit, asserens quod primus proposuerat non esse veram fidem, sed sectam perversam et hereticam; suam autem proposuit et quantum valuit astruxit, asserens eam veram fidem, quam qui non teneret damnaretur, et excommunicavit et hereticum judicavit priorem et credentes suos et suam sectam. Quo sedente, surrexit tercius, et idem fecit de secta sua, alias et aliorum credentes damnans et anathematizans; et similiter fecerunt alii de suis sectis successive. Dictus autem homo qui mihi retulit, cum esset homo intelligens, videns eorum dissensiones et dissectiones et opposiciones ad invicem, recessit, multum, ut asserebat, ex eorum divisione in fide confirmatus [et] coadunatus.

330. Item, cum, in diocesi Bisumptinensi, in villam que dicitur Joinvile super Sogonam[1] veniret quidam

---

1. Jonvelle, sur la Saône, près Jussey.

hereticus, transfiguratus ad modum alicujus balistarii, qui mittebatur ad credentes eorum consolandos et confirmandos et simplices patrie pervertendos, cum major ville esset in pratis suis cum operariis suis, cum videret dictum hereticum venientem per viam, dimissis operariis, nesciens quomodo intravisset ista suspicio in cor ejus, nisi quod credit Deum ibi eam posuisse, subito clamavit : « Video unum Valdensem hereticum ; accurrite, capiamus eum. » Quem cum cepissent, post multa ejus verba sophistica, cognoverunt quod bene erant octodecim anni quod ab illa terra recesserat, causa heresis addiscende. Qui, ut ipse recognovit nobis, per totum dictum spacium apud Mediolanum studuerat in secta hereticorum Valdensium, firmans novum testamentum corde et multa veteris, per que posset sectam suam defendere et nostram fidem impugnare et simplices subvertere, similiter raciones quascunque poterat. Qui examinatus, postquam per biduum disputatum esset contra eum, et probati fuissent scripti articuli errorum suorum, requisitus recognovit quod bene noverat apud Mediolanum septemdecim sectas a se invicem divisas et adversas, quas ipsi eciam de secta sua omnes damnabant, et eas mihi nominavit et differencias earum.

Prima, de qua ipse erat, dicebatur pauperes de Lugduno, qui se eciam vocant pauperes spiritu, qui dicuntur Valdenses a suo heresiarcha[1] ; qui cum aliis erroribus suis dampnant omnes terrena possidentes. Item pauperes de Lumbardia, qui possessiones recipiebant, de quorum erroribus infra dicemus. Item alii dicti Tortolani, qui

---

1. Cf. le n° 342.

semel in anno et in cena solum posse confici dicunt a magistro eorum solo perfecto; qui tortellum faciunt, de quo ab eo communicantur... Alii dicunt omnes bonos viros sacerdotes, non mulieres. Alii non distinguunt in sexu. Alii communiati dicebantur, quia communia omnia dicunt esse debere. Alii rebaptizati, qui rebaptizandos ab Ecclesia esse dicunt. Item Arnaldiste, Speroniste, Leoniste, Cathari, Patereni, Manichei sive Burgari, a suis inventoribus sic dicti[1]. Si quis autem vult videre de divisione et diversitate earum, legat Ysidorum, *de Etymologiis*[2], et inveniet ibi bene sexaginta septem vel octo nomina sectarum que jam precesserant tempora hec, de quibus ibi habetur in decretis, vigesimo quarto capitulo, questione tercia, in fine[3]...

331. Item audivi a quodam probo viro hoc exemplum ad fidei vere probacionem. Homo quidam dives inter alias suas divicias annulum unum preciosum habuit in quo erat lapis preciosus inclusus, habens efficaciam contra omnem infirmitatem, ut eam curaret; qui cum uxorem haberet, peperit ei filiam legitimam; corrupta postea uxor dicta a lenonibus, peperit alias plurimas de adulteris, que viri sui esse legitime putate sunt. Virum autem non latuit hoc; qui cum moreretur, condidit testamentum suum, quod annulo suo sigillavit, in quo continebatur quod filie sue legitime jure heredi-

---

1. Cf. le n° 344. Sur ces noms de sectes peu connues, voyez Schmidt, *Hist. des Cathares ou Albigeois*, II, 275 et suiv.

2. Ms. *de Estimg*. Isidore de Séville, au huitième livre de ses *Étymologies*, traite longuement des sectes hérétiques.

3. F° 395. Reproduit par Échard (I, 191), jusqu'aux mots *sic dicti*.

tario relinquebat annulum, et hereditatem illi tradendam cui annulum suum traderet; et convocans filiam, dictum annulum ei tradidit, et mortuus est; quod scientes consimiles annulos alie sibi fieri fecerunt. Cum autem coram judice esset apertum testamentum, quelibet ostendit annulum suum et se esse legitimam dixit. Judex autem sapiens annulos dictos examinari fecit in virtute curarum ; cum autem in aliis nulla virtus inveniretur penitus, illam que habuit annulum virtuosum legitimam judicavit, et hereditatem ei paternam habendam adjudicavit, et alias illegitimas reputandas [1].

332. Secundo dicendum est de fidei bonis effectibus... Primus ergo est quia fides vera, que nil hesitat, que non dubitat quin possit totum obtinere, confidens de Deo, omnia quecumque postulat impetrat... Item audivi a quodam magno quod, cum in quibusdam partibus oppressissent gentiles catholicos et sustinerent eos vivere sub tributo, cum rector illius terre convocasset episcopos et sacerdotes, ut de fide racionem redderent et nostri confutarent gentiles, et de fide racionem reddendo et eorum errorem confutando, hoc quesivit dictus judex eorum si dixerat Christus : « Si habueritis fidem, » etc. (Mat. xxi d). Respondentibus quod sic : « Ergo, [ait,] vos tali die montem illum qui est in terra mea in mare secundum legem vestram transferetis, aut lex vestra falsa apparebit, et vos sicut

---

1. F° 396 v°. On a ici une forme nouvelle de la célèbre parabole des *Anneaux*, qui, traitée par Boccace, a fourni à Lessing le sujet de son drame *Nathan le Sage*. (V. le travail d'Oesterley sur les *Gesta Romanorum*, n° 89.) Il faut la rapprocher de l'apologue qu'on a lu ci-dessus (n° 610), et qui se retrouve dans les Contes tartares cités par M. Victor Le Clerc (*Hist. litt.*, XXIII, 75), dans les *Latin stories* de Th. Wright (n° 21), etc.

infideles capitalem sentenciam sustinebitis. » Cum autem dies ad hoc esset assignata et induxissent catholici jejunium et oracionem, cum ad diem venirent multi clerici et sacerdotes, quesivit causam quidam faber catholicus, et audiens eam, martello assumpto, ad locum pedis montis ivit, ubi erat assignata, et quesivit ab episcopis si hoc diceret Dominus ; et ipsis respondentibus quod sic, ait : « Quomodo ergo vos super hoc trepidi dubitatis ?\ » Et accedens ad montem fide securus, ait, montem feriens de martello : « In nomine Domini Jesu, qui hoc dixit, precipio tibi ut hinc te transferas, o mons, in mari. » Qui statim subito preceptum implevit[1].

333. Econtra infidelitas non impetrat quod petit... Item audivi quod, cum quidam hereticus fuisset combustus, et quidam eorum credens cineres ejus pro reliquiis collegisset, cum quidam aliquantulum paciens in oculis, de consilio dicti credentis, qui ei sanitatem promittebat, de dicto pulvere in suis oculis posuisset, statim omnino excecatus est[2].

---

1. Marco-Polo raconte la même histoire d'un calife de Bagdad (éd. Pauthier, p. 52-56).

2. F⁰ˢ 397 v°, 398. Cet exemple a un similaire beaucoup mieux raconté dans le ms. de Tours n° 205 (f° 156 v°) : « Quidam hereticus, videns episcopum christianorum miracula facientem, cecos illuminantem, et dolens quod non dicebatur quod episcopus hereticorum faceret ita miracula sicut alius, finxit cecum per multum tempus, discurrens per civitates et castella, cogitans se tandem ad episcopum hereticorum accedere, et tunc per eum diceret se videre. Qui cum diu sic fecisset et ad illum tandem accederet, lumine totaliter est privatus ; et coactus necessitate ad episcopum christianorum accedere, et accessit, cujus meritis et precibus visum recepit. Item, de mandato episcopi, per que finxerat se cecum discurrit, et fraudem quam intenderat facere et miraculum super se factum omnibus publicavit, et in fide fideles confortavit et infideles

334. Vincit eciam fides hostes infernales, quibus resistit, et fugat. Pet. IIII : « Cui resistite, fortes in fide. » Unde consuetudo fratrum nostrorum est[1], ut, cum aliquis frater laborat in extremis moriens, alii, audito signo, statim accurrunt, dicentes symbolum ad demones fugandos, qui maxime accurrunt et insidiantur in morte. Item audivi quod in quodam conventu nostro, [cum] quidam frater religiosus laboraret prope finem, dixit aliquantulum territus fratri qui adsistebat ei, qui hoc mihi retulit : « Pro Deo, quid faciunt hic tot demones ? » Cui ait dictus frater ut non turbaretur, quia ad transitum sanctorum consueverunt accurrere; sed confideret in Domino, et diceret symbolum uterque; quo facto, licet plene exprimere non posset, labiis ejus jam se contrahentibus, urgente morte, ait : « Modo gaudeo, quia non prevalebunt mille contra unum, » et aliqua alia que frater non poterat intelligere plene; sed per ea dabat intelligere quod ad repeticionem symboli demones fugissent compressi. Et, his dictis, incepit Dominum laudare ex intimis, et in laude ejus anima carne soluta est.

335. Item novi quemdam fratrem qui, cum intrasset ordinem Predicatorum cito postquam venissent dicti fratres Parisius in domo sancti Jacobi, in qua morantur[2], cum jaceret dictus frater novicius prope lampadem, in domuncula in qua tunc jacebant fratres, videbatur sibi vigilare. Apparuit ei dyabolus in simi-

convertit. » On trouve, du reste, une histoire à peu près semblable dans Grégoire de Tours (*De gloriâ Confessorum*, ch. 13).

1. C'est-à-dire dans l'ordre de saint Dominique.
2. Le couvent de la rue Saint-Jacques, dont la construction n'était pas encore achevée, parait-il, lorsque se passa le fait en question.

litudinem cujusdam maxime simie, ad quantitatem humani corporis, pilosus totus, et dicebat : « Quid isti miseri venerunt hic contra me colligati? Certe ego modo vindicabo me de eis, et domum hanc et eos suc cendam pariter. » Et, hoc dicto, saltavit ad lampadem, volens inde ignem accipere. Cum autem dictus frater ei prohiberet ex parte Dei omnipotentis ne hoc ageret, indignatus contra eum, de loco in quo erat saltavit super eum dicens : « Quid tu miser audes hoc dicere, qui adhuc recens in peccatis tuis de seculo venisti[1]? » Volebat ad hec dictum fratrem suffocare, ita eum opprimens, ut sibi videretur quod mori deberet, nec loqui poterat nec respirare; sed, cum quasi moriens nec posset se signare nec membrum aliquod movere, in corde suo invocavit adjutorium beate Trinitatis, volens dicere : « In nomine Patris ». Quod cum sepe diceret in corde nec ultra posset, dimisit cor quod primebat. Cum autem iteraret in corde « et Filii », dimisit os quod primebat, et obturabat ei halitum, ne posset clamare. Cum autem ore alta voce « et Spiritus Sancti » sepe [diceret], compulsus omnia membra ejus, [que] quasi gravissimum pondus sic oppresserat ut non posset ea movere, [reliquit, et] surrexit ab eo, stans prope fratrem dictum in eum. Cum autem elevata manu se signaret, dicens : « In nomine Patris et Filii et Spiritus Sancti, » comminans recessit ab eo, et sedit in cathedra cujusdam fratris qui ibi juxta se die studebat, et, accipiens cartam, multa scripsit in ea; postea indignans et discerpens cum dentibus cartam suam, quasi subita tempestas fugiens, quedam vasa vini que in curia vacua erant ita concussit,

1. Ms. *veniens*.

quod videretur ea destruxisse; quem eciam sonitum multi excitati dixerunt se audivisse, sed causam nescierunt hujus[1].

336. Fides confortat... Per hanc martyres confortati ibant ad mortem gaudentes sicut qui vadit ad nupcias. Econtra heretici tristes vadunt ad mortem. Audivi quod, cum quidam miles catholicus videret comburi hereticos, videbat eos semper ad ima respicere cum ducerentur ad ignem, ad modum luporum, et tristes semper. Cum autem super hoc miraretur, quesivit a quodam sapiente quare hoc erat. Ait : « Quia in Deo non credunt, faciem sursum non erigunt, nec ad celos oculos erigunt, nec de celestibus aliquam consolacionem sumunt nec, in celestibus credunt, nec ad ea tendunt, sed ad infernum, ubi eorum est porcio et hereditas cum Juda apostata. Econtra sancti martyres, ut beatus Stephanus et beatus Laurencius, Vincencius et Martinus[2], in celum aspiciunt, quia post mortem celos sibi apertos credunt[3]. »

337. Probat [fides] hominem; in tribulacione probatur fidelis... Item probat eciam aliquando Dominus fidem per ignem et approbat, heresi reprobata, sicut legitur fecisse tempore beati Dominici in terra Albigensium, in qua cum convenissent heretici, disputantes contra catholicos coram judicibus communibus, et multa essent verba hinc et inde, de mandato judicis quilibet libros scripserunt, inter quos judex preelegit raciones beati Dominici; et cum adhuc vacillarent judi-

1. F° 400.
2. Ms. *ut beatus Stephanus in celum aspiciunt, et beatus Laurencius, Vincencius et Martinus, quia,* etc.
3. F° 400 v°.

ces, consenserunt ut fieret ignis in medium et proicerentur in eo duo libelli, ille beati Dominici et alius qui videbatur melioribus fultus racionibus ex parte hereticorum, ut ignis probaret que fides melior et cercior esset. Cum autem liber beati Dominici proiceretur, resilivit ter illesus; liber autem heretici, continuo ut injectus est, totus combustus est[1].

338. Fides est firmum et stabile fundamentum Ecclesie, immo omnium bonorum, per Christum, quem in edificio substernit... De fortitudine et stabilitate fundamenti, audivi quod, cum quidam Judeus propter sapienciam et obsequia esset multum familiaris pape et Frederici quondam imperatoris[2], cum monerent eum sepe ad conversionem, promittentes ei multa, noluit converti. Tandem per se conversus est; et cum dictus imperator causam quereret, respondit : « Videns quod adversarii fidei, omnes increduli, et vos ipsi christiani laboratis ad fidei subversionem, nec prevaletis, cogitans eam esse certissimam et firmissimam, ad eam sum conversus[3]. »

339. Hic videndum est quibus qualitatibus malis sive condicionibus sint heretici involuti... Primo ergo heretici sunt ceci... Sunt mendaces. Tim. IIII a : « Discedent quidam a fide, attendentes doctrinis demoniorum, in hypocrisi loquencium mendacium, » etc. Item quidam episcopus in terra Albigensium predicavit cre-

1. F° 401. Ce miracle est rapporté par les divers historiens de S. Dominique. Il se passa à Fanjeaux, dans la maison de Raimond de Durfort, qui fut, en mémoire du fait, convertie en chapelle et donnée plus tard aux Frères Prêcheurs, comme l'attestent des lettres de Charles le Bel datées de 1325. (V. *Script. ord. Præd.*, I, 6, 27.)

2. Probablement Frédéric II.

3. F° 402.

dentibus hereticorum quod similes erant cuidam rustico, qui cum simpliciter iret per viam ad forum portans agnum, quidam truffatores sic eum ex condicto deceperunt. Precesserunt tres diu, ad invicem spacio in via distantes; quartus exspectavit eum, et, cum habuisset plura verba cum eo, quesivit in fine quare portaret et ubi canem illum. Cum autem ille rusticus diceret quod non erat canis, sed agnus, econtra alius asserebat canem, et eum delusum et cecum qui hoc non videret, et in foro irridendum. Miratus primo non credidit, [sed] viam suam ivit. Postea secundus eum in verbis posuit, et idem quod prior dixit, quasi admirando quod [non] videret canem esse quod ferebat. Recedens ab eo, incepit dubitari, timens ne forte verum diceret et se esse illusum. Tercius autem postea occurrens, dixit idem quod alii; tunc rusticus magis dubitavit. Postea quartus magis insultavit, dicens quod, si ultra canem illum ferret, in foro ab omnibus irrideretur et vilipenderetur. Qui tunc omnino credens quod verum dicerent, projecit agnum et dimisit et admisit. Sic, ait, fecerunt vobis heretici ambulantibus simpliciter per viam malorum[1] ad forum generalis judicii[2].

340. Modo enim, videntes quod non possunt prevalere racionibus aut disputacionibus, contegunt mendacia verborum duplicitatibus et anfractibus et sophismatibus et operimentis et fugis, ut non appareat eorum falsitas, quasi dolus additus mendaciis culpam destrueret, quam auget, et quasi non perjuri sint cum

1. Ms. *morum*.
2. F^{os} 402 v°, 403. Ce conte est d'origine indienne; il se trouve dans le *Pantchatantra*, dans *Kalila et Dimus*, et nous a été transmis par la littérature arabe. V. Th. Wright, *Latin Stories* (p. 29 et 222), Bromyard (tit. *Servire*), Jacques de Vitry (f° 20), etc.

fallere intendunt et cum dolose perjurant. Ut quedam heretica, cum jurasset quod non iverat ad terram et scolas Albigensium[1], cum convicta esset de hoc, excusavit perjurium suum dicens quod non iverat ibi, quia navigio delata fuerat. Alia, cum jurasset super evangelia et convicta fuisset de perjurio, dicebat quod non erat perjura, cum jurasset super missale, quia liber ille, ut dicebat, erant non evangelia, sed pelles mortue[2]. Alia, cum filiam suam reddidisset hereticis, de consilio eorum finxit se peregrinari ad quemdam sanctum, ducens ibi filiam suam, quam receperunt in domo subterranea[3] ad habitum suum, quo eam vestierunt, reddentes veteres vestes matri, dicentes : « Admodo vicinis vestris poteritis asserere filiam vestram de hoc seculo transivisse et eam interravisse, que de mundo transivit ad nos et in domo subterranea recepta est et mundo mortua est. » Que ita fecit. Cum autem solvisset sacerdoti sepulturam quasi pro mortua et ita dixisset, cum post septem annos filia redisset de eorum consorcio, dolum manifestavit, et ad fidem fuit reversa, matre in infidelitate obstinata et combusta...

341. [Heretici] sunt fex et depravati, et ideo nisi divino miraculo non possunt redire ad priorem statum, ut scoria, que non potest fieri argentum, nec feces vinum. Cum in terra Albigensium obiceret quidam

---

1. Les hérétiques avaient établi dans l'Albigeois des écoles gratuites pour les filles. V. *Max. Bibl. Patr.*, XXV, 470, 480.

2. Ce sont là des exemples de ces réponses équivoques dont notre auteur se plaint plus loin (n° 352).

3. Sur les réunions des Albigeois ou des Vaudois dans les lieux souterrains (*buskeller*), voy. Humbert de Romans, *Max. Bibl. Patr.*, XXV, 412 et suiv.

hereticus catholico quod melior erat sua secta quam fides Romane ecclesie, quia catholici nostri fiebant aliquando heretici, non heretici catholici, respondit catholicus quia hoc erat pocius nimie pravitatis et corruptele indicium, quia optimum vinum aliquando fit acetum, non e contrario, maxime postquam est multum corruptum, et frumentum vertitur in lolium et zizaniam, non e converso. Item angelus lucis factus dyabolus; malus autem angelus ita depravatus est, quod, licet appareat, non tamen potest fieri bonus[1].

342. Quarto dicendum est de hereticis nostri temporis, scilicet Valdensibus et Albigensibus, unde ortum habuerunt, et unde et quare et quomodo appellentur, et quibus erroribus involvantur et vere fidei adversentur[2]. Waldenses autem dicti sunt a primo hujus heresis auctore, qui nominatus fuit Valdensis. Dicuntur eciam pauperes de Lugduno, quia ibi inceperunt in professione paupertatis. Vocant autem se pauperes spiritu, propter quod Dominus dicit (Matt. v a) : « Beati pauperes spiritu; » et vere pauperes in spiritu, a spiritualibus bonis et a Spiritu sancto[3]. Incepit autem illa secta per hunc modum, secundum quod ego [audivi]

1. F^{os} 403, 403 v°.

2. J'ai cru devoir joindre aux exemples racontés par Étienne de Bourbon ce long tableau des hérésies de son temps, parce qu'il y donne, sur certains points, des renseignements nouveaux et qu'il confirme ou rectifie ceux que l'on avait sur certains autres, et cela avec une incontestable autorité, ayant passé vingt-cinq ans de sa vie dans les fonctions d'inquisiteur. Ce passage a été en partie reproduit par Échard (I, 191 et suiv.), et l'on trouve dans Martène (*Anecd.*, V, 1777 et suiv.) un fragment anonyme sur les hérésies qui en est évidemment tiré.

3. Cf. le n° 330.

a pluribus qui priores eorum viderunt et a sacerdote illo, qui satis honoratus erat et dives in civitate Lugdunensi et amicus fratrum nostrorum, qui dictus fuit Bernardus Ydros; qui, cum esset juvenis et scriptor, scripsit dicto Valdensi priores libros pro pecunia in romano[1] quos ipsi habuerunt, transferente et dictante ei quodam grammatico dicto Stephano de Ansa[2], qui postea, beneficiatus in ecclesia majore Lugdunensi, de solario[3] domus quam edificabat corruens, morte subita vitam finivit; quem ego vidi sepe. Quidam dives rebus in dicta urbe, dictus Waldensis, audiens evangelia, cum non esset multum litteratus, curiosus intelligere quid dicerent, fecit pactum cum dictis sacerdotibus, alteri ut transferret ei in vulgari, alteri ut scriberet que ille dictaret, quod fecerunt; similiter multos libros Biblie et auctoritates sanctorum multas per titulos congregatas, quas sentencias appellabant. Que cum dictus civis sepe legeret et cordetenus firmaret, proposuit servare perfectionem evangelicam ut apostoli servaverant; qui, rebus suis omnibus venditis, in contemptum mundi, per lutum pauperibus pecuniam suam proiciebat, et officium apostolorum usurpavit et presumpsit, evangelia et ea que corde retinuerat per vicos et plateas predicando, multos homines et mulieres ad idem faciendum ad se convocando, firmans eis

---

1. On sait que les traductions de la Bible, en langue vulgaire, avaient été défendues pour éviter l'abus des interprétations trop élastiques, et qu'elles furent un des principaux éléments du succès des Vaudois auprès des gens simples. Innocent III en blâme encore l'usage dans une de ses épîtres (II, 432).

2. Ms. de Rouen *de Emsa*, d'après Échard (I, 192).

3. Même ms. *Lugdunensi, promotus est in sacerdotem, et de solario. (Ibid.)*

evangelia[1]. Quos eciam per villas circumjacentes mittebat ad predicandum, vilissimorum quorumcunque officiorum. Qui eciam, tam homines quam mulieres, idiote et illiterati, per villas discurrentes et domos penetrantes et in plateis predicantes et eciam in ecclesiis, ad idem alios provocabant.

Cum autem ex temeritate sua et ignorancia multos errores et scandala circumquaque diffunderent, vocati ab archiepiscopo Lugdunensi, qui Johannes vocabatur[2], prohibuit eis ne intromitterent se de scripturis exponendis vel predicandis. Ipsi autem recurrerunt[3] ad responsionem apostolorum (in Act. v e); magister eorum, usurpans Petri officium, sicut ipse respondit principibus sacerdotum, ait : « Obedire oportet magis Deo quam hominibus; » qui preceperat apostolis : « Predicate evangelium omni creature (in fine Marci). » Quasi hoc dixisset Dominus eis quod dixerat apostolis, qui tamen predicare non presumpserunt usquequo induti virtute ex alto fuerunt, usquequo perfectissime et plenissime sciencia perlustrati fuerunt, et donum linguarum omnium susceperunt. Hi ergo, Valdensis videlicet et sui, primo ex presumpcione et officii apostolici usurpacione ceciderunt in inobedienciam, deinde in contumaciam, deinde in excommunicacionis sentenciam. Post expulsi ab illa terra, ad concilium quod fuit Rome ante

---

1. Les orateurs catholiques prêchaient aussi sur les places et dans les rues; mais ce mode d'enseignement devint suspect lorsque les hérétiques s'en furent emparés. V. *La Chaire française au moyen-âge*, p. 215.

2. Jean aux Blanches-Mains, qu'Étienne appelle aux Belles-Mains. (V. le n° 342.)

3. Ms. *recurrentes*.

Lateranense[1] vocati et pertinaces, fuerunt scismatici postea judicati. Postea in Provincie terra et Lumbardie cum aliis hereticis se admiscentes et errorem eorum bibentes et serentes, heretici sunt judicati Ecclesie infestissimi, infectissimi et periculosissimi, ubique discurrentes, speciem sanctitatis et fidei pretendentes, veritatem autem ejus non habentes, tanto periculosiores quanto occulciores, se sub diversis hominum habitibus et artificiis transfigurantes. Aliquando quidam maximus inter eos fuit captus, qui secum ferebat multorum artificiorum indicia[2], in que quasi Proteus se transfigurabat : si quereretur in una similitudine et ei innotesceret, in alia se transmutabat. Aliquando ferebat habitum et signacula peregrini, aliquando baculum penitenciarii et ferramenta ; aliquando se fingebat sutorem, aliquando barbitonsorem, aliquando messorem, etc. Alii similiter idem faciunt. Incepit autem hoc secta circa annum ab incarnacione Domini M C LXX[3], sub Johanne dicto Belesmains[4], archiepiscopo Lugdunensi[5].

343. Hi sunt autem errores in quibus infecti sunt et corrupti et abominabiles in studiis suis, non solum in uno fidei articulo aut sacramento, sed in omnibus directe vel indirecte, sicut ego cognovi et inveni per

1. Le quatrième concile de Latran, où fut exposée la doctrine de l'Église contre les Vaudois et les Albigeois (1215).

2. C'est-à-dire des masques ou des déguisements, suivant le vocabulaire de l'auteur. (Cf. le n° 279.)

3. Ms. de Rouen *MCLXXX*, d'après Échard. Cette leçon est meilleure ; car Jean aux Belles-Mains ne monta pas sur le siége archiépiscopal de Lyon avant cette dernière date.

4. Ms. *Bolesmanis*.

5. Reproduit jusqu'ici par Échard (I, 191, 192).

multas, inquisiciones et confessiones eorum in jure, tam perfectorum quam credencium, ab ore eorum conscriptas, et per multos testes contra eos receptos. Dicunt enim omne mendacium esse mortale peccatum, et juramentum similiter : tamen aliqui eorum dicunt, ut ab eis audivi, timore mortis, esse eis qui non sunt perfecti licitum mentiri et jurare; ipsi et menciuntur et pejerant, nec credunt hoc esse peccatum, quia et mendacia sua dolis et sophismatibus verborum excusant et obumbrant. Item fundamentum erroris eorum, immo fidei subversio tocius est, quia ipsi ponunt, sicut ego inveni ex confessionibus fere omnium perfectorum aliorum, animam primi hominis esse divine substancie porcionem et ipsum Dei spiritum, vel de eo esse.

Cum ego predicarem in civitate Valencie, antequam ego multum scirem de factis eorum et antequam mihi esset commissum officium inquisicionis eorum, jam viginti quinque annis elapsis; quidam catholicus dixit mihi quod audiverat magistros exponentes id verbum (Gen. I :) « Formavit Deus hominem de limo terre et inspiravit, » etc., quod Deus fecit et formavit unam imaginem humanam de argila molli, sicut faciunt pueri, et posuit eam ad solem, ut ibi siccaretur; cum autem desiccata fuisset, ubi[1] vi solis facte sunt rimule, ibi fuerunt sanguinis vene; ad ultimum, in faciem ejus insufflans, spiritum suum in eo immisit, et sic factus est homo in animam viventem; et ita animas alias, ut dicebat, faciebat. Et hoc concedunt fere omnes, quod anima cujuslibet boni hominis sit ipse Spiritus Sanctus, qui est Deus, et quod non habet bonus homo, quam-

---

1. Ms. *ibi*.

diu talis, aliam animam nisi Spiritum Sanctum, qui est Deus ; quo peccante, egreditur, et subintrat dyabolus, sicut intrasse legitur in cor Jude, de quo dixit Dominus quod dyabolus esset ; quod ex evangelio confirmant, ubi dicit Deus : « Non enim vos estis qui loquimini, sed spiritus patris vestri qui loquitur in vobis »; et in Matt. I: « Quod in ea natum est de Spiritu Sancto est, et qui conceptus est, » etc. Et ipsi miseri animales, spiritum non habentes, non intelligunt quod Spiritus Sanctus loquitur in sanctis per inspiracionem et suggestionem, sicut dicitur Johan. xiiii d, et quod Christus conceptus est de operacione non virili, sed Spiritu Sancto illam concepcionem operante, nec attendunt quomodo ex hac sua posicione sequuntur infinite et patentes abusiones, et abominaciones et insanie. Etsi enim anima hominis esset Spiritus Sanctus, esset omnipotens, omnia sciens, eterna, invariabilis, immutabilis, ut nec melior posset fieri nec pejor, nec dampnari, nec male velle posset vel facere ; quod qui non videt insanissimum, sensu caret. Item ponunt, quod forte ex prima posicione sequitur, non esse penam purgatoriam nisi in presenti, nec suffragia Ecclesie defunctis proficere, nec aliqua que pro eis fiant. Item dicunt omnes bonos esse sacerdotes, et tantum posse quemlibet bonum in absolucione peccatorum sicut nos ponimus papam posse; et tamen, si veritatem sue credencie fateantur, ponunt solum Dominum posse a peccatis absolvere, et quemlibet bonum hominem hoc posse dicunt, quia hoc solus Deus operatur per eos, qui habitat in eis, per quem omnia possunt ligare et solvere. Absoluciones et excommunicaciones Ecclesie contempnunt, quia solus Deus est, ut dicunt, qui potest excommunicare.

Item quidam magnus magister et legatus eorum hanc distinctionem mihi faciebat : sunt, ut dicebat, quidam qui non sunt ordinati a Deo vel ab hominibus, ut mali laici ; alii ab hominibus, ut mali sacerdotes nostri, et non a Deo ; alii a Deo, etsi non ab hominibus, ut boni laici qui servant mandata Dei, qui possunt ligare et solvere et consecrare et ordinare, si proferant verba Dei ad hoc statuta. Quidam autem, ut dicebat de eis, discernunt in sexu, dicentes quod ordo requirit sexum virilem ; alii non faciunt differenciam quin mulier, si bona est, possit exercere officium sacerdotis. Vidi hereticam, que combusta fuit, que super arcam ad modum altaris paratam consecrare se credebat et attentabat. Item alii, ut dicebat, ordinati sunt a Deo et hominibus, si qui sunt ab hominibus ordinati sacerdotes qui mandata Dei observent, quia peccatores non exaudit Deus. Item dicunt malos, qui sunt in peccato, non posse ligare et solvere, vel indulgencias dare vel peccatorum relaxiones, vel consecrare, vel aliquid tale facere quod Deus habeat ratum, vel quod factum quantum ad Deum valeat, nisi quantum ad apparenciam hominum ; derident indulgencias pape et absoluciones et claves Ecclesie, dedicaciones et consecraciones ecclesiarum et altarium vocantes festa lapidum. Item dicunt omnem terram equaliter a Deo consecratam et benedictam ; cimiteria christiana contempnunt et ecclesias. Item dicunt quod peccant omnes judices justiciam[1] sanguinis exequentes, et homicidas reputant et perditos qui predicant pugnandum contra Sarracenos vel Albigenses vel alios homines, nisi contra Albigenses

---

1. Ms. *judicium judiciam*.

et Sarracenos infernales, quos vocant demones. Item dicunt quod sufficit ad salutem soli Deo et non homini confiteri, et quod exteriores penitencie non sunt neccessarie ad salutem; sed quandocunque penitet quicunque peccator, quantumcunque magna et multa peccata commiserit, si moritur, statim evolat. Item spiritus hominis, ex quo bonus est, si moritur, est idem quod spiritus Dei et ipse Deus; unde concesserunt eorum multi, credo, innitentes prime posicioni, quod non est spiritus in celo nisi spiritus Dei, qui est ipse Deus, nec alia anima est ibi nisi Deus. Et cum queritur ab eis si anima Petri et Pauli et aliorum sanctorum sint in celo, fatentur quod non sit in celo alia anima nisi Deus vel que non sit Deus : hoc dixerunt aliqui eorum. Item dicunt quod nostri clerici, et sacerdotes, qui habent divicias et possessiones, sunt filii dyaboli et perdicionis, et quod peccant qui dant eis decimas vel oblaciones; et dicunt quod est quasi impinguare lardum. Item ipsi irrident eos qui luminaria offerunt sanctis ad illuminandas ecclesias. Item irrident cantus ecclesie et officium divinum, dicentes quod illi videntur Deum irridere qui ei cantant que dicunt, quasi non aliter intelligeret nisi cantaretur ei vel cantando peteretur ab eo. Item dicunt nullam esse sanctitatem nisi in bono homine vel muliere. Item dicunt Ecclesiam romanam Babilon, meretricem de qua legitur Apoc. xvii. Item irrisibiles dicunt qui faciunt festa sanctorum, et quod non peccant qui in eis laborant, nisi forte propter scandalum hominum. Item non peccare dicunt illos qui jejunia statuta solvunt quacunque die et qui ibi carnes comedunt, nisi forte propter eundem scandalum; sed in privato est licitum, ut dicunt, quacunque die comedere, vel ubicunque non esset hominibus scandalum. Item obedienciam romane Ecclesie omnino evacuant. Item solum Deum adorandum dicunt omni genere adoracionis, et dicunt peccare eos qui crucem vel illud quod nos dicimus et credimus corpus Christi adorant, vel sanctos alios a Deo vel eorum imagines.

Item, ex prima posicione, dicunt plurimi eorum, sicut audivi per confessionem multorum magnorum inter eos, quod quilibet bonus homo sit Dei filius sicut Christus; eodem modo, de quo dicunt quod non habuit animam aliam nisi Deum aut Spiritum Sanctum, qui est Deus; quod eciam dicunt de aliis bonis hominibus. Et cum dicant se credere incarnacionem, nativitatem, passionem, resurrectionem Christi, dicunt quod illam credunt veram concepcionem Christi, nativitatem, passionem et resurrectionem et ascensionem, cum bonus homo concipitur, nascitur, resurgit per penitenciam, vel ascendit in celum cum martyrium patitur; illa est vera passio Christi. Similiter, cum dicunt se credere baptismum, penitenciam, et sic de aliis sacramentis, dicunt ipsa esse vera sacramenta solum et tunc compleri cum homo penitens bonus efficitur; tunc est ibi verus baptismus, confirmacio, eucharistia vera, quia tunc efficitur corpus Christi, tunc ordinatur, tunc fit in eo conjugium et unctio; et per istam spiritualitatem nostram plurimi eorum fidem in articulis et sacramentis adnihilant. Illi autem qui in aliquo videntur minus male sentire in hoc errant, quia dicunt corpus Christi posse confici vel consecrari a quocunque bono qui dicit verba ad hoc statuta, licet non sit ab homine ordinatus. Item, in matrimonio carnali, dicunt quod uxor potest a viro recedere eo invito et e contrario, et sequi eorum societatem vel viam continencie. Item hec est Trinitas quam vel in qua credunt : ut si Pater [est] qui alium in bonum convertit, qui convertitur Filius, id per quod convertitur [aut] in quo convertitur Spiritus Sanctus ; et hoc intelligunt quando dicunt se credere in Patrem et Filium et Spiritum Sanctum, et Christum conceptum, natum, passum, etc., ut in symbolo continetur, quod optime in vulgari dicere sciunt. Causa autem quare in has abominaciones ceciderunt, credo quod fuit presumpcio et odium cleri et fidei destructio ; qui, quia fundamentum admiserunt, in labyrintum et malorum profundum ceciderunt. Hec autem omnia potest cito improbare homo litteratus, habens Dei spiritum, per raciones et scripturas.

In his autem erroribus ad invicem dissident, secundum quod plus minus quique sunt infecti. Audivi filiam dissidentem a matre, que erant ambe eodem errore infecte et multum instructe in posicionibus erroris sui ; que tamen pro obstinacia dicti herroris, cui inseparabiliter adherebant, simul fuerunt combuste. Hec autem inserui estimans fratres fidei defensores bonum non ignorare.

344. Manichei, quorum pestis adhuc multa loca inficit, secundum quod dicunt beatus Augustinus et Ysidorus, originem habuerunt a quodam Persa dicto Manes, qui vere maniacus [erat] cum suis sequacibus, et re ut nomine, et demoniacus, sicut dicit Apostolus prima [ad] Timotheum, III a : « In novissimis diebus discedent quidam a fide, attendentes doctrinis demoniorum, prohabentes nubere et abstinere a cibis, etc. » Hic post apos-

tolorum tempora in primitiva Ecclesia surrexit pestifere, dicens se esse Paraclitum Spiritum, quem Dominus suis promiserat missurus discipulis. Hunc Manem sui, ad vitandum nomen insanie, vocaverunt Manicheum, et se ab eo Manicheos, cum pocius vocandi essent maniaci. Hi a diversis diversimode appellati sunt : dicti sunt Albigenses, propter hoc quia illam partem Provincie que est versus Tolosam et Agennensem urbem, circa fluvium Albam[1], primo in Provincia infecerunt ; dicuntur eciam a Lumbardis Gazari vel Pathari, a Theotonicis Katari vel Kathaariste[2]; dicuntur eciam Burgari, quia latibulum eorum speciale est in Burgaria ; gallice eciam dicuntur ab aliquibus *Popelicant*[3]. Dictus autem Manes, ut dicit Augustinus, duodecim elegit ad exemplum Christi, quos apostolos nominavit, quod [nomen] adhuc tenent Manichei, unum habentes supra omnes magistrum principalem, alios episcopos, et presbiteros, ab eis ordinatos, et diaconos, quos electos vocant. Errores illius perversi dogmatis sunt hi qui colliguntur ex verbis beati Augustini, de tribus ejus libris, de eo qui intitulatur *Contra Manicheos* et de alio qui intitulatur *De moribus Manicheorum*, item de libro *De heresibus*, in quibus multa de eorum erroribus et abusionibus continentur : quedam

---

1. Échard pense que l'auteur désigne par ce mot le Tarn, qui se serait appelé alors la rivière d'Albi, et par corruption *Albæ fluvius*. Je ne vois guère d'autre manière d'expliquer ce passage. Il faut remarquer ici l'extension du nom de Provence à tout le Languedoc.

2. Ms. *Katriaariste*.

3. Comparez ces différents noms avec ceux des sectes désignées plus haut (n° 330). La plupart ont été expliqués par Schmidt, *Hist. des Cathares*, II, 275 et suiv.

autem in quibus errant de his breviter numeramus.

345. Primus eorum error est quia ponunt duo principia rerum, malum, quod dicunt esse immanem quemdam principem tenebrarum, a quo omnia corpora originem habere dicunt; hominum autem animas et vitalem vim, que vivificat animalia, plantas et arbores, a Deo creata dicunt, sive a bono principio, immo partem divine nature, quam admixtam in rebus vegetabilibus dicunt, immo eciam in omnibus rebus corporalibus; cujus admixtionis Manicheus causam reddidit confingens et referens quasdam abusivas genealogias. Item electi eorum Kathariste dicuntur, id est purgatores, quia, dum comedunt aut bibunt, bonam illam naturam Dei admixtam cibo se purgare dicunt, ut sursum redeat, et mala natura per secessum emittatur. Cum autem terra exalat, dicunt bonam naturam Dei purgari, que ei admixta erat, et sursum redire. Item agriculturam reprobant et quasi homicidium reputant, propter hoc quia per coalescenciam seminum, herbarum et radicum bona natura impeditur et detinetur ne redeat ad locum suum; et licencius dicunt fenerari quam terram excolere, propter dictam causam. Item herbas et arbores eradicare vel folia et fructus decerpere nefas reputant, nec ex eis vescuntur, quia eas immundas dicunt, quia in his dicunt quasdam animas inesse intellectum habentes, que sancte sunt, ut dicunt, et dolent multum cum ista leduntur. Item animas auditorum suorum transire in arbores dicunt; ideo omnes arbores venerantur, unde spinas de agris evellere non audent, sed auditoribus suis hoc et terram excolere permittunt, ut per eos victum habeant. Item carnes omnes immundas reputant, nec ex eis vescun-

tur, quia eas immundas dicunt, quia ex coitu procurate sunt et concubitu, et quia, cum occise fuerunt, recessit ab eis omnis bona natura; et quia sunt opificium principis tenebrarum. Auditoribus suis has comedere permittunt, sed eis omnino animalia prohibent occidere. Audivi ego quod milites gallici catholici sic examinabant hujusmodi hereticos in terra Albigencium : dabant suspectis pullos vel alia animalia ad occidendum, que si nollent occidere, eos hereticos perpendebant vel eorum credentes.

Item, ut dicit idem Augustinus, ovis non vescuntur, quia [quando] confranguntur, ut dicunt, expirant, nec lactis alimonia aut caseo vescuntur. Item vinum non bibunt, maxime perfecti eorum, quia dicunt id esse fel principis tenebrarum; uvas comedunt, mustum detestantur, quod intelligo de eorum electis vel perfectis. Uxores electis earum prohibentur, auditoribus conceduntur, monentes eos ut qua arte possunt generacionem impediant; hoc suadent ipsi hostes Dei et nature. Item Dominum nostrum Jesum Christum ad terras venisse propter animas, nec propter corpora liberanda ; eum eciam dicunt nec de virgine natum nec veram carnem sumpsisse, sed simulatam speciem carnis, ludificatis humanis sensibus, prebuisse, nec veram ejus mortem fuisse vel resurreccionem. Item illum qui legem dedit per Moysem dicunt Deum non fuisse, sed unum ex principibus tenebrarum. Item promissionem factam de Spiritu Paraclito mittendo dicunt in suo heresiarcha fuisse completam, quem dicunt fuisse Spiritum Paraclitum. Item baptismum in aqua nemini prodesse ad salutem dicunt. Item originem peccatorum non libero arbitrio voluntatis attribuunt, sed substancie gentis adverse, quam hominibus admixtam dicunt. Item duas animas in homine uno esse dicunt, easque inter se habere conflictum dicunt quando caro concupiscit adversus spiritum et spiritus adversus carnem. Huc usque ex verbis Augustini super anteposita.

346. Audivi [que sequuntur] a quodam litterato qui et diu fuerat de secta eorum, qui auctoritates mihi dicebat quas inducebant ad probandum eorum errores quas inducunt. Una autem erroris eorum posicio est quia dicunt baptismum parvulis non proficere ad salutem, qui nec motum nec actum habent fidei, quia, ut dicitur Marci in fine : « Qui non crediderit condempnabitur. » Catholicus respondit : Qui non crediderit, id est qui discrederit. Johan. III b : « Nisi quis renatus fuerit ex aqua. » Salvantur in fide Ecclesie, ut servus centurionis in fide ejus, et filia archisynagogi et mulieris Chananee et paraliticus in fide deprecancium et precancium. Item ponit hereticus sine baptismo ignis non esse salutem; Luc. III d : « Ipse vos baptizabit in Spiritu Sancto et igni. » Unde credentes sibi ponunt in aliquo occulto penetrali, et candelis undique accensis, factis quibusdam obsecracionibus ab heresiarcha, immo pocius exsecracionibus, aliis credentibus astantibus, et eo juxta, ignem. Catholicus respondit : Lucas dicit « igni » propter quod Spiritus Sanctus dabatur in primitiva Ecclesia baptizatis sub specie ignis. Aqua eciam est neccessaria, quia eam sanctificavit Christus, in ea baptizatus, ut per hanc sanctificaret Ecclesiam. Eph. v g : « Christus dilexit Ecclesiam, mandans eam lavacro aque et verbo vite. » Item dicit hereticus Manicheus quod corpus Christi non est in altari, nec esse

aliquid nisi Ecclesiam ; Col. I f : « In corpore Christi, quod est Ecclesia. » Catholicus : Ecclesia est corpus mysticum, in altari verum, de quo Mat. XXVI : « Accepit Jesus panem ; » et post : « Hoc est corpus meum. » Hereticus dicit : Hoc est, id est significat corpus meum, ut illud Apostoli, prima Cor. X : « Petra erat Christus. » Catholicus : Jo. VI e : « Ego sum panis vivus qui de celo descendi, et panis quem ego dabo caro mea est, et qui manducat carnem meam, » etc. Item dicit hereticus : Sacerdos peccator, non potes consecrare, quia ab immundo quid mundabitur? Lev. XXI f : « Qui habuerit maculam non accedet ad ministerium Dei sui, si lippus », etc. Catholicus : Verba Dei lux sunt, que non inquinatur a re immunda vel per immundum prolatorem, qui non potest eis auferre virtutem. Psalmo : « Dabit voci sue vocem virtutis. » Johan. VI f : « Verba que ego loquutus sum spiritus et vita sunt ; sed sunt quidam ex vobis qui non credunt. »

347. Audivi quod, cum beatus Franciscus intraret quamdam villam in Lumbardia, et opinio esset ibi de ejus sanctitate, quidam hereticus, cogitans eum hominem simplicem, volens confirmare sectam suam et credentes suos in ea, qui occurrerant, videns sacerdotem ville ei occurrere, clamavit : « Ecce, bone homo, quid dicis de isto, qui ville istius parrochiam tenet et concubinam habet et multis criminibus omnibus nobis patet obnoxius ? Quid mundum potest ab eo dari vel tractari ? » Advertens sanctus dolum heretici : « Estne, inquit, iste sacerdos hujus ville de quo talia dicitis ? » Cum dicerent : « Est », flexis genibus in luto, ait osculando manus ejus : « Iste manus Dominum meum tetigerunt, nec, qualescunque sint, immundum eum facere potue-

runt nec virtutem ejus imminuere. In honore Domini honora ministrum ; sibi malus esse potest, mihi bonus est. » Ad quod sunt heretici confutati[1].

348. Item de penitencia dicunt nullam esse illam quam sacerdos injungit, nec confessionem ei esse faciendam asserunt, sed solum illam esse faciendam quam Deus injungit; Marc. I c, Act. III e : « Penitemini, credite evangelio. » Tamen bonus sacerdos, quem dicit se esse hereticus, potest pro peccatore orare ; Jac. v : « Oret sacerdos pro eo, et, si in peccatis est, dimittetur ei. » Catholicus : Contra hoc dicit Dominus leproso et curato, Mat. VIII a : « Vade, ostende te sacerdoti et offer, » etc., non contempnendum volens officium sacerdotum, quos malos noverat. Similiter Luc. XVII b : « Ostendite vos sacerdotibus. » Item Mat. XXI a : « Solvite, ait discipulis, et adducite mihi. » Item Johan. XI e, de Lazaro suscitato et adhuc ligato, ait : « Solvite et sinite eum abire. » Item heretici matrimonium carnale dampnant, juxta id Apostoli, Rom. VIII b : « Qui in carne sunt Deo placere non possunt. » Item Apostolus ad Heb. XIII : « Honorabile connubium sit omnibus et corpus immaculatum. » Catholicus : Honorabile connubium, etc., quando neuter conjugum admittit alium preter proprium in opere conjugali. Tim. III : « Volo juniores nubere, filios procreare. » Cor. I a : « Uxori vir debitum reddat », etc. Item Cor. VII e : « Si uxorem acceperis, non peccasti. » Item Mat. XIX a : « Erunt duo in carne una. » Ideo Apostolus vocat demones attendentes spiritui erroris et doctrinis demoniorum

---

1. Voy. un autre récit du même fait, ci-dessus, n° 316.

prohibencium nubere. Prima Tim. iiii a : « Spiritus manifeste dicit », etc.

Item de ordine sacerdotali vel aliis ordinum gradibus nil credit hereticus, quod scilicet sint ordinum gradus apud nos : contra quos est quod Dominus illos septem gradus ordinum in se presentavit et apostolos ordinavit, qui ab eo ut ordinarent ministros Ecclesie acceperunt et ordinaverunt eos; per omnes partes mundi, per ecclesias quas edificabant et terras quas convertebant, ordinabant episcopos, presbyteros, diaconos et alios ministros, et sic faciendum ab episcopis instituerunt, et sic postea fecerunt quibus successit et locus et officium et ecclesiarum cura, in tempore martyrum et confessorum et eis successorum. Item unctionem extremam non credit hereticus esse vel valere corporalem aliquid, sed spiritualem solum; de qua Johan. ii d, f : « Unctionem habetis a sancto, et unctio docet de omnibus[1]. » Contra catholicus : Jac. v : « Infirmatur qui in vobis? Inducat presbiteros ecclesie, et orent super eum, ungentes eum oleo », etc. Isti autem miseri, spiritu Dei vacui et maligno pleni, Spiritum Sanctum suos electos habere dicunt, quos, sicut magister eorum Manes Paraclitum se dicebat, ita dicunt ipsi eos Paraclitos, id est consolatores; quos dicunt eciam conferre Spiritum Sanctum omnibus, quibuscunque flagiciis, usuris et rapinis astricti sint, si eis reverenciam fecerint et eos adoraverint et ipsi eis manum imposuerint, ita quod sine aliqua restitu-

---

[1]. Ces paroles ne sont pas tirées de l'évangile de saint Jean, mais de sa première épître, ch. 2.

cione, in actu aut proposito, vel aliqua satisfactione omnia peccata dimittantur et statim evolent sine omni pena ; et ideo, propter istam impunitatem quam promittunt, multos trahunt ad se desperatos usurarios et raptores et alios abjectissimos et desperatissimos peccatores. Ipsi tamen miseri dicunt et tenent quod, si a sua perfectione cadant postquam receperint eorum manuum imposicionem, comedendo vel modicum carnis vel ovis vel casei, vel bibendo modicum vini vel lactis, vel communicando mundanis, si horum aliquid fecerint, tam eorum perfecti sive consolatores vel alii qui sunt eorum aut doctores aut credentes, si in hoc discedunt sine ultima manuum imposicione, dampnantur, secundum eos; quia statim cum in aliquo predictorum faciunt vel aliorum que sunt contra sectam suam, statim Spiritum Sanctum admittunt, ut si pulicem occidunt vel muscam, vel herbam evellunt vel racemum, vel fructum arboris discerpunt ; et dampnantur pro his, nisi eis subveniatur per manuum imposicionem illorum perfectorum, qui perfecte servant omnia que pertinent ad sectam suam; aliter non valet ejus manus imposicio vel consolacio.

349. Ultimo videndum quibus signis heretici maxime denotantur et perpendantur. Sunt autem quatuor signa ex quibus heretici possunt notari : primo ex indebiti sibi usurpacione, secundo ex veneni sui diffusione, tercio negocii sui occultacione, quarto ex eorum sophisticacione. Primum ergo quomodo deprehendi possunt est eorum presumptuosa et incompetens usurpacio : usurpant enim officium sibi incompetens predicacionis et erudicionis sacre doctrine, et

maxime evangeliorum et aliorum librorum novi testamenti; que cordetenus in vulgata lingua firmant et alter alteri ruminat, et sermones vel de persequucione et martyrio et paciencia et beata paupertate. Et cum homines sibi illexerint, affirmant se esse illos beatos pauperes, mites et tribulacionem pacientes et martyres, et quod clerici eos ex invidia persequuntur, sicut olim Judei prophetas, et scribe et pharisei Dominum et discipulos ejus; et ipsi, ut dicunt, sunt de quibus dicit Dominus, Matt. XXIII f : « Ecce ego mitto ad vos prophetas et sapientes et scribas, et ex illis occidetis, » etc. Quando autem primo accedunt ad homines simplices, quia astutos et litteratos fugiunt, dicunt se scire oraciones optimas, et habent verba deprecatoria pulcra, que primo dicunt et docent, deinde evangelia in vulgari, que secundum seriem, non sensum verborum sanum dicunt et ruminant aliis, quando eos inveniunt curiosos et voluntarios ad discendum[1]. Vidi ego juvenem bubulcum, qui solum per annum moram fecerat in domo cujusdam heretici Valdensis, qui tam diligenti attencione et sollicita ruminacione affirmabat et retinebat que audiebat, quod infra annum illum firmaverat et retinuerat quadraginta evangelia dominicalia, exceptis festivitatibus, que omnia verbo ad verbum in lingua sua didiscerat, exceptis aliis verbis sermonum et oracionum. Vidi eciam aliquos laicos qui [ita erant] eorum[2] doctrina imbuti, ut[3] vel multa de evange-

1. Ce curieux passage justifie les précautions signalées plus haut contre l'emploi des traductions de l'Écriture en langue vulgaire.
2. Ms. *qui ex eorum*.
3. Ms. *unde*.

listis, ut Mattheum vel Lucam, repeterent infra corde, maxime ea que ibi dicuntur de instructione et sermonibus Domini, ut vix ibi in verbis deficerent quin ea successive continuarent ; quod [dico] propter diligenciam eorum in malum et negligenciam catholicorum in bonum, quorum plures sunt ita negligentes circa suam et suorum salutem, ut vix suum *Pater noster* aut *Credo* sciant vel famulis suis doceant.

Hec autem verba evangelica affirmant, ut apud suos magistri habeantur erroris, et ut per verba sancta, que pervertunt abutendo, errorem suum abstruant, et ut per ipsa homines sibi alliciant, ad se conversos et a Deo adversos pervertant, et postea a fidei fundamento evertant. Ideo ipsi verbis sacris utuntur abutendo, licet eis non credant. Unde audivi [quod], cum quidam hereticorum credens diu audivisset eos et crederet eum magister suus bene confirmatum in errore, querenti discipulo dicto ab eo : « Magister, ego video quod vestra doctrina, quam modo me docetis, et vita quam vos ducitis contraria est illi priori doctrine, quam me docuistis de scripturis ; vellem scire que verior sit doctrina, ista vel prior. — Modo, ait, videns te confirmatum, dico tibi veritatem : istis scripturis quas dicunt clerici non credimus, quas nos ad eorum imitacionem et hominum illaqueacionem proponimus ; aliter enim non audiremur. Sumus similes aucupibus qui sub divinis se occultant et voces avium simulant et more earum sibilant, ut ad eos conveniant et eas capiant ; sed postquam eas illaqueaverint et tenuerint, tunc voces proprias manifestant. Similiter et nos facimus, quia, si voces proprias et sentencias nostras hominibus primo diceremus, ad modum avium nos fugerent[1]. »

350. Secundus modus eos cognoscendi est ex veneni sui diffusione. Sunt enim similes scorpionibus (Apoc. ix c : « Habebant caudas similes scorpionibus, et aculei erant in eis »), quia ad modum scorpionum, qui lingua suaviter et blande primo leniunt, post in fine pungunt et venenum diffundunt, sic ipsi, postquam primo habuerunt verba pia et dulcia, in fine inserunt venenosa et contra fidem. Unde, cum quidam hereticus, inducente quadam sua credente, que familiaris cujusdam erat burgensis, esset introductus in camera dicti burgensis ut eum audiret, ad instanciam illius osculatus est hereticum, promittens ei, sub fide quam beatus Petrus Deo promisit, quod ipse non propalaret eum. Ait hereticus : « Clerici ex invidia dicunt nos hereticos, cum simus catholici; sed bonum est ut vos primo audiatis fidem nostram, ut vos de ea judicetis. » Et retulit ei articulos fidei sicut in symbolo continentur et sicut catholica tenet Ecclesia, et videbatur recte de omnibus sentire et asserere, licet in omnibus, postea examinatus et captus et combustus, inventus est male sentire. Multa eciam pia verba et bona dixit ei postea, que cum dictus homo libenter audiret nec aliquid reprehensibile in eis judicaret, rogavit ut adhuc audiret eum in crastino. Cum ille promisisset quod libenter hoc faceret, venit dictus hereticus, et, cum plura dixisset de sequucionibus et insidiis que eis inferebantur, incepit venena diffundere, contra Ecclesiam obloquens, et quod

---

1. Un exemple à peu près semblable est cité plus loin, n° 498.

erat meretrix et taberna, ubi non erat status salutis, sed rixe et contempciones; et contra prelatos et clericos multa evomebat : que cum ille catholicus abhorreret, eum a se expulit ut animal venenosum; qui legatus missus ad partes illas ab hereticis, cito post captus, per ignem transiit ad infernum.

351. Tercium per quod notari possunt est quia et doctrinam suam sophismatibus et involucionibus verborum occultant et in occultis predicant, et totum negocium eorum est perambulans in tenebris et pertinens ad principem tenebrarum, non ad lucem divine veritatis; ut dicitur Johan. III d : « Qui male agit, odit lucem et non venit ad lucem, ut non arguantur opera ejus; qui autem facit veritatem, hic venit ad lucem, ut manifestentur opera ejus, quia a Deo sunt. » Econtra, ut dicitur Johan. XVIII c : « Ego palam loquutus sum mundo, et in synagoga et in templo quo omnes Judei conveniunt; in occulto loquutus sum nihil. » Item vitam suam per hypocrisim occultant; signa enim penitencie foris ostendunt, nec tamen penitenciam veram faciunt, quia aliam penitenciam faciendam non esse dicunt nisi interiorem; illa enim exterior non est neccessaria, ut dicunt, nisi ad homines attrahendum. Unde Mat. VI c : « Excoriant facies suas, ut videantur ab hominibus jejunantes. »

352. Quartum autem per quod maxime cognosci possunt est eorum sophisticacio : decipiunt enim, qui videntur esse aliquando simplices rustici, sophismatibus et duplicitatibus verborum illos qui fuerunt maximi sophiste Parisius et maximos clericos in eorum fallaciis inexpertes; unde hoc est unum in quo maxime possunt cognosci. Simplex enim homo et planus, cum de fide

sua requiritur, plane et simpliciter sine sophismatibus ad ea de quibus interrogatur respondet, sive bene dicat, sive male; si male dicit, recipit correctionem et instructionem. Hereticus autem statim currit ad sophismata et ad fugas et evasiones verborum et responsionum, ut operiat verba sua, ne videatur. Solebant, quando audebant et minus litterati viri in ecclesia erant et pauciores docti, se defendere fictis racionibus et disputacionibus; modo autem, quia non possunt se racionibus aut disputacionibus tueri quin insipiencia eorum fiat manifesta, et timent deprehendi, multis sophismatibus se involvunt, per que conantur effugere et decipere interrogantes; que, licet non possimus omnia, tamen aliqua ostendemus.

Unum genus sophisticandi inquirentes de fide eorum est per verborum equivocacionem : verbi gracia, cum queritur ab eis, de aliquo fidei articulo vel sacramento, si credunt illud, ut baptismum, eucharistie sacramentum aut penitencie, respondent quod credunt bene in sacramentum baptismi, penitencie, etc., similiter incarnacionem, nativitatem, passionem, aliud intelligentes per verba ista quam catholici, baptismum et penitenciam et matrimonium et sacramentum corporis Christi et extremam unctionem; solam penitenciam aut bonam voluntatem interiorem intelligentes; corpus Christi intelligentes corpus cujuslibet boni hominis vel pocius corpus spirituale, quod est Ecclesia. Item aliud genus equivocandi in responsione sua, cum queritur : « Credis Christum natum, passum, etc. ? » Respondent : « Bene credo », vel « firmiter credo », id est firmam vel bonam habeo credenciam. Item aliud genus sophisticandi est per condicionis addicionem, ut, cum queritur : « Credis hoc vel hoc? » Respondent : « Si Deo placet, ego bene credo hoc et hoc. » Si queritur quod catholicum est, [respondent] intelligentes quod Deo non placeat, et quod ipsi hoc credant quia, si Deo placeret, domus ista volaret. Item alius modus est obiciendo questionem contra questionem, ut clavum clavo retundant. Item alius modus est per diversam responsionis retorsionem, ut, cum queritur ab eis : « Credis quod possit fieri aliquod juramentum vel judicium sanguinis sine peccato? » Respondet hereticus : « Quomodo creditis vos vel alii? » Cum respondetur ei : « Nos sic credimus »; respondet hereticus : « Et ego bene sic credo », intelligens « quod vos ita creditis ut dicitis », non quod ipse credat quod dicitur ei. Item genus est aliud eludere per admiracionem; cum queritur de aliquo si ita credat, respondet cum admiracione : « Quid crederem ego aliud? » Item aliud per diversam relacionem, ut, cum queritur quid credit, utrum omnis qui jurat peccat in jurando, respondet : « Qui dicit verum non peccat »; vel sic : « Qui jurat dicendo verum non peccat »; et tamen credit quod jurando peccat. Item alius modus est per translacionem, ut, cum queritur unum, transfert se ad aliud; cum opponens sequitur eum ibi, fugit alibi. Item, cum querens querit ab eo, transfert se ad alios, ponens eos in verbis. Item alius modus est per sui justificacionem, ut, cum queritur ab eo de fide, justificat se : « Ego sum homo simplex, talis et talis, et nescio istas questiones. » Multos eciam habent modos se contegendi et homines fallendi et inquirentes deludendi, quos magis potest docere usus et exercicium quam ars. Illi autem qui ponunt rerum duplicitatem, ut Manichei, difficulter possunt convinci, quia unum et eundem hominem credunt factum a bono Deo et non factum, quia in eo credunt esse duas naturas, bonam a Deo, malam a principe tenebrarum, sicut supra patet per verba Augustini[1].

[*De supersticione.*]

353. Dicto de errore heretice pravitatis, dicendum est de supersticione vani cultus divinacionum, incantacionum, sortilegiorum, ludificacionum demonum diversarum, per que dyabolus impugnat populum christianum, trahens post se cum cauda fallacis seductionis innumerabiles [animas] stultorum, quorum infinitus est numerus... Dolus et fraus dissuadet hoc vicium, vel ipsorum demonum, vel ipsorum divinorum et incantatorum... Item falluntur augures et auruspices. Magister Jacobus[2] : Cum rex Castelle congregasset exercitum et iret contra Sarracenos, occurrerunt exercitui grex cornicularum. Quidam autem milites regis suaserunt redire, dicentes quod malum eis eveniret, quod vincerentur ab hostibus si procederent, quia hoc cognoverant in garritu et volatu cornicularum. Quibus rex respondit, irridens eos : « Iste cornicule vix habent quatuor annos; ego plus quam viginti annos pugnavi contra Sarracenos, et melius scio artem et modum pugnandi quam iste; et forte de alia regione venerunt, in qua nutrite, conversate et nate, non scient nobis dicere bene de statu Sarracenorum, quem ego

---

1. F⁰ˢ 404-408. On a, dans ces dernières pages, une véritable restitution des interrogatoires de l'inquisition primitive.
2. Jacques de Vitry, comme toujours.

melius novi et expertus sum; de quo melius [mihi] debetis credere quam illis. » Et procedens et contempnens, vicit Sarracenos.

354. Item audivi quod quidam scolaris hispanus, credens in auguriis, cum parasset iter suum ut rediret ad terram suam, quidam suus socius, super ostium domus ad modum corvi crochitans[1], diu eum retinuit, malum omen credentem hoc.

355. Item idem magister Jacobus dicebat quod quidam hospes receperat in nundinis unum provincialem in hospicio; qui, credens eum sibi utilem, cum volebat recedere, sonitum cum vesica faciebat; quo audito, provincialis, dicens malum omen, redibat. Tandem, advenientibus aliis hospitibus, eum dimisit.

356. Item refert de quadam vetula quod, cum graviter egrotaret et moneretur ad confessionem, dicebat se certam quod viveret per quinque annos adhuc, quia quinquies audiverat prima die maii *le cucu* quasi sibi respondentem. Cum autem jam non posset loqui, commonebatur : clamabat *cucu*, ostendendo quinque digitos; et sic decepta, mortua est sine viatico et confessione[2].

357. Item seducunt homines non solum demones, sed ipsi qui divinos se dicunt, cum nil sciant de futuris. Audivi quod quedam habebat maximum mansum clausum, in cujus ultima parte domus erat, in qua cum adventantibus loquebatur. In principio, morabatur in domo cum familia sua. Cum extranei adveniebant ad eam, facto signo a suis, in camera latitabat, de qua

1. Mot imitatif.
2. Cette anecdote se trouve rapportée plus haut d'après Jourdain de Saxe (n° 52).

poterat audire causas vie et loca unde veniebant et alias circumstancias, quas sui astute inquirebant. Quo audito, ad aliam domum per loca occulta festinabat, cogitans quid eis responderet. Aliquis de domo ducebat eos per diverticula ad domum illam, quasi ad valde remotam. Quos cum videret et propriis nominibus eos salutaret, causas itineris et loca dicens et alias circumstancias, credebant eam omnia prescivisse et divinasse. De alia audivi quod habebat ribaldos precursores viarum, et que inquisierant ab adventantibus prenunciabant ei.

358. Item de alia audivi quod, [cum] esset pauper vetula, fecit se divinam, et misit filium suum ad furandum boves cujusdam rustici remoti; quos ligavit ad quercum in profunda silva, et dixit matri sue ubi erant, et, festinans ad villam rustici, boves suos querenti dixit quod in villa tali optima divina erat et sapiens, que bene sciret vaticinari de eis; ad quam rusticus ivit. Boves et locum docuit; quibus inventis, ut dixerat, magnificata est per totam viciniam per hoc factum et consimilia, que filius suus faciebat, ea eum docente.

359. Item de alio audivi quod, cum se diceret sanctum Jacobum, faciens de pane vino imbuto offas in aqua, per quas aqua vini assumebat et colorem et saporem, et per alia que inquisiverat a pastoribus de homine ad cujus domum hospitabatur, loquens ei de factis suis quasi futura ei divinans et quasi miraculum vini ostentans, videbatur per hujusmodi fidem facere verbis. Unde, cum fecisset congregari pecuniam quam hospes habebat, quasi ad centuplicandum, cum esset in sacculo posita et in quodam loco reposita, sublata pecunia, media nocte fugit. Quidam autem vicinus dolum

audiens, et dolosum insequens et consequens, ait :
« Domine sancte Bartolomee[1], non est dignum quod
recedatis a finibus nostris quin nobis de vestris reliquiis dimittatis, et quod ita cito a nobis recedatis. » Et,
hoc dicto, cum securi privavit eum pede et pecunia[2].

360. Sunt autem diversa genera divinacionum,
secundum quod ostendit Augustinus in libro *De natura
demonum*, XXVI° capitulo. Alia divinacio dicitur pyromancia, divinacio que fit in igne ; alia aerimancia, que
fit in aere ; hydromancia, que in aqua ; geomancia, que
in terra ; nigromancia, que per mortuos fit... Item alia
in sternutacionibus, alia in sompniis, alia in sortibus
quas falso dicunt apostolorum. Item alia fit in unguibus, alia in speculis, alia in spatis, ubi dyabolus facit
videre diversas rerum imagines, per quas homines in
errorem inducat et bonos infamat, sicut accidit aliquando. Cum studerem Parisius, in vigilia Natalis,
cum socii nostri essent in vesperis, quidam latro
famosissimus intravit hospicium nostrum, et, aperta
camera cujusdam socii nostri, plura volumina librorum de jure secum tulit. Cum post festa vellet in libris
suis studere et non inveniret, cucurrit ad maleficos.
Cum multi eum fefellissent, unus hoc magus fecit :
qui, adjurans demones et spatam tenens, cum faceret
in eam aspicere puerum, postquam vidisset in ea
multa, tandem vidit in ea, per ostensionem imaginum multarum, quod quidam socius noster, consanguineus ejus, libros ejus furabatur, quem credebamus
honestiorem de societate nostra ; quem cujus erant

1. Pour *Jacobe*, puisque le voleur s'était fait passer pour saint Jacques.
2. F^{os} 408-409 v°.

libri, non solum apud scolares, sed eciam apud amicos suos infamavit, imponens quod libros ejus furatus fuisset. Cum autem latro predictus furatus fuisset quedam alia et deprehensus esset, fugit ad quamdam ecclesiam, latens in clocha[1] pinaculi; et omnia que furatus fuerat et ubi, ab interrogantibus requisitus, docebat, et quid inde fecerat. Cum autem quidam scolares morantes juxta nos admissam quamdam manticam, quam furatus fuerat, per eum invenissent, vix acquievit qui libros admiserat ad dictum furem ire et ab eo inquirere de libris suis. Qui requisitus, docuit eum quando et ubi acceperat libros suos, et domum Judei ubi libros obligaverat, et ubi eos invenit. Hoc ideo dixi, ut appareat eorum demonum falsitas, qui ob hoc ostenderunt in spata, ut et illum bonum hominem infamarent et caritatem inter illos cognatos disrumperent, et illum qui eis credidit cum suis in eternam perdicionem deducerent[2]...

361. Item ad detestacionem divinorum ponuntur hec exempla. Cum due mulieres venissent ad quamdam divinam, una pro habendo puero, altera pro amore cujusdam acquirendo, ait eis ut in domo sua dormirent usque mane; quod cum facerent, illa surrexit media nocte, adjurans demonem ad lunam. Alie autem, de lecto aspicientes quid fieret, viderunt demonem quasi umbram teterrimam ad eam venire et quid vellet ab ea quererе; que cum ei dixisset negocia dictarum mulierum, dixit quod afferret[3] ei vas, in quo quod po-

1. Ms. *cloclea*.
2. Ce souvenir de jeunesse, évoqué par l'auteur, est toute une peinture des mœurs de l'Université.
3. Ms. *auferret*.

neret libere eis daret. Ille autem in dicto vase mixit, et recessit. Mulieres autem dicte, hec audientes et videntes, perterrite in mane fugerunt, responsum non exspectantes.

362. Item audivi quod, cum quedam mulier venisset ad quamdam divinam causa repellende sterilitatis, cum illa adjurasset demones, eis procurantibus, concepit et peperit. Cum autem puer portaretur ad baptismum, dicto exorcismo a sacerdote, exivit a corpore pueri ingens serpens, in cujus exitu corpus exanime remansit, cujus cadaver in fossatis proicitur.

363. Aliud genus divinacionis fit per exteriora signa sive conjecturacionem, sicut vetularum que vestes vel corrigias paciencium sibi faciunt deportari, ut per ea aliquid perpendant de qualitate pacientis. Unde audivi quod, cum quidam sacerdos argueret parrochianos suos de hoc quod frequentarent quamdam divinam, nec vellent cessare propter admonicionem ejus, finxit se infirmum, rogans eos quod irent ad eam, querentes ab ea qua infirmitate pateretur persona illa cujus esset corrigia illa quam ei mittebat, inhibens eis ne omnino ei dicerent cujus esset. Quod cum fecissent et ipsa [vidisset] mensuras corrigie, longitudinem et signa punctorum in quibus cingebatur, cum ipse esset grossus et pinguis, dixit quod erat mulier propinqua partui. Et per hoc parrochianos suos, de hoc quod ei crediderant, confutavit et revocavit[1].

364. Per hunc eciam modum [dyabolus] ludificat, per striges[2], quando se transfigurat in similitudinem

---

1. F° 411 v°.
2. Sorte de vampire.

alicujus mulieris lupum equitantis, et, Dei permissione et exigencia infidelitatis parentum, pueros parvulos occidit in corpore. De quo audivi quod in Britannia Armorica minore accidit quod quedam mulier amisisset pueros duos, postquam complevissent quilibet annum suum. Dixerunt ei mulieres quod hoc facerent striges, sanguinem eorum bibentes. Cum autem illa eis crederet, dixit eis[1] quod, cum tercius quem habebat annum compleret, vigilaret tota nocte anni completi, super puerum ponens operculum ferreum de quo operiebatur ollam suam in igne, ut, cum veniret strix, ferrum calidum in ejus faciem imprimeret, ut facto mane, cognosceretur. Quod cum faceret, circa mediam noctem, vidit intrantem per januam suam clausam vetulam quamdam sibi vicinam, lupum equitantem, accedentem ad cunabulum pueri; et mulier, simulans se dormientem, arrepto [ferro], impressit illud in faciem ejus, que cum ejulatu maximo recessit. Jam facto mane, convocatis vicinis et ballivis ville, deposuit querimoniam apud eos. Illi autem, venientes ad ostium vetule, invenientes eum seratum et neminem invenientes qui eum aperiret, frangentes ea, rapuerunt dictam vetulam, habentem exustam genam ad indicem. Ferrum vulneri appositum criminis imposicionem probabat ex veritate procedere. Vetula autem dicta cuncta negabat, dicens non esse se impositi criminis consciam. Episcopus, hoc audiens, conscienciam dicte mulieris noscens, adjuravit illum demonem qui hujus facti actor fuerat, ut se et factum manifestaret. Tunc demon, in similitudinem vetule se transmutans, urgente

---

1. Ms. *et diceret ei*.

episcopo, pelliculam combustam a facie vetule removit coram omnibus et sibi imposuit, et fraudem suam et causam ejus omnibus verbo et facto patefecit[1].

365. Item aliquando ludificant transmutando se in species militum compugnancium et emittencium faces ardentes, qui ab hominibus solent appellari *arzei*, quasi succensi vel flammigeri. Item aliquando in similitudinem militum venancium vel ludencium, qui dicuntur de familia Allequini vulgariter vel Arturi[2]. Audivi quod, cum quidam rusticus circa Montem Cati[3] portaret facem lignorum ad lunam, vidit infinitam multitudinem canum venaticorum quasi post predam latrancium, post infinitam multitudinem peditum et equitum; et cum quereret ab uno illorum qui essent, respondit quod essent de familia regis Arturi, ad cujus curiam propinquam venirent, ut ibi bene sibi esset. Et visum fuit dicto rustico quod sequeretur eos, et quod intraret in maxima et nobilissima palacia, et [videret] milites et dominas ludentes et choreizantes, comedentes et bibentes nobilia fercula, et in fine dictum est ei quod iret ad lectum, et quod ductus esset in camera ad lectum preciosissime ornatum, in quo jacebat quedam domina visa mirabiliter speciosa; cum qua cum intrasset et obdormisset, invenit se, in mane excitatus, super facem lignorum turpiter jacentem et ludificatum.

Item audivi quod quidam alius obviavit similiter

---

1. F° 412.

2. Sur la *mesnie Hellequin* ou la *chasse Arthur*, voy: Le Roux de Lincy, Introduction du *Livre des légendes*, in-8°, 1836.

3. Plusieurs montagnes ont été appelées le Mont du Chat. La principale s'élève au bord du lac du Bourget, en Savoie.

simili familie equitanti ; et unus ad alium se vertebat, et caput circumvertebat, dicens : « Sedet mihi bene capucium. » Et hoc frequenter iterabant. Simile videntur facere mulieres compte in choreis.

366. Item, cum ego inquirerem in comitatu Forisiensi de hereticis, quidam sacerdos adduxit mihi parrochianam suam, que deponebat contra multos, dicens quod in domo in qua morabatur mensa ponebatur vacua et maxima, ad quam multi conveniebant, quos ipsa nominabat, de villa sua et aliis remotis locis ; et cum sederent ad mensas vacuas ; canis niger et parvus veniebat, et, super mensam ascendens, pede suo elevato, circulum quasi rotam faciebat super mensas ; et confestim mense replebantur diversis generibus ferculorum, et comedere videbantur, et post recedere ad quemdam locum saxosum ; post hinc inde diffugiebant. Sed cum ego loquutus fuissem cum aliquo eorum, qui bone fame erat et quem credebam bone vite, nec aliquid circa eum invenirem per quod hoc de eo presumerem, credo quod fuit diabolica ludificacio et eorum transfiguraciones ad infamandum bonas personas [1].

367. Item quasi simile accidit in Alvernia, ubi multi fuerunt capti apud Sanctum Porcianum [2] et deducti apud Claremontem, ubi convocaverat [3] me episcopus ejusdem loci, dominus Hugo de Turre [4]. Quedam

---

1. F° 412 v°. Cet exemple est, ainsi que le suivant, reproduit dans Échard (I, 192, 193). Il fait voir que l'inquisiteur n'ajoutait pas facilement foi aux dénonciations.
2. Saint-Pourçain (Allier).
3. Ms. *convocasset*.
4. Hugues de la Tour, évêque de Clermont de 1227 à 1249.

mulier, capta in quibusdam maleficiis, accusavit plures et illos qui capti detinebantur, dicens cum lacrimis quod magistram quamdam [habuerat] que eam frequenter duxerat ad quemdam locum subterraneum, ubi conveniebat multitudo hominum et mulierum cum luminibus torticiorum et candelarum, circumdantes quamdam cufam plenam aqua que erat in medio, in cujus medio erat hasta affixa; et magister eorum adjurabat Luciferum per barbam suam et per potenciam quod veniret ad eos, et per multa alia; ad quam adjuracionem descendebat catus teterrimus per lanceam, et aqua cum cauda sua, vadens in circuitu, omnes aspergebat, et luminaria omnia extinguebat; quo facto, quilibet eorum accipiebat illum vel illam qui ei primo occurrebat, et cum eo turpiter admiscebatur. Propter hoc dicti homines erant capti, qui hec omnia negabant, licet dicta mulier diceret eos ibi sepe vidisse convenisse.

368. Ad hanc ludificacionem, que fit in sompniis, pertinet error illarum mulierum que dicunt se nocturnis horis cum Diana et Herodiade et aliis personis, quas *bonas res*[1] vocant, ambulare, et super quasdam

---

1. *Bonnes choses* ou *bonesozes* (V. la note du n° 97). Cette superstition, qui faisait croire à certaines femmes qu'elles accompagnaient Diane pendant la nuit et parcouraient avec elle d'immenses espaces, montées sur divers animaux, parait remonter à la mythologie germaine : le nom de la déesse des forêts avait simplement remplacé, chez les Latins, celui de Trollkona, protectrice et compagne des courses aériennes des sorcières scandinaves. Un capitulaire de Louis le Débonnaire, daté de 867, qui désigne aussi Diane, condamne cette fausse croyance et en démontre la continuité à travers les siècles chrétiens. (V. Baluze, II, 365; Beugnot, *Destruction du paganisme*, II, 338; Grimm, *Mythologie allemande*, *passim*; etc.) On trouve aussi dans la mythologie indienne des

bestias equitare, et multa terrarum spacia pertransire, et certis noctibus ad dearum servicium evocari... Audivi quod, cum quedam vetula, volens[1] blandiri suo sacerdoti, diceret ei in ecclesia : « Domine, multum debetis me diligere, quia liberavi vos a morte ; cum enim ego vaderem cum *bonis rebus*, media nocte intravimus domum vestram cum luminaribus ; ego, videns dormientem et nudum, cooperui vos velociter, ne domine nostre viderent nuditatem vestram, quam si vidissent, ad mortem flagellari vos fecissent. » Cumque sacerdos quereret quomodo intraverant domum ejus et cameram, cum ostia essent fortiter serata, ait quod bene intrabant domum januis clausis. Tunc eam invocans sacerdos intra cancellam, clauso ostio, verberavit eam cum crucis baculo, dicens : « Exite hinc, domina sortilega. » Cum autem non posset, emisit eam sacerdos, [dicens] : « Modo videtis quod fatua estis, que sompnium veritatem creditis[2]. »

369. Item, cum in diocesi Bisumptina, in quadam parrochia, homines talibus crederent, quidam ribaldi transfiguraverunt se in similitudinem mulierum, earum assumpto habitu, et, domum cujusdam divitis rustici cum torticiis intrantes, et coreas ducentes sub pressa, canebant : « Unum accipe, centum redde. » Et sic in oculis rustici domum evacuaverunt omnibus bonis,

déesses se promenant à travers l'espace. (V. Fauche, *Une tétrade*, III, 42.)

1. Ms. *vellens*.
2. On peut voir des variantes de cette anecdote dans Bromyard (tit. *Sortilegium*) et dans les *Latin Stories* de Th. Wright (n° 19), qui la cite comme extraite de Vincent de Beauvais, ignorant que l'auteur du *Speculum morale* l'avait empruntée lui-même à Étienne de Bourbon.

dicentis uxori sue : « Tace, et claude oculos ; divites erimus, quia *bone res* sunt, et centuplicabunt bona nostra. »

370. Sexto dicendum est de supersticionibus contumeliosis, quarum quedam sunt contumeliose Deo, quedam proximo. Deo contumeliose sunt supersticiones que divinos honores demonibus attribuunt, vel alicui alteri creature, ut facit idolatria, et ut faciunt misere mulieres sortilege que salutem petunt adorando sambucas vel offerendo eis, contemnendo ecclesias vel sanctorum reliquias, portando ibi pueros suos vel ad formicarios vel ad res alias, ad sanitatem consequendam. Sic faciebant nuper in diocesi Lugdunensi, ubi, cum ego predicarem contra sortilegia et confessiones audirem, multe mulieres confitebantur portasse se pueros suos apud sanctum Guinefortem. Et cum crederem esse sanctum aliquem, inquisivi, et audivi ad ultimum quod esset canis quidam leporarius, occisus per hunc modum. In diocesi Lugdunensi, prope villam monialium que dicitur Novile, in terra domini de Vilario[1], fuit quoddam castrum cujus dominus puerum parvulum habebat de uxore sua. Cum autem exivissent dominus et domina a domo et nutrix similiter, dimisso puero solo in cunabulis, serpens maximus intravit domum, tendens ad cunabula pueri ; quod videns leporarius, qui ibi remanserat, eum velociter insequens et persequens sub cunabulo, evertit cunabula, morsibus serpentem invadens, defendentem se et canem similiter mordentem ; quem ad ultimum canis occidit

---

1. Villars en Dombes. D'après Échard, la localité appelée *Novile* serait Villeneuve, bourg situé dans le même canton que Villars.

et a cunabulis pueri longe projecit, relinquens cunabula dicta cruentata, et terram et os suum et caput, serpentis sanguine, stans prope cunabula, male a serpente tractatus. Cum autem intrasset nutrix et hec videret, puerum credens occisum et devoratum a cane, clamavit cum maximo ejulatu; quod audiens, mater pueri similiter accurrit, idem vidit et credidit, et clamavit similiter. Similiter et miles, adveniens ibi, idem credidit, et, extrahens spatam, canem occidit. Tunc, accedentes ad puerum, invenerunt eum illesum, suaviter dormientem; inquirentes, inveniunt serpentem canis morsibus laceratum et occisum. Veritatem autem facti agnoscentes, et dolentes de hoc quod sic injuste canem occiderant sibi tam utilem, projecerunt eum in puteum qui erat ante portam castri, et acervum maximum lapidum super eum projecerunt, et arbores juxta plantaverunt in memoriam facti.

Castro autem divina voluntate destructo, et terra in desertum redacta est, ab habitatore relicta. Homines autem rusticani, audientes nobile factum canis, et quomodo innocenter mortuus est pro eo de quo debuit reportare bonum, locum visitaverunt, et canem tanquam martyrem honoraverunt et pro suis infirmitatibus et neccessitatibus rogaverunt, seducti a diabolo et ludificati ibi pluries, ut per hoc homines in errorem adduceret. Maxime autem mulieres que pueros habebant infirmos et morbidos ad locum eos deportabant, et in quodam castro, per leucam ab eo loco propinquo, vetulam accipiebant, que ritum agendi et demonibus offerendi et invocandi eos doceret eas, et ad locum duceret. Ad quem cum venirent, sal et quedam alia offerebant, et panniculos pueri per dumos circumstantes pendebant, et acum in lignis, que super locum creverant, figebant, et puerum nudum per foramen quod erat inter duos truncos[1] duorum lignorum [introducebant], matre existente ex una parte et puerum tenente et proiciente novies vetule que erat ex alia parte, cum invocatione demonum adjurantes faunos, qui erant in silva Rimite, ut[2] puerum, quem eorum dicebant, acciperent morbidum et languidum, et suum, quem secum detulerant, reportarent eis pinguem et grossum, vivum et sanum. Et, hoc facto, accipiebant matricide puerum, et ad pedem arboris super stramina cunabuli nudum puerum ponebant, et duas candelas ad mensuram pollicis in utroque capite, ab igne quem ibi detulerant, succendebant et in trunco superposito infigebant, tamdiu inde recedentes quod essent consumpte et quod nec vagientem puerum possent audire nec videre; et sic candele candentes plurimos pueros concremabant et occidebant, sicut ibidem de aliquibus reperimus. Quedam etiam retulit mihi quod, dum faunos invocasset et recederet, vidit lupum de silva exeuntem et ad puerum euntem, ad quem, nisi affectu materno miserata prevenisset, lupus vel diabolus in forma ejus eum, ut dicebat, vorasset. Si autem, redeuntes ad puerum, eum invenissent viventem, deportabant ad fluvium cujusdam aque rapide propinque, dicte Chalarone[3], in quo puerum novies immergebant, qui valde dura viscera habebat si evadebat nec tunc vel cito post moreretur. Ad locum autem accessimus, et populum terre convocavimus, et contra dictum predicavimus. Canem mortuum fecimus exhumari et lucum succidi,

1. Ms. *truccos.*
2. Ms. *ubi.*
3. Chalaronne, rivière qui se jette dans la Saône.

et cum eo ossa dicti canis pariter concremari, et edictum poni a dominis terre de spoliacione et redempcione eorum qui ad dictum locum pro tali causa de cetero convenirent[1].

371. Item quedam sunt contumeliosa Deo, quando fiunt sortilegia de sacramentis, vel sacramentalibus, vel de rebus sacris vel ad cultum Dei pertinentibus. Ad quod facit exemplum supra positum contra sacrilegium et irreverenciam sacrorum, de rustico retinente corpus Christi in examinis apum alveo[2].

Item audivi quod, cum quedam mulier diocesis Lugdunensis, in die Pasce communicans, retinuisset corpus Christi, ut inde sortilegia faceret, illud volutum panno in bursa sua posuit. Cumque dormiret, [vidit] chorum pulcherrimum de celo descendentem, et pulcherrimum juvenem adorantem et secum ad celos eum reducentem; ad quam visionem territa et excitata, desperabat et proponebat se nunquam hoc confiteri. Sed mox percussa est mira passione : non invento Christi corpore ubi posuerat, paciebatur intolerabiles pedum aut manuum torsiones, propter quas ad peni-

---

1. Ce trait si curieux, qui nous montre des rites chrétiens mêlés à de vieilles traditions du paganisme, est reproduit par Échard, qui rapproche la superstition de saint Guinefort du culte rendu à un voleur public du temps de saint Martin. (V. *Scriptores ord. Prædic.*, I, 193.) D'après M. Guigue, la dévotion à saint Guinefort existerait encore à Romans, où les femmes l'invoqueraient, soit pour leurs maris, soit pour leurs enfants. Une légende analogue a été signalée également dans le pays de Galles et dans le livre indien de *Sindibád*, d'où est sorti le roman des *Sept Sages*. (V. Guigue, *Topographie historique de l'Ain*, Trévoux, 1873, in-4°; l'*Intermédiaire des chercheurs et curieux*, IX, 675, 733, et X, 18; et la préface des *Deux rédactions en prose du roman des Sept Sages* publiées par M. G. Paris pour la Société des anciens textes français.)

2. V. ci-dessus, n° 317.

tenciam conversa, vocato sacerdote, cum fletu et amaritudine peccatum suum confitens, restituta est sanitati[1].

OCTAVUS[2] TITULUS.

[DE INVIDIA.]

372. Octavus titulus quarte partis hujus operis est de invidia et ejus speciebus ; et quia hoc vicium maxime impugnat humanam naturam fortissimeque, ... ideo ad hoc repugnandum maxime est donum fortitudinis neccessarium. Dicemus autem primo de invidie nocumentis, post de ejus speciebus[3].

[*De nocumentis invidie.*]

373. Frequenter accidit ut eamdem mortem quam procurat invidus vicino suo incurrat... Audivi quod, cum quidam domicellus graciose cuidam principi serviret, quidam ejus prepositus maliciosus, ei invidens, accusavit eum apud dominum suum, dicens quod pro certo sciebat quod cum uxore sua commisceretur, addens aliqua falsa intersigna. Cum autem ei credidisset, habuerunt consilium iniquum, et vocavit ejus consilio dictus princeps quosdam operarios, qui fornacem in nocte illa debebant succendere ad calcem

1. F[os] 413, 414.
2. Ms. *quartus*.
3. F[o] 414.

faciendam, et fecit eos jurare quod in mane illum mitterent in fornacem qui primus ad eos veniret. Cum autem summo mane convocasset dictus princeps dictum juvenem, jussit ut festinanter iret ad operarios, et diceret eis quod omnino facerent quod sibi fuerat imperatum. Ille autem, sicut singulis diebus consueverat antequam aliquid faceret, voluit prius audire missam quam ire. Prepositus autem gaudens, cum crederet jam eum ad fornacem venisse et combustum, prevenit eum, et ab operariis in fornacem projectus est. Similiter accidit illis qui Danielem projecerant in fornacem ex invidia (Dan. IIII)[1].

[*De speciebus invidie.*]

374. Prima spes invidie est gaudium de alieno malo... Secunda spes invidie est dolor de aliena prosperitate sive de bono alieno... Tercia spes invidie est detractacio... Sunt similes [detractatores] quibusdam monstris de quibus dicitur in Historia transmarina; et Anselmus, in libro de Imagine mundi, [dicit] quod in quibusdam partibus Orientis sunt homines habentes

---

1. F° 416. Ce récit, d'origine indienne, a passé dans la littérature arabe, et de là dans celle des peuples occidentaux. M. Morel-Fatio en a publié récemment une version catalane, écrite au xv° siècle d'après le conte français édité par Méon (*Romania*, n° d'octobre 1876, p. 453-465). On le retrouve jusque dans les anciens *synaxaires* russes, sous une forme qui tient à la fois des versions arabes et des versions néo-occidentales. M. G. Paris avait déjà observé qu'il devait exister un texte latin ayant servi d'intermédiaire entre le texte arabe ou byzantin et le texte français (*Romania, ibid.*) : celui d'Étienne de Bourbon vient justifier cette prévision et combler la lacune.

corpora humana et canina ora, similiter et quedam mulieres, habitantes in quodam fluvio Indie, habentes caninos dentes... Qui in congregacionibus mutuis detractionibus se lacerant similes sunt illis canibus, de quibus audivi a pluribus quod in Campania Francie, juxta Montem-Hismerum, omnes canes patrie, circa annum Domini M° CC°, convenerunt, et pugnantes mutuis morsibus se omnes occiderunt[1].

De adulacione.

375. Hic agendum est de adulacione, hujus racione, quia videtur habere hoc vicium aliquam opposicionem aliis antecedentibus duabus speciebus, que sunt in vituperando vel maledicendo perverse. Adulacio autem est, ut quidam dicunt, perversa benedictio vel laudacio... [Adulatores] sunt falsi testes et mendaces, quos querunt homines ut ferant testimonium pro se. In hoc enim magni homines sunt egentes, quia non habent qui dicat eis veritatem... Principes autem et magnates terreni detestantur et affligunt hominem veritatis, et conjungunt sibi homines falsitatis. De quo magister Guiardus, cancellarius Parisiensis, ad ultimum episcopus Tornacensis[2], dicebat talem fabulam.

---

1. F^{os} 416 v°, 417. V. ci-dessus, n° 170, et ci-après, n° 482. Dans ce dernier passage, Étienne de Bourbon place le combat des chiens vers 1230. Le moine Albéric, qui le rapporte en même temps que le supplice des hérétiques condamnés à Mont-Aimé, assigne à l'un et à l'autre la date de 1239. (Éd. Pertz, *Monum. Germ. hist.*, XXIII, 944.)

2. Guiard de Laon, évêque de Cambrai (et non de Tournai), de 1238 à 1247.

Duo homines fortuito casu errantes venerunt ad terram simiarum; quos cum vidissent hujusmodi simie, convenerunt ad invicem dicentes : « Isti homines sunt exploratores; vocemus eos, et sciamus ad quid venerunt. — Ego, dixit earum major, ero in loco eminenti, et vos circumdabitis me quasi regem vestrum et honorabitis undique, et ego faciam altos gestus. » Quod cum fecissent, vocaverunt dictos homines, quorum unus vocabatur Falsidicus et alter Veridicus. Veridicus vocatus requiritur a rege earum ad quid venerat et quid sibi videretur de eo. Qui ait : « Domine, licet vos faciatis nobiles et altos gestus, mihi videtur quod non respondent condicioni vestre, cum sitis animal deforme et impotens. » Tunc rex ille[1] ait simiis suis : « Auditis quid ausus sit dicere contra me; acuite ungues vestros, et eum totum decerpite. » Quod et fecerunt. Postea quesivit a Falsidico consimile, qui ait : « Domine, vos estis animal maxime nobilitatis et dignitatis et potestatis, qui tot et tantos habetis principes sub vobis : multum est vestra sublimitas honoranda. » Quod audiens rex, precepit ut sublimaretur [et] ab omnibus honoraretur[2].

376. Item idem, ut audivi, aliud exemplum dicebat fabulosum. Cum leo et lupus et vulpis ivissent venatum et accepissent predam, quesivit leo a lupo quomodo deberet distribui; qui ait quod media pars esset sua et leonis altera. Pro quo indignatus leo projecit

1. Ms. *Cui rex ille*.
2. Ce sujet de fable a été plusieurs fois traité en vers (Romulus, 68; Ysopet, II, 30; Marie de France, 66; Th. Wright, *Latin Stories*, p. 164). Il figure aussi dans le recueil d'Eudes de Shirton à l'usage des prédicateurs et dans plusieurs sermonnaires.

pedem suum super caput ejus, et extraxit inde pellem unguibus ; et quesivit a vulpe quomodo deberet partiri preda, que ait : « Domine, vos estis rex noster et capitaneus ; debetis habere medietatem prede, et domina nostra regina, uxor vestra, quartam partem, et filius vester leunculus aliam quartam partem. » Quem respiciens leo, quesivit quis ita egregie docuerat eum partiri. Respondit : « Domine, ille dominus cui dedistis capucium rubeum[1]. » Sic est in congregacionibus magnorum : veridicos opprimunt et falsidicos exaltant, et ballivos, qui eis aliena adjudicant, diligunt, [et] alios opprimunt qui contra faciunt. Hoc, licet sit fabulosum, propriissime et verissime competit malicie multorum[2].

De perjurio.

377. Dicto de falso testimonio, quod frequenter vel quasi semper concomitatur perjurium, consequenter de perjurio dicemus, ea que dicuntur in Summa de viciis epilogando et aliqua exempla addendo....

Eccli. XXIII c. : « Juracioni ne assuescas os tuum. » Sunt enim multi casus in illa culpe et pene, racione perjurii quod sepe subsequitur, sicut accidit de quodam bubulco. Cum in diocesi Bisumptina, in qua assueti solebant esse homines jurare et Deum negare vel agnegare[3], summo diluculo exirem de quodam castro, habui obviam dictum bubulcum comeden-

---

1. C'est-à-dire celui dont vous avez rougi la tête (le loup). Cette fable, qui se trouve dans le *Roman du Renart*, a revêtu différentes formes. Cf. Th. Wright (*Latin Stories*, n° 58) et les fabulistes modernes.
2. F°s 420, 421.
3. Cf. le n° 383.

tem pira ; et cum quererem si qui ita mane reficiebat corpus adhuc refecisset animam dicendo dominicam oracionem, jurabat et Deum abnegabat quod ipse *Pater noster* nesciebat. Et cum ego arguebam eum de hoc quod ipse jurabat et Deum negabat ex consuetudine jurandi, perjurabat jurans et agnegans Deum quod ipse nec Deum juraverat nec abnegaverat; et sic semper perjurabat cum plus eum de hoc arguebam[1].

378. Dissuadet perjurium vindicta maxima qua Deus in presenti punit hoc peccatum, juxta verbum superius positum, Zac. v b. : « Veniet maledictio ad domum jurantis in nomine meo mendaciter, » etc… Accidit similiter imprecantibus, secundum quod ego audivi in diocesi Claromontensi, in villa Reumo[2]. Audivi a fratre Radulfo de Varei, qui tunc erat prior Claromontensis cum accidit, quod, cum quidam usurarius moreretur penitens, vocavit duos amicos suos, rogans ut ipsi essent exequutores sui fideles et veloces,

---

1. F° 425 v°. Ce dialogue n'a guère de sel que si on le traduit en français : le paysan répète à chaque phrase un juron comme *jarnigué* (je renie Dieu) pour accentuer son affirmation, et, de cette façon, plus il affirme qu'il ne jure pas, plus il jure. Quoique Étienne de Bourbon affirme avoir eu lui-même cet entretien (ce qui est très-croyable, car le fait pouvait se renouveler souvent), on en trouve un presque semblable dans Jacques de Vitry (f° 134) et dans les *Latin stories* publiées par Th. Wright (n° 68). Il s'agit là d'une femme qui se confesse : « Et sacerdos prohibuit ei ut de cetero non juraret. Illa respondit : Domine, si Deus me adjuvet, de cetero non jurabo. Cui sacerdos : Ecce adhuc juras. At illa : Per Deum, amodo abstinebo. Cui sacerdos ait : Sit sermo tuus : est, est; non, non; sic precepit Dominus. Quod enim abundantius est, a malo est. Cui illa : Domine, verum dicitis, et ego vobis dico, per beatam Virginem et omnes sanctos, amodo non jurabo. » Etc.

2. Probablement pour *Riomo* (Riom).

et quod restituerent quod habuerat de alieno, exigens ab eis juramentum ; qui illud fecerunt cum imprecacione. Alius imprecatus est quod igne sacro, qui dicitur gehennalis, succenderetur nisi hoc faceret; alius quod lepra mala feriretur. Cum autem, eo mortuo, pecuniam retinerent, nec ut promiserant facerent, ut imprecati fuerant factum est eis, et, tormento urgente, hoc sunt confessi[1].

NONUS[2] TITULUS.

[DE IRA.]

379. Nonus titulus quarte partis est de tercio principalium viciorum, scilicet de ira, de qua agimus sub dono fortitudinis quia per ipsam maxime impugnat [dyabolus] fortissimos et maximos, et deicit corporaliter et spiritualiter...[3]

[De effectibus ire.]

380. Hunc qui proximum odit, Deus odit... Bern. : « Ne Christus, qui est sol justicie, propter iracundiam vestram de cordibus vestris excedat[4], quia non nisi in pace habitat, in qua factus est locus ejus. » Item audivi Remis accidisse quod quedam beguina, noviter

1. F° 426.
2. Ms. *quintus*.
3. F° 426 v°.
4. Ms. *occidat*.

conversa, ita erat iracunda et litigiosa, quod alias conviciis multis frequentissime affligebat et turbabat. Cum autem in die Pasce rogarent eam socie ut confiteretur de hoc et emendam promitteret, et hoc fecisset, visum fuit ei, cum reciperet eucharistiam, quod exenium lucidissimum, involutum mappula splendidissima, ingrederetur in eam per os ejus; de quo maximam suscepit consolacionem. Post comestionem, cum reversa ad vomitum litigaret, ut consueverat, et alie monerent eam ne ita cito expelleret susceptum hospitem, et non propter hoc cessaret, visa est dicta mappula cum exenio ab ea per os recedere et versus celum contendere. Hoc ibidem me audivisse credo, vel ab eadem, vel ab aliis quibus notum fuerat[1].

381. Notandum autem quod multis stulticiis laborant iracundi... Iracundus odit proicientes sibi aurum et argentum et lapides preciosos, de quibus posset debita solvere, et se redimere a carcere, et coronam sibi celestem fabricare. Audivi quod, cum quedam mulier litigiosa et iracunda litigaret cum quadam bona muliere, et illa adverteret fructum contumeliarum ejus, quas ei inferebat, extendens pallium suum, dicebat ei : « Carissima, proice hic satis, quia convicia tua argentum sunt pro debitorum meorum solucione et pro captivitatis mee liberacione, aurum et lapides preciosi sunt pro celestis corone fabricacione et eterni premii acquisicione. » Quod cum audiret alia, quod hoc magis ac magis prosequeretur, confusa cessavit a conviciis[2].

1. F° 427. Les derniers mots attestent une fois de plus la scrupuleuse sincérité du narrateur.
2. F° 427 v°. Cf. le n° 241.

De peccato blasphemie.

382. Quia sepe ex ira surgit blasphemia, de peccato blasphemie hic dicemus. Et notandum quod quadruplex potest distingui blasphemia : cordis, oris, operis et scripture... Quoniam autem blasphemia negandi Dominum adeo infecit plurimas partes mundi, et maxime terram Burgundie, ex pestifera consuetudine, ut homines ibi quasi pro nihilo ducant Deum negare, ita ut ad puncturam musce vel publicis pluries Deum negent, ideo quam periculosa sit ista blasphemia ostendemus...

Ad confusionem eorum qui ab ubere dicti sunt christiani, christianorum filii, et inter christianos nutriti et edocti et veterati, qui de facili Deum negant, ponimus hic exemplum cujusdam Sarraceni in fide neophiti, de quo audivi a quodam milite in societate et curia regis Francie magni, quod accidit, cum rex Francie et Franci cepissent nuper Damiatam[1] in primo impetu, sine sanguinis effusione et insultu, quidam Sarracenus venit ad licias christianorum, clamans quod reciperetur, quia volebat fieri christianus. Quo recepto, et ejus proposito examinato, cum fuisset baptizatus, et iret cum rege et aliis christianis fideliter contra Sarracenos, captis christianis et rege Lodovico, captus est et ipse a Sarracenis ; qui cum magnus fuisset inter eos, primo blandiciis et promissis cum non possent eum ad Christum negandum inflectere, minis addiderunt verbera, ducentes eum nudum

---

1. La prise de Damiette par saint Louis est de 1249.

flagellando per eorum castrum. Cum nec sic vellet Christum negare, lardum ardens super carnem ejus fundebant. Et post plurima alia tormenta, eum ad stipitem ligatum totum texerunt et infixerunt; nec tamen Christi negacionem, sed laudacionem extorserunt[1].

383. Secundum genus blasphemie verbi est illorum qui se dyabolo reddere consueverunt sive sua... Item audivi quod accidit in Bisumptinensi diocesi a personis nobilibus, que hoc asserebant, et locum ubi acciderat, vicinum sibi, nominabant mihi, ubi homines sunt assueti Deum negare et se per guttur dyabolo reddere[2] : quod, cum quidam luderet ad decios et omnia amisisset, uno denario excepto, dyabolis in corpore et anima se per guttur reddidit, et in signum hujus, post multas blasphemias, eis denarium projecit. Et cum, mane facto, iret solus per viam, obviavit

---

1. Cet épisode de la croisade de saint Louis, raconté à Étienne de Bourbon par un des compagnons du roi, n'a pas été relaté par ses historiens. Ils rapportent cependant que plusieurs Sarrazins se convertirent au christianisme après la prise de Damiette, et que, quand saint Louis eut été fait prisonnier, avec plus de dix mille hommes, un des lieutenants du soudan voulut contraindre ceux-ci à renier Jésus-Christ et condamna ceux qui refusèrent à divers supplices. (V. Math. Paris, *Addit.*, p. 168; Joinville, éd. de Wailly, p. 182; Le Nain de Tillemont, III, 260, 344.) Ces témoignages confirment d'une manière générale le récit reproduit par notre auteur.

2. Étienne de Bourbon fait plus d'une fois allusion à cette mauvaise habitude des anciens Francs-Comtois, dont il connaissait particulièrement le pays. Il mentionne ailleurs une coutume non moins curieuse, en vigueur de son temps à Besançon : « In civitate Bisuntina, talis dicitur esse consuetudo, quod, cum venit imperator, omnes usurarii sui sunt, ad redimendum et capiendum; unde, eo veniente ibi, abscondunt se in latrinis. » (F° 170.)

duobus demonibus in specie humana, qui dixerunt ei quod essent domini sui demones quibus reddiderat se, et signum hujus, denarium quem eis projecerat, ei ostenderunt, et dixerunt quod iret ante eos, quia venerant ad eum deducendum ad habitacionem suam. Qui rogavit eos quod permitterent eum ire ad domum suam, et quod post duos dies sequeretur eos quocumque irent vel vellent. Quod cum factum esset, prima die, mansit in domo sua tristis et desperans, nec causam alicui pandens, nec comedens nec bibens. Cum autem, sequenti die, quedam mulier transiret ante domum ejus pauper et infantulum inter brachia portans, et peteret ab eo pro Deo de pane suo, illi dixit quod non daret ei, nisi reciperet pro dominis suis, cum quibus erat iturus, scilicet demonibus quibus se reddiderat; quod illa facere abhorruit, et ivit ad amicos illius, suadens eis ut diligenter requirerent ab eo quid esset quod ille ei dixerat, et eum custodirent. Quod cum fecissent, et ille totam veritatem eis manifestasset, incepit clamare : « Ecce veniunt ut me secum deferant! » Et demones, invisibiles ab eis, eum inter manus eorum prostraverunt et occiderunt [1].

384. Non sufficit eis reddere se dyabolo, sed reddant se, suos et sua frequenter; multi de quibus ipsos et immolaverunt filios et filias demonibus. Audivi a fratre Milone, priore Virdunensi, quod, cum quidam calciaret se et difficulter intraret in sotulari, dixit quod reddebat illum dyabolo [2]. Qui cum vellet

---

1. F^{os} 433 v°, 434.
2. « Je t'envoie au diable. »

intrare ecclesiam ad missam, ut solebat, dyabolus eum per pedem retinebat. Qui tandem advertens quid in mane dixisset, vocato sacerdote, confessus est, et, remoto sotulari de pede et projecto a se, sine difficultate ecclesiam intravit. Sotularis autem visus est deferri per aera[1].

385. Item qui audiunt blasphemias et non corrigunt videntur esse infideles domino generali, a quo omnia que habent tenent. Non enim sustinerent aliqui fideles milites quod diceretur impune contumelia regi suo vel domino temporali, vel de eo, quam sustinent de Deo ; dissimiles illi militi qui, cum intrasset Parisius et transiret per magnum pontem, et filius cujusdam maximi burgensis blasphemaret Dominum, non sustinuit inultum, sed maximam dedit ei alapam. Quod videntes burgenses, duxerunt eum ad regem Philippum captum, accusantes de hoc quod villam suam fregerat et juxta palacium suum burgensem suum verberaverat. Cum autem rex stupens et iratus quereret si verum esset, et causam tanti ausus, respondit miles quod causa erat regis fidelitas summi, quia, cum ipse judicaretur infidelis si clausis oculis transiret contumeliam ejus sine vindicta, multo forcius debuit ulcisci contumeliam regis summi. Quo audito, rex fidelitatem ejus commendavit, et precepit ei quod, ubicumque in regno suo consimilia audiret, consimiliter puniret[2].

1. F° 434.
2. F° 435 v°. Cet exemple est mieux raconté, et plus intéressant au point de vue de la législation, dans le recueil de Jacques de Vitry : « Audivi quod quidam miles, cum Parisius super pontem transiret, audivit quemdam divitem burgensem Deum blasphe-

386. [Blasphemi] mala que ipsi faciunt Deo, qui inculpabilis est, attribuunt, et bona sibi, que a Deo sunt, non ab eis; mala sua ei imputant, et in eum, ubi possunt, ut insani vindicant. Audivi quod quondam accidit apud Latiniacum[1] quod, cum quidam ribaldus omnia quecumque lucrari ibi poterat admitteret in taberna, et in Dominum blasphemans stulticiam suam indicaret, juravit quod de primo suo lucro quod faceret, se de eo vindicaret. Qui, cum in nundinis lucratus esset, de lucro suo emit arcum et sagittam, in contumeliam Dei sagittam proiciens versus celum, ut, quantum in ipso erat, Dominum percuteret, qui ibi ascenderat. Cum autem ille miser diu sagittam suam expectasset nec reversa esset, ivit, ut consueverat, post lucrum nundinarum ad tabernam, ludens et blas-

mantem, et, valde iratus,... pugno ita fortiter blasphemum percussit, quod dentes illi confregit. Cumque ductus esset miles ante regem, ut pro tanto excessu graviter puniretur, eo quod civitatis libertatem fregisset et regis burgensem percussisset, postquam vix audientiam habere potuit, libere professus est, et ait : Domine, vos estis rex meus terrenus et dominus ligius; si audirem quod aliquis vos vituperaret et malum de vobis diceret, non possem sustinere, sed dedecus et vituperium vestrum vellem vindicare. Iste quem percussi talia de rege meo celesti dicebat, et ipsum blasphemando in tantum vituperabat, quod... tollerare non potui, sed ejus dedecus vindicavi. Quod audiens rex, valde ipsum commendavit, et eum libere abire permisit. » (Ms. 17509, f° 133.) Cet acte de justice conviendrait assez à saint Louis, qui poursuivait si rigoureusement les blasphémateurs; mais Jacques de Vitry écrivait vers le commencement du règne de ce prince, et il est douteux qu'une telle tradition se fût déjà établie si elle ne se rapportait à quelque roi de France antérieur. On voit, en effet, qu'Étienne de Bourbon désigne Philippe-Auguste; il ne doit pas avoir introduit de lui-même et sans motif ce nom dans son récit.

1. Lagny (Seine-et-Marne).

femans. Tunc ei visum est quod sagitta sua cruentata cum impetu de celo descenderet et inferiora omnia penetraret, et, quasi si eum [ad] infernum invitasset, quasi amens effectus, ait : « Oportet me sagittam meam sequi. » Et surgens et cum impetu recedens, aliis ulterius non comparuit[1].

387. Blasphemi sepe subito occiduntur diversis Dei judiciis, et in corpore et in anima... Audivi ibidem a fratribus quod, cum quidam miles, in diocesi Remensi, die Cene luderet cum taxillis et Dominum enormiter blasphemaret, percussus est [malo] caduco, coram omnibus cadens. Per totam diem sequentem se discerpens et ad terram allidens et spumans, animam miseram sic evomuit.

388. Item de alio audivi a multis fide dignis, cujus eciam genus agnovi, quod, cum luderet similiter et horribiliter blasphemaret Dominum, horribiliter percussus cecidit, spumans et evomens. Usque adeo consumptus est, quod, [cum] esset magnus, corpus ejus redactum est ad quantitatem parvi pueri, et oculi ejus ita liquefacti, ut reducerentur ad quantitatem oculorum unius passeris. Item occiduntur a demonibus, ut patet in exemplo supradicto, quod ponit Gregorius in dialogo, de puero quinquenni. Similiter de illo de quo supra dictum est, qui blasphemans demonibus se reddidit, et ab eis est oppressus et suffocatus.

389. Item aliquando fulminantur. Item audivi a multis, tunc quando accidit Parisius, quod, cum quidam quadrigarius duceret in quadriga multas personas de

---

1. F° 436.

Parisius versus Sanctum Dionisium, cum aliquid adversi accidisset ei in via, [et] turpiter blasphemaret, subito fulgur de celo corruit, et eum perforans occidit, equis et personis illesis aliis[1].

390. Item quidam nauta, in diocesi Cabilonensi, cum navem duceret et blasphemaret, in aqua corruit, et, licet bene sciret natare, cadens non surrexit; quem frater suus, qui hoc retulit, querens invenit mortuum, totum corpus intactum habentem, intus in ore linguam radicitus et omnino consumptam...

391. Sepe puniuntur aut semper, hic aut in futuro, in membro de quo peccant et contra quod peccant... De quodam audivi quod in diocesi Matisconensi[2] accidit quod, cum blasphemaret, subito percussus, cecidit mortuus, linguam mortuus extrahens in consimili quantitate, et pre horrore est a suis relictus.

392. Item punit [Deus] non solum se blasphemantes, sed et sanctos suos. Audivi quod, cum quidam blasphemaret beatam Virginem, manus ejus sinistra distorta est, et, cum pro hoc adhuc et plus blasphemaret, dextera ejus consimilis facta est; et, cum pre doloribus desperans plus et plus blasphemaret, in aliis membris plus et plus percutitur. Cum autem per ventrem ejus juraret, ventre ejus inflato, subito crepuit medius[3].

---

1. Il s'agit sans doute d'un coche de Paris à Saint-Denis. Les voituriers n'ont rien désappris depuis.
2. Ms. *Matiscensi.*
3. F° 437.

DECIMUS[1] TITULUS.

[DE ACCIDIA.]

393. Sextus titulus hujus operis quarte partis est de quarto septem principalium viciorum, scilicet de accidia, que maxime impugnat fortissimos in Ecclesia, id est viros religiosos, claustrales et contemplativos...[2] Agendo autem de ejus effectibus, sive malis que facit, tangemus de ejus speciebus, scilicet pigricia, inercia, sompnolencia, negligencia, apostasia, imperseverancia, tristicia, indevocione, ociositate et desperacione, et de ceteris. Describitur autem sic ab Augustino (super psalmum « Omnem escam abominata est », a, e) : « Accidia est tedium eterni boni. » Richardus de Sancto Victore : « Accidia est torpor mentis, bona negligentis inchoare...[3] »

[De inopia.]

394. Septima species accidie est inopia reproba-

---

1. Ms. *sextus*.
2. On sait que la liste et le rang des péchés capitaux ont varié suivant les temps et les lieux. Celui que le moyen-âge appelle *accidia* ou *acedia* (du grec ακηδια) n'est proprement ni la tristesse, ni le dégoût, ni la paresse ; mais il embrasse ces variétés et toutes celles dont l'énumération suit. L'acédie (il faut employer ce mot faute d'un équivalent juste en bon français) est ordinairement comptée, à cette époque, parmi les vices principaux. V., sur cette maladie morale, un article de M. Bourquelot, dans la *Bibliothèque de l'École des Chartes*, 1re série, t. IV, p. 249 et 457.
3. F° 437 v°.

bilis [boni] temporalis, corporalis et spiritualis, quam generat accidia. Prov. XXI a : « Omnis piger semper in egestate est »... Audivi quod quidam desidiosus rusticus et piger venit ad quamdam vetulam, que se divinam faciebat, querens ab ea quomodo posset abundare domus sua, oppressa maxima inopia. Illa autem, circumspiciens eum, notavit eum multa oppressum pigricia, et dixit quod mane surgeret et attenderet quid primo dicerent ei hirundines aut cornices, cum primo surgerent; similiter hoc idem attenderet cum sero irent cubatum, et ad eam rediret, et dicta hujusmodi avium ei referret. Quod cum attendisset, rediens ait quod voces dictarum [avium] audierat, sed non intellexerat quid vellent ei dicere vel quid earum garritus significaret. Tunc illa ait : « Dixerunt tibi, si intellexisses : Cuba tarde et surge cito, et discurre pro cibo, et habetis bladum in sacco. Si non dixerunt hoc tibi verbo, dixerunt hoc tibi facto vel exemplo suo, quia hujusmodi aves mane surgunt et tota die discurrunt, per multum laborem sibi neccessaria acquirunt. Vade, et tu fac similiter[1]. »

De ociositate.

395. Sexta decima species accidie est ociositas... Cavendum est autem ocium, [et]si non esset alia racio nisi hec, quia aufert homini tempus, cujus admissio periculosissima est et dampnosissima... Volat verbum irrevocabile, transit tempus irremeabile, nec advertit insipiens quid admittat. Audivi quod, cum quidam

1. F° 442 v°.

dives clericus vigilaret Parisius, ad fenestram studens, et quidam cantaret in vico quandam cantilenam que dicebat gallice : « Tempus vadit, et ego nil feci; tempus venit, et ego nil operor[1], » incepit primo cogitare circa dulcedinem cantus, post circa verbi sentenciam, cogitans quod sibi verbum competeret quasi sermonem a Deo sibi missum. Id accipiens, in mane omnia relinquens, ordinem Fratrum Predicatorum intravit, tunc cum primo Parisius domum habuerunt. Et audivi quod ille fuit frater Guerricus, primus prior Fratrum Predicatorum Metensium, et primus fundator domus illorum[2].

De murmure.

396. Vicesima species accidie potest dici murmur, quod ad accidiam pertinet, quia provenit ex defectu interne unctionis et consolacionis... Augustinus : « Scit celestis medicus quid nobis daturus sit ad consolacionem, quid subtracturus sit ad exercicionem; non enim sine causa subtrahit jumento pabulum. Non ergo murmurandum de paupertate. » Audivi a quodam fratre sacerdote et predicatore, dicto fratre Symone, quod, cum quidam heremita miraretur in corde suo, mur-

---

1. On peut restituer ainsi ce couplet :
> Le temps s'en vait,
> Et rien n'ai fait;
> Le temps s'en vient,
> Et ne fais rien.

2. F° 446. La conversion de Guerric de Metz, qu'il ne faut pas confondre avec Guerric de Saint-Quentin, mentionné plus haut, est rapportée de même dans une chronique du couvent des Dominicains de Metz, qui la place vers 1218 (Échard, I, 115).

murans de diversis judiciis Dei, de hoc quod hi qui male vivebant in presenti bene habebant sepe, et econtra frequenter bene viventes multas habebant adversitates, et aliquando illi qui bonam vitam duxerant in fine videbantur habere finem abjectum[1], et mali pulcrum, et boni admittebant frequenter temporalia, malis bene succedebat in istis; cum hoc in oracione revolveret, rogavit Dominum ut ei ostenderet cur hoc faceret. Adfuit angelus, dicens ei quod missus erat ut ei ostenderet que pecierat a Domino, et quod sequeretur se in forma heremite apparentem. Quod cum faceret, venerunt ad domum cujusdam heremite, cujus domus supra saxum altissimum erat sita supra mare, qui predicanti angelo de temptacionibus et contra imperseveranciam, confessus est cum multis lacrimis quod, cum fuisset ibi in magna afflictione penitencie per quadraginta annos, ad ultimum ita erat victus a cogitacionibus suis, quod volebat omnia dimittere bona et ad seculum redire; quem cum videret vere penitentem angelus, precipitavit eum subito in mari, et mortuus est. Cum autem ad hoc factum terreretur heremita, socius suus, et fugeret, vocavit eum dicens : « Noli timere; ostendit tibi Deus unum de judiciis suis. »

Consequenter venerunt ad domum alterius heremite, qui, cum recepisset eos cum magno gaudio, propinavit eis potum cum cipho argenteo quem habebat, quem occulte accipiens angelus, in sinu suo occultans, secum deportavit. Venientes autem in nocte in domo cujusdam predonis militis, vix sunt in ea recepti,

---

1. Ms. *adjectum.*

et valde male tractati et conviciis affecti. Tamen aliqua pauca sunt eis data, et lecti parati, licet viliter. In mane noluit angelus recedere nisi prius loqueretur cum hospite, et extrahens ciphum de sinu, dedit ei; quod videns heremita miratus est, et murmurans in corde suo de hoc quod viderat. Alia nocte venerunt ad domum alterius militis, qui satis vix recepit eos, tamen mediocriter tractavit eos. In mane cum vellent recedere, rogatus ab angelo, dixit cuidam filio suo unigenito quod eos conduceret et viam monstraret: Quod cum puer faceret, subito eum angelus arripuit et occidit, et in fossatum projecit. Quod cum vidisset heremita, fugiebat eum, dicens eum non esse angelum, sed dyabolum. « Ecce, dixit angelus, ostensa sunt tibi occulta Dei judicia quorum causam scire volebas : salutem illius prioris heremite, quem precipitavimus, procuravimus, qui, de sua temptacione compunctus, ad Dominum ivit, non habens aliam penam nisi mortem abjectam; qui, si supervixisset, redeunte temptacione, malum quod conceperat adimplesset. Alius heremita homo contemplativus est et magnarum oracionum; dyabolus autem procuravit suis impedimentum oracionibus : quidam enim dives ciphum argenteum quem sustulimus ei dederat, ut pro se oraret. Cum autem orare vellet, veniebat ei cogitacio quid de cipho illo facere posset, vel ne furaretur eum aliquis ei; ita quod cor suum et oraciones ciphus ille ei auferebat; ideo salutem ejus procuravimus ciphum auferendo : rediit enim ad solitas oraciones sine impedimento illo. Alius autem, ad quem post venimus, malus homo est, nec est dignus celesti remuneracione; pro hoc quod fecit nobis, ideo temporalem ei dedimus mercedem. Alius homo fuit hospitalis et multarum eleemosynarum, et, cum non haberet prolem, rogavit viros religiosos ut rogarent Dominum ut daret ei prolem ; quod fecerunt, et dedit ei filium, quem vidisti submergi a nobis. Quo habito, cepit opera misericordie, que facere consueverat, dimittere, et multa mala facere, quo modo multa filio acquireret. Puero mortuo in innocencia salutem procuravimus, qui, si supervixisset, multa mala fecisset; similiter et patri pueri, qui, eo mortuo, ad consueta bona opera revertetur[1]. »

397. Dissuadet hoc vicium jus vel obligacio voti et condicio religionis, ubi qui de se se intromittit, rapinam facit... Hos qui in religione medicinalia sectantur, frequenter refugit divina consolacio et medicina. Bernardus : « Delicata est divina consolacio, et non datur admittentibus alienam. » Audivi a quodam fratre P. Hispano[2] quod quidam ordinem intravit qui noverat carnalem medicinam. Qui cum vellet physice vivere et abstinere a fabis et aliis grossioribus, dicens quod sue non competerent complexioni, cum alii viriliter

---

1. F°s 447, 447 v°. Une variante de cet apologue célèbre a été publiée par Thomas Wright d'après des manuscrits anglais (*Latin Stories*, etc., n° 7). On le retrouve encore dans les *Gesta Romanorum*, recueil du xiv° siècle (ch. 80), dans les *Fabliaux et contes* édités par Méon (II, 216), dans les sermons d'Albert de Padoue, orateur du xiv° siècle, dans les poésies anglaises de Thomas Parnell, et dans le *Magnum speculum exemplorum*, édité à Douai en 1605 (I, 152). Il a fourni le sujet d'un épisode de *Zadig*, conte de Voltaire, qui a remplacé l'ange par un ermite. M. Victor Le Clerc croit pouvoir en rattacher l'origine aux anciennes vies des Pères du désert (*Hist. litt.*, XXIII, 128 et suiv.). Il parait, en effet, venu de l'Orient, car on le rencontre dans plusieurs recueils orientaux, et jusque dans le Koran (xviii, 64). V. aussi Luzel, *Légendes chrétiennes de la Bretagne* (Saint-Brieuc, 1874), p. 14.

2. V. le n° 256.

laborarent in opere Domini, ipse sepe languens in infirmaria recumbebat, multis medicinis corpus suum attenuans, et semper deterius habebat. Cum autem semel venisset in conventu, in refectorio comedens, vidit beatam Virginem conventum circumeuntem cum puella speciosissima, in manu sua pixidem electuarii preciosissimi tenentem, et beatam Virginem cum cochleari in ore omnium cibaria communia comedencium electuarium ponentem, ex quo erant eis omnia sapida et sana. Cum autem ad eum [venisset] et ipse os ei aperiret, ipsa retraxit manum, dicens : « Quia tu tuam medicinam sequeris, meam non habebis. » Qui penitens et communibus utens, recepit pariter et sanitatem et cibariorum communium sapidam degustacionem [1].

De impedicione boni.

398. Vigesima quinta species accidie potest dici impedicio vel impedimentum boni : ex eo enim quod bona sunt accidioso [2] insipida, displicent ei in aliis, et impedit ne fiant... Item Deus impedit facta impediencium bonos... Audivi quod, cum quidam nobilis, quem

---

1. F° 448 v°. On voit que l'étude de la médecine n'était pas en faveur dans les cloîtres. Cela vient de ce que les prescriptions des médecins se trouvaient trop souvent en opposition avec la règle ou avec la « médecine spirituelle. » C'est du moins la raison qu'en donne le cardinal de Vitry : « Medici multa promittunt et multos fallunt, quorum precepta preceptis dominicis contraria esse videntur. Dominus dicit : Vigilate; medicus ait : Dormite. Dominus dicit : Jejunate; medicus ait : Comedite. Dominus dicit : Laborate; medicus ait : Quiescite...; ut taceamus de illis qui sub obtentu purgationis consulunt fornicari. » (Ms. 17509, f° 32.)

2. Ms. *accidiosa*.

novi magnum in religione, vellet intrare religionem, quidam consiliarius suus et confessor, hoc advertens, nitebatur eum quantum poterat impedire. Cum autem non posset, exegit juramentum ab eo quod non intraret donec ante ingressum ad eum rediret loquuturus. Cum autem in sequenti die proposuisset et parasset introitum, et ille occulte proponeret impedire, sublatus de medio, est subito impeditus. Cum autem summo mane rediret ad predictum confessorem ad juramentum salvandum, invenit quod mortuus efferebatur; et, sic liber a juramento, quod conceperat adimplevit.

399. Item hoc peccatum in infernum figit... Audivi quod dominus Otto, Portuensis[1] episcopus, cardinalis, nepotem habuit qui Predicatorum ordinem intravit; quem cum rogarent sui ut eum ne profiteretur ibi impediret, vel ab ordine revocaret, ait : « Hoc forsitan facerem nisi scriptum esset : Animam pro anima; et quia non habeo nisi unicam animam, nolo eam solvere pro sua[2]. »

De negligencia.

400. Vicesima octava species accidie est negligencia. Est autem multiplex negligencia de qua proponimus aliquid dicere. Est negligencia pastorum sive rectorum Ecclesie... Debent autem esse diligentes in custodia animarum... Sic faciebat ille de quo sequitur. Cum Johannes, quondam archiepiscopus

1. Porto.
2. F° 452.

Lugdunensis[1], navigans per mare applicuisset in quandam insulam, urgente tempestate, cum solo cantore ecclesie sue, aliis sociis admissis, venit ad quandam villulam ubi homines non intelligebat; et videns quemdam hominem senem sedentem in quadam domuncula subterranea, scribentem in tabula et legentem, gavisus est, querens ab eo lingua latina quis esset. Respondit quod erat episcopus illius civitatis. Et cum quereret quid ibi legeret et que esset illa civitas, respondit quod ipsa villula in qua erant, et quod respiciebat nomina, numerum et acta parrochianorum suorum, pro quibus tenebatur reddere racionem, juxta quod scriptum est in Proverbiis, XII c : « Novit justus numerum jumentorum suorum; viscera impiorum crudelia. » Cum quesivisset archiepiscopus si sciret numerum, respondit quod sic, et dixit numerum valde modicum. Et cum archiepiscopus dictus stuperet, quesivit alter quis et unde esset, et quare miraretur. Qui cum dixisset ei, quesivit quot animas habebat in cura sua. Cui cum dixisset quod innumerabiles, quarum nec nomina nec facta sciebat, respondit ille : « Per Deum, et innumerabilia pacieris tormenta. » Hoc audivi a dicto cantore qui cum eo erat[2].

401. Notandum autem quod ab hac negligencia

1. Jean aux Blanches-Mains, cité plusieurs fois dans le cours de l'ouvrage.

2. F° 455. V. la reproduction de la même anecdote sous le n° 496. Le chantre de l'église de Lyon désigné ici fut en relations avec notre auteur parce qu'il devint, comme Étienne le dit lui-même, évêque de Mâcon : c'est Aimon, qui occupa ce siége de 1219 à 1242, et qui auparavant exerça effectivement les fonctions de chantre à Lyon. (V. *Gall. Christ.*, IV, 1078.)

non sunt excusati qui indignis, ut pueris aut nepotulis, ecclesiastica beneficia conferunt, et maxime curas animarum... Cum cuidam episcopo missus esset calathus pirorum, quesivit a commensalibus cui custodiam committeret. Respondit ei nepotulus suus, cui jam commiserat archidiaconatum : « Ego pira servabo. » Cui avunculus : « Tu, lecator, malam custodiam faceres de his. » Cui quidam probus homo ait, qui aderat : « O miser, quomodo ausus es ei committere archidiaconatum tot animarum, cui non audes committere calathum pirorum? » Vulgariter dicitur : « Mala custodia pascit lupum[1]. »

402. Cum alius episcopus haberet multos nepotulos, ordinavit ut sederent inferius in mensa humiliori ante se; et cum dande essent dignitates et quereret consilium, cum nominarentur probi, repellebat eos usquequo dicerent de nepotulis, et illis dabat. Quidam autem magnus invitatus sedit ad terram, ad mensam puerorum. Requisitus quare, respondit episcopo dicens quod de alia mensa nesciebat ad dignitates vocare aut conferre eas alibi sedentibus[2].

403. Sunt autem prelati aliqui, cum visitant, magis solliciti quomodo visitentur loca in quibus est abundancia caponum et anserum et gallinarum pinguium, quibus pascantur et impinguentur, quam loca famelicarum animarum, ut verbo Dei reficiantur ab eis... Audivi a magistro Humberto[3], magistro ordinis Predicatorum, quod, cum quidam archidiaconus venisset ad quam-

---

1. Trait répété plusieurs fois sous différentes formes. V. les n°s 68, 444, 488, etc.
2. Ms. *sedentes*. F° 456.
3. Humbert de Romans.

dam parrochiam sub nomine visitationis cum multo comitatu, et satis comedissent in sero, et mane idem facere vellent, quedam nobiles mulieres convenerunt ad ecclesiam, expectantes ut verbum Dei proponeret vel alia faceret que pertinebant ad officium suum. Cum autem de missa iret ad mensam, dixit ei quedam nobilis mulier : « Ecce, domine archidiacone, nos omnes per totam diem musitavimus, expectantes quod verbum Dei predicaretis et cure officium gereretis. » Cui ille : « Nos non intromittimus nos de talibus. » Cui illa respondit : « Parum de animabus nostris curavit, qui earum vobis curam commisit[1]. »

404. Contra negligenciam in officio Dei et Ecclesie : ... hic et in futuro arguentur a Domino ad officium non venientes. Item sunt aliqui venientes, sed tardius... ; sunt aliqui qui veniunt, et inarticulate et inattente psallunt. Frater Gaudefridus de Blevex[2] dicebat quod in diocesi Senonensi quidam sacerdos, [cum] conservaretur quasi recenter mortuus, subito fuit a morte evocatus; et inter alia que dixit se vidisse malorum supplicia, vidit maximam multitudinem ferencium sarcinas magnas et gravissimas ad ferendum, nimis sub onere laborancium et sudancium. De quibus quesivit ab angelo ductore qui essent, et cur sic affligerentur. Qui respondit : « Isti sunt ministri Ecclesie in ejus officio negligentes quondam, qui portant in illis sarcinis versus, psalmos et syllabas que sincopaverunt et detruncaverunt, et sub eorum oneribus gravissime opprimuntur et affliguntur[3]. »

1. F° 457. Cf. le n° 497.
2. Geoffroi de Blével, déjà cité à plusieurs reprises.
3. F° 457 v°. Cf. le n° 212.

De impenitencia.

405. Species accidie ultima potest dici impenitencia, que est, vel quando homo actu non penitet de peccatis suis et differt, vel [quando] negligit penitere... Sepe vero fit ut, cum homo non proponit penitere vel proponit non penitere, morte subita preoccupetur, et aliquando ante ejus exitum ei reveletur cui dampnacioni sit obnoxius... Item audivi quod, cum quidam dives moreretur et ad penitenciam moneretur et confessionem, dicebat se non posse penitere, quia ipse ibat ad infernum cum magno cursu, dicens gallice : « *Je m'en vois en enfer les granz galoz.* » Et cum non posset, deficiente virtute, totum dicere, dicebat sepe repetendo et desperando : « *Galoz, galoz.* » Et post : « *Loz, loz.* » Et hoc dicens expiravit[1].

UNDECIMUS[2] TITULUS.

[DE AVARICIA.]

406. Septimus titulus hujus quarte partis est de quinto septem principalium viciorum, scilicet de avaricia, de qua merito agitur post accidiam, que privacione consolacionis et defectu boni intimi vel eterni surgit; homo enim non habens bonum spirituale

1. F^{os} 462, 462 v°.
2. Ms. *Septimus.*

interius, cupit bonum temporale, quo delectetur exterius...[1]

De [illis] que monstrant quam mala sit avaricia.

407. Dissuadet avariciam fuga et transitus terrenorum... Divicie ergo sunt ut sompnium : dum putantur haberi, deficiunt et decipiunt. Audivi a quodam probo viro quod quidam dives, magnas opes congregans, intrusit eas infra murum domus, in armario lapideo linito de foris cemento ad modum parietis alterius, ubi superscripsit, ut melius sciret locum : « Hic est »; et ibi solitus erat respicere, sive comederet vel aliud faceret, juxta illud Mat. vi : « Ubi est thesaurus tuus, ibi est et cor tuum ; et ubi amor, ibi oculus. » Quod advertens quidam clericus suus, et accedens, et legens scripturam, cogitavit quod non erat ibi pro nihilo, nec ita frequenter pro nihilo ibi dominus suus oculos figebat. Captans ergo horam solitariam, lapidem superpositum admovit et pecuniam removit, lapidem cum cemento reponens, et, ne lapis mendax inveniretur, ibi superscripsit : « Hic non est »; et fugit cum pecunia. Dives autem ille, post aliquantum tempus accedens ad locum depositi, vidit alteratam scripturam, et cum legeret : « Hic non est », asserebat : « Immo hic est », usquequo, remoto lapide, vidit pecuniam sublatam[2].

408. Umbra sequentem se fugit, et fugientem sequitur : sic aliquando temporales dignitates et divicie et innitentes precipitant. Vidi quemdam clericum qui,

---

1. F° 463.
2. F° 465.

cum audisset quod ista temporalia decipiunt, quia sequentes fugiunt, cum aspiraret ad quamdam dignitatem, finxit se eam respuere et fugere, ut sic ei daretur; que cum data esset alteri, improperavit predicatori qui dicebat quod dignitates sequuntur fugientes; qui respondit quod non erat vere fugiens, sed per dissimulacionem fuge forcius honores sequens...[1]

409. Item, Eccl. v g : « Cunctis diebus vite sue comedunt in tenebris et in curis multis atque tristicia » ... Hec cure non sinunt eos dormire... Audivi quod, cum quidam dives maneret juxta [domum] cujusdam pauperis, cum post cene sue delicias intraret lectum suum delicatum et mollem ut quiesceret, occupatus diversis curis irruentibus diversorum bonorum suorum que habebat in diversis locis, cum non posset dormire, audiebat pauperem post cenam paucam et solacium aliquod, quod habebat cum puero suo, suavissime quiescentem post laborem diurnum in lecto duro. Qui invidens ejus quieti, surrexit ante diem, et, aperto ostio pauperis, pependit in eo bursam plenam pecunia; qui excitatus in mane, vix ab uxore, cum vellet egredi domum, cadentem pecuniam recepit; et cum diu deliberasset quid faceret, timens ne uxor vel alius furaretur ei, finxit se pati in renibus, occultans sub lecto suo et jacens supra, non valens dormire de nocte pre sollicitudine [in qua] erat quid de ea faceret. Cum autem dives quereret ab uxore pauperis quid vir suus haberet, qui non audiebatur ultra cantans, et illa assereret quod pateretur in renibus, ait : « Ego veniam et curabo eum. » Et accedens et

---

1. Ce trait est prêté plus haut à un archidiacre (n° 269).

pecuniam suam repetens et reportans, restituta est pauperi quies, pristina sanitas et jocunditas cum sompno[1].

De malis condicionibus avaricie.

410. Item similes sunt avari Helio Pertinaci imperatori, de quo dicitur in cronicis quod, cum esset in vita privata, ita tenax erat et parcus, quod dimidiam lactucam in mensa sua apponebat. Item contra cupidos et tenaces dicebat magister Jacobus de Vitriaco quod quidam tantum pastillum servavit, quod, cum aperiretur, exiverunt inde mures coram hospitibus suis. Quidam pocius dimittunt res putrescere, et dant pocius porcis, canibus et gallinis quam pauperibus. Job XXII e : « Nil remansit de cibo ejus; propterea nil remanebit de bonis ejus. » Item idem : Quidam tamdiu retinent vestimenta sua, quod nullo usui apta sunt, et ita defraudant pauperes, et faciunt de cappa usitata tunicam, post caligas, post soccos, ita quod nil cedit in usum pauperum. Item de quodam tali dicebat idem quod, cum esset in congregacione militum et diceret servienti suo : « Aufer mihi capam meam forratam », et ille non inveniret tam cito eam inter multas vestes de quibus pertica erat onerata, ait dominus : « Fili

___

1. F° 465 v°. Cf. le n° 506. Il est à peine besoin de faire remarquer que la fable du savetier et du financier contient ici des additions qui ne se trouvent pas dans les versions modernes, ni même dans celle de Jacques de Vitry (f° 59 de son ms.). Mais on la rencontre sous une forme identique dans une des *Latin Stories* de Th. Wright, qui sont en grande partie de l'époque de notre auteur (n° 70).

meretricis, non cognoscis tu eam? » Cui respondit iratus : « Ita, domine, transacti sunt septem anni. » Quod audientes alii riserunt[1].

411. Avarum mors necat atra. In dolore et tristicia consueverunt mori divites, cum advelluntur violenter a rebus amatis. Audivi in sermonibus quod, cum quidam dives laboraret ad mortem, dicebat secum anime sue : « O anima mea, quare vis me derelinquere? Ecce acquisivi tibi tot pulcras domos, tot vineas, agros, prata, et sic de aliis, et paratus sum tibi plura acquirere et meliora, si adhuc remanseris. » Et cum nec sic cessaret dolor, sed urgeret eum, fecit adportari ante se vasa preciosa argenti et auri, que multum solebant eum delectare aspectu suo, [et] ait : « Ecce, si manseris, ista et adhuc ampliora habebis. » Et cum nec sic cessaret, sed augeretur dolor, ait : « Ex quo nec sic vis remanere, dyabolo te reddo. » Et hoc dicendo cum dolore animam demonibus reddidit[2]...

412. [Avarus] est cecus..., similis Sedecie, quem Nabuchodonosor excecavit in Reblata, [quod] interpretatur « Multa habens » et signat multitudinem temporalium bonorum, in qua excecantur divites, ut non videant quid agendum. Audivi quod quidam magnus magister in litteratura habuit discipulum nobilem genere, qui dicebat sepe coram magistro suo quod episcopi Francie ceci erant, qui magistrum tantum clericum non vocabant ad beneficia prebendarum. Qui cum factus esset episcopus, vocavit nepotes suos ad beneficia ecclesiastica, magistro contempto. Unde, cum ipse in

1. F° 469 v°.
2. Cf. le n° 59.

quadam processione clara luce esset, occurrit ei dictus magister suus cum duobus torciis succensis, et, cum causam hujus facti requireret episcopus, ait : « Domine, hoc ideo feci, ut repellam a vobis cecitatem quam videbatis in aliis, qui me non vocabant; tantum transistis [1] ex acquisicione honoris et diviciarum, ut non videatis in vobis dives quod videbatis in aliis pauper ante episcopatum [2]!... »

413. Avarus est excors..., non habens cor ad Dominum vel in oracione, sed in bursa vel in archa, nec secum, sed extra. Audivi quod, cum quidam magnus dives qui multum adheserat mundo, qui nec in mortis articulo poterat induci ad hoc quod relinqueret ea que injuste possidebat, aut quod aliquid de eis pro Deo erogaret atque cor suum haberet ad Deum ut peniteret de commissis, sic mortuus esset extra patriam suam, cum amici ejus aperirent corpus ejus, ut intima ejus eicerent et corpus ejus ad terram suam deferrent, cor in eo non invenerunt. Cum autem aperuissent archam in qua erant thesauri ejus, invenerunt super pecunias suas cruentum jacentem. Hoc exemplum audivi a quodam predicatore religioso in sermone quodam [3].

---

1. Ms. *quam cum transistis.*
2. Ce trait est attribué par d'autres à Robert de Chartres et à un de ses disciples. (V. Bromyard, tit. *Judicium*; Th. Wright, *Latin Stories,* n° 73.) Le népotisme est d'ailleurs un des vices contre lesquels les prédicateurs du temps, et Étienne de Bourbon en particulier, tonnent le plus volontiers. Jacques de Vitry déclare qu'il a connu un enfant installé par l'évêque, son oncle, dans la stalle de son archidiacre et la souillant encore, comme naguère le giron de sa nourrice. (Ms. lat. 17509, f° 24.) Cf., ci-après, les n°s 444 et suiv.
3. F° 473 v°.

414. Avarus coacervat opes alienis... Referebat magister Nicholaus de Flavin[iaco][1], in sermone quodam, quod quidam cecus pauper de elemosinis sibi datis congregavit pecuniam, subtrahens eas ori, et vendebat. Qui factus usurarius accumulavit multam in archa, nulli sinens ibi tangere, nec audebat eam diminuere, sed se affligebat frigore et nuditate et fame. Et cum solus jaceret in camera in qua erat pecunia, surgebat nocte media, et, aperiens archam, delectabatur singula tractando et considerando et computando si omnia ibi essent integre; et audiebat ibi vocem quod in illa pecunia nihil haberet et quod inutiliter de ea gauderet, cum esset fabri cujusdam civitatis propinque. Quod cecus sepe audiens et dolens, maluit eam perdere quam ad illum deveniret. Fecit ergo fodi maximum truncum qui erat in domo sua, et dictam pecuniam ibi intrusit, et precipitari fecit eam in fluvium, ut illius nullus haberet usum. Piscatores autem, per descensum fluvii piscacioni intendentes, cum sagena extraxerunt dictum truncum et portaverunt ad littus dicte civitatis. Ubi videns faber truncum jacentem, credens quod esset [aptus] incudi suo defigende, emit eum, et, cum deportasset ad domum suam, incudem volens infigere, invenit intus pecuniam et habuit, ceco pre inopia et dolore deficiente[2].

De usura.

415. Dicto de avaricia in genere, dicendum est de

1. Archevêque de Besançon.
2. F° 474. On trouve à peu près la même anecdote dans les *Gesta Romanorum* (ch. 109) et dans les *Latin Stories* de Th. Wright (p. 27 et 220). Ce conte est d'origine orientale. (V. Benfey, *Pantschatantra*, I, 604.)

aliquibus ejus speciebus, et primo de usura... Usurarius, si vult evadere dampnacionem, oportet quod evomat per restitucionem pecuniam male acquisitam et per confessionem culpam; alioquin evomet per penam in gehennam. Item dicebat quidam predicator quod accidit in quadam civitate quod venit in ea quidam puer pauperrimus et scabiosus, et sic tunc vocabatur diminutivo nomine. Qui, factus aliquando grandiusculus, carnes a macello portabat pro pane; ubi congregans aliquantulos nummos, eos tradidit ad usuram. Quibus multiplicatis, emit aliquantulam vestem honorabiliorem. Post contraxit cum quadam, et incepit per usuras magis ascendere et nomine et diviciis : unde cepit Martinus Scabiosus vocari, nomine priori cedente in agnomen; postea, cum factus esset divicior, domnus Martinus; postea dominus Martinus, cum esset de divicioribus civitatis. Postea, auctus per usuras, factus superlativus omnium in diviciis, vocabatur ab omnibus meus dominus Martinus[1]; ita ut omnes eum quasi dominum venerarentur. Sed, nisi gradatim descendat restituendo ut ascendit usurando, subito et in momento usque ad inferni novissima descendet[2].

416. Multi tales consueverunt subito mori, alii admittere usum lingue;... alii, eciam si vellent, non habent restituendi spacium, sed relinquunt disposicioni aliorum, qui, si ipsi viventes parum[3] curaverunt, ipsi minus curabunt. Cum quidam miles cuidam diviti

---

1. Cette gradation devait s'exprimer ainsi en français : Martin le galeux; maître Martin; seigneur Martin; monseigneur Martin.
2. F° 475 v°.
3. Ms. *parum viventes cur parum.*

usurario vellet dare filiam suam pro filio suo, ut promiserat, sic arguit eum curialiter, me audiente. Cum diceret ille quod proponebat restituere plene ante mortem : « Cur ergo, ait miles, vos alienis opibus et peccatis oneratis et in periculo custodie pecunie aliene vos ponitis, cum aliam utilitatem habere non proponatis nisi manus inquinatas ex computacione reddendi et accipiendi, cum sciatis quod oporteat reddere aut pendere[1], ut dicitur vulgariter? Quare non cessatis et redditis, dum potestis? » At ille ad hec verba obmutuit...

417. Item alii in fine maxime obstinati sunt, quasi si jam essent in inferno. Refero quod vidi oculis meis, cum essem juvenis studens Parisius et venissem ad ecclesiam Beate Virginis die sabbati, ad vesperas audiendas. Vidi ibi hominem ibidem portatum in lecto, qui aliquo membrorum suorum paciebatur, habens in eo ignem illum qui sacer vel infernus solet appellari[2]; et vallatus erat multitudine. Cumque testarentur vicini sui quod esset usurarius, monebant eum sacerdotes et clerici quod quittaret et reddere promitteret usuras, ut eum beata Virgo liberaret ab illo morbo. Qui eos aliquatenus audire nolebat, nec vituperiis nec blandimentis; et, cum finite essent vespere, in eadem obstinacia perseverabat, cum jam ille ignis totum corpus ejus occupasset, et versus esset in nigredinem et inflacionem, et oculi ejus de capite ejus defluerent.

1. « Il faut rendre ou pendre », vieux proverbe français.
2. Le mal des ardents. On sait que ceux qui en étaient atteints étaient portés devant l'église de Notre-Dame de Paris pour obtenir leur guérison. Ils recouraient aussi à Notre-Dame de Soissons. (V. le n° 100.)

Unde tanquam canis ab ecclesia ejectus, ibi in illa obstinacia ab illo igne[1] in ipsa vespertina hora est consumptus[2].

418. Item [usura] privat venia et misericordia. Mat. vi c : « Si dimiseritis hominibus, dimittet vobis pater noster celestis; si non dimiseritis, non dimittet vobis; quia non dimittitur peccatum nisi restituatur ablatum. » Audivi quod, cum quedam bona mulier haberet virum usurarium, assidue rogabat eum ut restitueret, et fieret pocius pauper Christi quam dives diaboli. Cui cum non acquiesceret, subito capitur a domino suo terreno, et, male detractatus, liberatus est pro data pro redempcione pecunia quam acquisierat usurarie. Eo autem liberato, flebat uxor amarissime. Cum autem eam super [hoc] argueret : « Modo sum pauper, qualem me desiderabas », ait illa : « Non fleo quia pauper estis; sed quia, recedente pecunia que debebat restitui, remansit peccatum nobis, quod debuisset restituendo et penitendo dimitti[3]. »

419. Item privandus est [usurarius] ecclesiastica sepultura, quia ei, si habeat, pocius nocet quam prosit. Gregorius, Dialog.:«Quos peccata gravia deprimunt, non ad absolucionem, sed pocius ad majoris dampnacionis cumulum est quod eorum corpora in ecclesiis ponantur. » Vidi ego in civitate Bisumptina quemdam usurarium magnum, qui, cum jocundus sedisset ad mensam suam ut comederet, subita morte in ipsa mensa percussus cecidit; quod videntes ejus filii, quos

---

1. Ms. *illo ipse*.
2. F° 476.
3. F° 477.

habebat de duabus conjugibus, ad gladios cucurrerunt, patre dimisso, super archas compugnantes de eis custodiendis et saisiendis, de anima patris vel corpore parum curantes. Cum autem fuisset sepultus, junctus parieti ecclesie parrochialis Sancti Johannis[1], et facta fuisset ibi sepultura prominens, juncta parieti et inserta, in mane inventa [est] a pariete repulsa et longe depulsa, quasi si per hoc innueretur quod non haberet communionem cum ecclesia[2].

420. Dissuadere debet [usurarios] cita mors et subita qua frequenter feriuntur... Vidi aliquem qui surrexit de mensa, ubi satis comederet, in medio domus sue, qui subito mortuus cecidit. Alius, in nupciis percussus, morte subita preventus est. Alius, cum die Pentecostes magnum festum fecisset, et in mane disposuisset comedere novos pullos anserum, inter uxoris verba, juxta eam jacens, subito percussus, admisit et sensum et motum et vitam. Item accidit apud Divionem, circa annum Domini M CC XL, quod quidam usurarius volebat nupcias cum magno gaudio celebrare ; et cum duceretur cum instrumentis organicis ad parrochiam ecclesie Beate Virginis, et esset sub porticu ecclesie, ut sponsa sua ei consentiret et matrimonium ratificaretur per verba de presenti, ut

---

1. L'église cathédrale de Besançon.
2. F° 477 v°. On sait que la sépulture chrétienne était refusée aux usuriers impénitents, et que la pénitence exigée d'eux n'était autre que la restitution intégrale. Jacques de Vitry l'atteste en citant un exemple du même genre, celui d'un usurier qui avait payé une forte somme pour être enseveli dans l'église, contrairement à la règle, et qui, se levant de son cercueil, saisit un candélabre et en frappa tous les clercs présents. (Ms. 17509, f° 122.)

moris est[1], et sic in ecclesia matrimonium solempnizaretur in misse celebratione et aliis, cum hec ibi fierent, et sponsus et sponsa deberent cum gaudio in ecclesia introduci, quidam usurarius lapideus, qui erat supra in porticu sculptus quando eum dyabolus lapideus deportabat ad infernum, cecidit cum bursa sua super caput vivi usurarii qui debebat matrimonium contrahere, et oppressit et occidit eum; et converse sunt nupcie in luctum, et gaudium in merorem; et exclusus est vivus per lapideum ab ecclesie ingressu et sacramentis, quem non excludebant, sed introducere volebant sacerdotes. Usurarii aut alii de villa, data pecunia, fecerunt destrui alias sculptas imagines que erant in dicto porticu, extra, in anteriori parte ejus, quas ego vidi ibi destructas, ne consimilia, in consimili casu vel aliis, eis acciderent[2].

421. Alii moriuntur blasphemando et dyabolo se reddendo, ut supra dictum est; alii magnum tormentum sustinendo in morte, ut iste de quo supra dixi me vidisse eum in ecclesia Beate Virginis Parisius, qui subito est in nigredinem et tumorem versus, et illo igne, qui infernalis dicitur, consumptus[3]. Item legi in libro cujusdam antiqui fratris quod in Lombardia [beatus

---

1. Les *paroles de présent*, qui constituaient l'engagement définitif des époux, s'échangeaient, par conséquent, sous le portique, avant d'entrer dans l'église : les mariés ne s'avançaient vers l'autel que pour assister à la messe et aux cérémonies complémentaires du mariage.

2. F° 478 v°. Cf., ci-dessus, le n° 53. L'église de Notre-Dame de Dijon est du xiii° siècle : cette anecdote, en même temps qu'elle montre le peu de respect des bourgeois du temps pour les ouvrages des *imagiers*, prouve que le monument existait déjà en 1240.

3. V. le n° 417.

Dominicus] visitavit, ad preces aliquorum, quemdam legistam, magnum advocatum et usurarium, quem graviter infirmum rogavit in presencia sacerdotis quod usuras suas restitui preciperet[1]; qui nolebat acquiescere, dicens quod filios et filias nolebat pauperes relinquere; et ideo recessit sanctus Dominicus cum aliis et cum corpore Christi. Confusi autem sunt amici : rogaverunt eum ut promitteret usquequo communionem reciperet, et ne christiana sepultura careret; quod fecit, sic eos decipere credens. Eis autem recedentibus postquam communionem receperat, cepit clamare se totum succendi, et quod posita erat gehenna in os ejus : « Ecce totus ardeo »; et, elevata manu, dicebat : « Ecce tota ardet », et sic de aliis membris; et sic mortuus et consumptus est[2].

422. De morte subita feneratorum, et quomodo portantur a demonibus, referebat magister Nicholaus de Flavigni[3], in sermone quodam, hoc terribile exemplum. Cum quidam dives usurarius parum timeret Dei judicium, cum quadam nocte satis cenasset et cum uxore jaceret, subito tremens a stratis exiliit; et, requisitus ab uxore quid haberet, ait : « Ego modo fui raptus ad Dei judicium, ubi tot et tantas querimonias et accusaciones audivi contra me, quod nescivi quid agerem; et cum diu fuerim ad penitentiam expectatus, audivi summum judicem sentenciam dampnosam[4] con-

---

1. Ms. *preciperet beatus Dominicus.*
2. F° 479. Ce trait est rapporté en abrégé, et avec des circonstances quelque peu différentes, dans le supplément de la Vie de S. Dominique (Échard, I, 40).
3. Archevêque de Besançon, souvent mentionné dans ce livre.
4. Ms. *dampnosis.*

tra me tulisse et me demonibus exposuisse, qui hodie debent ad me venire et me secum deferre. » Et cum hoc dixisset, induit quamdam vestem cujusdam vilis vadii, que pendebat ad perticam suam, et exivit domum, invita uxore sua. Sui autem, sequentes eum, invenerunt eum quasi amentem in quadam ecclesia monachorum, qui dicebant matutinas suas, et ibi eum custodierunt usque circa sextam. Qui nec aliqua admonicione volebat confiteri peccata, vel restituere, vel penitentie signum facere. Cum autem post missam sui eum ad domum reducerent, et cum irent juxta fluvium, apparuit eis navis cursu rapidissimo ascendens contra cursum aque, que a nullo[1] videbatur duci. Tum predictus usurarius dicebat eam plenam demonibus, a quibus erat et rapiendus et deportandus. Quo dicto, rapitur ab eis et in navi ponitur, que subito, cursu retroacta, cum preda sua disparuit[2].

423. Audivi de quodam usurario quod, cum graviter infirmaretur et nil vellet restituere, precepit plenum horreum de frumento pauperibus erogari; quod cum servi sui vellent facere et frumentum accipere, invenerunt illud conversum in serpentes; quod audiens usurarius dictus, compunctus omnia restituit, et precepit quod mortuus proiceretur nudus in medio serpentum, ut corpus sic voraretur a serpentibus in presenti ne anima voraretur in futuro; quod factum fuit. Cujus corpus ita voraverunt serpentes, quod non dimiserunt ibi nisi ossa alba. Quidam addunt quod evanuerunt serpentes, et remanserunt ossa alba et nuda cum lumine[3].

1. Ms. *ad nullo*.
2. F° 479 v°.
3. F° 480.

424. [Usurarius] servat aliis et congregat divicias a quibus est spoliandus. Aliquando veniunt in manus inimicorum suorum capitalium ea que congregavit... Cum quidam usurarius Bisumptinensis in extremis nollet facere aliquod testamentum vel eleemosynam, sed omnia dimisisset in disposicione uxoris sue, cum ipse esset sic mortuus, uxor sua, videns quemdam inimicum suum, contraxit cum eo cito post mortem viri sui. Quam cum argueret quedam proba mulier, dicens quod vir suus erat adhuc calidus in sepulcro, respondit : « Si calidus est, sufflate eum[1]. » Hec sunt eleemosyne quas fecit pro anima ejus[2].

De furto et rapina.

425. Hic dicendum est de furto et rapina : rapina enim, large sumpto vocabulo, est furtum, secundum quod furtum est retractio rei aliene invito domino. Differunt autem stricte, sumptis et proprie vocabulis : predo enim est qui rem alienam capit aperte et violenter; latro, qui latet in silvis vel alibi, insidians eis quos spoliet violenter. Fur dicitur a furno, nigro vel obscuro, quia per tenebras incedit...

Peccato furti et rapine timor annexus est; timent enim fures deprehendi et occidi. Vidi ego quemdam latronem qui confitebatur mihi, in quadam silva, quod per septennium habitaverat in silvis sine tecto, spolians

---

1. C'est-à-dire « soufflez dessus. »
2. F° 481. Dans le recueil de Jacques de Vitry, un chevalier, après avoir été dépouillé par un usurier et emprisonné sur ses instances, finit par épouser sa veuve et jouir de toutes ses richesses. (Ms. 17509, f° 120.)

transeuntes ; et [cum] omnes eum timerent, ipse adeo omnes timebat, quod vix sompnum modicum ad momentum capiebat. Socios eciam suos adeo timebat, quod non sustinebat quod adpropinquarent ei vel jacerent prope eum. Semper vestitus et cum armis ibat, et tot et tanta sustinuerat pro scelére suo, quod vix unquam aliquis martyr tanto spacio propter Deum sustinuit tanta. Cum autem ego multum laborassem circa eum convertendum et ad terram transmarinam mittendum, solus cum eo, quia non paciebatur socium nostrum accedere, dicebat quod hoc non faceret, nisi quidam, qui ei injuriam fecerant, ei emendarent. Cum autem ipse nobilis et maximus et robustissimus corpore videretur, cito post insiliens ut spoliaret quemdam parvulum hominem merces portantem, ita meticulosus et excors inventus est, quod, ab illo preventus, dejectus est, captus et ligatus ; et ductus est a justicia seculari, distractus et suspensus[1].

426. Fur vel raptor valde rusticus est, ut milvus et bubo inter aves : alter rapit violenter pullos galline, alter rapit de nocte latenter odiendo lucem. Sicut enim magne nobilitatis et liberalitatis est dare,... econtra magne innobilitatis et rusticitatis est furari vel rapere. Quod magister Alanus[2] probavit militibus apud Montem-Pessulanum, ubi incipienti legere in theologia intrantes milites scolas cum quesivissent multa ab eo, dixit quod volebat unam questionem ab eis primo

1. F⁰ 481. Cette conférence solitaire avec un chef de brigands est un des traits les plus touchants de la carrière si peu connue de notre missionnaire dominicain. Elle est mieux racontée plus loin (n° 515).

2. Alain de Lille.

solvi, scilicet que major esset nobilitas et curialitas de mundo. Illi, querentes inducias per noctem, in mane responderunt quod dare liberaliter; quorum sentencie consensit, et eis per oppositum conclusit et intulit : « Ergo major rusticitas de mundo est auferre alienum ab invito; et cum vos hoc faciatis et de his que rapitis vivatis, super omnes estis maxime innobiles et rustici[1]. »

427. Dati sunt eciam imis, preponentes terrena celestibus, imas summis, vel dati sunt imis et vilibus officiis; quod quidam frater improperavit optime quibusdam militibus, qui ducebant predas pauperum ante se boum et vaccarum. Cum quererent a Fratribus Predicatoribus, quando primo ingrediebantur Burgundiam, qui essent, et illi respondissent quod Predicatores, quidam ex fratribus, advertens quod essent predones, quesivit cujusmodi homines essent. Responderunt : « Immo videtis quod milites sumus. » Respondit frater : « Non; sed videmus quod bubulci et vacarii estis et caprarii, quia equites ducunt equos, et caprarii capras, bubulci boves, vacarii vaccas. Quales estis qui talia ducitis, quod est vilissimum? Non erubescitis ducere pecora rusticorum et pauperum aliena, qui erubesceretis ducere propria? Sed, ut dicam verius, ducunt vos dicta jumenta ad inferni patibulum pocius quam vos ipsa ad vestram domum[2]. »

---

1. Cf. le n° 292.

2. F° 483 v°. C'est là encore un souvenir des premiers temps de l'ordre de S. Dominique, transmis à Étienne par ses frères de Bourgogne, et ce n'est pas le moins intéressant. Jacques de Vitry stigmatise également les enlèvements de bestiaux commis par les chevaliers au préjudice des vilains : « Multi hodie milites, per

428. Fur vel raptor est proditor apud Dominum, cujus fidelem et filium injuste spoliat et fratrem... Item frequenter consueverunt esse proditores contra dominos suos servientes qui furantur eis, sua edendo et bibendo cum eis et de suo, cum ipsi eis se et sua committant; ut accidit de servientibus clericorum, qui fere sunt omnes fures Parisius. Unde accidit ibi quod aliquando hujusmodi, ut dixit magister Jacobus, garciones constituerunt sibi unum qui esset magister eorum in furtis, coram quo consueverant venire, qui inquirebat de factis eorum. Cum semel coram eo convenissent, et inquireret quomodo scirent furari dominis suis et quomodo proficiebant in furando, ait unus : « Ego scio facere de tribus pictis unum denarium », et dixit per quem modum. Alius dixit quod de obolo denarium; alius quod de tribus pictis; alius dixit quod de una picta denarium[1], et dixit modum : in domo

angarias quas *corvées* gallici appellant, a suis hominibus accipiunt, et nec eis panem ad manducandum tribuunt... Multi hodie dicunt, quando arguuntur quod vaccam pauperi agricole abstulerunt : Sufficiat rustico quod ei vitulum dimisi, et quod eum vivere sino... Accepi anserem, et dimisi ei plumam. » (Ms. 17509, f° 104.)

1. La progression est mieux observée et plus compréhensible dans la version de Jacques de Vitry, qui est semblable à celle que cite Th. Wright d'après un manuscrit anglais (*Latin Stories*, n° 125) : « Primus ait : Domine, scio furari de uno denario unam pictaviam. Magister ait : Parum est. Alius dixit : Domine, novi furari de uno denario unum obolum. Tertius dixit : Et ego de uno denario tres pictavias, sive tria minuta. Cumque diversi diversa dicerent, unus surrexit, dicens : Ego de una pictavina novi denarium unum furari. » (Ms. 17509, f° 131.) Le premier gagne ainsi vingt-cinq pour cent, le second cinquante, le troisième soixante-quinze, et le dernier quatre cents pour cent, l'obole étant la moitié du denier, et la picte ou poitevine la moitié de l'obole. Tout cela est beaucoup plus fort que le sou pour livre.

cujusdam revenditoris, ubi accipiebat res venales, ut legumina, candelas et alia, accipiebat et mostardam; qui pictatam dividebat ei in quatuor partes, et quamlibet computabat pro una picta; quintam[1], quia res accipiebat ab eo, dabat ei venditor gratis, et sic de una picta lucrabatur quatuor. Quod audiens magister eorum, eum fecit sedere juxta se, dicens quod melius profecerat in arte sua quam alii.

429. Punitur sepe diversis ictibus : sicut David, insequutus latrunculos qui spoliaverant Sycelech, percussit et occidit, et predas eripuit, sic Christus in judicio hujusmodi persequutus percuciet, et predam eruet ab eis. Item dicebat magister Jacobus quod, cum in Anglia esset quedam imago beate Virginis, que erat argentea, valde pulcra, quidam fur, veniens ad eam furandam, cum non posset eam habere, quia nimis fortiter clavis erat adfixa, nec secum ferre propter nimium pondus, cum vellet ei subripere puerum suum, imago ita percussit eum manu, quod cecidit ad terram exanimis; qui, in mane inventus quasi semimortuus, hoc ita factum fuisse recognovit[2].

430. Quod predones et heredes eorum depauperentur et hereditate priventur. Accidit in diocesi

---

1. Ms. *quartam*. Mais il faut *quintam* d'après le texte de Jacques de Vitry et d'après le sens même de ce passage, qui doit s'interpréter ainsi : le domestique infidèle achète en quatre fois une *pictée* (quantité valant une picte) de moutarde ou d'autre chose, et, comme il n'y a pas de monnaie inférieure à celle-là, il compte à son maître une picte chaque fois, et gagne, par conséquent, trois pictes sur le tout; il en gagne encore une en se faisant livrer pardessus le marché une *cinquième* portion, qu'il compte néanmoins au même prix que les autres. Total : un denier de bénéfice.

2. F° 484 v°.

Matisconensi, circa annum Domini m c nonagesimum, quod quidam vicecomes erat in diocesi Matisconensi habens castra plura et forcia, quorum fortitudine confisus stratas spoliabat, aliquando querens aliquas occasiones propter quas divites transeuntes spoliaret, vivens de rapinis suorum hominum et aliorum. Hic autem, ut audivi ab antiquis fidelibus, vel compulsus timore regis Francorum vel voluntarius, nescio quo istorum, crucesignatus, cum iter arriperet transmarinum, dimisit terram suam et castra, scilicet Castrum Novum et Castellum Ducii, et alia sua comiti Giraudo Matisconensi[1], expolians se suis; qui promisit ei quod filiam suam daret filio suo comiti Guillelmo. Qui, pactum non servans, terram sibi retinuit, cuidam autem militi suo dictam filiam dedit. Cujus heredes, ut vidi, satis laboraverunt apud regem pro terra dicta habenda, et non sunt auditi. Dictus autem vicecomes, antequam mare transiret, ad tantam paupertatem devenit versus Januam[2], quod, pre fame et mendicitate moriens, intrans quamdam navem, incepit clamare omnibus in portu existentibus Dei judicium justum esse circa se, quia qui alios fame oppresserat, in aliena terra quasi in sua alios spoliaverat, fame moriebatur. Et cum compacientes ei cibos deportarent, ipse dicebat se non posse uti eis; et sic fame mortuus, et heredes sui omnibus bonis suis spoliati sunt usque hodie[3].

---

1. Girard, comte de Mâcon, mort en 1184. Cette histoire, ou du moins son commencement, doit, par conséquent, se placer un peu avant la date approximative donnée par l'auteur. Quant aux deux châteaux désignés ici, ils ne paraissent pas avoir subsisté.

2. Gênes.

3. F° 485.

431. Item aliud accidit ibidem[1]. Fuit ibi quidam prepositus, tempore comitis Girardi, predis inhians, raptor et maliciosus. Cum autem frequenter predas acciperent hominum ecclesiarum, antequam rex comitatum illum emeret a comite Johanne et uxore ejus, ad quam jure hereditario pertinebat[2], erant ibi guerre assidue inter episcopum Matisconensem et clericos et cives ex una parte, et comitem et suos milites et alios ex alia parte. Cum autem dictus prepositus semel predas accepisset et duceret, quedam vacca retro manebat post alias, alicujus forsitan vidue vel pauperis. Dixit cuidam guarcioni : « Tange vaccam, miser, que remanet; tange vaccam. » Dei judicio, percussus tali flagello fuit, ita quod postea nihil aliud loqui potuit; sed, cum attentaret loqui postea alia, semper dicebat hoc solum : « Tange vaccam. » Et hoc notissimum fuit toti terre; et hoc audivi a multis antiquis, qui asserebant se vidisse et novisse dictum prepositum.

432. Item in eadem diocesi [hoc] accidit, ut asserebat sacerdos, sicut credo me vidisse, in quadam synodo, in qua adportavit plumas cujusdam galline quam subripuerat quidam a quadam vidua paupere : cum autem deplumasset eam, et coxisset et comedisset carnes ejus, et plumas seorsum retinuisset, divino judicio percussus, plumas, quas non comederat, evomebat, peccatum suum coram omnibus confitens. Utrum autem in vomitu illo mortuus fuerit ad memoriam non reduco[3].

1. A Mâcon.
2. Jean de Braine, un des successeurs de Girard, et Alix, sa femme, vendirent le comté de Mâcon à S. Louis en 1239, moyennant dix mille livres. (V. l'*Art de vérifier les dates,* II, 490.)
3. F° 485 v°.

433. Malum est furtum quod sepe faciunt mercatores multis modis : uno modo, quod habet mercator diversas mensuras vel pondera, alia ad emendum et alia ad vendendum; alio modo, cum faciunt aliqua arte quod res que ponderantur plus ponderent vel ingrossentur quod mensurantur, ut bladum, vel cum humectantur lane pondera vel fila; item alio modo, cum de compoto debito diminuitur, vel cum computatur ultra debitum; item alio modo, cum emptum subripitur, vel effunditur, vel male tractatur a venditore, ut aliud ematur. Dicebat magister Jacobus se audivisse de quodam tabernario quod, cum vendidisset vinum potatoribus, accedens juxta potum plenum, pede tangens eum, effundebat vinum latenter, dicens : « Hoc significat abundanciam que veniet vobis, et bonam fortunam; » et nil aliud volebat reddere. Quod advertens quidam peregrinus, cui hoc fecerat, ivit ad broccam tonelli, eam latenter extrahens. Cum autem adverteret tabernarius vinum effusum et doleret, ait qui hoc fecerat : « Ne doleatis, quia bona fortuna et magna abundancia lucri eveniet vobis. » Tractus coram judice peregrinus, facta referens et probans, immunis transiit[1].

Idem de quodam marescallo dicebat quod equum peregrini, quem aptabat, sic inferrabat, quod acum in sero in pede equi infigebat, ita quod in mane ita clau-

---

1. Cf. Jacques de Vitry (f° 117); les *Novellette*, extraites des sermons de saint Bernardin de Sienne (Bologne, 1868, n° 29); Pauli, *Schimpf und Ernst,* éd. Oesterley, n° 372 ; etc. Le vin répandu est encore aujourd'hui un présage pour certains paysans. Le blé jeté devant une mariée annonçait également l'abondance (*Ibid.*, f° 145). V. plus haut (n° 369) l'exemple d'un Bisontin superstitieux qui prenait de même certaines visions pour une promesse de richesse.

dicabat, quod stabulum vix egredi valebat; quem cum dicebat marescallus destructum, petebat ad vendendum, et dabatur ei pro parvo precio a peregrino dicente : « Melius est quod aliquid accipiam quam totum admittam. » Et sic vendebat ei; et hoc erat furtum et maxima prodicio[1]...

434. Sepe, dum corrupta vendunt pro sanis, emptores occidunt. Magister Jacobus dixit quod, cum quidam venderet carnes coctas, et quidam emeret ab eo, dixit quod bonum forum debebat ei facere, quia per decem annos non emeret nisi ab eo. Respondit, sciens corrupcionem eorum que vendebat : « Et tu adhuc vivis! » Quasi [dixisset] : « Multum est mirum[2]. »

435. Item dixit idem quod, cum soldanus cepisset multos Acconenses[3] in prelio, rogavit quidam ut daretur ei copia loquendi cum soldano. Quo facto, ait : « Domine, libenter debetis me dimittere pro utilitate vestra, quia non est annus quod non occidam plus quam centum de adversariis vestris. » Cum ille quereret quomodo, ait : « Venditor sum apud Achon carnium et piscium, et, peregrinis vendens corrupta pro sanis, multos occido; unde, si detinetis me, magnum incommodum paciemini. » Quod audiens soldanus, risit et eum dimisit[4].

1. Cf. Jacques de Vitry, f°s 117, 127.
2. Cf. le même auteur, f° 116.
3. Habitants de Saint-Jean-d'Acre.
4. F^o 436 v°. Cf. Jacques de Vitry, *ibid*. Ce dernier déclare avoir appris cette histoire durant son séjour en Palestine : « Intellexi preterea, cum essem in partibus transmarinis, quod quidam christianus, qui in Acconensi civitate carnes coctas et pulmenta corrupta peregrinis vendere consueverat, captus est a Sarracenis, et rogavit ut duceretur ad soldanum. Cui dixit : Domine, ego sum in potestate vestra, et, si vultis, potestis me occidere vel incarce-

De illicita munerum accepcione.

436. Ab accepcione munerum debent homines cohibere, ut ostenditur in Summa de Viciis[1], mala que faciunt munera illicite accepta eis qui ea accipiunt... Faciunt homines judices adulteros equitatis, ut per ea pervertant et corrumpant judicia et equitatem. Audivi quod, cum quedam vidua non posset intrare domum cujusdam episcopi ad consequendum jus suum, et dicerent ei semper portitores quod episcopus volebat sibi manus inungi[2], in quodam maximo festo, [cum] consederet ad altare in cathedra ad oblacionem, dicta vidua, accedens quasi ad offerendum, unguento quod paraverat unxit manus sibi coram omnibus, referens que semper dicebant ei accedenti ad eum servi sui[3].

437. Item audivi quod quedam alia pauper, cum peteret jus a quodam officiali, et ille diceret : « Non novi te, quia in nullo mihi servivisti », cum non haberet de quo ei serviret, transiens ante portam cujusdam divitis, qui magnos homines invitaverat, vidit proici

rare ; sed sciatis quod magnum dampnum incurretis. Querenti autem soldano quare detrimentum incurreret, respondit : Non est annus in quo plus quam centum de hostibus vestris peregrinis non occidam, quibus carnes coctas veteres et fetidas et pisces corruptos vendo. Quod audiens soldanus ridere cepit, et eum abire permisit. »

1. Ouvrage de Guillaume Perraud, cité plus haut et plus bas.
2. « Se faire graisser la main, » suivant la locution française.
3. Ce trait plaisant, qui se trouve aussi dans le recueil de Jacques de Vitry (f° 34), est fort répandu ; on en a fait un conte en vers. (V. Méon, *Nouveau recueil*, I, 183; Th. Wright, *Latin Stories*, n° 43; Le Grand d'Aussy, III, 53; *Democritus ridens*, p. 173; *Hist. littér.*, XXIII, 168, etc.)

ante domum divitis capita anserum silvestrium, que ibi parabantur, et, colligens ea, collocavit in quadam banasta cum straminibus, ut viderentur anseres integri intus latere; et cum iret dictus officialis ad causas diffiniendas, occurrit ei dicta vidua, offerens ei. Ille, credens anseres esse, ait : « Modo cognosco te; porta ad domum et redi, et sentenciam habebis pro te[1]. »

De avaricia advocatorum.

438. Licet officium advocacionis non sit malum secundum se, immo bonum et licitum (Aug. : « Non licet judici vendere justum judicium, sed licet advocato vendere justum patrocinium, et jurisconsulto justum consilium), tamen abusus officii malus est, quo quamplurimi abutuntur male vel non utuntur bene[2]... Multi sunt similes molendinariis, qui suavius quiescunt in assueto strepitu molendini quam in silencio et quiete : sic illi in strepitu causarum, qui sonat eis melli dulcius, propter lucrum. Similes sunt cuidam advocato cujusdam episcopi : qui cum haberet quamdam mansionem juxta aquam in qua erant molendina, ad quam aliquando raro veniebat dictus episcopus, conquerebatur dictus advocatus, dicens quod non poterat ibi vel quiescere vel dormire, propter strepitum et tumultum molendini et aque, vituperans episcopo habitacionem

1. F° 487.
2. Voici l'opinion de Jacques de Vitry sur ce point délicat : « Non igitur licet judici vel et advocato vendere sapienciam suam, licet advocatus laborem suum possit vendere, moderatum salarium recipiendo, absque gravi dampno litigatoris... Alioquin, quando sine labore possunt respondere, credo quod nichil debent recipere. » (Ms. 17509, f° 34.)

dicti manerii. Cum autem episcopus dedisset dicto advocato manerium predictum tanquam ineptum, ipse, amplians molendina, dulcius requiescebat ibi quam alibi, et videbatur ei strepitus dulcissimus ex quo facta sua fuerant molendina dicta, propter lucrum. Sic est causarum strepitus advocatis, licet sit de se amarus et inquietus [1].

439. Dissuadet officium advocacionis pena qua puniuntur in presenti advocati et in futuro. In presenti puniuntur sepe in eo in quo delinquunt, quia peccant contra racionem. Vidi ego aliquos percussos subito et admisisse usum racionis et lingue per multos annos, usque ad exitum. Cuidam, ut dicitur in Summa de Viciis, lingua in morte visa est velocius moveri arundine; alteri labium inferius moveri visum est velocius labio cocodrilli; lingua alterius exivit extra os; de alio legi quod [lingua] ita crevit post mortem et intumuit, quod videbatur perforando sudarium late protensa. Alius, cum amici sui instarent ut confiteretur et acciperet Eucharistiam, et peteret dilacionem, et amici instarent propter instans mortis periculum, appellans exspiravit. Alius, cum offerretur ei Eucharistia, ait : « Judicetur utrum plus rectum sit quod accipiam. » Et cum dicerent astantes : « Rectum est », ait : « Non

---

1. F[os] 488 v°, 489. Cette anecdote offre une grande analogie, au moins pour le fond du sujet, avec une de celles que renferme le recueil d'exemples de la bibliothèque de Tours, écrit également au XIIIe siècle. Voici le texte fort concis de cette dernière : « Regina Berengaria fundavit abbatiam, et, cum ipsa haberet molendinum juxta, turbabantur monachi et conquerebantur. Cumque super hoc turbaretur, ait ei unus : Domina, docebo vos qualiter non molestabuntur; detis eis, et, quotiescunque audient de cetero, congaudebunt. Et sic fecit. » (Bibl. de Tours, ms. 205, f[o] 164.)

est rectum, quia vos, cum sitis pares, non habetis me recte de hoc judicare[1]. »

440. Item magister Jacobus dixit [quod], cum quidam advocatus moriens linguam enormiter extraxisset, quidam, volens operire ignominiam ejus, ait : « Ideo iste linguam extraxit, ut sciatis non esse verum quod dicitur quod advocati in morte linguas admittunt; » cum hoc intelligatur, cum dicitur « linguas admittunt », de usu vel officio linguarum.

441. Item audivi a fratre quod venit ad quemdam de infimo genere qui laborabat gravissima infirmitate; qui, cum fuisset advocatus acutus, factus erat officialis cujusdam magni episcopi. Cum jaceret in lecto sericis ornato, cum frater dictus moneret eum ad penitenciam, ait : « Ego egrediens de infimo genere per periciam advocacionis, quam in scolis acquisieram, volui exaltare totum genus meum infimum, et ecce hic sum depressus. » Et cum urgeret eum infirmitas, quasi desperans, abjecit operimenta sua a se, nudatusque dixit : « Modo Deus, modo dyabole, pugnatis de me ; modo videbitur quis vestrum forcior prevalebit. » Et post hec verba mortuus est[2].

442. Item secularis sciencia inflativa, ut silique porcorum; sacra nutrit et reficit, ut lac et panis. Sacra veritatem ostendit; secularis sciencia decipit. Psalm. : « Quoniam non in ore eorum veritas, cor eorum vanum

---

1. Ce trait, qui rappelle Perrin Dandin, se retrouve dans Jacques de Vitry avec une légère modification : chez ce dernier, l'avocat, surnommé *Avant-parlez-et-plaidez*, expire sans sacrements pendant que l'on discute encore la question. (Ms. lat. 17509, f⁰ 36.)

2. F⁰ 489 v⁰. Le dernier propos conviendrait mieux à un juge qu'à un avocat; mais les avocats étaient l'objet préféré des critiques mordantes de la chaire.

est. » Dicebat magister Jacobus quod quidam advocatus magnus, qui dicebatur optinere[1] fere in omni causa, cum intrasset ordinem et ibi fuisset professus, ceperunt eum mittere pro causis agendis; et cum ipse succumberet fere in omnibus, reprehensus in capitulo, respondit : « In seculo obtinebam, si veritas mihi non suffragabatur, per mendacia vel qualitercumque; hic autem, secundum ordinem, non est mihi licitum mentiri aut decipere scienter, quia veni hic non ad perdendum animam meam. » Quo audito, in pace eum dimiserunt, nec emiserunt ad causas, ut verum diceret.

443. Item idem, contra quosdam qui credunt quod sit eis licitum mentiri pro facienda utilitate domus sue, dicebat quod, cum quidam miles strenuus intrasset eumdem ordinem, miserunt eum ad nundinas pro asinis et asinabus vendendis; et cum quererent ementes si essent animalia bona, respondebat : « Creditis quod ad tantam inopiam venerit domus nostra, quod de melioribus velit se expedire? » Et cum quererent quare haberent ita caudas depilatas, dixit : « Quia, ut animalia debilia, sepe cadunt sub onere, et, cum eriguntur, per caudas depilantur. » Et cum quidam conversus, qui secum erat, super hoc eum proclamasset, respondit : « Cum ego plures asinos et asinas pro salvanda anima mea dimiserim, creditis quod propter asinos vestros velim eam perdere? Absit[2]! »

1. Ce mot signifie à lui seul gagner un procès.
2. F° 490 v°. Ces deux exemples se trouvent, en effet, dans le recueil manuscrit de Jacques de Vitry (f° 48). Cf. Th. Wright, *Latin Stories*, n° 40; Pauli, *Schimpf und Ernst*, éd. Oesterley, n° 127; les contes d'Eutrapel, II, 209; le *Parangon des nouvelles nouvelles*, n° 34; les fables de Boner, n° 111; etc.

De peccato simonie.

444. Inter species avaricie dicendum est de peccato simonie... Abac. II e : « Ve qui edificat civitatem in sanguinibus, et preparat urbem in iniquitate. » Quod faciunt qui in capitulis nepotes suos ponunt, ut suam faciant de eis[1] voluntatem. Dicebat episcopus Guillelmus Parisiensis[2] quod aliqui, quando veniunt ad capitula, veniunt quasi gallina pullinaria, quia ad modum pullorum currunt post eos eorum nepotuli et clamant post eos, voces eorum sequendo et voluntates eorum, quocumque se vertant; similiter et alii consanguinei.

Item dicebat idem quod viri spirituales, intrantes capitula secularium, intrant quasi carneria mortuorum, ubi non sunt ossa, id est viri ossei, sed caro corrupta, id est carnales, que ibi habent ingressum per carnem, id est carnis consanguineitatem, quando unus consentit in promocionem consanguinei alterius, ut ipse consenciat promocioni consanguinei alterius[3].

Similiter : Quidam probus vir, cum esset in mensa cujusdam episcopi, qui nepotulo suo dederat magnum archidiaconatum, cum deportatus esset dicto archiepiscopo calathus pirorum, et de eis dedisset circumstantibus, quesivit qui bene servaret ei residuum. Obtulit se ad hoc dictus archidiaconus. Respondit episcopus : « Tu faceres mihi de eis malam custodiam, sicut facit catus de caseo ; eas enim comederes. » Tunc dixit

---

1. Ms. *de ea.*
2. Guillaume d'Auvergne. V. ci-après, n° 450.
3. F^{os} 490 v°, 493 v°.

quidam magister, qui comedebat cum eo : « O miser, quomodo ausus fuisti committere tantam multitudinem animarum cui non es ausus committere paucitatem pirorum? » Contra quos est quod Dominus non commisit Johanni, inter ceteros magis dilecto, tali et tanto, curam Ecclesie generalem, sed Petro, qui nihil ei pertinebat, qui plus ceteris Dominum amabat[1].

445. Primum quod male emit aut vendit simonia est ordo religiose et regularis societatis... Secundum quod male venditur est sepultura mortuorum, quam qui vendit, requiem eorum vendit, quantum ad corpora. Sacerdoti cantanti pro tali missam et *Requiem eternam*, potest dicere Dominus : « Requiem non habebit, quia eam vendidit. »... Ad suggillacionem malicie exigencium pro sepulturis, dicebat magister Jacobus de Vitri quod, cum mater cujusdam pauperis Lothoringici, Jacobi nomine, mortua esset, nolebat eam sacerdos suus sepelire nisi daret ei pecuniam, quam non habebat. Ille autem, corpus matris in sacco ponens, portavit ad domum sacerdotis, ponens eam super lectum ejus, dicens sacerdoti quod deportaverat ei pro vadio telam in sacco et filum in globo, que neverat. Ille, palpans caput, credidit globum fili grossum. « Modo, [ait,] bonum vadium habeo. » Et statim ivit ad domum dicti pauperis cum cruce et parrochianis, ut eam deportaret. Cui ille : « Non oportet vos laborare pro ea deportanda, quia jam est in domo vestra, in sacco super lectum pro vadio; modo ponatis eam, vel in terra, vel in sale, si vultis. »

446. Item quidam alius pauper rebus, abundans in pueris, uno eorum defuncto, cum nollet eum sacer-

---

1. F^o 494. Cf. les n°s 401, 488, etc.

dos suus sepelire nisi data pecunia, quam non habebat, ille autem corpus filii sui ad archiepiscopum Reinaldum Lugdunensem[1], apud Rupem-Incisam[2], deportavit in sacco, dicens portitori quod exenium venacionis erat, quam suo domino deportabat. Qui, introductus et ductus ante eum, posuit puerum ante pedes ejus, exponens ei factum. Dictus archiepiscopus puerum honorifice sepelivit, vocansque sacerdotem, dixit quod solveret ei precium de hoc quod fuerat ejus vicarius; pro quo magnam pecuniam extorsit ab eo[3].

[DUODECIMUS TITULUS.]

DE LUXURIA.

447. Sexto, tractando de viciis, post tractatum avaricie, sub dono fortitudinis de peccato luxurie tractabimus... Hec autem non potest vinci nisi homo dono fortitudinis muniatur, quod forcius est spiritu fornicacionis, et superveniens eum expellit[4]...

Quare vitari debeat [luxuria].

448. Dissuadet hoc vicium dolor et penitencia

---

1. On ne trouve, au temps d'Étienne de Bourbon, qu'un seul archevêque de Lyon auquel ce nom convienne : c'est Renaud II (de Forez), qui siégea de 1193 à 1226.
2. Roche-Scise, ancienne résidence des archevêques de Lyon, comprise aujourd'hui dans la ville.
3. F° 494 v°.
4. F° 498 v°.

sequens actum. Cum quidam philosophus, temptatus de quadam, forum vellet facere cum illa, ut haberet concubitum ejus, et illa peteret quamdam magnam summam pecunie, ille, advertens brevem delectacionem et longuam penitenciam sequentem, respondit : « Non est mihi emere tanti unde semper peniteam[1]. » Quedam virgo, credens magnum quid esse delectacionem luxurie, sustinuit corrumpi; que post, experta quam vilis et quam brevis esset illa delectacio, et quantum thesaurum admiserat, adeo doluit, quod se occidere voluit[2].

449. Hoc vicium dissuadet hoc quod Deo reddit hominem in quo est odiosum, quia est ei contumeliosum multipliciter... Asserebat quidam frater se audivisse a fratre Johanne de Monte-Mirabili, quondam archidiacono magno Parisiensi[3], quod quedam domina nobilis, magnarum opum et pecunie, relicta vidua, cum haberet multos qui vexabant eam, vocavit in consorcium suum quemdam advocatum, qui eam deffenderet; qui per processum temporis cum ea peccavit. Illa autem consuetam penitenciam non dimittebat; cui apparuit Dominus, vibrans venabulum, improperans quod pro dicto advocato eum dimiserat, comminans ei mortem nisi peniteret, addens quod statim occideret quamdam ejus consanguineam, que erat remota ab ea per septem leucas. Que, statim mittens nuncium, invenit eam mortuam. Que, de peccato penitens et confessa, non separavit a se dictum advocatum, cum quo post

---

1. C'est la réponse qui, suivant une tradition, aurait été adressée à la courtisane Laïs par Démosthène.
2. F° 500 v°.
3. Jean de Montmirail, dominicain, mentionné ci-dessus (n° 127).

aliquantulum tempus peccavit; et iterum apparuit Dominus, comminans et asserens unigenitam occidendam. Qua inventa mortua, penitenciam egit, proponens et promittens abstinere. Que cum diu abstinuisset, nec eum a se separasset, post longum tempus sollicitata passa est recidivum. Cum autem esset in oracione, apparuit ei Dominus, ferens furcam igneam, comminans ei mortem si ultra recidivaret, et sciret se unum oculum sibi erutum. Que, excitata et perterrita, invenit oculum sibi erutum cecidisse, et advocatum dictum a se penitus separavit; qui, ut ab ea audiverat, dicto fratri retulit[1].

De malis condicionibus luxuriosorum.

450. Prima mala condicio luxuriosi est quia est exosus omnibus sanctis, quibus contumeliam facit, quia societatem eorum contempnit...; secunda mala condicio ejus valde dampnosa est proprio subjecto, cui multa nocumenta infert, sicut postea in fine plenius ostendetur...; tercia mala condicio luxuriose persone est quia est proximo suo perniciosa... Dicebat episcopus Parisiensis Guillelmus Arverniensis quod duo luxuriosi, amore fatuo se diligentes, erant ticiones[2] ardentes conjuncti, quorum unus succendit et consumit alium; disjuncti ab invicem, extinguntur. Item dicebat quod pocius dicendi erant se odientes quam diligentes, cum alter alterum amplexando trahat ad precipicium putei infernalis, sicut duo ribaldi ebrii

---

1. F° 501.
2. Ms. *sticiones* (tisons).

et pugnantes se amplectuntur et se amplexando trahunt ad precipicium, ubi unus submergit alium; non ex amore, sed odio hoc facere dicuntur.: sic isti unus alium amplexatur ut ad mortem eum trahat eternam[1].

1: F⁰ˢ 503, 503 v°. Guillaume d'Auvergne, évêque de Paris de 1228 à 1248, est souvent cité par ses contemporains pour ses comparaisons ou ses saillies énergiques, dont on a vu des exemples sous le n° 444. En voici quelques autres :

« Idem [Guillelmus] dicebat in sermonibus suis quod ille qui corrigebatur ab aliquo debebat reddere et corripienti patientiam, id est, debebat patienter ferre. Tandem, correptus a quodam religioso, impatiens est effectus. Cui ait religiosus : Memor sitis, domine, quod debetis mihi patientiam. Verum est, inquit, sed non ad solvendum modo.

« Episcopus Guillelmus Parisiensis, visitando diocesim suam, declinavit ad quandam villam combustam, et predicavit eis quod Dominus fecerat eis sicut vetula cato suo, que comburebat pellem cati, non quia odiret, sed ne admitteret; et sic fecerat eis. Et fuerunt valde edificati.

« Idem, cum peteretur quomodo tot bona sciret verba, ait : Quia nunquam verbum bonum audivi quod non ponerem, aut in pelle, aut in corde.

« Idem, querens panem Parisius, noluit accipere elemosinam a famula, dicente quod tali conditione teneret, quod nunquam Parisiensis episcopus esset. » (Ms. de Tours 205, fᵒˢ 72 v° et 73.)

Ce dernier trait a été attribué par d'autres à Maurice de Sully, et peut-être avec plus de vraisemblance, puisque ce prélat, dans son enfance, mendiait à Paris. (V. *Hist. litt.*, XV, 149.) Plusieurs anecdotes relatives à Guillaume d'Auvergne, et présentant un véritable intérêt historique, nous sont encore fournies par le même recueil d'exemples. Je reproduis les plus importantes :

« Regina Francie Margarita, uxor Ludovici regis, primo habuit filiam, et non auderunt insinuare regi. Vocaverunt episcopum Guillelmum, ut ei nuntiaret. Qui, vadens ad regem, taliter nuntiavit : Domine, gaudeatis, quia affero vobis boves minores, quia hodie lucrata est corona Francie unum regem; quia habetis unam filiam, per maritagium cujus habebitis unum regnum, et, si haberetis filium, daretis ei comitatum magnum. Et sic letificavit eum. » (*Ibid.*, f° 71 v°.)

De malis que luxuria infert suo subjecto.

451. Luxuria facit miserum, in misera servitute redigens luxuriosos, ut sint servi vilissimorum membrorum genitalium... Dicitur, et audivi hoc a quodam

« Idem in mensa sua bibebat vinum optimum, et juxta vinum habebat semper aque potum, sed nunquam ponebat in cyphum suum. Quadam vice, dominus Johannes de Bello Monte, magnus consiliarius regis, comedens cum eo, ait quod aqua in mensa sua de nihilo serviebat, quia nunquam in vino ponebat. Qui respondit : Immo tantum servit in mensa aqua ista, quantum servitis in regia curia. Ille inquit : Domine, ergo de nihilo servio ? Immo, inquit, multum ; quia, quando estis in palatiis, ubi princeps vel comes vult loqui, rigide statim comminando facitis eum tacere. Si miles vel alius nimis audaciter loquatur, statim ad vestrum preceptum silens efficitur. Ita, si bonum vinum de Sancto Procinto, vel Andegavia, vel de Autissiodoro, sit in mensa mea et vellet mihi aliquid malum facere, statim aqua contradicit, que in momento violentiam ejus posset destruere. » (*Ibid.*, f° 72.)

« Episcopus Guillermus Parisiensis, sciens Fratres Predicatores Parisienses debitis obligatos, que solvere non poterant, adiit reginam Blancam, cujus erat confessor, que debebat peregrinari ad Sanctum Jacobum et paraverat mirabiles expensas, et petiit ab ea si omnia essent parata. Que respondit quod sic. Tunc ait ille : Domina, vos jam multa inutiliter propter mundi gloriam expendistis, et ut vostram magnificentiam in vestra terra, de qua estis orta, ostendatis, que multo melius possent expendi. Certe, dixit ipsa, parata sum acquiescere consilio vestro. Et inquit : Dabo sanum consilium, et obligo me in judicio pro vobis coram summo judice responsurum. Ecce, inquit, Fratres Predicatores, qui vocantur fratres Sancti Jacobi, obligati sunt in mille quingentis libris vel circa. Accipiatis peram et baculum, et eatis ad Sanctum Jacobum, id est ad domum ipsorum, et solvatis eorum debitum, et ego sic muto vobis votum vestrum, et promitto super hoc respondere pro vobis ad judicium, quod melius facitis [quam facere] tantum excessum et habere tam superfluum apparamentum. Que sicut sapiens mulier acquievit consilio sancti viri. » (*Ibid.*, f° 72.)

Fratre Minore, dicto fratre Guillelmo de Cordellis, in sermone, quod quidam fuit sacerdos qui in juventute sua adamavit quamdam, quam in concubinatu tenens, habuit de ea multam familiam; qua facta vetula, adamavit quamdam aliam juvenculam, quam eciam focariam tenuit, aliam amore prolis, istam amore libidinis. Vetula, pediculans eum, removebat de ejus capite capillos nigros, ut senex appareret; junior albos, ne senex videretur et vetule adhereret; et iste due sanguisuge miserum non solum in capite deplumabant, sed in rebus et bonis omnibus depauperabant. De hoc eciam versus hi dicuntur :

« Crine virum vario spoliebant Bachis et Io :
Hec facit ut juvenem redderet, illa senem[1]. »

Jeronymus : « Femina est Janua diaboli, via perdicionis, scorpionis percussio. »

452. Quidam autem archiepiscopus dicebat in sermone sacerdotibus quod sacerdotisse similes cuidam erant vulpecule, quam quidam filius cujusdam divitis nutriverat in domo paterna; que, cum crevisset, multa dampna in domo paterna faciebat, quod advertens paterfamilias, eam a domo fugavit. Ipsa, non audens comparere de die, accedebat per foramina que sciebat de nocte, et domum spoliabat pullis et gallinis. Similiter episcopi advertentes quasi paterfamilias dampnum quod faciunt iste misere mulieres in ecclesia Dei, a domibus sacerdotalibus eas expellunt, ne sint ibi manifeste. Ipse autem, nilominus accedentes occulte,

---

1. C'est la fable du vieillard et de ses deux maîtresses, racontée par Ésope, par Phèdre (II, 2) et par La Fontaine (I, 17). Mais ces deux vers appartiennent à une autre version. Jacques de Vitry donne à peu près la même qu'Étienne (ms. 17509, f° 130).

quicquid possunt furantur et fetibus suis portant[1].

453. Luxuria morte necat dira... Narravit frater Hemericus Coloniensis[2], qui fuit in Colonia primus prior Fratrum Predicatorum, Remis, in quodam sermone, quod quidam, qui multum luxuriose vixerat, in fine niger factus ut carbo, torquebatur a dyabolo, maxime membris genitalibus, ita fortiter quod nulla pena tormento suo, ut asserebat, posset comparari; et petebat sibi dari rasorium ut illa amputaret, ne dyabolus in eis haberet materiam vexandi eum; et cum non daretur, volebat surgere, sed non valebat; et in illo dolore mortuus est.

454. De quodam magno comite audivi a fide digno viro religioso quod, cum dictus comes inter alia flagicia

---

1. F^{os} 506 v°, 507. Jacques de Vitry parle également des *prêtresses* et de la misère qu'elles apportaient chez les clercs livrés au concubinage. Il cite, à ce propos, une opinion populaire assez curieuse : « Unde quidam solebat dicere quod optime inter alios sacerdotes sciret cognoscere qui haberent concubinas, et inspiciebat illos qui manicas ad cubitum perforatas habebant. In quibusdam autem regionibus ita abhominantur hujusmodi sacerdotisse, quod illis in ecclesia nolunt pacem dare, nec ab illis pacis osculum recipere. Opinio enim communis est eorum quod, si sacerdotum concubinas ad pacis osculum reciperent, partem in missa non haberent. Unde, ad earum derisionem, solent dicere vulgariter quasi quandam carminacionem, qua mures a segetibus eorum arceantur, sub hiis verbis :

« Je vos conjur, sorriz et raz,
« Que vos n'aiés part en ces tas,
« Ne plus que n'a part en la messe
« Cil qui prent pais à la prestresse. »

(Ms. 17509, f° 139.) Le même *charme* figure dans une des *Latin Stories* de Th. Wright (n° 74).

2. Pour *Henricus*. Ce religieux, appelé Henri de Cologne ou le Teutonique, fut le compagnon de Jourdain de Saxe, et eut des succès à Paris comme prédicateur. (V. *Script. ord. Præd.*, I, 94.)

sua fuisset enormiter luxuriosus, arripuit eum gravis infirmitas, et intumuerunt ejus genitalia ad modum olle grandis; in quibus gravissime afflictus, Deum pre doloribus blasphemabat, et aliquando dicebat ideo talia in locis talibus pati se, quia de illis membris enormia egerat. Nec tamen de hoc penitens veniam a Deo petebat, sed blasphemans forcius immundum spiritum emisit, sine aliquo Ecclesie remedio.

455. De alio autem maximo principe, qui predicto fuit contemporaneus et familiaris, retulit vir religiosissimus, idem qui supra, quod habuerat a fide dignis, quod, cum dictus princeps in vita sua se effudisset per omne genus luxurie, ut mihi eciam fuit compertum per multos, cum cecidisset in langorem gravem, in tabefactionem et desperacionem et fetorem intollerabilem cecidit; cujus sui, fetoris magnitudinem ferre non valentes, pre confusione eum in cameris suis claudebant et occultabant, nullum ingredi ad eum permittentes. Quedam autem persona, multa familiaritate et affinitate ei conjuncta, cui non ausi fuerunt custodes resistere, transiens ostia et custodias, ait : « Ego volo scire quomodo est domino meo. » Et intrans cameram, invenit eum solum super cubile suum, quasi super quatuor pedes procumbentem, et omnia interiora cum intestinis et fecibus et fetore maximo emittentem, et sine aliquibus signis penitencie animam exhalantem. Quod sui occultantes, alia finxerunt. Hoc autem genus mortis ejus illa persona que eum invenit sic, Deum timens, divino judicio perterrita, aliquibus Deum timentibus revelavit. Nomina autem personarum, licet sciam, non exprimo, quia posset esse, vel in periculum, vel in scandalum aliquorum. Duo autem predicti principes,

sicut fuerant contemporanei in vita et conformes in moribus, contemporanei in morte fuerunt, et creditur quod in pena[1].

Quantum sit vitanda cohabitacio mulierum.

456. Quantum autem a viris qui debent vivere continenter sit vitanda mulierum cohabitacio et familiaritas, et societas fugienda, ostendetur auctoritatibus, racionibus et exemplis... His consueverunt dare occasiones aliquando consanguineitas et solitudo..., aliquando confidencia fortitudinis aut diuturne castitatis : Samson, confisus de fortitudine et frequenti victoria quam habuerat de Philisteis, per Dalilam deceptus est. Novi personas olim a quibus audivi que referam sibi accidisse, que pensata poterunt esse ad cautelam multis; et sunt, ut estimo, plus quam viginti anni quod ab hoc seculo migraverunt. Fuit enim alter sacerdos secularis habitu qui religiosam vitam a puericia sua duxerat, multum vivens caste et innocenter et sancte, cujus testimonium habebat et nomen pre ceteris commorantibus in terra sua; qui, audiens de quadam nobili muliere et pulcra valde, que, relicta patria sua, curiam cujusdam principis magni sequeretur, facta meretrix stipendiaria, earum que dicuntur solidarie[2], volens eam, si posset, revocare a multis malis que faciebat ibi, se exponens omnibus pro pecunia, accessit ad eam compassus, monens eam quod desisteret a tot et

---

1. F° 508. Les termes dont Étienne se sert indiquent un fait rigoureusement historique; mais le mystère dont il recouvre prudemment le nom du personnage paraît bien difficile à pénétrer.

2. Soudoyères. V. Ducange, au mot *Sodoier*.

tantis malis, promittens quod non deficeret ei, sed procuraret ei neccessaria vite et saluti. Ad cujus verba illa compuncta crines amputavit, habitum immutavit; sed, cum illa ire Romam affectaret, ut penitenciam acciperet de commissis, ille, timens ne rediret ad vomitum, eam sequutus duxit et reduxit, tanto zelo eam custodiens, ut, ne eam alii impeterent, cum ea aliquando in lecto jacebat, nec eam aliquatenus impetebat, nec videbatur moveri in carne. Eam eciam inclusit, visitans eam frequenter, consolando et neccessaria quantum poterat procurando. Cum autem diucius jam fuisset inclusa, securior jam factus de ea, compaciens ei, securius et familiarius loquebatur, et, post verba et signa multa, cepit inardescere in eo quod non fuerat expertus; et facientes sibi occultum introitum, peccaverunt insimul, et habuerunt plures pueros, quibus, ne factum publicaretur, mater fuit causa et perempcionis et perdicionis[1].

457. Hic de fallacia et mala arte mulieris aliquid dicendum, et de malicia et sevicia ejus... Exemplis eciam multis ostenditur mulierum malicia et dolus... Item magister Jacobus : Quidam tanto zelo uxorem suam custodiebat, quod semper cum ea ire volebat; que mandavit lecatori quod in domo quadam, antequam erat lutum et planca, expectaret eam die tali et hora. Cum autem illa die et hora iret ad ecclesiam, se dimisit cadere in lutum; que surgens, dixit viro quod domum illam intrare volebat ad lavandum se, et quod servaret osticium, ne aliquis intraret antequam esset lota, quod fecit; et illa, cum diu fuisset cum leca-

---

[1]. F^{os} 510 v°, 511.

tore suo, exivit magis inquinata quam intravit[1].

458. Idem dicebat quod quidam consueverat se adeo inebriare, quod quasi insensibilis videbatur ; qui, odiosus uxori sue, inebriatus est ab ea, ita quod absorptus est a vino. Que, vocans monachos, dixit eum laborare in extremis, et quod vestirent ei habitum et facerent eum monachum, quod ipse petiverat compos mentis ; quod ipsi libenter fecerunt amore pecunie ; quem tunsum et vestitum deportaverunt in abbacia. Ipse autem in mane, vino digesto, invenit se monachum, et pre verecundia remansit ibi, admittens uxorem, domum et pecuniam[2].

459. Item audivi ab eo qui hujus quod sequitur fuit intermedius et procurator quod, cum quidam vir ebriosus invenisset adulterum cum uxore sua, ille, relicto pallio, fugit. Ille, in argumentum facti, in archa sua pallium seravit. Quidam autem, qui mihi hoc dixit, archam reserans, dictum pallium tulit, et viri pallium intus seravit. Cum autem amicos et vicinos vocasset et uxorem accusaret, et illa crimen negaret, in argumentum facti cum promitteret ostendere se adulteri pallium, invenit suum. Illa crimen retorsit in virum, dicens quod ita inebriaretur sepe, quod unum faceret pro alio et quod nesciret quid faceret.

460. Item idem magister Jacobus qui supra[3] : Cum

1. Fait le sujet d'un conte de La Fontaine (2e partie, x), d'une des *Cent nouvelles nouvelles* (xxxviii), et d'un conte de Bonaventure des Périers (xvi). Elle a même fourni un épisode du roman d'*Éracles*, composé au xiie siècle par Gautier d'Arras (éd. Massmann, v. 4442, 4498 et suiv.). Voy. aussi Th. Wright, *Latin Stories*, n° 11.

2. Cf. Th. Wright, *Latin Stories*, n° 65 ; Liebrecht, *Germania*, xxi, 385.

3. Jacques de Vitry, au f° 137 de son recueil manuscrit.

quedam mulier sepelisset virum, nolebat recedere a sepulcro, in fletu perseverans. Quidam magnorum parentum, justicia exigente, suspensus fuerat prope; quem sub periculo vite rex cuidam precepit custodire, ne parentes eum raperent. Sed dum ivisset ad potandum, cum rediret, invenit eum sublatum; et, cum flens timore regio transiret per cimiterium ubi erat in tumba lapidea vir sepultus dictus, mulier ibi flens querit causam tanti luctus et audit; et, videns eum elegantem aspectu, querit quid faceret pro eo, qui eum a regis potestate eriperet et divitem faceret. Respondit quod quicquid posset; et illa : « Jura mihi quod duces me in uxorem, si hoc fecero. » Quo faciente, tradidit ei corpus viri suspendendum pro alio, et, ducens eam in uxorem, omnia bona viri ejus possedit [1].

1. F° 512 v°. Cette satire sanglante de l'inconstance des femmes, si connue sous le titre de la *Matrone d'Ephèse,* a été répétée successivement, et sous des formes diverses, par Pétrone, par Phèdre, par Jean de Salisbury, par Marie de France et d'autres fabulistes du xiiie siècle, par plusieurs conteurs de fabliaux et par l'auteur du *Roman des sept sages,* par Eustache Deschamps, Saint-Évremont et La Fontaine. (V. Méon, *Nouveau recueil,* III, 452; Dinaux, *Trouvères de la Flandre,* p. 32; Th. Wright, *Latin Stories,* p. 156; *Hist. litt.,* XXIII, 71 ; etc.) Elle a été l'objet d'un mémoire intéressant de Dacier, qui a reproduit le texte de plusieurs de ces versions (*Mémoires de l'Académie des inscriptions,* XLI, 523-545). Ce critique se demande si le conte n'est pas plus ancien que Pétrone; mais il cite lui-même une histoire presque semblable, un peu plus compliquée, dans les morceaux de littérature chinoise publiés par le P. Du Halde (*Description historique de la Chine,* III, 408). Il est donc probable que cette légende, comme celle qui est racontée ci-dessus (n° 373), et comme beaucoup d'autres, a une origine orientale très-reculée, et qu'elle aura pénétré successivement chez les divers peuples de l'Occident. En voici encore une variante de la même époque, à joindre, ainsi que celle d'Étienne de Bourbon et de Jacques de Vitry, aux textes publiés précédemment :

« Mulier quedam, mortuo marito, noluit recedere a tumulo.

De fugiendis choreis.

461. Non solum autem timenda sunt mulierum consorcia et cavende earum fraudes[1], sed eciam ipse platee et theatra et spectacula in quibus solent convenire ad spectandum... Maxime autem declinanda sunt loca in quibus fiunt choree, et ipse choree fugiende... Diabolus est choreizancium et danciarum inventor et gubernator et procurator. Audivi cuidam viro sancto apparuisse diabolum in specie parvuli Ethiopi, stantem super quamdam que ducebat choreas, et circumducentem eam ut volebat, et springantem super caput ejus. Dancie autem et springaciones[2] quas faciunt choreizantes videntur habuisse originem a diabolo decipiente Egypcios in similitudine cujusdam tauri, habentis in humero signum quasi lune corniculate albe, quem vocabant Apim sive Serapim, quem asserit Plinius se vidisse, ut legitur in Scolastica Historia[3]; qui, egrediens de flumine in quo submerserunt Egypcii pueros filiorum Israel, in die quodam qui erat eis festus, conve-

Quam videns miles, custodiens prope locum latronem, ad eam accessit, et mulier ejus voluntati obedivit. Et cum rediret et latronem sublatum inveniret, rediit ad ipsam, dicens quod totum amiserat. Que ait : Absit; maritus meus rectus et recens est; suspendemus eum loco ejus. Qui cum portarent, ait miles : Unicum pedem habebat. Que statim pedem abscidit. Paulo post : Monoculus erat. Que statim eruit oculum. Post : Calvus, inquit, erat. Que statim depilavit eum. Ideo in amore mulieris non est confidendum alicui. » (Ms. de Tours 205, f° 173.)

1. Ms. *et cavenda et fraudes*.

2. Sauts, trépignements. Mot refait sur le français, comme *danciæ*. (V. Du Cange, *Espringier*.)

3. Ouvrage de Pierre le Mangeur.

nientibus Egypciis ad eum cum omni genere musicorum elevabatur in aere super eos, movens se et saltans et faciens gestus et motus, quibus ipsi in terra se conformabant, cantantes et psallentes cum cytharis et tympanis et omni genere instrumentorum musicorum; ubi creditur eos docuisse danciarum et springacionum gestus; qui, se postquam sic exercitaverat, ab oculis eorum evanescebat. Inventor ergo harum est Sathanas, gentes ducens ibi vanas, que, ut lanugo que a vento tollitur, ut pulvis quem proicit ventus a facie terre, ut nubes sine aqua nebule, turbinibus agitate sunt[1].

462. Item vexat homines, Deo ei permittente, propter peccatum chorearum, aliquando tempestate subita, et ire sue furorem exercet[2] in eos. Audivi a fratre Philippo, primo priore in domo nostra Remensi, quod in diocesi Suessionensi[3], cum in ecclesia quadam, in qua facte fuerant choree, in mane celebraret sacerdos, factus est subito magnus turbo et commocio, et fulgur cecidit in ecclesia; que vestimenta altaris combussit, sacerdote cum hostia illeso permanente, et multos in ecclesia occidit, molendinum ibi subvertit, quatuor hominibus ibi occisis. Unus, inde fugiens, vidit multos demones super fossatum quoddam springantes[4] et salientes[5] et choreas presentantes, a quibus

---

1. F°ˢ 512 v°, 514. Les détails donnés ici sur le culte du bœuf Apis ne concordent pas tous avec les traditions anciennes. La danse a, dans tous les cas, presque autant d'origines différentes qu'il y eut de peuples primitifs sur la terre. Sur les danses du temps, cf. les n°ˢ 185, 194, 275.
2. Ms. *exsercens*.
3. Ms. *in diocesi Suesonensi*.
4. V. l'exemple précédent.
5. Ms. *sallentes*.

verberatus ad mortem, facto signo crucis, vix evasit ; a quo indignati et territi fugerunt. Quidam autem ex eis indignatus momordit maximum lapidem, qui erat in muro, magnam partem cum dentibus inde ferens, ipsis dentibus manentibus ibi impressis ; quas viri loci illius ostenderunt dicto Philippo in testimonium. Dictus autem homo a demonibus verberatus retulit coram magistro Johanne de Vineis, qui tunc temporis erat maximus predicator et clericus in Francia[1].

463. Item fluctus adversi qui sequuntur hujusmodi dissuadent choreas et ineptam et immoderatam leticiam... Accidit in diocesi Lugdunensi, cum comes Forensis et Nivernensis Guido deberet transfretare, et vocasset magnam curiam in Natali Domini, et multum post officium Dei vacassent in ducendis choreis, et venisset in quoddam castrum suum quod dicitur Suiriacum Comitale[2], et filius ejus ibi vocasset juvenes scutiferos in quadam aula in solario, et cantando ducerent choreas, volvendo se, cecidit solarium sub pedibus eorum, et omnes pariter ceciderunt. Aliqui ibi sunt statim mortui, aliqui confracti, aliqui fere suffocati ; ut possent dicere : « Versa est in luctum cythara nostra, et organum in vocem flentium (Job xxx). » Ego autem sequenti die, ibi veniens, sic inveni[3].

1. F° 515. Nous ne savons rien d'autre sur cette célébrité de l'époque, qui était probablement prieur de Saint-Jean des Vignes, à Soissons.

2. Sury-le-Comtal (Loire).

3. F° 515 v°. Gui V, comte de Forez, se croisa en 1239 ; ce qui donne à peu près la date de l'accident raconté ici. Paradin, dans ses *Annales de Bourgogne* (II, 308), rapporte un fait semblable qui serait arrivé en 1313 à un autre Gui de Forez, à son retour de l'assemblée de Paris, où il avait pris la croix avec Philippe le Bel ;

De divisionibus luxurie, [*et primo de peccato contra naturam*].

464. Dividitur [luxuria] in quinque species : in simplicem fornicacionem [vel] stuprum, id est defloracionem virginum, sacrilegium, adulterium, incestum, et peccatum contra naturam. Hi sunt quinque digiti manus diabolice (ejus alia manus est gula)... Dicemus primo de pollice, scilicet de peccato contra naturam, quod potest dici pollex, quia aliis viciis luxurie prepollet in grossicie enormitatis... Quandoque, eciam in presenti, [hoc facientes] plaga gravi feriuntur et turpi, maxime in membris in quibus peccant. Ad quod potest facere exemplum supra positum de luxuria, de clerico qui petebat rasorium, ut amputaret sibi illa membra propter intolerabilem dolorem quem paciebatur ibi[1]. Item puniuntur subversione subita, quod patet Gen. xix, de subversione Sodomorum. Audivi a quadam persona, que erat in terra illa tunc, quod quidam terre motus factus est in Tyro et circa maritimam illius, in quo domus multe subito corruerunt de nocte subverse ; in qua subversione invente sunt multe persone oppresse, prout erant in actu illius abusionis disposite,

---

toutefois il ne désigne pas le théâtre de la catastrophe et ne parle pas du fils du comte. Il y a lieu de croire qu'il a confondu les temps et les personnes, et qu'il a simplement rajeuni l'événement qu'on trouve constaté par un témoin oculaire cinquante ans plus tôt. C'est depuis lors, si l'on en croit le dictionnaire de Trévoux (au mot *Danse*), que le nom de *danse de Forez* aurait été proverbialement employé pour signifier une joie excessive suivie d'une fin malheureuse.

1. V. le n° 453.

ut per hoc pateret quod propter illud vicium illa subversio fiebat [1].

De adulterio.

465. Digitus index manus diabolice est incestus... Medius digitus in manu diaboli, que est luxuria, est adulterium, quia est contra societatem et fedus conjugii, quod dissolvit; omnis illa conjunctio est per medium sacramentum... Per exempla avium videtur commendabilis matrimonii fidelitas, et detestabile apparet adulterium. Habent enim quedam eorum conjugia ; ipsi enim passeres, qui personant, habent conjugia : simul nidos faciunt, simul ova confovent, simul pullos nutriunt et provident eis.

Item magister Gervasius, in libro de Solaciis imperialibus et mirabilibus terrarum [2], dicit quod aves detestentur adulterium... Mansi in domo cujusdam divitis ubi erat psittacus qui venerat de Alexandria, et aliqua verba didicerat in gallico; in arabico multa dicebat : cujus verba audivi interpretari a peregrinis qui noverant sarracenicum. Hic, cum videbat parvulum male indutum intrantem domum, clamabat : « Ecce latrunculus, latrunculus! » Quando videbat magnum male indutum intrantem, clamabat : « Ecce latro, latro! » Hoc audivi frequenter. Cum autem quidam serviens domus conjugatus turpiter ageret cum pediseca, [avi]

---

1. F°⁵ 516 v°, 518. Ce tremblement de terre, qui détruisit presque toute la ville de Tyr, est rapporté par Jacques de Vitry dans le premier livre de son *Histoire orientale*.
2. Livre adressé par Gervais de Tilbury à l'empereur Othon IV.

dicta sola existente ibi et turpedinem vidente, clamavit alta voce frequenter, ut asserebat familia, que accurrit audiens : « Aimo (sic vocabatur serviens ille) sic agit cum tali », vocans eam et exprimens nomine proprio[1].

466. Adulteri puniuntur in futuro, primo eterni boni privacione;... item puniuntur pena .ignis infernalis. Audivi a quadam persona, quod, cum fuisset peccatrix mulier et multum videretur penitens, ista fuerat occasio sue conversionis. Cum ipsa esset conjugata, quidam juvenis, inardescens in amore ejus, traxit eam ad amorem suum. Unde, cum diu in adulterio fuissent, illo mortuo in peccato, illa multum affectabat scire quomodo esset ei. Cum quadam nocte sola esset in quadam camera, ille visibiliter apparuit ei nudus, totus succensus quasi ferrum candens, dicens ei : « Ecce vides exterius qualiter ardeo propter ardorem libidinis, et videre poteris per urinam meam qualiter ardeo interius. » Quo dicto, fecit urinam coram ea tanti ardoris ac si esset cuprum bulliens, que ardore suo penetrabat solarium domus et in terram descendebat, ardore suo omnia penetrans. « Ecce, ait, sic mihi est et mihi similibus. » Hec mihi retulit valde territa et compuncta, et magnam penitenciam agens. Ille autem post hec disparuit...

467. Dissuadet adulterium ira Dei dura, quam ostendit contra adulteros...; et merito non acquiescet eorum precibus, quia ipsi non acquiescunt ejus monitis, quando monet eos, vel per predicatores, vel per visiones. Audivi a quodam fratre sacerdote quod quidam magis-

---

1. F^{os} 520, 521.

ter normannus, Parisius studens in artibus, quamdam conjugatam amabat amore flagicioso, qui vocabatur Norbertus; cui in visione nocturna apparuit quidam terribilis, tenens puerum, quem coram ejus oculis lacerabat, dicens ei quod sic laceraret eum, nisi converteretur et resiliret ab adulterio. Cum autem territus aliquandiu abstinuisset, post ad vomitum rediit, et, eamdem visionem videns iterum, magisque timens, eam propalavit viris religiosis et discretis, qui consuluerunt ei a peccato recedere et penitenciam agere. Cum autem post admonicionem rediret ad consueta facta et intraret domum adultere, frustatim laceratus est ibi...

468. Dissuadet hoc vicium confusio mirabilis qua confundentur mechi in conspectu Dei et omnium bonorum et malorum, in judicio, ubi apparebit turpitudo eorum... Referebat frater Galfridus de Blevex, qui per multos annos rexerat in theologia Parisius[1], quod quidam miles, habens suspectam uxorem suam, singulis noctibus domum suam firmabat, clavem custodiens. Sacerdos autem, palo[2] de vallo artificialiter elevato, ad dominam veniebat. Lupus, foramen inveniens, post sacerdotem ingrediens, oves jugulavit plures. Miles, in mane dampnum audiens et vestigia lupi sequens, invenit foramen, et dolum et vestigia sacerdotis deprehendit. Dissimulat; dicit uxori sue quod rumor venerat ei quod sua mater in loco remoto egrotaret ad mortem; mittit eam ibi, et facit fieri foveam maximam et profundam juxta transitum valli, intra. Cum autem redisset

---

1. Cf. le n° 46.
2. Ms. *palum*.

domina, dicens matrem sanam invenisse, facto magno convivio, ivit miles ad lectum, fingens infirmitatem. Veniens sacerdos, palum elevans, et intrans more solito, cecidit in foveam, et lupus eum sequens. Similiter domina, moras non ferens, mittit pedisecam ad sacerdotem, facti consciam, que similiter cecidit in foveam. Domina, moras non ferens, pedisecam habens suspectam de sacerdote, vadit illuc et cadit cum aliis. Mane autem facto, miles inveniens factum, convocata tota vicinia, factum exposuit, et eos emittens coram omnibus confudit. Sic omnes adulteri [et] procuratores, primo cadentes in foveam peccati, deinde inferni, a Deo in judicio coram omnibus emittentur et confundentur[1].

469. Item audivi a quodam alio fratre quod, cum quidam sollicitaret uxorem cujusdam burgensis, nec pacem daret, illa significavit hoc viro suo; que, de consilio viri, significavit ei quod in die pleni fori veniret balneandus cum ea, quia tunc vir suus erat intentus mercibus vendendis. Qui paruit, in balneum sibi paratum intrans, illa tardante intrare, quasi pro prandio parando. Venit vir, sciens factum, adducens secum multos : [illa alterum] fecit intrare nudum in furnum ibi conjunctum, claudens os pannis. Vir accepit stramina et ligna, ponens ignem ad os furni, dicens quod volebat furnum calefacere ad faciendas tartas. Quod videns qui intus latebat, per medias flammas nudus et semiustus prosiliit in publicum, fustigatus cum derisione et ululatu per forum[2]. Sic faciet Dominus in judicio de

---

1. Cette anecdote a fourni la 56º des *Cent nouvelles nouvelles*.
2. On sait que les adultères, dans certains pays, étaient promenés nus par la ville et fustigés. (V. Du Cange, au mot *Trotare*.)

adulteris; extractos a balneo voluptatis in morte, in clibanum ignis inferni absconditos modo et in judicio generali, cum igne succenso, in mundo nudos per forum omnium fustigabit, reos et nudos cum derisione in infernum proiciens.

470. Item in diocesi Graciopolitano accidit, testante fratre Cabrito et asserente, quod quidam sacerdos adamabat quamdam uxorem cujusdam carpentarii archarum; quo absente, cum peccaret, venit ad ostium vir. Sacerdos stupefactus archam magnam ibi paratam intravit, quam mulier clausit. Vir intrans, videns de ora vestis sacerdotis extra aliquantulum, dolum perpendit, et, clave assumpta, archam seravit. Applicans carrum boum et vocans vicinos, ad forum ducit, ubi quidam amicus ejus, sciens factum, cui mandaverat sacerdos cum occultis intersignis quod archam emeret et eum liberaret, veniens ad forum, emit archam precio viginti librarum. Ille qui vendebat, securus de precio, dicebat quod non vendiderat quod intus continebatur; unde, cum ad verba hic inde concurrerent qui erant in foro, ille qui vendiderat archam aperuit, et inde sacerdos confusus et derisus ab omnibus exivit. Quod audiens episcopus, voluit habere de contempto quantum alius habuerat de archa. Hoc ideo dixi, ut videant adulteri quanta erit eis confusio, cum coram toto mundo peccata eorum denudabuntur et confundentur, et derisi ab omnibus in infernum deducentur[1].

1. F^{os} 522 v°, 523. Ce dernier trait forme le sujet de la chanson du *Savetier Baillet*, publiée par M. de Montaiglon dans le tome II de ses *Fabliaux*.

De sacrilegio personarum sacrarum.

471. Quartus digitus manus dyaboli, scilicet luxurie, est sacrilegium, quod adulterium est spirituale, contra spirituale matrimonium; et est dissolucio federis ejus, quod est in personis Deo dicatis vel consecratis... Debet hoc dissuadere [clericis] fraus mulierum, de qua supra multa dicta : fingunt enim eos diligere, ut Dalila Samsonem, quos depauperatos abiciunt, et ab eis discedunt. Magister Jacobus dicebat quod, cum quidam sacerdos, admonitus ab episcopo suo, nollet dimittere concubinam suam, fecit ei episcopus hanc disjunctam : aut oportebat eum dimittere parrochiam cujus habebat curam, aut focariam. Miser, anxius quid ageret, preelegit dimittere parrochiam. Qua dimissa, cum factus esset pauper, dimisit eum concubina, non curans de eo, et sic miser admisit utrumque.

472. Item idem : Cum quidam clericus scolaris tenuisset concubinam in scolis, in qua totam substanciam sibi missam de terra sua cum consumpsisset, cappa quadam bona retenta, cum qua honeste ad suos rediret, cum conduceret eum repatriantem cum ancilla quadam, flebat fortiter in recessu, et statim, eo separato ab eis, incepit ridere et jocari cum alia. Ait illa sibi : « Quomodo que ita modo flebas, amasio tuo recedente, ita modo rides? » Ait : « Non credas quod ego ita flerem propter ejus recessum, sed quia ita bonam cappam secum defert, quam nondum expenderamus. » In quo maximus earum dolus patet[1].

---

1. Fos 523, 524 vo. Cf. Jacques de Vitry, fo 139.

473. Secundo dissuadet hoc vicium hoc quod ipsi fedant et maculant faciem sponse Christi Ecclesie, et quasi sputum et lutum in eam proiciunt. Nobilior pars sponse Christi Ecclesie est cetus claustralium, cujus honestatem fedant, et, dum in faciem regine sponse sordes proiciunt, regi contumeliam faciunt..., quando claustrales fugiunt ordinis disciplinam, et faciunt unde in faciem regulatori maledicatur. Audivi quod, cum sanctus Franciscus predicaret Rome, quidam magni dixerunt ei : « Volumus quod cras predices nobis. » Cardinalis quidam, compaciens et timens ejus confusionem, quia erat homo valde parum litteratus, vocans eum, firmavit ei sermonem compositum tota nocte, quem proponeret. Cum autem deberet proponere, fugit ab eo quicquid firmaverat, et, nesciens quid diceret, aperuit psalterium, et occurrit ei versus : « Tota die confusio faciei mee cooperuit me[1]. » Et ostendit eleganter quomodo illi, in quibus deberet relucere decor Ecclesie, ut mulieris in facie, eam factis suis fedis inquinabant et abominabilem omnibus reddebant[2].

De fornicacione simplici.

474. Consequenter dicendum est de ultimo digito manus dyaboli, scilicet luxurie, qui est fornicacio solutorum, scilicet quos non prohibet vinculum nature, sicut facit peccatum contra naturam, nec sacramentale, sicut conjuges, nec carnale, sicut consanguineos

---

1. Psaume XLIII, verset 16.
2. F° 526. V. cette même anecdote, et la note qui la concerne, ci-dessus, n° 254.

aut affines, nec spirituale, ut compatres et filiolas, aut condicionale, ut voto obligatos religiosos. Hic autem digitus habet tres juncturas : fornicacionem, que est [cum] simplicibus concubinis aut meretricibus, quod est grave peccatum, quia semper mortale conscienter committitur; secunda est que committitur cum viduis, quod peccatum est gravius; tercia junctura, que committitur cum virginibus, quod dicitur stuprum, quod in comparacione duorum precedencium gravissimum...

Aliquando accidit quod [concubinas habentes], scientes periculum suum, adeo allecti[1] sunt amore earum, quod, oculis apertis, in foveam inferni se precipitant;... similes cuidam Gualtero, qui, ut ostenderet amasie sue quantum diligeret eam, de cacumine altissime rupis precipitavit se, amore ejus, in mari profundissimo; unde locus a quo se precipitavit dicitur a Normannis, apud quos est, Saltus Gualteri[2]. Stulciores sunt isto qui amore earum, apertis oculis, se precipitant in infernum. Item, cum multi milites aut divites in domo teneant sacerdotes, quos eciam secum ducunt ut, si casus alicujus infirmitatis eis acciderit, habeant eos promptos et paratos ad ea que sunt salutis, ne moriantur male inconfessi et impenitentes, econtra miseri tenent concubinas, ut eas in omni casu habeant promptas et paratas ad ea que sunt perdicionis, ne moriantur

1. Ms. *electi*.

2. Le *Saut-Gautier* est une plate-forme située au Mont-Saint-Michel. La légende rappelée ici se conserve encore dans le pays. Jacques de Vitry la rapporte également, en ajoutant le dénouement ou la moralité que voici : « Illi promiserat mulier quod sequeretur eum quocumque pergeret. Facto autem saltu, dum Galterus in aquis suffocatum inspiceret, eum sequi noluit, sed paulo post alii adhesit. » (Ms. 17509, f° 133.)

penitentes ; unde in gravi periculo vivunt et moriuntur[1].

TREDECIMUS TITULUS.

DE VICIO GULE.

475. De vicio gule, septimo et ultimo inter septem principalia vicia, dicemus, a quo processit in homine omne malum culpe et pene, et repugnancia carnis et spiritus, malum presens et futurum, quod patet in peccato Ade, quod induxit in homine omne malum... Liberamur autem a malo gule per donum sapiencie, quod facit sapere bona spiritualia et eterna, et gustare ea, et desipere gustum carnalium voluptatum[2].

[De his que dissuadent hoc vicium.]

476. Impossibile est, ut dicit Jeronimus, temporalibus simul et eternis deliciis perfrui, hic ventrem et ibi mentem replere. Seneca : « Si vis in perpetua voluptate esse, non voluptatibus addiciendum est, sed cupidinibus subtrahendum. » Audivi quod, cum quidam claustralis esset in quodam claustro, duram et asperam cum aliis vitam gerens claustralibus, et attendens quod officiales multis frequenter fruerentur deliciis, in cameris bona abbacie consumentes, cum quadam die multi

1. F° 527.
2. F° 530 v°.

convenissent priores et abbates euntes ad capitulum, abbas illius abbacie fecit eis multa delicata et diversa fercula preparari, et datus est dictus claustralis eis servitor. Cum autem sederent ad mensas cum dictis officialibus, cum deportasset dictus claustralis primum ferculum et grossius, ait hic : « Accipite hoc, et nil ultra. » Quod audientes, comederunt multum de dicto ferculo, non sperantes de aliis. Idem dixit cum apponeret secundum ferculum, et tercium, et sic de aliis; et tantum comederunt de primis, quod non poterunt de delicacioribus ultimis aliquid comedere. Unde, finito convivio, conquesti sunt abbati de dicto monacho ; quem vocavit abbas suus, volens scire quare hec diceret, et compulit eum dicere; qui ait : « Vos, domini magni, bona abbaciarum voluptuose expenderitis, de quibus claustrales jejunant, et de loco penitencie claustri facitis vobis paradisum voluptatis; et, quia partem vestram hic accipitis et deteriorem eam facitis, cum non sit transitus a deliciis ad delicias, qui presentes delicias pro parte accipitis, nil deliciarum ultra hanc vitam vos habituros confidatis[1]. »

477. [Aliud] dissuadens gulam est maxima vis que est in mensura sive sobrietate. Sap. VIII b : « Sobrietatem docet sapiencia et virtutem, quibus nihil est utilius hominibus in vita. » Audivi ab episcopo Claromontensi quod, cum quidam legatus, Romanus nomine et re[2], missus esset in Francia ab apostolica sede, [et] convenisset apud Claromontem, audivit quemdam prin-

1. F° 532.
2. Romain, cardinal de Saint-Ange, légat apostolique en France sous saint Louis.

cipem, dictum Dalfinum Montisferrati[1], sapientissimum industria nature. Ivit ad temptandum eum, et quesivit ab eo quod judicaret utilius homini in hac vita. Respondit vulgariter quod[2] mensura, quia, ut dicitur vulgariter, mensura durat[3]. Et cum quereret ultra ubi inveniretur, respondit : « In mediocritate. » Et requisitus ubi erat illa, respondit quod intra parum et nimis. Quod audiens a laico, miratus [est] sapienciam ingenii ejus[4].

478. Dissuadet hoc vicium racio futura et judicacio, tam de excessibus gule quam de sumptibus superfluis : pro uno enim ventre pascendo, vel de hoc quod unus gulosus expendit in uno prandio, possent multi pauperes refici... Audivi quod quidam comes Pictaviensis experiri voluit qui status esset in hominibus delicacior ; et, cum transfigurasset habitum suum, et diversos status hominum expertus fuisset, mores, status et societates diversorum hominum, rediit ad pristinum statum, dicens quod delicatissima esset vita mercatorum in nundinis, qui intrant tabernas, in quibus inveniunt promptas et paratas quas volunt delicias, nisi unum obsisteret, scilicet finalis ratio quam habent reddere de omnibus sumptibus factis, et solvere omnia et minuta plene que ante expenderunt. Sic in egressu mundi oportet reddere rationem de omnibus expensis[5].

---

1. *Sic,* pour *Montisferrandi.* Ce personnage, appelé plus haut le marquis de Montferrand, était Robert, dauphin d'Auvergne, qui avait épousé une comtesse de Montferrand. (V. ci-dessus, n° 327.)
2. Ms. *quam.*
3. « Mesure dure », ancien proverbe français.
4. F° 532 v°. Cf. les n°s 492, 504.
5. F° 534. C'est cette idée qui a produit le « quart-d'heure de

De malis que facit gula.

479. Sicut videtur delicatis auferre saporem a cibis deliciosis Deus, infra videtur, per contrarium, Deus excitare et purgare appetitum pauperum, ut sint eis sapida et delectabilia grossa cibaria. Ad quod ponit exemplum magister Jacobus de Vitriaco, dicens quod in diocesi Remensi fuit quidam prelatus dives et delicatus et fastidiosus ita deliciis, quod ita admiserat appetitum, quod diversis deliciis non posset recreari aut sustentari, sed quasi moriebatur languens inter delicias; qui, desperans de salute corporis, ordinem intravit, ubi qui multos habebat pileos cepit ire nudato capite, et uti parce asperis cibis et raris, et appetitum recuperare, et avide comedere. Quod audiens archiepiscopus Remensis, visitavit eum, quia familiaris ei valde fuerat, et fecit pitanciam, et comedit in refectorio cum eo; et, intuens eum, vidit eum, qui prius erat languidus pro deliciis, vividum et sanum et comedentem avide plenam scutellam de fabis, post aliam de oleribus. Quod cum vidit, accepit scutellam suam, dicens servitori coram omnibus : « Vade, porta ei scutellam meam, et dicas ei quod mando ei quod, si non sufficiant ei ea que intra sunt, comedat scutellam et totum. » Et benedixit Dominum in mirabilibus suis, qui esurientes replet bonis suis et divites dimittit inanes[1].

Rabelais ». Étienne a rapporté plus haut une autre tradition concernant un comte de Poitiers, peut-être le même (n° 215).

1. F° 537. Cf. le n° 190.

480. Gula excludit a celesti hereditate... Item magister Jacobus dicebat quod quidam conversus optime confuderat quemdam hoc modo. Cum quidam factus esset de monacho episcopus, in victu et vestitu satis rejecit monachum, carnes comedens indifferenter, et habitum satis male servans. Cum autem venisset ad abbaciam de qua assumptus erat, et monachi ei facerent magnum festum, astabat ante eum in mensa quidam conversus, qui videbatur raptus in cogitacionibus suis; quem incepit irridere dictus episcopus, dicens : « Dicatis nobis super quid sompniastis in raptu vestro. » Erat enim contemplativus valde. Cum instaret ut diceret sibi quid viderat et quid cogitabat, ait : « Domine, ex quo vos hoc vultis, ego dicam vobis. Mihi videbatur quod stabam ante portam Paradisi, et quod vos ibi veniebatis, rogantes portitorem ut vos intrare permitteret. Cum autem ille quereret que esset causa quare intrare deberetis, et que esset vestra condicio aut professio, dicebatis quod monachus eratis sancti Benedicti. Cum autem vocasset sanctum Benedictum, et quereret ab eo si recognosceret vos monachum suum, ait quod vix apparebat in habitu, sed requireretur in victu. Et cum portitor quereret quomodo hoc cognosceretur, ait : Aperiatur venter ejus, et videamus si est plenus fabis refectorii. Quo aperto, nulla faba vel refectorii cibus ibi est inventus, sed coxe caponum, anserum et gallinarum et aliorum volatilium et altilium; propter quod judicatum est vos non debere ibi intrare cum beati Benedicti regule observatoribus, sed in infernum cum transgressoribus[1]. »

1. F⁰ 537 v⁰.

De ebrietate.

481. Dissuadent ebrietatem exempla multa, maxime christianis : primo Judeorum sacerdotum, qui, cum accedebant ad ministrandum Domino, nihil bibebant quod eos inebriare posset... Item exempla Sarracenorum, qui abstinent ad preceptum Mahometi, nisi in quibusdam festivitatibus suis, in quibus pre ebrietate insaniunt. Audivi quod quidam monachi, venientes ad Saladinum, inceperunt eum monere ad conversionem. Ille autem quesivit de religione eorum, de victu et abstinencia, et si abstinerent a carnibus et a mulieribus et a vino; qui dixerunt [quod] a carnibus et mulieribus abstinebant, a vino non. Qui recepit eos honorifice, et fecit parari delicata secundum morem eorum, sine vino; et, cum dormirent, misit eis mulieres ad sollicitandum eos. Ipsi autem eas a se viriliter abegerunt. Post aliquantum temporis, cum abstinuissent a vino, fecit eis parari minus delicate; tamen vinum fecit eis propinari fortissimum. Illi autem, quia a vino diu abstinuerant, avidius biberunt, non temperantes vinum ut oportuisset, nec temperaverunt se a vino; sed, cum essent inebriati et quasi consopiti, misit ad eos mulieres dictas, in quibus sollicitantibus incurrerunt absorpti vino : unde dictus Sarracenus confutavit eos[1].

482. Quoniam autem taberne sunt loca in quibus comessaciones et ebrietates solent specialiter exerceri, et multa alia mala fieri, preter ea que dicta sunt contra

---

1. F° 538. V. les autres histoires relatives à Saladin sous le n° 60.

ebrietatem et gulam superius, notandum quod sunt multa que dissuadent hominibus frequentacionem tabernarum... Qui sani intrant tabernas, pro ebrietate ibi insaniunt, et a dyabolo quasi arripiuntur... Ibi se mordent et lacerant vituperacionibus[1] et rixis, ad modum canum. Similes sunt canibus de quibus audivi a multis illius patrie quod circa pedem castri dicti Mons-Ismeri, comitis Campanie, convenerunt de diversis partibus illius terre, circa annum Domini M° CC° XXX°; qui, se ibi mutuis dentibus impetentes, lacerantes et compugnantes, occiderunt. Et parum post ibi capti sunt multi Manichei heretici, circa centum octoginta, quorum examinacioni, facte ibidem a prelatis Francie, ego interfui; qui ibidem fuerunt judicati, condempnati et combusti[2].

1. Ms. *vituperis*.
2. F° 541 v°. Sur le combat des chiens et l'assemblée ecclésiastique de Mont-Aimé, voy. ci-dessus, n°ˢ 170, 374.

INCIPIT QUINTA PARS,

DE EIS QUE PERTINENT AD

DONUM CONSILII.

483. Quinta pars hujus operis est de eis que pertinent ad quintum donum Spiritus Sancti, scilicet ad donum consilii, per quod ordinantur materie hujus quinte partis, que sunt quatuor virtutes cardinales et alie que sub eis, ut earum species, ponuntur et disponuntur; de quibus hic tractabimus, non de omnibus, sed de aliquibus que videntur magis competere hominum saluti; de quibus sancti magis tractaverunt et nobis plura salutis exempla reliquerunt, et circa quas vel earum usus habendos magis studuerunt. De aliquibus autem, de quibus supra diximus, hic non dicemus. Similiter de tribus theologicis virtutibus hic non dicemus, quia in sexta parte de fide et de eis que pertinent ad eam aliquibus tractare proponimus, et quia de ea multa diximus in quarta parte, titulo de heresi et hereticis. De spe eciam et de pertinentibus ad eam..., quarta parte, titulo de desperacione, diximus; de rebus quas debemus sperare, dicere in parte

septima proponimus, scilicet de futura beatitudine et patria celesti. De caritate autem dicere proponimus in parte septima. Agemus autem hic hoc modo...: [1°] de prudencia et de pertinentibus ad eam; [2°] de fortitudine; [3°] de temperancia; [4°] de justicia; et sub eis de pertinentibus ad eas[1]...

TITULUS PRIMUS[2].

DE PRUDENTIA.

484. Quoniam donum consilii, ut ostensum est, virtutes eligit per quas homines dirigat et perducat ad salutem, ut ab ipsis eliciat opera salutis, primo sub eo agemus de prudencia..., [dicendo] quomodo prelatorum status, processus et profectus et actus et officium pastoralis regiminis, quoad Deum et ad proximum et ad se et sibi commissa, bene regatur et disponatur in activa vita et contemplativa per prudenciam; per quam qui gubernant alios bene regunt eos, et ipsi bene reguntur[3].

---

1. F° 543 v°. Dans le texte, le chapitre de la Tempérance vient avant celui de la Force, et l'ouvrage s'arrête après ce dernier. Le prologue de cette cinquième partie énumère en outre, avant le chapitre de la Prudence, plusieurs autres divisions; mais celles-ci ne forment pas, dans le texte, des *tituli* distincts : c'est pourquoi je les supprime dans cette énumération.
2. Ms. *titulus II.*
3. F° 547 v°.

De cautela in electione prelatorum.

485. Debent autem prelati maximam habere cautelam in electione prebendariorum Ecclesie, et in collacione et suscepcione ecclesiasticorum beneficiorum... Ideo optime consuluit rex Lodowicus, pater regis Francorum Philippi, vir simplex et bonus[1]. Cum mortuus esset episcopus Parisiensis et canonici Parisienses haberent eligere episcopum, consuluerunt dictum Lodowicum regem de quo possent facere episcopum. Qui quesivit qui essent meliores in ecclesia sua. Qui responderunt quod duo erant excellenciores fama et sciencia : unus vocabatur magister Mauricius, alius magister Petrus Manducator. Quesivit quis eorum esset fervencior in eis que pertinent ad salutem animarum et virilior, quis magis vacaret predicacioni et aliis occupacionibus subvencionis animarum. Responderunt quod Mauricius erat in predicacionibus ardencior, et in eis que pertinebant [vite] active sollicicior circa lucrum animarum et laudacior; magister Petrus circa Scripturarum scienciam studiosior. Quibus rex ait : « Fervenciorem animarum regimini assumite, studiosiorem regimini scolarum reservate. » Quod ipsi fecerunt, et sic uterque in suo officio multum profecit[2].

1. Louis VII. L'épithète appliquée à ce prince concorde peu avec l'idée que l'on se fait aujourd'hui de son caractère.
2. F° 576 v°. Ce passage important montre à quel point la fable accréditée par Césaire d'Heisterbach sur l'élection de Maurice de Sully, qui se serait nommé lui-même après s'être fait donner le mandat des autres électeurs, est dénuée de fondement. (V. *Hist. litt.*, XV, 149.) La cause de son élévation est beaucoup plus honorable pour lui, et pour Pierre Comestor, son compétiteur, et

486. Debent esse eligendi caritate ferventes, invidi et diligentes, non tepidi, frigidi et negligentes, et quasi mortui... Tales erant antiquitus reges Francorum, post plures successiones regis a Clodoveo. Post Dagobertum, reges Francorum facti desidiosi, ne affligerentur in sollicitudinibus negociorum, elegerunt majores aule regie, qui prelia et negocia regni agerent, et rex vacaret ocio et deliciis, solo regis nomine contentus. Unde, ut referunt Hugo de Sancto-Victore et Godefridus Parmensis in cronicis suis, cum Pipinus, major aule regie, multas habuisset victorias sub Hilderico rege, scripsit Zacharie pape quod mandaret ei quale deberet esse regis officium et quis dignus esset regno. Cum autem scripsisset ei quod, cum rex a regendo diceretur, ille dignus erat regno qui bene regebat rem publicam, quasi commocione Franci dictum Pipinum, Arnulfi Grossi filium, regem fecerunt, et Hildericum inutilem et remissum in monasterium intraverunt, eum habitu monachali velantes. Fuit autem istius Pipini Grossi filius Carolus Martellus, qui ter triumphavit de Sarracenis, occidit, vicit et repulit eos a finibus regni Francorum, qui ter invaserunt fines et confinia regni Francorum, et occupaverunt Hispaniam et Aquitaniam et Provinciam[1].

---

pour le roi Louis VII, dont l'intervention dans cette affaire était ignorée.

1. F° 577. J'ai cru devoir insérer cet exemple, quoiqu'il ne se rapporte pas à l'époque de l'auteur, comme spécimen de ses connaissances historiques. Il est répété à un autre endroit de son manuscrit (f° 332 v°), à peu près dans les mêmes termes et sans indication de source particulière (*in cronicis legitur quod...*). On sait, du reste, que c'est Pépin le Bref qui passe pour avoir demandé cette consultation au pape Zacharie, et non Pépin le

487. Item non debent [prelati] donum thesaurorum domini sui, sue fidei commissum, tradere scienter custodie[1] furum aut predonum, de quibus credunt quod non faciant nisi ea spoliare... Qui bona Ecclesie temporalia committunt illis qui non resident in eis, nec curant nisi ipsa bona rapere et comedere, sunt similes illis qui catis committunt custodiam caseorum. Dicebat magister Jacobus de Vitriaco quod fecerunt majores prelati sicut quedam mulier, que multos habebat caseos, ad quos mures veniebant et corrodebant ex eis partem : volens autem coercere mures, emit catos, qui eis insidiarentur et coercerent a caseis; cati autem, muribus ponentes insidias, mures et caseos comederunt[2]. Sic prelati majores, videntes sacerdotes cum uxoribus, concubinis et familiis indebitis bona ecclesiarum corrodere, preposuerunt archidiaconos et archipresbyteros et officiales suos, [qui] ab hujusmodi coercerent; quorum multi, ut dicebat, et bona ecclesiastica plus aliis consumebant, et merces comederunt : quin et ab ipsis sacerdotibus redempciones accipiunt, et ab illicitis familiis et concubinis servicia, eorum peccata non corrigentes, nec eos a membrorum[3] Ecclesie consumpcione coercentes.

488. Item talibus committunt caricas[4] animarum et custodias ecclesiasticorum bonorum, quibus non committerent custodiam calathi pirorum. Unde, cum

Grand, lequel mourut vingt-sept ans avant l'avénement de ce pape et n'eut jamais le titre de roi.

1. Ms. *commisse tradere custodie scienter.*
2. V. Jacques de Vitry, ms. 17509, f° 13.
3. Ms. *eos amborum.*
4. Ms. *cartas.*

cuidam episcopo apportatus fuisset calathus plenus pirorum, et quereret quis ei servaret ad cenam, quidam juvenis nepos ejus, cui dederat archidiaconatum, respondit : « Ego bene custodiam. » Cui ait episcopus : « Tu, lecator, faceres de eis mihi malam custodiam. » Et cum nollet ei committere eorum custodiam, ait ei quidam probus vir : « Quomodo, domine, commisistis ejus custodie tantam multitudinem animarum et ecclesiasticorum bonorum, cujus fidelitati non audetis committere calathum pirorum[1]. »

489. Sunt autem octo que faciunt prudentes timere suscepciones ecclesiasticarum dignitatum...; primo... consideracio periculorum que sunt ibi, quia, quanto gradus dignitatum alcior, tanto casus gravior... Quidam prior Clarevallis, nomine Gaufridus[2], de quo legitur in Summa de Viciis, titulo de Ambicione, cum esset electus in episcopum Tornacensem, et papa Eugenius, electionem approbans, eum ad suscepcionem et abbas suus sanctus Bernardus cogerent, prosternens se in forma crucis ante abbatem suum et electores canonicos qui venerant pro eo, ait : « Monachus fugitivus, si me eicitis, esse potero; episcopus non ero. » Qui dimissus, cum laboraret in extremis, adjuratus fuit a quodam monacho ut, si posset, post mortem signaret ei de statu suo; quod promisit ille facere, si esset Dei voluntas. Cum autem dictus monachus esset in oracione, post mortem suam affuit ei dictus Gaufridus, dicens : « Ecce adsum juxta promissum. » Cum dictus monachus quereret quomodo ei esset, ait : « [Bene], per Dei graciam;

---

1. F° 579. Cf. les n°ˢ 401, 444, etc.
2. Geoffroi de Péronne. (V. *Hist. litt.*, XIV, 426.)

verumptamen hoc scias mihi esse revelatum a beata Trinitate, quod, si consensissem electioni de me facte, ut essem de numero episcoporum, essem de numero reproborum[1]. »

De discrecione.

490. Discrecio docet recte operari et operaciones moderari... Item discrecio moderatur rigorem abstinencie secundum quod expedit... De beato Bernardo Clarevallensi audivi quod adeo afflixit carnem suam in juventute, quod non poterat sustinere communem vitam in senectute. Unde injunctum est ei a superiori abbate quod obediret in regimine corporis aliquibus fratribus sibi assignatis. Unde, cum aliquando venisset apud Claram-Vallem rex Lodovicus[2], pater Philippi regis Francorum, et beatus Bernardus esset senex, in infirmaria positus, cum audiret dictus rex, misit exenia piscium. Nuncii autem invenerunt ante eum carnes caponis assati, et hoc regi retulerunt; qui, cum non crederet hoc de tali viro, cum loqueretur ei familiariter, dixit ei quod ita retulissent ei famuli sui. Qui dixit ei que ei dixerant vera esse, quod, quamdiu valuerat et senserat corpus ad preferendum vires habere, eum attriverat abstinenciis; cum autem jam non posset onera assueta portare, neccesse habebat portari et sustentari, et ad hoc compellebatur per superiorem suum. Quod audiens, bene edificatus [est][3].

1. F° 580. Cf. le n° 296.
2. Louis VII.
3. F° 588. On a vu qu'Étienne connaissait les particularités de la vie de saint Bernard par un des petits-neveux de cet illustre abbé,

491. Debet autem studere discretus ad hoc, ut sit gratus et hominibus benignus et amabilis, ut per hoc homines attrahantur ad Deum. Poeta : «Ut ameris, amabilis esto. »... Item [prelati], debent esse quieti et pacifici, ut, quantum in se est, pacem habeant cum personis et nunquam cum viciis, ad exemplum veri pacifici, Christi, et discipulorum ejus, ut, in quamcumque domum intraverint, ad pacem particulariter laborent animarum et ad guerram que vocatur sacra[1]; in consuetudine Romanorum, qui, ut papa reconciliet eos Deo, facta absolucione et data benedictione, dominica carniprivii, qua dimittuntur carnes, post comestionem, conveniunt romani equites et pedites, et ludunt, et vadunt cum preposito Testacensi, scutis sibi suppositis, apud Lateranum, ad dominum papam; qui, descendens de palacio suo, equitat cum eis usque Testacensem[2], ubi civitas habuit inicium, et, ut ibi delectaciones habeant finem, ludunt ibi coram papa, et post coram eo arrenunciant discordiis, viciis et ludis, dicentes : « Ut nulla sit [discordia] inter nos in toto anno, occidatur[3] a nobis mundi concupiscencia, occidatur dyabolus, occidatur carnis temptacio, occidatur superbia, invidia, ira, discordia, gula et luxuria, pigricia et tristicia, et sic deinceps sobrie, pie et juste vivamus, ut in Pascha digne mereamur corpus Domini recipere; finiamus ludum ante custodis nostri presenciam,

Calon de Fontaines. Il ne nous en a révélé aucune d'un intérêt aussi piquant.

1. Ms. *sacri*.
2. Le Mont-Testaccio, à Rome, non loin du temple de Vesta. Ce n'est pas là, cependant, le berceau de la Rome primitive, puisque cette colline est une élévation tout artificielle, d'un âge peu reculé.
3. Ms. *accedatur*.

vicarium beati Petri, qui ubique nos protegit, et, suscepta ejus absolucione et benedictione, loca ad propria revertamur. » Quo facto, sic faciebant[1].

492. Item prelati in omnibus factis et dictis suis debent esse temperati, modesti, sive sobrii... Modestia dicitur quasi modus, id est mensuram debitam in omnibus tenens... Audivi quod, cum quidam legatus cardinalis Ecclesie romane audivisset quod in Alvernia esset quidam princeps sapiens multum, dictus marchisius de Monteferrando[2], quesivit ab eo, temptans eum, que esset una de majoribus sapienciis mundi. Qui statim respondit vulgariter : « Mensura, que durat et animam salvat et servat. » Cum autem quereret ubi inveniretur, respondit statim : « Juxta parum et multum invenitur mediocritas sive modestia, inter utrumque modum vel medium tenens. » Ex sentencia vero eum valde sapientem judicavit. Hec autem modestia, temperancia, sive sobrietas, quasi a bria[3], que est mensura, dicitur[4].

[1]. F°s 588, 588 v°. Il est probable qu'en prononçant ces paroles, les Romains faisaient le simulacre de tuer un personnage emblématique ou un mannequin, comme plus tard ils prirent l'habitude de brûler en effigie des Turcs ou d'autres personnages odieux. Étienne avait sans doute appris par les récits des voyageurs de son temps ces curieuses particularités du carnaval de Rome, car il ne paraît pas avoir été lui-même jusqu'à la ville éternelle. Il mentionne ailleurs, à propos de la construction du Panthéon par Agrippa, racontée par Godefroid de Parme, une autre tradition orale rapportée d'Italie, et relative aux anciennes statues du Capitole : « Audivi, sed non legi, quod dicte imagines in partu virgineo corruerunt et attrite sunt. Dixerat enim artifex illius incantacionis quod duraret idem artificium cum imaginibus usquequo virgo pareret, quod dicit quod semper duraret. » (F° 222.)

[2]. Ms. *Monteferrato*.

[3]. Ms. *que abria*.

[4]. F° 589. On a vu qu'il s'agissait du légat Romain et de Robert,

De misericordia.

493. Debent prelati in operibus misericordie spiritualiter abundare... Multi autem miseri sunt, in quorum domibus Deus non cognoscitur; de quibus potest dici quod dicitur Johan. I : « In propria venit, et sui eum non receperunt » ; quia nullam hospitalitatem bonorum exercent. Quibus satis similis quidam sacerdos, de quo dicitur quod, cum quidam antecessor ejus fuisset omnibus bonis pro viribus suis hospitalis et liberalis, scripserat in ostio domus sue, quasi ad invitandum bonos transeuntes et hospicio indigentes, versum hunc :

« Porta, patens esto; nulli claudatur honesto. »

Hic omnes bonos in hospicio suo recipiebat, et Deus neccessaria largiter administrabat ei. Quo defuncto, successor suus omnes excludit hospites, et versum qui erat in porta sic punctavit :

« Porta, patens esto nulli; claudaris honesto; »

ita ut nullum causa hospitalitatis recipias. Et hic avaricia sua mortuus est, a celi hospicio exclusus[1].

494. Primus effectus misericordie dicitur esse quia hoc oleo inunctos Christus salvat... Legitur in antiquis historiis et cronicis quod Adam senex guttam patiebatur ; et misit filium suum Sethum ad orientalem plagam,

---

dauphin d'Auvergne (nos 327 et 477). L'étymologie du mot *sobrietas* est expliquée de même dans une vie de S. Richard de Chichester : « Quippe sobrius dicitur quasi sub bria constitutus, id est sub mensura. » V. Du Cange, au mot *Bria* (mesure).

1. F° 599 v°. « Faute d'un point, Martin perdit son *âme*. » Ce trait plaisant, qui a été défiguré de plus d'une façon, est bien connu ; mais son ancienneté l'est moins.

ad portam paradisi terrestris, ut rogaret angelum, custodem ejus, ut daret sibi de oleo vel liquore manante de arbore misericordie, quam viderat in paradiso, ut de illo liquore ungeretur et curaretur. Cui respondit angelus quod diceret patri quod expectaret patienter usquequo veniret Christus, qui credentes in se ungeret oleo misericordie sue, per cujus unctionem consequeretur salutem eternam. Instanti autem Seth precibus et fletibus dedit ramum illius arboris, quem pater suus plantavit in terra promissionis, et crevit in arborem mirabilem; que, cum fuisset accisa, Salomone edificante templum, cum non haberet in eo locum, fecit de ea reclinatorium in eo ad orandum; de quo cum diceret regina Saba quod in eo suspenderetur rex Jerusalem sub quo regnum Judeorum deficeret in ejus morte, abscondit illud, ut in terra putresceret sepultus. Et cum, in loco ubi erat, fieret Probatica piscina, superenatavit tempore Passionis; quod invenientes Judei, super humeros Domini imposuerunt; quo bajulante eum, pars crucis de eo facta est, in altum erecta. Quod, si verum est, pulcherrimum est[1].

495. Isti ergo unctioni multum debent attendere prelati, ut eam habeant et habitam custodiant sollicite, per quam acquiritur dignitas eterna. Si enim oleum sanctum quo coronantur reges Francorum, eo inuncti, diligenter et reverenter custoditur, quanto forcius, diligencius et reverencius debet custodiri ceteris unc-

[1]. F° 600. Ces légendes sur le bois de la Croix sont tirées de l'évangile de Nicodème; elles sont répétées dans la Somme de Jean Beleth, dans l'*Histoire scolastique,* dans la *Légende dorée,* etc. V. la dissertation de M. Mussafia, *Sulla leggenda del legno della Croce* (Vienne, 1870, in-8°).

tio illa, qua uncti in eternum coronati regnabunt, prelati misericordes. Legitur in vita beati Remigii quod, cum baptizaret Francos a gentilitate conversos et eorum regem Clodoveum, et deficeret ei chrisma ad ungendum eum, orante eo, detulit columba de celo ampullam mirabilem, plenam celesti unctione, que cum multa reverencia custoditur in ecclesia Beati Remigii Remis. Et cum reges Francorum coronantur in ecclesia Beate Marie Remis, portatur ibi dicta ampulla, ut ego vidi[1], ab archiepiscopis et episcopis et clero processionaliter, cum multa reverencia et honore; et asseritur quod, divini miraculi dispensatione, sine aliqua alicujus hominis[2] appositione invenitur in dicta ampulla unctio sacra, qua reges Francorum inungebantur[3].

De diligencia in custodia animarum.

496. [Racio quare] debemus esse diligentes in custodia animarum est ipsius committentis severitas, qui implacabilis erit cum racionem de eis exiget... Hoc faciebat unus quidam episcopus, de quo audivi quod archiepiscopus Lugdunensis, Johannes Belesmains[4] dictus, [cum] navigaret, vadens ad curiam per mare, passus periculum, separatus suis cum cantore ecclesie sue, qui post episcopus Matisconensis[5] hoc mihi et aliis retulit; venit ad quandam villam, que valde par-

---

1. L'auteur pouvait avoir assisté au sacre de Louis VIII, en 1223, ou à celui de saint Louis, en 1226.
2. Ms. *honoris.*
3. F° 601 v°.
4. Jean aux Blanches-Mains.
5. Aimon, évêque de Mâcon de 1219 à 1242.

vula videbatur, in qua viderunt unum hominem, qui erat valde in paupere habitu, scribentem in quadam tabula et studentem in ea. Et cum quesivissent ab eo cujusmodi hoc esset, respondit quod esset episcopus illius civitatis. Et cum quesivissent quid in tabula sua faceret, respondit quod respiciebat numera parrochianorum suorum, et studebat circa statum et salutem eorum, de quibus eum oportebat reddere rationem. Et cum quererent si sciret quot essent, et responderet quod circa quadraginta, cum magis super hoc stuperent, quesivit ab archiepiscopo dicto quis esset : « Transmarinus episcopus sum », ait. Et ille : « Et tu, quot habes animas? » Respondit : « Nescio, nisi quod innumerabiles habeo, quas ego non cognosco. » Et alius respondit : « Per Deum, et tu potes multum timere ne te Deus agnoscat, et ne innumerabilia paciaris tormenta[1]. »

497. Secundum quod debet prelatos reddere sollicitos in custodia animarum est maximum stipendium, quo ad hoc conducuntur bonorum temporalium : de hoc enim stipendio impinguantur et affluunt temporalibus deliciis, locupletantur diviciis, possessionibus amplis dilatantur, honoribus exaltantur, preciosis vestibus exornantur. Multi autem parum curant esse solliciti de cura animarum et ecclesiarum, a quibus hec habent bona... Cum quidam magnus prelatus visitasset quandam parrochiam que erat ei subjecta, et cum multa opulenta et in mane et sero parasset ei sacerdos illius incuratus, racione visitacionis, cum de nullo spirituali ibi se intromisisset, in mane, cum nil relinqueret

---

1. F° 608. Cf. le n° 400.

ibi nisi stercora, cum in mane convenissent quedam nobiles mulieres et ipse, audita missa, quam voluit sibi dici festinanter sine nota, dixit ei quedam nobilis mulier : « Domine, nos convenimus[1] hic ut audiremus a vobis verbum salutis. » Cui respondit : « Nos, inquit, de hoc non intromittimus. » Cui mulier : « Parum curavit de nobis, qui vobis nostri curam commisit. Ecce hic nil relinquitis de visitacione[2] vestra nisi stercora equorum vestrorum[3]. »

498. Exempla autem pastorum materialium possunt negligenciam et incuriam pastorum Ecclesie negligencium confutare, qui pro modica mercede tantum laborem et vite duriciem sustinent in omnibus sibi commissis custodiendis et pascendis. Vidi ego aliquos de illis qui estate et hyeme habitabant in montibus Alpium[4], non sub tecto asperitatem estatis aut hyemis sustinentes, sed sub divo, super humum nudam jacentes, non in lecto, per totam noctem mutis excubiis circumeundo gregem girantes, ne latro vel lupus se ingereret, ne aliqua ovium a grege discederet. Quanta ergo sollicitudine debent oves Christi custodire, illi qui pro earum custodia tanta stipendia temporalia et beneficia accipiunt, tot deliciis et diviciis affluunt pro earum custodia !...

Pastor habet fistulam cum sibulo : cum sibulo oves

1. Ms. *conveniamus*.
2. Ms. *nisi in visitacione*.
3. Cf. le n° 403.
4. Étienne passa les Alpes pour aller en Piémont. C'est dans ce voyage, sans doute, qu'il recueillit plusieurs faits relatifs à la Savoie, la chute du Mont-Grenier, la plantation d'une croix sur un des sommets les plus élevés de la Tarentaise, etc.

revocat et in unum congregat; cum fistula canit, et se et oves recreat. Per sibulum potest signari devocio et sonus oracionis et predicacionis, per quem oves debent a malo revocare prelati, et ad unitatem Ecclesie et unanimitatem oracionis convocare. Heretici autem istud sibulum fingunt... Audivi quod, cum quidam hereticus, predicacione allegans scripturas pro confirmacione secte sue, convertisset quendam juvenem, cum eum jam crederet esse firmum[1] in errore, dixit ei hereticus quod non credebat evangeliis aut aliquibus scripturis. Respondit : « Quare ergo mihi et aliis predicatis de eis? » Respondit hereticus : « Auceps fingit sibulum avium vel vocem earum, ut advocet et ad se alliciat et capiat, quia, si loqueretur voce sua, nunquam accederent aves ad ejus laqueum, nec unquam caperet eas, sed fugerent aves ab eo. Sic, si nos non predicaremus vobis de scripturis, non crederetis nobis, sed pocius fugeretis nos[2]. »

SECUNDUS TITULUS.

DE TEMPERANCIA.

499. Secundus titulus quinte partis, que est de dono consilii, est de temperancia, quam inter cardinales virtutes donum consilii secundam ponit, post virtutem pru-

---

1. Ms. *futurum*.
2. F°⁵ 609, 617 v°. Cf. le trait du même genre rapporté ci-dessus (n° 349).

dencie : illam enim preponit, tanquam vie presentis ductricem et gubernatricem, que precedit tanquam lucerna gressus viatoris; temperanciam autem secundo ponit, tanquam moderatricem et mediatricem itineris... De [cujus] speciebus aliquibus aliqua lacius, de aliis breviter prosequamur[1].

De castitate.

500. Virginitas comparatur thesauro... Hujus thesauri preciositatem bene videtur cognovisse quedam, de qua refert beatus Gregorius Turonensis in gestis Francorum, que [vixit] temporibus Honorii et Arcadii imperatorum et beati Martini Turonensis[2]... Item de quadam alia dicitur quod, cum rex Anglie Ricardus vidisset in quadam abbacia regni sui quandam speciosissimam monialem, concupivit eam, et, cum non posset eam inflectere aliquo pacto ad turpe opus, voluit eam rapere violenter. Quod cum sciret illa, fecit inquirere[3] quid vidisset in ea quod ita incitasset eum in ejus amorem. Respondit quod super omnia hoc fecerat pulchritudo oculorum suorum. Illa autem benedicta, magis volens privari oculis quam tanto thesauro virginum, ipsamet eruit sibi oculos, ut sic evaderet, et misit quasi exenium, ut se saciaret pulchritudine eorum et eam in pace dimitteret. Quod videns et audiens, ille confusus recessit[4].

---

1. F° 618 v°.
2. Suit l'histoire des Deux amants, rapportée par Grégoire de Tours (*Hist.*, liv. II, ch. 42; *De Gloria confessorum,* ch. 32).
3. Ms. *inquinari.*
4. V. plus haut, n° 248.

501. Non sic fecit quedam maledicta, que, cum a quodam impeteretur, et vellet eam matrimonio rapere, cum a monialibus ita esset occultata quod non posset eam invenire, cum illa illum recedere videret, adeo clamavit post eum *cuccu*[1], quod ipse scivit ubi erat, et ab aliis eam rapuit, et thesaurum diripuit virginalem.

502. Item de quadam alia audivi [quod], cum quidam impeteret eam pro promisso precio, dimisit se a quodam juvene deflorari. Cum autem post factum negaret ei juvenis quod promiserat, illa obtulit clamorem judici quod violenter eam oppresserat. Judex autem, negante eo quod fecisset[2] ea invita, judicavit quod die assignata veniret, daturus ei quandam summam pecunie, vel eam acciperet in uxorem. Juvenis autem, magis eligens dare pecuniam, ei tradidit. Cum autem illa in sinu suo posuisset eam et recederet, ait juveni judex ut iret post eam et ei eam auferret, et eam, si posset, recuperaret; quam totu conatu suo non potuit ei auferre : adeo se defendit, quod nil valuit juveni, sed, male tractatus ab ea, rediit ad judicem. Judex, eam revocans, fecit pecuniam sibi reddi, juveni dicens quod patebat eam mentitam, quia, si sic servasset virginitatis thesaurum ut pecuniam, nunquam esset ei ablatum[3].

---

1. *Coucou*, terme usité au jeu de cache-cache. Jacques de Vitry, qui cite aussi cet exemple, ajoute en effet : « Sicut solent pueri dicere quando absconditi sunt et inveniri nolunt. » (Ms. 17509, f⁰ 51.) Cf. Oesterley, *op. cit.*, 13.

2. Ms. *quod non fecerat.*

3. F⁰ 627. Le recueil de Jacques de Vitry contient le même exemple (f⁰ 142). On trouve un autre récit à peu près semblable dans les *Latin Stories* de Th. Wright (n⁰ 20), et dans *Don Quichotte*, parmi les jugements de Sancho à Barataria.

De clemencia.

503. Suadet clemenciam consideracio districti judicii Dei et timor ejus, qui severus erit crudelibus et clemens clementibus... Bene autem ad memoriam reduco quendam nobilem[1], de quo refert magister Jacobus de Vitri quod, cum plebeius occidisset filium suum, et quereret eum manu armata in die Parasceves, obviavit ei peregrinanti; qui videns quod non posset effugere, prostravit se ad pedes dicti nobilis, dicens : « Rogo te, Domine, ut pro amore Crucifixi audias duo verba que tibi dicam : Scio me dignum morte ; sed, pro amore illius qui pro te mortuus est, da mihi modicum vite spacium ut confitear, et, si tibi plus pro eo facere placet, ut dimittas mihi misericorditer vitam, ad agendum penitenciam pro me et pro filio tuo, ut toto tempore vite mee peregriner pro eo, cum mors mea nec tibi nec anime filii tui proficiat ; et ut habens opus magne clemencie, quam possis in judicio Dei ipsi exhibere pro peccatis tuis, ut tibi clemens fiat, parce mihi, ut tibi parcat Deus. » Ille autem, motus pietate, dimisit eum ; et cum veniret eadem die ad adorandum crucem dictus nobilis, cum oscularetur crucem, eum amplexatus est cruxifixus[2].

De moderacione.

504. Moderacio, que secundum Macrobium, est

---

1. Ms. *reduxi quidam nobilis*.
2. F° 638.

moderatrix et ponderatrix omnium..., multum neccessaria [est] corporis saluti et vite longevitati et salubritati ; quia omnis vite infirmitas et corrupcio [provenit] ex superfluitate vel diminucione hujus quod esse debet, et ex immoderancia vel distemperancia equalitatis ; similiter et anime infirmitas, vel omissione et diminucione hujus quod fieri debet, vel commissione hujus quod fieri non debet.

Audivi quod, cum quidam legatus Sedis Apostolice venisset in Alvernia, audivit quod quidam princeps esset ibi prudentissimus sensu naturali, sine litteris, qui vocabatur marchisius de Monte-Ferando[1]. Et voluit temptare dictus legatus si verum esset quod esset adeo prudens ut audiverat; et quesivit ab eo quid esset summe neccessarium homini. Cui ille respondit : « Mensura, id est moderacio debita in omnibus. » Et cum ille iterum quesivisset ubi inveniretur, respondit : « Inter parum et nimis. » Quod audiens ille, obstupuit laici prudenciam, judicans hanc virtutem perutilem tam anime quam corporis saluti et sanitati[2].

[*De amore paupertatis.*]

505. De amore quem habebant sancti Patres ad paupertatem leguntur in Vita Patrum multa exempla... Item audivi quod, cum in urbe quadam quidam pau-

---

1. Robert, dauphin d'Auvergne, comme on l'a vu. Les mots *sine litteris* ne signifient pas qu'il fût illettré, car Étienne nous a rapporté lui-même plus haut que ce personnage avait composé des poésies et collectionné des livres : il veut probablement dire qu'il n'avait pas reçu l'instruction classique des écoles.

2. F° 639 v°. Cf. les n°s 327, 477, 492.

per invenisset sacculum cum multis aureis, tulit ad domum suam, ut salvaret illi qui amiserat. [Mox publicatum est quod], si quis invenisset pecuniam talis mercatoris, si eam ei redderet, ille medietatem ei daret, qui amiserat. Quod audiens pauper ille, adduxit eum ad domum suam, et, agnito quod sua esset, reddidit ei pecuniam integre. Ille autem, attendens viri paupertatem et fidelitatem et familie sue, cogitans quod melius non posset eam erogare, totam ei dabat. Cum nollet accipere vel eam vel aliquid de ea, ille, egressus domum, projecit ei eam intus abiens. Cum autem nollet recipere, clamavit post eum : « Latronem intra[1] ! » Uterque judici presentatur. Requisitus cur sic reclamasset post mercatorem, ait : « Vere, ait, vobis latronem exhibeo, qui mihi subripere vellet duo de majoribus bonis meis, paupertatem scilicet et fidelitatem, proiciens in domo mea [pecuniam] quam sibi restitueram ex fidelitate mea ; et voluit quod eam retinerem, et paupertatem meam et fidelitatem amitterem[2]. »

1. C'est-à-dire « enfermez le voleur », d'après la manière de parler familière à l'auteur.
2. F° 643. Une heureuse coïncidence me fournit l'occasion de montrer comment les anecdotes rédigées en abrégé, comme celle-ci, se transformaient et se développaient en passant du livre dans la chaire, du latin en français. Nous possédons précisément la même histoire racontée aux pèlerins de Notre-Dame d'Amiens par un prédicateur picard, dans l'intervalle compris entre les années 1243 et 1269 ; bien que j'aie déjà reproduit ce texte ailleurs, la confrontation est trop intéressante pour que je puisse me dispenser de le remettre sous les yeux du lecteur :

« A Abevile en Pontieu, fui à la parole nostre Segneur d'un bon maistre, frère Wedoir de Dan-Richier... Iluec conta d'un marcheant qui venoit d'une feste, là u il avoit mené grant marcheandise, et moult vendi bientôt tout. Son avoir mist en une masse d'or

506. Primum bonum quod paupertas facit amatoribus suis est quod facit eos letos et spe gaudentes...

molu; erra par ses journées, et tant, qu'il passa parmi une bone vile, comme est Amiens ou Paris ou une autre bone vile, et passa par devant une église. Li preudon, qui avait ausage de faire ses oroisons devant l'image de la mère Deu sainte Marie, ala au mostier et fist ses oroisons, et mist son gourle de lès lui. Quant il se leva d'ourer, vaine pensée qu'il eut li fist oublier son avoir, et s'en ala, ne s'en dona garde.

« Un borgois avait en la vile qui ausinc avait acoustumé d'aler au mostier, et moult volentiers et sovent faisoit ses oroisons devant la beneoite mère Diu nostre Segneur sainte Marie. Iluec trova ce grant avoir, et vit qu'il estoit sceelés et bien fermés à un loquet. Si estut, et si s'esmerveilla dont cil avoirs venoit. Hé! Dex, dit-il, que ferai-ge? Se ge fas savoir aval cele vile que ge ai trové cest avoir, tex le clamera qui onques n'i ot paine ne travail à l'aquerre. Adonc se porpensa li borgois qu'il le garderoit dus à icele eure qu'il en aroit vraies noveles. Vint en sa cambre, et mit cel avoir dedans un escrin, et vint à son uis, et escrit d'une marle grosse une grosse letre : quiconques aroit rien perdu, qu'il venist à lui.

« Quant li marcheans eut erré grant pièce et il fu hors de sa pensée, tasta autour lui et quida trover son gourle : n'en trova mie. Adonc fu moult à mesaise. Alas, dit-il, tout ai perdu! Mors sui, traïs sui! Il s'en revint au mostier et cuida trover son gourle : n'en trova mie. Il vint au prestre, demanda noveles de son avoir : n'en trova nule. Issi du mostier tout pensant, trova ces letres escrites en l'uis, si entra en l'ostel, et vit le borgois qui l'avoir avoit trové, et dist :

« Ha! par Diu, estes vous sires de cet ostel?

— Oïl, dit-il, sire, tant comme Diu plaira. Que plaist vous?

— Ha! sire, dist li marcheans, par Diu dites-moi qui escrit ces letres en votre huis.

« Et li bourgois se faint aussi comme s'il n'en seust riens.

« Biaus amis, dit li borgois, il repaire chaiens gens et clers; ci escrisent lors vers, lors devis. Biaus sire, et que voliés vous? Avés vous riens perdu?

— Perdu! sire, dist li marcheans, certes, ge ai perdu si grant avoir, que ge ne le sai nonbrer.

— Comment, biaus amis, dist li borgeois, c'as tu perdu?

— Certes, sire, j'ai perdu un gorle tout plein d'or, scelé à tel scel et à tel loquet.

Item ad idem facit quoddam exemplum quod audivi. Quidam dives valde pecuniosus habebat domum suam maximam conjunctam tugurio cujusdam pauperis laborantis. Cum autem dives in lecto suo et camera pre saturitate et sollicitudine torqueretur nec posset dormire, audiebat pauperem juxta igniculum suum cum pueris suis letantem, et residuum noctis in pace dormientem, usquequo in mane uxor sua eum excitasset a sompno vix ad laborem. Quod audiens dives, invidens[1] ejus leticie, cogitavit quod eum faceret parti-

---

« Adonc seut li borgois qu'il avoit dite vérités. Adonc l'apela en sa cambre, et li mostra le grant avoir, et si li rova prendre. Et quant li marcheans trova le borgois de loiauté si plains, si estut et pensa :

« Biaus sire Diu! dist li marcheans, ge ne suis pas disnes d'avoir tel avoir et tel trésor comme avois amassé. Cist borgois en est plus disnes que ge ne sui. Sire, dist li marcheans, certes, li avoirs est bien emploiés en vous mex qu'en moi, et je le vous doins, et à Diu vous commant.

— Ha! biaus amis, dit li borgois, pren ten avoir; ge ne l'ai pas deservi.

— Certes, no ferai, dist li marcheans; gel nel prendrai pas. Ains m'en irai m'arme sauver.

« Si s'en fui grant aleure. Et quant li borgois vit qu'il s'en aloit si durement, si va après lui, et commence à crier : Larron! larron! pernés le larron!

« Et quant si voisin virent celui qui s'en fuioit, si vont, si le prendent, et dient au borgois :

« Que vous a cist hom meffait et enblé?

— Certes, segneur, dist li borgois, il me velt embler ma vérité et ma loiauté, que ge ai gardée duscà ore.

« Si lor conta la vérité. Et quant li borgois de son visnage oïrent la vérité, si font prendre au marcheant son aveir tot. »

(Mss. de Dom Grenier, à la Bibl. nat., vol. CLVIII, f° 131 ; *La Chaire française au moyen-âge*, p. 382.)

1. Ms. *suadens*.

cipem sollicitudinum et miseriarum suarum; et surgens de nocte, aperuit ostium pauperis domus, quod non erat multum serratum, et bursam pecunie pependit[1] ad ostii cavillam ; quam mane inveniens pauper, et videns quod erat pecunia, noluit ire ad laborem solitum, timens ne sibi furaretur, sed gemens, sollicitus quid inde faceret et unde venisset, posuit eam in stramine lecti sui, fingens se infirmum, jacens, scilicet usque[quo] deliberasset quid inde faceret, ut vicini vel uxor sua nescirent eum eam invenisse. Et dum per plures dies sic affligeretur, nec cantaret de nocte more solito, intravit domum ejus dives, querens eum ; et cum uxor sua assereret eum infirmum in renibus : « Ego, inquit, scio unde curem eum. » Et accedens ad eum, ait ei in secreto : « Redde mihi pecuniam meam, quam in tali loco accepisti; alioquin faciam te suspendi. » Qui timens reddidit pecuniam, et recuperavit solitam leticiam[2].

507. Deus pauperes exaltat et honorat in futuro, et hoc merito, quia mundus eos deprimit et vilipendit... Item ad hoc [facit] quod legitur in cronicis, quod circa raptum Helene[3] Homerus poeta floruit, qui, cum in habitu vili vellet intrare apud Athenas curiam regis, est prohibitus; qui, sumpto precioso habitu, statim intravit, honorifice receptus, [et] optinuit quicquid petivit; qui, ad confusionem regis et suorum, vestes preciosas coram omnibus exuit, et eas honoravit et adoravit, gracias eis referens de obtento, que

1. Ms. *rependit.*
2. F° 644 v°. Cette fable est racontée à peu près de même plus haut (n° 409).
3. Ms. *Helie.*

valuerant apud regem quod non valuerat sapiencia aut bonitas optinere[1].

508. Idem dicitur fecisse magister Petrus Abalar[2], in confusione aliquorum monachorum; qui, cum venisset in quadam abbacia, relinquens alibi equos et ornatum, cum cappa paupere vix est ibi receptus, et cum ribaldis positus in hospicio et viliter tractatus. Postea autem, veniens ibi cum luminariis et pompa, cum maximo honore est receptus et tractatus, et ad loquendum in eorum capitulo invitatus; ubi multum confutavit eos, dicens quod, si venisset ad eos Christus pauper et pedes, male fuisset tractatus et ejus sapiencia repudiata, et de bono hospicio quod ibi habuit non agens sibi gracias, sed suis phaleris, equis et ornatui et pompe superbie[3].

1. Ce récit, dont il existe une version persane et une version turque, a été aussi rapporté à Dante. (Cf. Papanti, *Dante secondo la tradizione e i novellatori*, Livourne, 1873, p. 72.) Étienne rapporte ailleurs un autre trait de la légende d'Homère : « Sicut dicitur de Homero, qui floruit circa raptum Helene, de quo legi in cronicis quod, cum transiret juxta quemdam fluvium, venit [ad] pastores ibi se pediculantes; et cum querenti quid ibi agerent respondissent : Nos quos cepimus dimittimus, et quos non capimus nobiscum portamus; credens quod piscarentur et de piscibus dicerent, cum musitasset ibi diu et non posset intelligere problema eorum per se, pre dolore, videns se confusum a talibus, se submersit. » (F° 551 v°.) Cet épisode se retrouve dans l'ancien roman connu sous le nom de *Vie d'Homère*, et faussement attribué à Hérodote; mais le dénouement est emprunté à un auteur du temps d'Auguste, Valère Maxime (IX, 12). Cf. Vincent de Beauvais, *Spec. hist.*, II, 87; Chassang, *Hist. du roman dans l'antiquité*, p. 306.

2. Abélard, dont le souvenir devait être à peine éteint du temps de l'auteur. Le fait raconté ici lui arriva peut-être à son entrée dans l'abbaye de Saint-Denis, où il embrassa la vie religieuse.

3. F° 652.

509. Dominus pauperes spiritu secum recipit in domum suam, et, quia propter eum hic sustinuerunt ignominiam et penuriam, ibi habebunt abundanciam omnium bonorum... Ad hoc eciam facit hoc quod frater Guala[1] vidit, cum esset prior in Brisia[2] civitate, cujus fuit episcopus, animam beati Dominici[3] in transitu suo inter duas scalas sedentem in celum recipi, quarum alteram beata Maria, mater Domini, sursum manibus trahebat, filius ejus Jesus alteram, angelis per eas[4] ascendentibus et descendentibus et psallentibus[5]. Merito autem celos optinuit, qui, cum nil haberet terreum (tantus [erat] amor paupertatis), testamentum fecit et fratribus suis erogavit perpetuo ista tria jure hereditario possidenda, scilicet charitatem, humilitatem et paupertatem, inhibens fratribus suis ne aliquibus terreis possessionibus votum paupertatis in posterum fedarent, quod emiserant et ordinem elegerant paupertatis.

510. Item, eadem die et hora qua beatus pater Dominicus[6] migravit ad Dominum, frater Raon subprior et frater Tancredus[7], de urbe recedentes alibi, hora sexta, cum vellent celebrare, dictus Raon rogatus est a fratre Tancredo[8] quod patris Dominici[9], quem audierat infirmari apud Bononiam, in canone suo

---

1. Ms. *frater rale.* V. le n° 137.
2. Brescia.
3. Ms. *Beati Benedicti.*
4. Ms. *per eam.*
5. Cette vision se trouve déjà plus haut (n° 137).
6. Ms. *Benedictus.*
7. Ms. *Frater Roma, subprior, et frater Transcedus.*
8. Même leçon pour les deux noms dans le ms.
9. Ms. *Benedicti.*

haberet memoriam, orando pro eo. Qui [cum] hoc sollicite faceret, in loco ubi in missa fit memoria pro vivis, raptus in spiritu, vidit manifesta visione beatum Dominicum hinc inde a reverendis viris et splendidis cum maximo fulgore ad partem dexteram deduci, laureatum coronaque aurea decoratum; qui missam finivit, et inquirens invenit quod eadem hora, sexta scilicet, et feria sexta, beatus Dominicus migraverat ab hoc mundo; qui eciam manu sua scripsit sicut hoc vidit[1]. Item beati Francisci, tante paupertatis electoris et amatoris et contemptoris mundi[2], in hora transitus ejus, apparuit anima celos penetrans, habens lune quantitatem et solis claritatem[3].

TERCIUS TITULUS.

DE FORTITUDINE.

511. Dicto de prudencia et temperancia, consequenter dicendum est de fortitudine, et merito, quia prudencia tanquam lucerna viatorem in via Paradisi dirigit, et quid agat et quo gressus ponat [docet], tempe-

---

1. Cette apparition, comme la précédente, est rapportée par les biographes de saint Dominique, d'après lesquels j'ai rectifié les noms des personnages, étrangement défigurés dans le manuscrit d'Étienne de Bourbon. Le fait eut lieu à Tivoli; le frère Tancrède de Bologne était prieur de Sainte-Sabine, et le frère Raon sous-prieur (Script. ord. Præd., I, 36, 90).
2. Ms. *mundana*.
3. F° 653.

rancia custodit eum, ne quid nimis faciendo excedat, fortitudo ne minus debito faciens in via Paradisi Dei deficiat. Prudencia custodit eum ex parte anteriori, ne seducatur fallaciis; temperancia ad dextram prosperitatis, ne molliatur delectacionibus pravis; fortitudo ad sinistram adversitatis ei astat, ne frangatur molestiis [1]...

De adjuvamentis fortitudinis.

512. Juvat fortitudinem carnis continencia. Jud. xv g : « Fecisti viriliter, et confortatum est cor tuum, eo quod castitatem amaveris. »... Cum Godefridus de Bullione, qui primus de Francis regnavit in Jerusalem, cepisset armis Antiochiam et Jerusalem et terram Syrie, concisis et expulsis Saracenis obscenis, cum mirarentur ejus fortitudinem, cui nullus Saracenus posset resistere, nec ictum manus ejus sustinere, tempore treuge, [aliqui] Turcorum admirati miserunt ei munera, visitantes eum et querentes unde tanta ejus manibus esset fortitudo. Qui coram eis ense suo scidit ictu equi caput. Et [cum] dicerent quod erat virtute et bonitate ensis sue, accepto ense ab eis sibi tradito, idem fecit de alio equo. Et tunc cum quererent [unde] hoc virtus ei [venerat], cum ipse non esset major aliis hominibus, ait quod manus sue nunquam carnes tractaverant meretricis nec luxuria fuerant inquinate [2].

513. Juvat fortitudinem elemosina data pro Deo. Prov. xxii b : « Victoriam et honorem acquirit, qui dat

---

1. F° 653. Ce trait célèbre se trouve dans la *Chanson de Jérusalem*, dans la chronique d'Albert d'Aix; etc.
2. F° 658 v°.

munera. « Ecc. xvii d et xxix d : « Elemosina viri quasi signaculum cum ipso, et graciam hominis quasi pupillam servabit. » Et post : « Super scutum potentis et lanceam, adversus inimicum tuum pugnabit. » Unde iste rex Ludowicus Francie[1] dixit optimum verbum, ut audivi a fratre qui interfuit cum dixit, et audivit ab eo. Cum esset juvenis valde, et pauperes essent congregati in curia sua, expectantes elemosinam, et crederetur quod ipse dormiret in camera sua, aliis dormientibus, ipse exivit de camera sua solus cum uno famulo portante maximam quantitatem denariorum, quam in habitu scutiferi distribuebat manu sua egenis, et largius eis quos credebat magis egere. Quo completo, cum ipse recluderet se in cameram suam, occurrit ei frater quidam, qui hoc de fenestra inspexerat, matri sue in ea loquens, dicens ei : « Domine rex, ego bene vidi facinora[2] vestra. » Cui rex satis verecunde ait : « Frater carissime, isti sunt stipendiarii nostri, qui pro nobis pugnant contra adversarios nostros et servant nobis regnum Francie in pace ; qui non solvimus stipendia ut meruerunt[3]. »

De paciencia.

514. Dicendum est de speciebus fortitudinis, que,

1. Saint Louis. *Iste* indique le roi régnant.
2. Ce mot, évidemment défiguré par le copiste, est abrégé de façon à donner la leçon *factura*, qui n'aurait aucun sens.
3. F° 659. Échard, I, 219. Étienne nous révèle ici un trait qui convient parfaitement au caractère de saint Louis, et que l'on peut mettre au nombre des plus belles actions de sa jeunesse. Il le tenait de l'interlocuteur même du prince : cette confidence paraît tout-à-fait digne de crédit.

secundum Tullium, in Rhetorica, sunt quatuor : magnificencia, fiducia, paciencia, perseverancia... De paciencia autem hoc modo agemus : primo dicemus quomodo paciencia multipliciter dicatur... Est autem paciencia demeritoria malorum induratorum[1], et meritoria bonorum. Prima est paciencia perversorum qui multa mala patiuntur pro suis sceleribus adimplendis... Audivi quod in quadam villa, ubi ego predicabam, erat quidam ribaldus [qui] erat verus martyr dyaboli; qui in asperrima hyeme, cum luderet in tabernis omnes vestes suas quas poterat habere, singulis diebus, in mane, sub radio aque molendini se nudum ponebat, ibi congelans carnem suam, ut facilius nudus sustineret vehemenciam hyemis in tabernis[2].

515. Similiter vere martyr dyaboli erat quidam alius, qui, cum nobilis genere esset et vita ignobilis, cum quoddam beneficium esset sibi promissum, et repelleretur propter sua flagicia, factus [est] latro publicus et spolians homines, per silvas latitans fere per decennium, non jacens sub tecto nec in loco certo; nec alicui audebat se committere, omnes timens, mortis imaginem semper secum ferens, semper deprehendi timens : et omnes circumjacentes eum timebant et insequebantur eum ad mortem, et ipse omnes timebat, eciam complices scelerum suorum, quibus non sustinebat quod ad eum accederent prope; noctes insomnes ducebat, omnem sonitum pavens. Per quendam autem socium suum, qui mihi fuit confessus, mandavi ei quod libenter ei loquerer; quod ipse

---

1. Ms. *indurens*.
2. V. le n° 222.

concessit cum tali condicione, quod ego promitterem ei quod nullus hoc sciret, nec mecum iret nisi socius noster, assignans mihi silvam et horam in qua summo mane occurrerem : quod feci. Ipse autem, elongans me a socio, mihi retulit quod predixi et longe graviora que sustinuerat. Cum autem ostendissem ei periculosum anime sue statum, et vellem eum mittere ad curiam vel ad terram transmarinam, non acquievit mihi quod cessaret nisi satisfacerent ei ad victum suum qui eum repulerant. Pluribus autem sociis conversis, cum ipse cito post irrueret in quemdam merces portantem, alius convaluit et eum vulneravit et cepit; et a seculari potestate distractus et suspensus est[1].

516. Ultimus gradus paciencie est inimicis benefacere et eis bonum pro malo reddere, eis benedicere et pro eis orare... Bonum autem pro malo reddere difficile est, cum magne perfectionis est et magne remuneracionis. Refert magister Jacobus de Vitri, episcopus cardinalis, quod quidam dux fuit in Normannia, nomine Ricardus, religiosus et devotus, qui ad matutinas venire consueverat in villis et locis suis ubi erant monasteria conventualia. Veniens in quandam villam suam ubi erant monachi, credens sacristam nimis tardare, surrexit ad matutinas in habitu plebeio, ad ostium ecclesie pulsans. Sacrista autem, hoc moleste ferens, ignorans quis esset, verberavit eum fortiter; qui paciente sustinuit, nec verbum respondit. In crastino autem dux intravit capitulum,

---

1. F[os] 659 v°, 660. L'auteur nous a déjà fait un récit de son aventureuse tentative (n° 425).

conquestus de sacrista, qui eum graviter verberaverat, dicens quod non satisfieret sibi aliter, nisi monachus ille adduceretur a priore suo ligatus, ut coram militibus suis taxaret ei penam talem de qua tota Francia miraretur. Unde cum adductus esset, eum solvit, et, pro mercede verberis quod ab eo susceperat, dedit ei vineam ad opus sacriste, que optimi vini erat ferax, pronuncians eum esse optimum monachum, qui, licet esset ira commotus, suum silencium non fregisset[1].

Quare infirmitates corporis sint tolerande.

517. Infirmitates corporis sunt paciencer tolerande... Infirmitas animas purgat; ut enim corpora purgantur nitro, sic anime languoribus et castigacionibus purificantur... Dicebat magister Jacobus de Vitri quod, cum quidam clericus pauper ferret aquam benedictam in domo cujusdam militis, nil ei dabat nisi maledicta verba. Cum autem esset factus infirmus et audiret dictum clericum intrasse, rogavit eum ut proiceret sibi aquam benedictam et ut dictus clericus oraret pro se, ut daretur ei panis. Tunc clericus a milite [quesivit] in quo statu magis credebat et diligebat Deum, in sanitate vel in infirmitate. Respondit quod in infirmitate. Et clericus : « Rogo Deum ut in illo statu teneat [vos], in quo melius valeatis, et qui vobis est utilior[2]. »

1. F° 674. Cette tradition se rapporte probablement au duc Richard le Bon, mort en 1027.
2. F° 677. Jacques de Vitry cite, en effet, un exemple semblable,

518. Tribulacio et infirmitas bonos meritis locupletat, sicut fecit beatum Job et Tobiam... Audivi quod quidam probus clericus, qui fuerat socius beati Aymonis, archiepiscopi Cantuariensis[1], cum audiret de miraculis et transitu ejus, visitavit sepulcrum ejus apud Pontiniacum, et, cum laboraret gravi et longa infirmitate, adjuravit sanctum, per familiaritatem quam habuerat cum illo in vita sua, ut ipse impetraret ei a Domino quod a sua infirmitate curaretur ; et, facta oracione, statim sensit se curatum. Et cum rediret et sentiret [se] magis pronum ad peccandum, incepit cogitare quod forte magis erat ei utilis infirmitas quam sanitas, et ad custodiam sui a peccato, et ad augmentum meriti, et quod fatuus fuerat, quia simpliciter pecierat liberacionem ab illa egritudine. Rediens apud Pontiniacum, rogavit dictum sanctum ut rogaret Deum ut daret ei quod magis ei expediebat, infirmitatem vel sanitatem ; et statim reversa est pristina infirmitas, quam ipse gratanter accepit tanquam Dei donum, cogitans eam sibi utilem et ad custodiam sui et [ad] augmentum meriti[2].

au f° 82 de son recueil manuscrit. Il dit, de plus, que le pauvre écolier portait de l'eau bénite chez le chevalier tous les dimanches, « suivant la coutume gallicane. » Mais il lui fait répondre autre chose : « Tu étais lion, dit le clerc au seigneur atteint de la goutte, tu es devenu agneau ; je prie Dieu qu'il te donne à l'autre pied ce que tu as à celui-là. »

1. Le nom de ce prélat est défiguré : c'est saint Edme ou Edmond, archevêque de Cantorbéry, mort en 1240, et enterré à l'abbaye de Pontigny (Yonne). L'anecdote consignée ici devait donc être bien récente. Sur les nombreux miracles de saint Edmond à Pontigny, cf. Le Nain de Tillemont, *Vie de saint Louis*, II, 388.

2. F° 677 v°.

De tribulacionis utilitate.

519. Tribulacio convertit... Conversus est Manasses, rex malignissimus, in vinculis et carcere, et filius prodigus, fame et miseria afflictus, in longinqua regione, Jonas in ceti ventre, Paulus prostratus et excecatus in sua temptacione. Item refert magister Jacobus quod, cum quedam mulier vellet frequenter causa oracionis visitare quandam abbaciam monachorum, videns sacrista, et colloquens sepe cum ea, concupivit eam. Tandem, post multa verba, communi consilio, ille thesaurum abbacie furatus [est], et illa furata clavem archivarii[1]; et, spoliata pecunia, cum fugeret cum dicto sacrista, deprehensi, in carcere detrusi sunt; ubi confusi, supra flentes et penitentes, maxime propter infamacionem et scandalum religiosarum personarum, cum religiosi fuissent valde et putarentur, [se] contulerunt toto corde ad beatam Virginem deprecandam, quod ipsa liberaret eos ab illa confusione et averteret[2] confusionem quam boni paterentur propter eorum culpam; que exaudivit eos, et eos et ea que ipsi detulerant reduxit ad loca unde venerant. Eis autem inventis in locis suis, et rebus sublatis in archis ferratis, sicut prius fuerant, cum [irent] ad carcerem, mirantes invenerunt duos angelos sive beatos incarceratos et vinculatos, similes predictis. Quod cum mirarentur nimis satis, dixerunt : « Ludificavimus homines hos; recedamus hinc, recedamus. » Et statim ab oculis eva-

1. Ms. *archeviri*.
2. Ms. *adversus*.

nuerunt. Illi autem qui cum [illis] in carcere fuerant, que viderant aliis referentes, et ipsi alii a dicto sacrista et muliere veniam de mala suspicione petierunt, et de hoc quod eos infamaverant[1].

---

1. F° 680. Cette histoire a été traduite plusieurs fois en vers (Rutebeuf, éd. Jubinal, I, 302; Méon, *Nouveau recueil,* II, 254; Gudin, *Hist. des contes,* 1, 65; cf. *Hist. litt.,* XXIII, 124). On en trouve des variantes en prose dans Césaire d'Heisterbach (*Mirac.,* VII, 35) et dans les *Latin Stories* de Th. Wright (n° 47). Le lecteur constatera une certaine analogie, quant au fond, entre cet exemple et le n° 135, qui a fait aussi le sujet d'un fabliau.

TABLE ALPHABÉTIQUE

A.

Abbeville (Somme), ville, 435.
Abeilles (église bâtie par des), légende, 266.
Abélard (Pierre). Son entrée fastueuse dans une abbaye, 439.
Abîmes de Myans (les), en Savoie, 184.
Acédie, maladie morale, 196, 344.
Acre. Voy. Saint-Jean-d'Acre.
Adam, premier homme, créé dans la campagne de Damas, 172. Légende d'Adam goutteux, 425, 426.
Adon de Vienne. Sa chronique, 7.
Agen : diocèse, 277 ; ville, 300.
Agrippa, constructeur du Panthéon, 424.
Aimon, évêque de Mâcon, 105, 352, 427.
Aimon, valet, 402.
Aisne, rivière, 98.
Alain de Lille. Son enseignement à Montpellier ; leçon donnée à des chevaliers, 246, 370. Autre trait à lui prêté, 247.
Albérée, femme hérétique de Mont-Aimé, 149, 150.
Albi, ville, 300.

Albigeois, hérétiques. Origine de leur nom, 300. Pays infestés par eux, 23, 25, 26, 276, 277, 300. Leurs erreurs. 275, 299-307. Leurs arguments, 213. Leur croyance feinte à l'Écriture, 430. Ils refusent de faire le signe de la croix, 278. Leurs discussions avec les catholiques, 286. Moyens employés pour les reconnaitre; leurs interrogatoires, 307-314. Des chevaliers les examinent, 302. Un jongleur les réfute, 148, 149. Prédication de saint Dominique chez les Albigeois, 79, 241. Insuccès des légats envoyés en mission dans leur pays, 214. Cruautés des Albigeois, 97. Croisade albigeoise, 36, 37, 140, 296.
Alexandre III, pape. Son séjour en France, 68, 126.
Alexandrie d'Égypte, ville, 401.
Alix, comtesse de Mâcon, 375.
Alix de Vergy, duchesse de Bourgogne, 43, 263.
Allemagne, 55, 259. Chants des Allemands dans les pèlerinages, 168. Chaussures des Allemandes, 232. Empereurs d'Allemagne ; voy. Frédéric, Othon.
Alpaix ou Alpaïde (la biénheu-

TABLE ALPHABÉTIQUE. 451

reuse), dite de Cudot ou de Tonnerre. Ses visions, 26-28.

Alpes (bergers des). Leur vie, 429.

Amiens : église Notre-Dame, 435; ville, 436.

Ampoule (sainte) de Reims, 426, 427.

Anaclet, antipape, 118, 119.

Ange (l') et l'ermite, apologue, 346-349.

Angers, ville, 161. Vin d'Angers, 389.

Angleterre, 373, 431. Ses habitants surnommés *caudati*, 234. Rois d'Angleterre, 111, 211; voy. Richard.

Anneaux (parabole des), 281, 282.

Annonciation (fête de l'), 106, 107.

Antioche, ville de Syrie, 442. *Histoire d'Antioche,* 91.

Apis (le bœuf), 397, 398.

Aquitaine, province, 419.

Arcadius, empereur romain, 431.

Ardents (mal des), 97, 363, 366.

Aristote. Légende sur sa mort, 222.

Arnaldistes, secte hérétique, 281.

Arnaud, prieur des Dominicains de Lyon, 17.

Arnoul le Grand, aïeul de Charles Martel, 419.

Artaud, sire de Nogent-[l'Artaud], 124, 125.

Arthur (chasse), troupe fantastique, 321.

Arthur (Histoire d'), ou romans de la Table-Ronde, 86, 87.

Assomption (Fête de l'), 102, 105.

Athènes, ville, 438.

Augustin (saint). Ses ouvrages, 7, 8. Son livre de la Pénitence, 30. Ses traités contre les Manichéens, 300. Son livre *De naturâ dæmonum,* 317.

Autun (diocèse d'), 138, 263.

Auvergnat (l'), hérétique supplicié, 25, 26.

Auvergne, province, 110, 322, 424, 434. Voy. Robert, dauphin d'Auvergne.

Auxerre (archidiaconé d'), 27, 229. Vin d'Auxerre, 389.

Auxonne (Côte-d'Or), ville, 103.

Avant-plaidez-et-parlez, surnom d'un avocat, 381.

Avignon. Siége de cette ville par Louis VIII, 267.

Avocats. Leurs fonctions licites; leurs travers, 379-382.

B.

Babimbabo, mot adressé aux fous, 218.

Bagdad (calife de), 283.

Barberousse. V. Frédéric.

Barthélemi de la Cluse, archidiacre de Mâcon, 135.

Barthélemy de Sombernon, neveu de S. Bernard, 29.

Baudouin V, comte de Hainaut et de Flandre, 26.

Beaujeu (dame de), 271. Voy. Guichard de Beaujeu.

Bède. Son *Histoire des Angles* et sa chronique, 6. Son calendrier, 8.

Béguines, religieuses, 21, 335, 336.

Beleth (Jean). Sa *Somme,* 95.

Belleville-sur-Saône (Rhône), ville et monastère, 101, 270, 272, 273.

Belley (diocèse de), 262.

Benoit (saint). Sa règle, 413.

Bérengère (la reine), 380.

Bernard (saint), abbé de Clairvaux. Conversion de son père, 28. Son séjour en Italie; il détruit le schisme d'Anaclet, 118. Il veut faire accepter un évêché à Geoffroi de Péronne, 249, 421. Ses excès d'austérité; son entrevue avec Louis VII à Clairvaux, 422. Sa lettre contre l'église de Lyon, 94.

Bernard Ydros, scribe de Lyon,

écrit des livres pour les Vaudois, 291.
Besançon : archevêque, 36, 51, 138, 159, 252, 361, 367; diocèse, 279, 324, 333, 338; église Saint-Jean, 365; prieur des Dominicains, 33; usage local, 338; ville, 338, 364, 369.
Bible (traductions de la) défendues, 291, 308.
Blanche de Castille, reine de France. Son projet de pèlerinage à Saint-Jacques de Compostelle, 389. Elle paye les dettes des Frères Prêcheurs de Paris, *ibid.*
Bologne (Italie) : Dominicains, 259; ville, 117, 175, 182, 440.
Boniface IV, pape, 93.
Bonivard, secrétaire du duc de Savoie, 182, 183.
Bonnes choses, sorcières, 88, 323-325.
Bonshommes, secte hérétique, 35. Voy. Vaudois.
Bourget (lac du), en Savoie, 321.
Bourgogne : duché, 107, 138, 337; ducs, 43, 112, 262; arrivée des Frères Prêcheurs en Bourgogne, 371.
Brescia (Italie) : évêque et Dominicains, 117, 440.
Bretagne (Armorique). Superstitions de ce pays, 320.
Bulgares ou Bougres, hérétiques, 275, 281, 300.
Bulgarie, pays des *Bougres,* 300.

C.

Cabrit (frère), religieux, 405.
Cahors (évêque de), 256-258.
Calixte II, pape. Livre des *Miracles de S. Jacques,* à lui attribué, 170.
Calon de Fontaines, petit-neveu de S. Bernard, 28, 29.
Cambrai (Nord) : diocèse et ville, 129, 131; évêque, 60, 61, 331.
Cantorbéry (archevêque de), 447.
Capitole de Rome. Ses statues, 424.
Carnaval (cérémonies et jeux du), à Rome, 423, 424.
Cassiodore. Sa traduction de l'*Histoire tripartite,* 6.
Castel-Sarrazin (Tarn-et-Garonne), ville, 44.
Castille (roi de), 314.
Catacombes de Rome, 145.
Catane, ville de Sicile, 32.
Cathares ou Catharistes, hérétiques, 281, 300, 301. Voy. Albigeois.
Catherine (sainte). Ses reliques, 189, 190.
Caudati, surnom des Anglais, 234.
Ceintures des femmes; leur luxe, 236, 237.
Chalaronne, rivière, 327. Voy. Saint-Étienne.
Châlon-sur-Saône : diocèse, 343; ville, 61.
Châlons-sur-Marne : diocèse, 149; ville, 78.
Chambéry, ville, 182.
Champagne : comté, 150, 331, 415; comtes, 124, 125, 126, 127, 134.
Chansons, 99, 168, 346.
Chapelle de Dun (la). Voy. Dun.
Charlemagne, empereur, maudit plusieurs villes d'Espagne, 262. *Histoire de Charlemagne,* attribuée à Turpin, 261.
Charles le Bel, roi de France, 287.
Charles Martel, vainqueur des Sarrazins, 419.
Charme employé par les paysans contre les rats, 391.
Chartres : chapitre, 135; diocèse, 89; évêque, 244; siège de cette ville par les Normands, 112.
Chasse (oiseaux de), 85, 178, 180.
Chasses fantastiques, 321.
Chat (Mont du), en Savoie (?), 321.
Chaussure des femmes, 232, 233.
Chauve-souris (la), apologue, 250.

Chevaux de bois servant aux danses, 168, 169.
Cheveux postiches des femmes, 237, 238, 239, 240, 241, 242.
Chien (le) qui lâche la proie pour l'ombre, apologue, 224.
Childéric, roi des Francs, 419.
Chinon (Indre-et-Loire), ville, 141.
Chirum, montagne de Tarentaise, 87.
Cicéron. Sa *Rhétorique* citée, 444.
Citeaux : abbaye, 100 ; ordre, 23, 57, 75, 90, 126, 166, 187, 277.
Clairvaux, abbaye, 19, 59, 249, 421, 422.
Clermont-Ferrand : diocèse, 334 ; évêque, 410 ; hérétiques, 25, 322 ; ville, 410.
Clermont (Oise), ville, 99.
Clovis, roi des Francs, 419, 427.
Cluny : abbaye, 97, 113, 181 ; ordre, 180, 181.
Coiffure des femmes, 228, 229, 233, 237, 238, 239, 240, 241, 242.
Cologne : Dominicains, 391 ; ville, 99.
Commune (guerre faite par une), 238.
Communistes, secte hérétique, 281.
Conception (fête de la). Son origine ; son objet, 93-95.
Confessions écrites, 155-157.
Conrard, cardinal-évêque de Porto, légat, 259.
Constantin, évêque d'Orvieto. Sa *Vie de S. Dominique,* 14.
Constantinople, ville, 152.
Corbeau (interprétation du cri du), 19.
Costume (historique du), 235. Costume et parures des femmes, 228-242, 358.
Cotereaux. Leurs dévastations à Déols, 111.
Coucou (chant du), présage, 60, 315.

Coucou, terme du jeu de cache-cache, 432.
Crépy en Valois (Oise) : église et comtes, 66, 67.
Crescentia (légende de), 115-117.
Croisades. Croisades d'Orient, 37, 38, 44, 374, 399 ; prédication de la croisade, 86, 87, 89, 90, 153, 154, 171-174 ; récits rapportés des croisades, 91, 92, 123, 164, 172-174, 337, 414. Croisade albigeoise, 23, 36, 37, 44, 140 ; voy. Albigeois.
Croix. Légende sur le bois de la Croix, 425, 426. Croix de feuilles, insigne des croisés, 38, 90.
Cudot (Yonne), village, 26. Voy. Alpaix, Étienne de Cudot.

D.

Dabitur-vobis, personnage fictif, 131.
Dagobert, roi des Francs, 419.
Damas (campagne de), lieu de la création de l'homme, 172.
Damiette (Égypte). Prise de cette ville par S. Louis, 337, 338.
Danses. Origine de la danse, 397, 398. Danse de Forez, 400. Danses dans les églises ou les cimetières, 168, 169, 229, 398. Danses équestres, en Roussillon, 168, 169. Danses nocturnes des sorcières, 88. Danses diverses, 161, 162, 226, 232, 321, 322, 324. Danseurs punis, 398, 399.
Dante (légende rapportée au), 439.
Date, personnage fictif, 131.
Démosthène. Sa réponse à Laïs, 386.
Denis (saint), cité, 5. Il sauve Philippe-Auguste des mains des démons, 271, 272.
Déols (Indre), dévasté par les Cotereaux, 111.

Diane. Ses courses fantastiques dans les airs, 323.
Diego, évêque d'Osma, prêche chez les Albigeois, 79.
Dijon : église Notre-Dame, ses sculptures, 60, 365, 366 ; ville, 365.
Dominicains ou Frères Prêcheurs. Origines de leur ordre, 13, 14, 17, 18, 29, 34, 44, 53, 54, 59, 66, 73, 74, 79, 84, 86, 94, 101, 108, 109, 117, 135, 136, 157, 164, 175, 181, 190, 196, 200, 205, 206, 213, 222, 224, 241, 284, 346, 351, 371, 389, 391, 398, 440, 441. Leurs couvents à Brescia, 440 ; à Clermont, 334 ; à Cologne, 391 ; à Fanjeaux, 287 ; en Lombardie, 278 ; à Metz, 346 ; à Montpellier, 200 ; à Orléans, 108 ; à Paris, voy. Saint-Jacques ; à Reims, 62, 398 ; à Sainte-Sabine, 441 ; en Provence, 34, 109, 213 ; en Toscane, 53 ; à Verdun, 339. Institution du chant du *Salve Regina* dans leur ordre, 101.
Dominique (saint). Sa prédication chez les Albigeois, 79, 241. Son habitude de raconter des exemples, 13, 14. Son livre est respecté par les flammes, 286, 287. Il institue le Rosaire, 41. Traits divers de sa vie, 34, 35, 108, 135, 175, 181, 366, 367. Sa mort ; visions relatives à cet événement, 117, 440, 441. Sa canonisation, 136.
Dominique (frère), prieur des Dominicains de Ségovie, 241.
Dun (Saône-et-Loire), village, 59.
Durfort (Raimond de), 287.

E.

Ébles, comte de Poitiers, 112.
Écoles et écoliers, 86, 183-185, 222, 239, 315, 317, 318, 346, 381, 406. Écoles de Paris, 311, 363, 403. Écoles des Albigeois et des Vaudois, 215, 280, 289.
Edmond (saint) ou Edme de Cantorbéry. Ses miracles à Pontigny, 447.
Église (l') apparaît sous la figure d'une reine pleine de corruption, 217.
Égypte (expédition d'), sous S. Louis, 84. Famine en Égypte, 83. Origine de la danse dans ce pays, 397. Solitudes d'Égypte, 152.
Éléonore d'Aquitaine, reine de France, 212, 213.
Elne (diocèse d'), en Roussillon, 168, 169.
Enluminures des manuscrits, 119.
Espagne, 262, 314, 315, 419.
Étienne (saint). Fête de sa révélation, 273.
Étienne d'Anse, grammairien de Lyon, 291.
Étienne de Bourbon ou de Belleville, dominicain, auteur du traité des *Sept dons du Saint-Esprit* ou *De diversis materiis prædicabilibus*. Sa vie, II-XI. Il naît vers la fin du XIIe siècle, VI. Il est élevé à Mâcon, dans l'église Saint-Vincent, 255. Il séjourne à Paris et y fréquente les écoles, 18, 19, 50, 86, 197, 317, 363. Il séjourne à Lyon (vers 1223), 199. Il est en rapport avec les premiers Vaudois dans sa jeunesse, 291. Il assiste au sacre de Louis VIII ou de Louis IX, à Reims, 427. Il séjourne à Reims, 335, 336. Il prêche la croisade contre les Albigeois, à Vézelay, 140. Il prêche dans le diocèse de Valence, 261, 294. Il est chargé de l'office d'inquisiteur par mandat apostolique, 196. Il prend part à l'assemblée et à l'interrogatoire des hérétiques de Mont-Aimé, en 1239, 150, 415. Il

s'arrête à Dijon, 365. Il se trouve à Fontaines, avec Calon, petit-neveu de S. Bernard, 28, 29. Il passe à Auxonne, 103. Il fait l'office d'inquisiteur en Forez, 322. Il séjourne à Sury-le-Comtal (vers 1239), 399. Il vient à Clermont, appelé par l'évêque Hugues de la Tour, pour interroger des hérétiques, 322. Il se trouve à Clermont au moment du supplice d'un hérétique appelé l'Auvergnat, 25, 26. Il assiste au concile de Lyon, en 1245, 158. Il prêche dans le diocèse de Lyon, et s'arrête à Saint-Étienne de Chalaronne, 272, 273. Il détruit la superstition du faux S. Guinefort, à Villeneuve-en-Dombes, 325-328. Il séjourne à Cluny, en 1246, 97, 113. Il séjourne à Châlon-sur-Saône, 61. Il passe à Marcigny-aux-Nonnains, 263. Il traverse le diocèse de Tulle, 215. Son séjour en Roussillon, 169, 170. Il séjourne à Besançon, 33, 364. Il prêche dans le diocèse de Belley, 262. Il parcourt la Savoie (après 1249), 88, 182-184. Il traverse les Alpes, 429. Il passe en Piémont, 184. Ses relations avec Sybille, belle-sœur de Philippe-Auguste, 26, 271; avec Alix de Vergy, duchesse de Bourgogne, 43; avec Guillaume de Contres, 44; avec le cardinal Jacques de Vitry, 74; avec Nicolas de Flavigny, archevêque de Besançon, 35, 36; avec Renaud, archevêque de Lyon, 269, 270; avec Aimon, évêque de Mâcon, 352; avec Terric, chanoine de Lyon, 50; avec Étienne de Cudot, 27; avec les premiers compagnons de S. Dominique, 79; avec Jourdain de Saxe, 41; avec Humbert de Romans, 29; avec Romée de Levia, 34; avec Guillaume Perraud, 45, 46; avec Geoffroi de Blével, 54, 55. Il confère avec un chef de brigands et le confesse, 369, 444. Il convainc une femme coquette, 237, 238. Il refuse de croire aux dénonciations, 322, 323. Son caractère, VII, XVI. Sa mort (vers 1261), III, IX. Son ouvrage; son plan, sa méthode et ses sources, XI-XXV, 3-14. Il cite *de visu* et *de auditu* différents traits, 19, 20, 36, 60, 62, 75, 360, 361, 363, 443, etc. Il en cite d'autres d'après leurs auteurs mêmes, 24, 41, 43, 57, 58, 198, 395, 443, etc. Ses scrupules et ses réserves, 77, 117, 118, 229, 270, 336, 375. Sa discrétion, 38, 39, 52, 58, 392, 393.

Étienne de Cudot, archidiacre d'Auxerre, curé de Vermenton, 27, 229, 230.

Étienne de la Ferté, dominicain, 62.

Étienne *de Marusiaco*, moine de Cluny, 39.

Etna (l'), volcan, 32, 33.

Eucharistie (l') honorée et logée par un essaim d'abeilles, 266. Profanation de l'Eucharistie, 328. L'Eucharistie s'échappe de la bouche d'une béguine, 336.

Eudes III, duc de Bourgogne, 43, 262.

Eudes de Châteauroux, chancelier de Paris, puis cardinal-évêque de Tusculum et légat, 89, 121.

Eudes de Sully, évêque de Paris, 223.

Eugène III, pape, 249, 421.

Eusèbe de Césarée. Son *Histoire ecclésiastique* et sa chronique, 6.

Excommunications de personnes, d'animaux, de terres; leurs effets, 254-264.

F.

Falsidique et Véridique, apologue, 332.
Fanjeaux (Aude), ville, 34, 287.
Farsit (Hugues). Son recueil de miracles, 98.
Faunes invoqués dans le pays de Dombes, 327.
Femmes. Luxe de leur toilette, 228-242. Femmes adultères, 393-396, 401-405. Femmes querelleuses, 202-210, 336.
Flandre, comté, 113. Canaux de la Flandre, 91.
Foires. Leur clôture, 65.
Fontaine, village, aux environs de Cambrai, 129.
Fontaines, près Dijon, village et seigneurie, 28, 29.
Forez, comté, 322, 399. Danse de Forez, 400.
Foulques de Marseille, évêque de Toulouse. Sa conversion; traits de son caractère, 23, 24.
Foulques de Neuilly, prêtre, fonde l'abbaye de Saint-Antoine, 241.
Franciscains ou Frères Mineurs, 54, 65, 390.
François d'Assise (saint). Religieux envoyés par lui à Saladin, 65. Il prêche à Rome et confond les prélats, 215, 216, 407. Il baise les mains d'un prêtre malgré son indignité, 265, 304. Vision sur sa mort, 441.
Frédéric Barberousse, empereur d'Allemagne, 241, 242.
Frédéric II, empereur d'Allemagne, 183, 242, 287.
Frères Prêcheurs. Voy. Dominicains.
Frères Mineurs. Voy. Franciscains.
Fribourg (Suisse), évêché, 33.

G.

Gantelme ou Gaucelin, évêque de Chartres, 112.
Garnier. V. Guerric.
Gâtinais (bailli, terre et vin de), 244.
Gautier, fou, qui a donné son nom au Saut-Gautier, 408.
Gautier *de Letis,* religieux, 66.
Gautier de Leus, religieux, 131, 160.
Gazares, hérétiques, 300. Voy. Albigeois, Cathares.
Gênes, ville, 374.
Genève (diocèse de), 88.
Geoffroi (frère), religieux, 218.
Geoffroi de Blevex ou de Blével, dominicain, recteur des écoles de Saint-Jacques, à Paris, 54, 55, 132, 185, 202, 354, 403.
Geoffroi de Péronne, prieur de Clairvaux, refuse l'évêché de Tournai, 249, 421.
Gervais de Tilbury. Son livre *De solaciis imperialibus,* 7, 401.
Gilbert de la Porrée, docteur, 212, 213.
Girard, comte de Mâcon, 105, 374, 375.
Godefroid de Bouillon. Sa force due à sa chasteté, 442.
Godefroid de Parme. Son *Panthéon,* 6. Sa chronique, 419, 424.
Gosselin ou Guocelin, villageois, calendrier vivant, 273
Gouffier des Tours, chevalier, 188.
Grégoire (saint), pape. Ses *Dialogues,* 4, 7. Ses homélies, 8. Légende de S. Grégoire, 258.
Grégoire IV, pape, 93.
Grégoire VIII, pape, 6.
Grégoire IX, pape. Sa légation en Lombardie, 255.
Grégoire (saint) de Tours. Son *Histoire des Francs* citée, 6, 431.
Grenier (mont), en Savoie. Sa chute, 182-184, 429.
Grenoble : diocèse, 405 ; évêque et synodes, 268.
Guala, prieur des Dominicains, évêque de Brescia, 117, 440.
Guerric de Metz, prieur des

Dominicains. Sa conversion, 346.
Guerric ou Garnier de Saint-Quentin, maître en théologie, entre dans l'ordre de S. Dominique, 66, 222, 346.
Gui V, comte de Forez et de Nevers, 399.
Gui, frère aîné de S. Bernard, 29.
Gui d'Orchuel ou d'Orcheux, docteur, 16.
Guiard de Laon, chancelier de Paris, évêque de Cambrai, 60, 61, 331, 332.
Guichard IV, sire de Beaujeu, 26.
Guillaume, archidiacre de Paris, 36.
Guillaume, chapelain de Neufchâtel, 33.
Guillaume, comte de Mâcon, 374.
Guillaume I et II, comtes de Poitiers, 187.
Guillaume, prieur de Besançon, 33.
Guillaume, seigneur de Montpellier, 246.
Guillaume d'Auvergne, évêque de Paris. Ses sorties contre les simoniaques, 383; contre les luxurieux, 387. Ses réparties, 388. Il annonce à S. Louis la naissance d'une fille, *ibid*. Sa réponse à une question insidieuse de Jean de Beaumont, 389. Il fait payer par la reine Blanche les dettes des Frères Prêcheurs de Paris, *ibid*.
Guillaume de Cordelles, frère mineur, 390.
Guillaume de Contres, chevalier de la suite du comte de Nevers, 44.
Guillaume de Genève, religieux, 88.
Guillaume de Limoges, dominicain, 197.
Guillaume de Nevers, dominicain, 80.

Guillaume Perraud, dominicain. Sa *Somme des Vertus et des Vices*, 8, 23, 46, 126, 378, 380, 421. Anecdote racontée par lui à Étienne de Bourbon, 45, 46.
Guillaume *de Peyt.*, religieux, 96.
Guillaume de Poitiers, franciscain, 25.
Guinefort (saint), chien honoré d'un culte superstitieux, détruit par Étienne de Bourbon, 325-328.
Gundrade, femme de Soissons, 98.

H.

Hainaut. Voy. Baudouin V, Isabelle, Sybille.
Hégésippe, historien, 5.
Hélène (enlèvement d'), 438, 439.
Hellequin (mesnie), troupe fantastique, 321.
Helsin, abbé de Ramsay, 95.
Henri VI, empereur d'Allemagne, 242.
Henri le Large, comte de Champagne, 124-127.
Henri de Cologne, dominicain, 391.
Hercule entre le Vice et la Vertu, apologue, 191.
Hérésies (tableau des) au temps de l'auteur, 274-314.
Hérétiques, 149, 150, 213, 215, 274-314, 322, 323, 415, 430. Voy. Albigeois, Bonshommes, Cathares, Inquisition, Manichéens, Vaudois, etc.
Hérodiade associée aux courses fantastiques de Diane, 323.
Homère (légendes sur), 438, 439.
Honorius, empereur romain, 431.
Hôpital (ordre de l'), 106.
Hugues (saint), abbé de Cluny, 180, 181. Ses récits de miracles, 7, 118.
Hugues IV, duc de Bourgogne, 43, 262.

Hugues, fils d'Eudes III, duc de Bourgogne, mort enfant, 43.
Hugues de la Tour, évêque de Clermont, 322.
Hugues de Saint-Cher, dominicain, 15.
Hugues de Saint-Victor, religieux, puni pour sa vanité, 223. Sa chronique, 7, 419.
Humbert de Romans, général des Dominicains, 29, 44, 174, 200, 222, 353.

I.

Inde (traditions sur l'), 330, 331.
Innocent II, pape, 118.
Innocent III, pape, 291.
Innocent IV, pape, institue l'octave de la Nativité de la Vierge, 96. Son séjour à Lyon, 96, 183.
Inquisition. Ses procédés, 215, 254, 307-314, 322, 323. Contre-partie du rôle des inquisiteurs, 196, 322. Voy. Étienne de Bourbon, Hérésies.
Irlande (Dominicains en), 157.
Isabelle (dame), type de coquette, 239, 240.
Isabelle de Hainaut, femme de Philippe-Auguste, 26, 271.
Italie (séjour de S. Bernard en), 118. Voy. Lombardie, Rome, etc.

J.

Jacques (saint). Ses miracles, 170, 171. Un sorcier se fait passer pour lui, 316. Voy. Saint-Jacques de Compostelle.
Jacques, lorrain, 384.
Jacques Bonivard. Voy. Bonivard.
Jacques de Vitry, cardinal-évêque de Tusculum. Son *Histoire transmarine*, 6. Exemples racontés par lui, 7, 19, 20, 34, 59, 60, 62, 64, 74, 75, 90, 92, 124, 125, 127, 128, 129, 132-134, 153, 157, 162, 164, 167, 177, 184, 187, 203, 212, 218, 226, 231, 233, 252, 273, 278, 314, 315, 334, 340, 350, 358, 360, 365, 369, 371-373, 376, 379, 381, 384, 391, 394, 406, 408, 412, 420, 432, 445, 446, 448.
Jean-Baptiste (saint). Ses reliques, au Puy, 269.
Jean Chrysostôme (saint). Ses homélies, 8.
Jean Damascène (saint), auteur prétendu de *Barlaam et Josaphat*, 7.
Jean l'Aumônier (saint). Sa *Vie*, 7.
Jean (le roi), en Palestine, 64.
Jean, abbé de Belleville, 101, 270.
Jean, abbé de Bonneval, 170.
Jean, habitant de *Villaisvilla*, près Cambrai, 129-131.
Jean, prêtre et religieux, cité par Étienne de Bourbon, 30.
Jean, religieux sicilien, 32, 33.
Jean de Beaumont, chambellan de S. Louis, 389.
Jean aux Blanches-Mains, archevêque de Lyon, 292, 293, 351, 352, 427.
Jean de Braine, comte de Mâcon, 375.
Jean de Mailly, dominicain. Sa chronique, 7.
Jean de Montmirail, archidiacre de Paris, dominicain, 109, 133, 386.
Jean, seigneur de Montmirail, religieux à Longpont, 133.
Jean sans Terre, fils du roi d'Angleterre, 111.
Jean des Vignes, prédicateur, 399.
Jérôme (saint), traducteur d'Eusèbe, 6. Sa chronique, *ibid*.
Jérusalem (ville et royaume de), 426, 442.
Jeûnes en l'honneur de la sainte Vierge, 102-107.
Jongleurs. Un jongleur confond

des Albigeois, 149. Un autre convertit une noble dame, 186. Un jongleur à la recherche d'une honnête femme, 230. Masques des jongleurs, 231. Farces jouées par eux, 232. Réclamation d'un jongleur à Philippe-Auguste, 242, 243. Un jongleur fait noyer sa femme, 252.

Jonvelle près Jussey (Haute-Saône), village, 279.

Josèphe, historien, 5.

Jourdain de Saxe, général des Dominicains, 29, 41, 60, 102, 165, 197, 391. Sa biographie de S. Dominique, 14, 79.

Jouvence (fontaine de), 77.

Jurons, jurements populaires, 333, 334, 337-343.

Jussey (Haute-Saône), ville, 279.

Justinien, empereur d'Orient, 189.

L.

Lagny (Seine-et-Marne), ville, 341.

Laïs. Mot de Démosthène à cette courtisane, 386.

Laitière (la) et le pot au lait, apologue, 226.

Landri de Brézé, évêque de Mâcon, 256.

Languedoc (pays de), appelé Provence, 300.

Langres (doyen de), 36.

Langues (le plat de), apologue, 210.

Latran. Quatrième concile de Latran, en 1215, 293. Palais de Latran, 423.

Lausanne (Suisse) : diocèse, 133 ; évêque, 256.

Léman (lac), 256.

Léon, ville d'Espagne, 171.

Léonistes, secte hérétique, 281.

Lion (le), le loup et le renard, fable, 332.

Lions (légendes des), 188.

Loire, fleuve, 263.

Lombardie, 89, 255, 265. Sectes hérétiques de ce pays, 278-280, 293 (voy. Milan). S. François d'Assise y prêche, 304. S. Dominique y séjourne, 366.

Longin (saint). Sa passion, 87.

Longpont, abbaye, 133.

Lorraine (duc de), 65.

Louis le Débonnaire, empereur, 323.

Louis VII, roi de France, fait nommer Maurice de Sully évêque de Paris, 418. Il visite S. Bernard à Clairvaux, 422. Anecdote concernant probablement la reine Éléonore, sa femme, 213.

Louis VIII, roi de France. Son sacre, 427. Il assiége Avignon, 267.

Louis IX ou saint Louis, roi de France. Trait de charité délicate de sa jeunesse, 443. Son sacre, 427. Il acquiert le comté de Mâcon, 375. Il apprend par Guillaume d'Auvergne qu'il lui est né une fille, 388. Sa grave maladie, en 1244; paroles prononcées par lui dans cette circonstance, 63. Il se croise, en 1245, 63, 89. Il s'empare de Damiette, 337, 338. Sa captivité, *ibid*. Il réprime les blasphèmes, 341.

Luncium, village, aux environs de Cambrai, 129.

Lyon : archevêque, 269, 292, 293, 352, 385, 427 ; cathédrale, 291 ; chantre, 352 ; concile de 1245, 96, 158 ; diocèse, 272, 325, 328, 399 ; Dominicains, 17, 34 ; église, 94 ; palais archiépiscopal, 385 ; ville, 50, 158, 183, 199. Origine des Vaudois à Lyon, 290-293. Pauvres de Lyon, voy. Vaudois.

M.

Mâcon : archidiacre, 135 ; comte et comté, 105, 374, 375 ; diocèse, 59, 61, 105, 260, 343, 374, 375 ; église Saint-Vincent,

255 ; évêque, 256, 352, 375, 427.
Macrobe, auteur cité, 433.
Maïa, déesse. Vestige de son culte, 60.
Manès ou Manichée, hérésiarque, 299, 300, 306.
Manichéens, hérétiques. Leur origine, leurs pratiques, leurs erreurs, 149, 281, 299-307. Manichéens condamnés à Mont-Aimé, 150, 415. Leur propagande en Lombardie, 265. Voy. Albigeois.
Marcigny-aux-Nonnains (Saône-et-Loire), village et archiprêtré, 263.
Marguerite de Provence, reine de France. Naissance de son premier enfant, 388.
Mariage (cérémonies du), 60, 365, 366.
Marseille : abbaye de Saint-Victor, 131.
Martin (saint) de Tours, 56, 134, 328, 431.
Martin (monseigneur), usurier, 362.
Martin perdit son âme, dicton, 425.
Mathieu de France, dominicain, premier prieur de Saint-Jacques, 18, 224.
Matrone d'Éphèse (la), conte, 395-397.
Maures d'Espagne, 314, 315, 419. Les Maures envoient des présents à Notre-Dame du Puy, 269.
Maurice de Sully, évêque de Paris. Il mendie son pain dans son enfance, 388. Légende sur son élection, 274. Il est élu sur la désignation de Louis VII, 418. Il refuse de reconnaître sa mère sous de riches habits, 231.
Médecin (le) malgré lui, légende, 206.
Médecine. Son peu de faveur dans les monastères, 349, 350.
Merlin (prophétie de), 235.

Michel (saint). Sa fête, au Mont-Saint-Michel, 99. Voy. Mont-Saint-Michel.
Milan, école et centre de l'hérésie au xiiie siècle, 215, 280.
Mille-Artifex, surnom du diable, 197.
Milon, prieur des Dominicains de Verdun, 339.
Mons Gaudii, près Saint-Jacques de Compostelle, 171.
Mont-Aimé, commune de Bergères-les-Vertus (Marne). Hérétiques condamnés et brûlés en ce lieu, 149, 150, 415. Fameux combat de chiens livré au même endroit, 331, 415.
Montferrand (comtesse de), 411. Voy. Robert, dauphin d'Auvergne, dit le marquis de Montferrand.
Montfort (comte de), 23, 24, 241.
Montmirail. Voy. Jean et Philippe de Montmirail.
Montpellier. Alain de Lille enseigne dans cette ville, 246, 370. Dominicains de Montpellier, 200.
Mont-Saint-Michel, abbaye et pèlerinage, en Normandie, 20, 99, 408.
Morbes (Morback), abbaye, 37.

N.

Nativité de la Vierge (fête de la). Son institution ; son octave, 95, 96.
Neufchâtel (Suisse), ville et lac, 38.
Nevers (comte et comté de), 104, 399.
Nicolas (saint). Sa fête populaire, 51.
Nicolas de Flavigny, archevêque de Besançon, 35, 36, 51, 138, 159, 252, 361, 367.
Noël (fête de), 83, 84, 317, 399.
Nogent-l'Artaud (Aisne), château, 125.

Norbert, maître ès-arts, à Paris, 403.
Normandie, duché, 408, 445.
Normands. Siége de Chartres par ces barbares, 112.
Notre-Dame, église, à Amiens, 435.
Notre-Dame, église, à Dijon; ses sculptures, 60, 365, 366.
Notre-Dame, église, à Paris, 363, 366.
Notre-Dame, église et pèlerinage, au Puy, 269.
Notre-Dame, église, à Reims, 427.
Notre-Dame, église, à Soissons, 97, 98, 363.
Notre-Dame-aux-Martyrs (fête de), 93.
Novile (peut-être Villeneuve en Dombes), bourg, 325.

O.

Oliviers (monts des), à Jérusalem, 92.
Orcheux (Oise), village, 16.
Orose. Son *Histoire*, 5.
Osma, en Castille (évêque d'), 79.
Othon IV, empereur d'Allemagne, 401.
Otto, cardinal-évêque de Porto, 351.
Ovide, poëte cité, 172.

P.

Pacchaires, hérétiques, 265. Voy. Manichéens.
Pain-et-eau, sobriquet d'un Templier, 164.
Panthéon de Rome, 99, 424.
Pâques (fête de), 105, 328, 336, 423.
Paris : abbaye de Saint-Antoine, 241; archidiacre, 36, 109, 386; bourgeois, 68, 340; chancelier, 331; chapitre, 229; coche de Saint-Denis, 342, 343; coquetterie des Parisiennes, 228; couvent des Dominicains, voy. Saint-Jacques; cris de Paris, 185; écoles et écoliers, 19, 50, 86, 183, 185, 222, 311, 317, 318, 346, 363, 403; église cathédrale, 361, 366; évêque, 223, 231, 274, 383, 387-389; grand chantre, 19; grand pont, 340; valets, 372; ville, 90, 141, 231, 246, 247, 340, 391, 399, 436.
Patarins, secte hérétique, 275; 281; 300. Voy. Albigeois.
Pavie (Italie), ville, 99.
Peinture du visage des femmes, 231, 232, 233, 237, 238, 239.
Pèlerinages, 167-174, 377, 389, 401, 433, 435, 445. Voy. Croisades, Mont-Saint-Michel, Notre-Dame du Puy, Rome, Saint-Jacques, Terre-Sainte.
Pellisson, vêtement de dessous, 128.
Pentecôte (fête de la), 365.
Pepin le Grand, père de Charles Martel, 419.
Péronne (Somme), cure, 244.
Perpignan (diocèse de), 168, 169.
Perrin Dandin, juge, 381.
Pertinax, empereur romain, 358.
Philippe Ier, roi de France, dote le prieuré de Saint-Martin-des-Champs, 181.
Philippe-Auguste, roi de France. Sa guerre contre l'Angleterre, 111. Sa réponse à un *trotier*, 175, 176; à un jongleur, 242, 243. Bons mots à lui attribués, 243. L'évêque de Chartres lui refuse une prébende, 244. Il fait pendre un bailli prévaricateur, *ibid*. Il donne la cure de Péronne à un clerc de sa chapelle, *ibid*. Il se moque d'un poëte qui ne veut pas avouer son humble origine, *ibid*. Il réprime les blasphèmes, 340. Il est sauvé, après sa mort, par l'intervention de S. Denis, 271, 272. Sa belle-sœur Sybille, 26.
Philippe le Bel, roi de France, 399.

Philippe, prieur des Dominicains de Reims, 398, 399.
Philippe de Montmirail, fondateur de monastères, 20, 21.
Piémont, pays, 429.
Pierre (saint), apôtre, 129-131.
Pierre (saint), archevêque de Tarentaise, 126. Ses récits de miracles, 7, 118.
Pierre, chevalier nivernais, 104.
Pierre Alphonse. Ses écrits, 7.
Pierre de Castelnau, légat, 259.
Pierre, moine de Cluny. Ses livres, 7, 118.
Pierre Comestor ou le Mangeur, candidat à l'évêché de Paris, 418. Son *Histoire scolastique*, 5, 307.
Pierre Damien, évêque d'Ostie, 118.
Pierre l'Espagnol, dominicain, 217, 349.
Pierre de Léon ou Anaclet, antipape, 118, 119.
Poitiers (comtes de), 112, 187, 411, 412.
Pontigny (Yonne). Abbaye et tombeau de S. Edmond, 447.
Popelicant, nom des Cathares ou Albigeois, 300.
Porquet (Renaud), chevalier, 91.
Porta Clausa, ville d'Espagne, 171.
Porto (évêque de), 259, 351.
Pouilly (Saône-et-Loire), village, 61.
Prédication. Prédications ambulantes et en plein air, 73-75, 161, 162, 292 ; dans les synodes, 218. Prédication de la croisade, 86, 87, 89, 90, 153, 154, 171-174. Missions chez les Albigeois, 79, 213. Prières pour les défunts demandées en chaire, 154. Improvisation de S. François, en langue vulgaire, 215, 216, 407. Luxe de certains prédicateurs, 79, 216. Prédicateurs pauvres, 177 ; négligents, 353, 354, 428, 429 ; vaniteux, 247. Voy. Dominicains, Étienne de Bourbon, etc.
Pressy (Saône-et-Loire), village, 260.
Prières pour les défunts, 154.
Probatique (piscine), à Jérusalem, 426.
Prouille (Aude), monastère, 35.
Provence, pays, 419. Nom de cette province étendu au Languedoc, 300. Vaudois en Provence, 293. Dominicains en Provence, 34, 109, 213.
Proverbes, 163, 228, 230, 239, 240, 353, 363, 378, 381, 391, 411, 425.
Psalmodie, 181, 184, 185, 354.
Psautier appris par une bonne femme, 179.
Purification (fête de la), 98.
Puy (le) en Velay : église Notre-Dame, 269 ; évêque, 269, 270.

Q.

Queues des robes, 233-235.

R.

Rabelais (quart-d'heure de), 411, 412.
Rameaux (fête et procession des), 216, 229.
Raon, sous-prieur des Dominicains, 440, 441.
Raoul, comte de Crépy-en-Valois, 66, 67.
Raoul de Bulli, maître ès-arts, 50.
Raoul de Varey, prieur des Dominicains de Clermont, 334.
Raymond IV, comte de Toulouse, excommunié, 259.
Reclamatorium, moyen employé pour rappeler les oiseaux de chasse, 85, 178.
Réginald. V. Regnauld.
Réginon, abbé. Sa chronique, 6.
Regnauld ou Réginald, doyen des Frères Prêcheurs d'Or-

léans. Sa guérison miraculeuse, 108.
Reims : archevêque, 166, 412; béguines, 335; diocèse, 62, 162, 342, 412; Dominicains, 398; église Notre-Dame, 427; ville, 62, 391, 427.
Remi (saint) baptise Clovis, 427.
Renaud de Forez, archevêque de Lyon, 269, 385.
Richard Cœur de Lion, roi d'Angleterre, emploie les Cotereaux dans sa guerre contre le roi de France, 111. Il tente de séduire une religieuse, 211, 431.
Richard, duc de Bourgogne, 112.
Richard le Bon, duc de Normandie. Exemple de patience donné par lui, 445.
Rimite (forêt dite), dans le pays de Dombes, 327.
Riom (Puy-de-Dôme), ville, 334.
Robert, dauphin d'Auvergne, dit le marquis de Montferrand, collige et détruit les livres des hérétiques; son savoir, ses pénitences, 275-277, 410, 411, 424, 434.
Robert de Chartres, docteur, 360.
Robert le Diable (légende de), 145-148.
Roche-Scise, résidence des archevêques de Lyon, 385.
Rollon, chef des Normands, 112.
Romain, cardinal, auteur d'une chronique, 7.
Romain, cardinal de Saint-Ange, légat en France, 410, 424, 434.
Rome, ville et but de pèlerinage, 36, 49, 67, 99, 106, 108, 135, 136, 144, 146, 152, 271, 292, 394, 427. Berceau de la ville primitive, 423. Panthéon, 424. Statues du Capitole, *ibid*. Catacombes, 145. Empereur de Rome, 115. S. François prêche à Rome, 216, 407.

Carnaval romain, 423, 424.
Romée de Levia, prieur des Dominicains, 34, 109, 199.
Rosaire. Son institution, 41.
Rouen, ville et monastère, 189, 190.
Rouge (abus du) dans la parure des femmes, 238, 239.
Rousseau, surnom d'un enfant, 238.
Roussillon, pays : danses et usages locaux, 168, 169.

S.

Saba (reine de), 426.
Saint-André, ancienne ville de Savoie, 184.
Saint-Antoine, abbaye, à Paris, 241.
Sainte-Catherine, monastère, sur le mont Sinaï, 189.
Saint-Cyprien, monastère, à Poitiers, 187.
Saint-Denis, abbaye, près Paris, 439. Coche de Paris à Saint-Denis, 343.
Saint-Étienne, église, à Troyes, 125.
Saint-Étienne de Chalaronne (Ain), paroisse, 272.
Saint-Germain-des-Prés, abbaye, à Paris, 19.
Saint-Jacques, couvent des Dominicains, à Paris, 18, 55, 196, 224, 284, 346, 389. Écoles de Saint-Jacques, 55, 222.
Saint-Jacques de Compostelle, pèlerinage, en Espagne, 170, 171. La reine Blanche de Castille projette de s'y rendre, 389.
Saint-Jean, église, à Besançon, 365.
Saint-Jean-d'Acre. Fraudes des marchands de cette ville, 377.
Saint-Jean-des-Vignes, prieuré, à Soissons, 399.
Saint-Léger-lès-Paray (Saône-et-Loire), paroisse, 263.
Saint-Maixent (Deux-Sèvres), abbaye, 187.

Saint-Martin-des-Champs, prieuré, à Paris, 180, 181.
Saint-Michel, mont, en Espagne, 170. Voy. Mont-Saint-Michel.
Saint-Pierre, église, à Rome, 67.
Saint-Pourçain (Allier). Hérétiques arrêtés en ce lieu, 325. Vin de Saint-Pourçain, 389.
Sainte-Sabine (Italie), prieuré des Dominicains, 441.
Saint-Sauveur, église, à Pavie, 99.
Sainte-Sophie, église, à Constantinople, 152.
Saint-Victor, abbaye, à Marseille, 131.
Saint-Vincent, église, à Mâcon, 255.
Saladin, sultan. Traits légendaires sur ce personnage, 64, 65, 167, 414.
Salomon, roi des Hébreux, 426. Variante du jugement de Salomon, 136, 137.
Salve, Regina. Chant de cette antienne après complies, 102, 110.
Samedi (jeûne du), 106, 107.
Santa-Maria de Mascarella, église, à Bologne, 182.
Saône, rivière, 273, 327.
Sarrazins, 164, 173, 296, 314, 315, 377, 414, 419, 442. Leurs rapports avec les croisés, 64, 65. Leurs cruautés, 91. Ils envoient des présents à Notre-Dame du Puy, 269. Sarrazins convertis au christianisme, 83, 84, 122, 275, 337, 338. Voy. Croisades, Maures.
Saut-Gautier (le), au Mont-Saint-Michel, 408.
Sauve-Bénite (Haute-Loire), abbaye, 269.
Savetier (le) et le financier, fable, 357, 358, 438.
Savoie, comté, 182, 183, 321, 429. Voy. Genève (diocèse de), Tarentaise.
Sculptures de Notre-Dame de Dijon, 60, 365, 366.

Secours des malheureux (philosophe dit *le*), 81.
Ségovie (Espagne), Dominicains, 244.
Sella (maître), professeur à Paris, 19.
Sens (Yonne), diocèse, 185, 354.
Sépulture (prix payé pour la), blâmé comme un abus, 384, 385.
Serlon, professeur de Paris, 19.
Seth, fils d'Adam, 426.
Sézanne (Marne), village, 134.
Siméon, moine du Sinaï, 190.
Siméon, religieux cistercien, 90.
Simon, frère prêcheur, 78, 346.
Simon de Crépy (le bienheureux). Son histoire, 66, 67.
Simon de Montfort, 44. Voy. Montfort (comte de).
Sinaï (monastère du mont), 189.
Soissons (Aisne) : diocèse, 398; église Notre-Dame, 97, 98, 363; prieuré de Saint-Jean-des-Vignes, 399.
Solustré (Saône-et-Loire), château, 105.
Sorciers et sortilèges, 314-329.
Souliers à la poulaine, 232, 233.
Spéronistes, secte hérétique, 281.
Statues de la sainte Vierge; leur façon, 129. Voy. Cotereaux, Sculptures, Vierge (sainte).
Superstitions populaires, 202, 203, 314-329, 345, 376.
Sury-le-Comtal (Loire), château, 399.
Sybille de Hainaut, dame de Beaujeu, belle-sœur de Philippe-Auguste, 26, 271.
Synodes. Leur tenue; prêtres forcés d'y assister, 218, 268, 375.
Syrie (terre de), 442.

T.

Table-Ronde (romans de la), 86, 87. Voy. Arthur.

Tancrède, dominicain, prieur de Sainte-Sabine, 440, 441.
Tarentaise (montagnes de), 87, 429.
Tarn, rivière, 300.
Templiers. Leur austérité primitive, 164.
Terre-Sainte (pèlerinages en), 140, 171-174, 377, 401, 445. Voy. Croisades.
Terric, chanoine de Lyon, 50.
Testaccio (mont), à Rome, 423.
Théodéric, habitant de Soissons, 98.
Théophile (légende de), 157.
Thibaud IV le Grand, comte de Champagne, 124, 125, 126, 127, 134, 150.
Thibaud, hérétique de Mont-Aimé, 150.
Thomas II, duc de Savoie, 182, 183.
Tivoli, ville d'Italie, 441.
Tonnerre (Yonne), ville, 26.
Tortolans, secte hérétique, 280, 281.
Toscane. Prédication des Dominicains dans ce pays, 53.
Toulouse : évêque, 23, 24 ; ville, 300.
Tournai (évêché de), 249, 421.
Tournois, cause de ruine pour les chevaliers, 70, 227.
Tours : diocèse, 141 ; ville, 56. Voy. Martin (saint).
Toussaint (fête de la), 93.
Trèves (archevêque de), 37.
Tripoli (chantre de), 135, 136.
Trollkona, déesse scandinave, 323.
Troyes, ville, 125.
Tulle (diocèse de), 215.
Turcs, 442. Voy. Sarrazins.
Turpin, archevêque de Reims. *Histoire de Charlemagne* ou *de Roncevaux*, à lui attribuée, 7, 261.
Tyr. Tremblement de terre dans cette ville, 400.

U.

Urbain II, pape, 118.
Usuard. Son calendrier, 8.
Usure, usuriers, 254, 334, 361-369.

V.

Vagnori (seigneur de). Voy. Vignory.
Valdo (Pierre de) ou Vaudois, hérésiarque, 290-292.
Valence en Dauphiné (diocèse de), 261.
Valets de Paris. Leurs fraudes, 372.
Vampires, 319-321.
Vaudois, hérétiques. Leur origine, 290-293. Leurs doctrines et leurs pratiques, 275, 280, 293-299. Leur école à Milan, 280. Moyens employés pour les reconnaître, 307-314.
Verdun (Meuse) : Dominicains, 339.
Vergy (Côte-d'Or), château, 138.
Vermenton (Yonne), paroisse, 27, 229.
Vers *colorés*, 10, 12, 22.
Vesta (temple de), à Rome, 423.
Vézelay (Yonne), ville, 140.
Vieillard (le) et ses deux maîtresses, apologue, 390.
Vierge (la sainte) apparaît aux croisés, 90. Le diable prend sa forme, 199. Hospitalité donnée par elle, 129-131. Elle sauve Avignon de la destruction, 267, 268. Ses fêtes, son culte, ses miracles, 93-120. Petit office de la sainte Vierge, 100. Ses statues, 129, 373. Sa tunique, 112.
Vignory (Haute-Marne), village et seigneurie, 58.
Villageois (le) à qui on fait

prendre son agneau pour un chien, apologue, 288.
Villageois (le) et le serpent, fable, 195.
Villaisvilla, village, près Cambrai, 129.
Villars en Dombes (Ain), terre, 325.
Villeneuve en Dombes (Ain), bourg, 325.

W.

Wasselin, jeune allemand, guéri miraculeusement, 99.
Wedoir de Saint-Riquier, prédicateur, 435.

Z.

Zacharie, pape, consulté par Pépin le Bref, 419.

ADDITIONS ET CORRECTIONS.

Page 6, ligne 27. *Au lieu de* : Jeronymi; *lisez* : Hieronymi.

P. 26, note 3. *Ajoutez* : C'est évidemment de la même personne qu'il s'agit lorsque M. Guizot, traduisant l'*Histoire des croisades* de Jacques de Vitry (liv. II, ch. 4), parle d'une jeune fille du diocèse de Sens renommée pour ses abstinences et ses visions, dans le village appelé *Eudes*. Il y a ici la même faute de lecture que dans Vincent de Beauvais.

P. 63, note 1. *Ajoutez* : D'ailleurs, les paroles attribuées à S. Louis par l'auteur ne sont pas reproduites par les autres écrivains du temps.

P. 123, l. 19. *Au lieu de* : accomodaret; *lisez* : accommodaret.

P. 140, ligne 1 des notes. *Au lieu de* : vers 1250; c'est un des faits les plus récents qu'il ait mentionnés ; *lisez* : vers 1260; c'est le fait le plus récent qu'il ait mentionné.

P. 159, note 1. *Au lieu de* : Vincent de Beauvair; *lisez* : Vincent de Beauvais.

P. 178, note 1. *Au lieu de* : n° 92; *lisez* : n° 94.

P. 185, note 3. *Au lieu de* : n° 104 ; *lisez* : n° 404.

P. 186, l. 6. *Au lieu de* : laudendus; *lisez* : laudandus.

P. 216, l. 6. *Au lieu de* : confusio facta; *lisez* : confusio faciei mee.

P. 231, l. 1. *Au lieu de* : Jeronimus; *lisez* : Hieronymus.

P. 374, note 1. *Ajoutez* : à moins que *Castellum Ducii* ne soit ici pour *Castellum Lucii*, auquel cas il s'agirait de Chalut (Saône-et-Loire), et de Châteauneuf en Brionnais, situé non loin de là.

P. 395, note 1. *Au lieu de* : Fait le sujet; *lisez* : Cette anecdote fait le sujet.

TABLE DES MATIÈRES.

                                                          PAGES.

Introduction . . . . j
Sommaire de l'ouvrage . . . . xxviij
Première partie : Du don de Crainte 15
Deuxième partie : Du don de Piété 72
Troisième partie : Du don de Science 142
Quatrième partie : Du don de Force 192
Cinquième partie : Du don de Conseil 416
Table alphabétique 450
Additions et corrections 467

FIN.

Imprimerie Gouverneur, G. Daupeley à Nogent-le-Rotrou.

www.ingramcontent.com/pod-product-compliance
Lightning Source LLC
Chambersburg PA
CBHW051126230426
43670CB00007B/697